OECD Education Frontier
International Comparative Studies

教育前沿
国际比较研究丛书

国家社会科学基金教育学重大项目（课题批准号VDA160002）

著　黄忠敬　等

迈向教育强国：
中国与OECD教育指标比较研究

Towards an Education Powerhouse：

A Comparative Study of
Education Indicators
Between China and OECD

上海教育出版社
SHANGHAI EDUCATIONAL
PUBLISHING HOUSE

丛书总序

在全球治理的新时代，以"政策，让生活更美好"为宗旨的经济合作与发展组织（Organisation for Economic Co-operation and Development，简称OECD）开展了多项具有前沿性和前瞻性的全球教育研究，对世界教育政策产生了越来越大的影响。自2018年以来，华东师范大学作为中国OECD唯一官方代表，分别与江苏省苏州市教育局和山东省济南市教育局合作，开展了两轮青少年社会与情感能力全球大规模测评，这是OECD继开展国际学生评估项目（Programme for International Student Assessment，简称PISA）之后又一项全球大规模测评，标志着OECD关于学生发展的国际教育测评从认知能力的测评转向了社会与情感能力的测评，从"超越学科学习"走向了"为了学生更美好的生活"。

在此背景下，华东师范大学社会与情感能力研究团队一方面高度关注OECD发布的教育前沿研究成果，另一方面也产出了一批本土原创性的科研成果，"OECD教育前沿"系列就呈现了七年多以来这两方面的教育研究成果。它包括两个子系列，即"OECD教育前沿·国际比较研究丛书"和"OECD教育前沿·社会与情感能力研究丛书"。

1. OECD 教育前沿·国际比较研究丛书

自1992年以来，OECD每年发布报告《教育概览》（*Education at a Glance*），描述和呈现世界教育体系的变化与发展趋势，动态地勾勒出世界教育图景，比较不同国家的教育发展水平，评价不同学段教育质量的优劣，进而重构全球教育的政策空间。本系列中的《OECD国际比较教育统计手册2018：概念、标准、定义和分类》和《迈向教育强国：中国与OECD教育指标比较研究》比较集中地反映了这方面的研究成果。《OECD国际比较教育统计手册2018：概念、标准、定义和分类》介绍了教育指标的相关概念，阐述了教育数据统计指标及相关的测量方法，旨在保持教育概念与教育指标在各国的一致性，增强可比较性，从而更有效地开展全球教育政策比较与统计分析。此手册对目前我国如何理解教育质量、如何衡量教育质量以及如何开展教育质量国际比较均有重要的参考价值。《迈向教育强国：中国与 OECD 教育指标比较研究》是国家社会科学基金教育学重大项目的研究成果，主要内容包括两个方面。一方面，关注 OECD 教育指标本身的研究，考察教育指标的发展历史与脉络，分析教育指标与教育发展以及社会发展之间的互动关系；另一方面，从教育产出指标、教育投入指标、教育机会指标和教育过程指标四个维度，比较中国与 OECD 主要发达国家的教育指标，探讨中国教育在世界教育中的地位。

2. OECD 教育前沿·社会与情感能力研究丛书

21 世纪以来，OECD 开展了多轮 PISA 测评，对全球 15 岁学生的阅读、数学和科学三门学科能力进行测评，并对结果进行排序。PISA 测评已成为全球教育界的奥林匹克竞赛，对世界教育政策产生了巨大影响，对推进学生认知领域的发展发挥了重要作用。2018 年，OECD 推出了一个新的国际教育调查项目——全球青少年社会与情感能力测评（Survey on Social and Emotional Skills，简称 SSES），着眼于促进青少年非认知领域的发展，旨在测评参与国家和地区的 10 岁和 15 岁组学生的社会与情感能力发展及其影响因素和预测作用。

华东师范大学作为 OECD 的合作伙伴，积极参与 OECD 的多个研究项目，与 OECD 形成了良好的互动关系。华东师范大学与苏州市合作，积极推进社会与情感能力测评项目在中国的实施。苏州市 10 个区县的入样学校参与抽样。2019 年有 151 所中小学校、7000 多名中小学生参与正式测评，并与 OECD 的 9 个成员国的 10 个城市一起开展了大规模的全球测评。本系列中的《超越学科学习：社会与情感能力研究首轮中国报告》《社会与情感能力：从政策到培养》《超越学科学习：社会与情感能力研究首轮全球报告》比较全面地展现了这方面的成果。这些成果通过大量翔实的测评数据，反映苏州中小学生的社会与情感能力发展水平，以及影响学生社会与情感能力发展的诸多因素，分析社会与情感能力对学生未来成功、幸福感和生活满意度等的预测作用。通过对苏州学生测评数据的深入研究和国际比较分析，能够探索中国学生在社会与情感能力方面的优势与不足，扎实落实国家倡导的发展素质教育，积极引领基于证据的学校变革实践，为未来我国开展学生综合素养评估探索新的路径。

哪些能力能够促进人类福祉与社会进步？2014 年 3 月 23—24 日在巴西圣保罗举行的 OECD "促进社会进步的能力"非正式部长级会议上，包括 11 位教育部长和副部长在内的政策制定者讨论了这一问题。会议达成一致意见：需要培养认知、社会与情感能力平衡的全面发展的儿童，以便他们能够更好地应对 21 世纪的挑战。2015 年 OECD 发布了一份题为《促进社会进步的能力：社会与情感能力的力量》(*Skills for Social Progress: The Power of Social and Emotional Skills*)的报告，呈现了 OECD 对社会与情感能力作用的全面分析，同时提出了提高社会与情感能力的策略。本系列包含这份较有影响的报告。

在我国，自 21 世纪以来，《国家中长期教育改革和发展规划纲要（2010—2020 年）》(2010 年)、《中国教育现代化 2035》(2019 年)、《深化新时代教育评价改革总体方案》(2020 年)、《关于进一步减轻义务教育阶段学生作业负担和校外培训负担的意见》(2021 年)等一系列重大教育改革和发展政策颁布，强调面向全体学生，促进学生全面发展，全面实施素质教育，着力提高教育质量；落实立德树人根本任务，发展素质教育，推进教育公平。从实施素质教育到发展素质教育，需要明确教育发展方向，转变教育发展方式，变革育人方式，以人的发展为中心，促进教育高质量发展。

结合国家的重大战略主题，我们需要回答的关键问题是：培养什么人？怎样培养人？发展什么样的素质教育？如何发展素质教育？这些不仅是世界共同探讨的前沿主题，也是中国面临的世纪问题。从世界教育发展趋势来看，全球都在探讨如何通过教育促进人的成功，如何通过教育促进人的健康与幸福。超越传统知识授受的学科学习教育范式，关注学生的社会与情感能力，应对 21 世纪不确定性社会和终身学习社会的诸多挑战，已经成为世界教育发展的重大课题。

"OECD 教育前沿"系列不仅有利于回应国家教育政策对教育工作提出的发展素质教育、提升学生综合素质的要求，而且有利于解决我国目前教育中存在的"重智育、轻德育""重应试、轻素养""重'育分'、轻育人""重知识、轻创新"等问题。同时，从国际比较的视角审视自身的教育质量、公平性以及发展效率，可以在世界坐标系中定位中国教育，作出中国的回答。通过开展国际对话与国际比较研究，让中国教育走出去，扩大中国教育的国际影响力，有助于为人类教育事业的发展探索中国道路，作出中国贡献。

"OECD 教育前沿"系列是跨学科、跨部门、跨国的合作研究成果，内容前沿，视角新颖，有利于及时把握发达国家教育政策的发展趋势，及时了解当今世界教育研究的最新动向。这些成果有助于我国回答面向 21 世纪"培养什么人?""怎样培养人?"等重大问题，为未来如何测评"软技能"以及如何在学校层面开展社会与情感能力实践提供思路借鉴。

黄忠敬

2024 年 5 月 6 日

目　　录

图 目 录

3

表　目　录

第一章　导论

自20世纪60年代以来，全球范围内对全面、准确、详细的数据进行收集与整理的需求日益明显，各大国际组织和部分发达国家纷纷构建自己的数据指标体系。包括联合国统计署（United Nations Statistics Division，简称 UNSD）、联合国教科文组织（United Nations Educational, Scientific and Cultural Organization，简称 UNESCO）、联合国大学（United Nations University，简称 UNU）、联合国社会发展研究所（United Nations Research Institute for Social Development，简称 UNRISD）、经济合作与发展组织（Organisation for Economic Co-operation and Development，简称 OECD）、世界银行（World Bank，简称 WB）等在内的诸多机构，开始对系统、全面地收集和处理社会统计数据的理论和方法开展一系列研究，掀起了一个研究、制定和推行社会指标的运动。其中，教育指标作为社会指标的组成部分得到了一定程度的发展，同时，教育指标体系也作为一项相对独立的研究取得了重大进展。[①] 在这种社会发展潮流的推动下，OECD 开始了对教育指标体系的研究。

OECD 教育指标与近半个世纪以来全球教育发展的大趋势密切相关。可以说，OECD 教育指标是与历史潮流联系在一起的，彼此牵制又互相推动。时代的发展需要对教育进行更加全面和深入的了解，教育自身的更新渴求明确的标杆和知己知彼的信息环境，教育决策的科学化也迫切需要有价值的证据和知

---

① 刘明堂. OECD 教育指标体系的变迁及启示 [J]. 教育发展研究，2009，29（13）：67–70.

识。于是，教育指标，尤其是像 OECD 教育指标这类具备国际可比较性的指标体系，逐渐为教育领域的利益相关者所认可和依赖。

第一节　教育指标缘何兴起

在教育全球化背景下，各国更加关注教育质量对提高国家竞争力和人力资本储备的影响。同时，真实的教育信息和数据对教育决策和教育发展具有重要的作用，① 因此国家需要借助教育指标体系监测教育系统，并且参考上一年教育成果来制定未来的教育发展规划。教育指标对提高教育质量，加强对教育体系的监控和管理等方面都有参考作用。

一、国家职能日益增强

公共政策制定中对知识和信息的追求是近代以来各国在追求决策科学化和民主化过程中的必然选择。从社会指标研究的热潮及其在 20 世纪 80 年代以来的逐渐衰退即可看出，指标的政策意义对于指标的存在来讲至关重要。在社会指标风靡世界 20 年之后，一些政策制定者发现，他们难以对指标加以系统化的应用并指导决策，甚至还有一些指标是无用或具有误导性的。约翰斯顿（D. F. Johnston）和卡利（M. J. Carley）指出，导致这种衰退的原因，除了指标本身信度和效度的完善周期长、数据质量低等，更重要的是，这些指标的设计没有清晰地与政策目标相联系。② 由此可见，在国家职能日益增强的时代，使教育指标更好地服务于政策决策，是指标获得政府支持、资金来源的根本

---

① 张力，杨秀文. 教育政策的信息基础——中国、新加坡、美国教育指标系统分析 [M]. 北京：高等教育出版社，2004：10.

② JOHNSTON D F, CARLEY M J. Social Measurement and Social Indicators: Issues of Policy and Theory [J]. Annals of the American Academy of Political and Social Science, 1981, 453 (5): 237-253.

目的。

　　教育政策涉及的范围广，作用周期长，且与社会其他领域有着复杂而相互交织的关系，这更显示出其重要性和制定政策的困难性。因此，运用研究知识帮助决策者更好和更有效地制定、执行和评估教育政策，是教育研究机构与学者共同的使命。为使教育政策能够达到"效益最大化"的目的，决策者需要：（1）了解所有的社会价值偏好及其相对权重；（2）了解可以获得的所有备选方案；（3）知道每一备选方案的所有结果；（4）计算每一备选方案的收益与成本之比；（5）选择其中最有效的政策方案。① 然而，这种完全理性的政策是基本不存在的，其中一个原因就是政策相关信息收集的成本、时限和信息的可获得性决定了决策者在制定政策时所掌握的证据可能并不充足。而教育指标体系的建立和数据的收集能够为决策者提供准确而充分的信息。

　　教育指标，尤其是 OECD 教育指标这类跨国家、跨文化、跨地区的综合性指标，具有很强的可比性和延续性，能够为国家教育发展提供内部和外部详细而可靠的信息。现代化的教育管理过程是在掌握有效的统计数据基础上实现的。教育指标是全面衡量和评价教育发展水平与教育质量的一种方法和手段。一系列标准化、系统化的教育指标能衡量和反映整个社会教育的发展水平，综合地反映一个地区的教育发展状况，全面地反映教育发展的规模、比例和速度，科学地揭示教育发展规律和趋势，为国家及地方各级政府的宏观教育决策和宏观调控提供重要依据。教育指标通过数字的语言，及时准确地反映教育事业的基本情况和发展进程，使教育发展更好地适应一个地区政治、经济、文化发展的需求。一个国家教育统计指标研究水平的高低和教育统计指标体系的完善与否，某种程度上反映出这个国家教育事业的发展水平。如果把教育事业比喻为一架庞大的机器，那么教育发展统计指标体系犹如这架大机器上的"仪表"系统。② 这一"仪表"系统能够准确指示出当前整个教育系统的发展程度和可能存在的问题。这种准确而翔实的信息是政策制定者、教育工作者和大众

---

① 托马斯·R. 戴伊. 理解公共政策［M］. 谢明，译. 北京：中国人民大学出版社，2011：14.

② 谭晓玉. 关于上海市基础教育统计指标体系的若干思考［J］. 上海教育科研，1998（3）：27-31.

迫切需要了解的，是教育事业顺利发展的基石。

当然，仅仅学界明白教育指标的重要性还远远不够。毕竟构建指标只是一个起点，对各类数据的收集、整理、呈现并将其纳入决策者的视野，这些都是耗时耗力的事情，绝不是一个人、一个机构所能够完成的。这需要政府出面并承担起这个重任。目前各国绝大多数的教育指标都是由政府主导完成的。OECD 是一个政府间组织，各国的大多数数据也都是由官方提供的。正是因为政府意识到教育指标在决策中的重要作用，所以才有了教育指标的发展和完善。

二、教育质量的数据化

如果说 20 世纪 50—70 年代各国教育发展的重点是教育规模和受教育群体的逐步扩大，那么 20 世纪 80 年代之后，教育指标逐步兴起，各国开始追求教育质量。美国在 1983 年发布的报告《国家处在危险之中：教育改革势在必行》中，大力倡导设计一些适当的教育指标来评估教育质量；1984 年的《沃卡特报告》利用教育指标监测比较了 50 个州的教育表现。随后，OECD 教育指标集中反映了近 30 年来发达国家教育摆脱"危机"，逐渐向提高质量转型过程中的关键问题。因此，OECD 教育指标的设计精髓并不在于描述教育体系的变化情况，而是体现在追求优质教育的过程中，个体、学校、体系和整个教育系统四个层面的产出情况，政策杠杆能够产生的影响，以及政策杠杆影响的局限性和前提。①

首先，教育质量是一个多维的概念，包括与教育相关的诸多方面，如课程与教学、教师与学生、建筑与设施、仪器与设备等教育功能与活动。其次，教育质量是一个多层次的概念，涵盖学习者终其一生所接受的正规和非正规的不同层级、不同类型的教育和培训活动。再次，各教育利益相关者对教育目的有不同的期许，因此对教育质量的理解和侧重点存在明显差异。② 基于此，各国

---

① 曾晓东，曾娅琴. 中国教育改革 30 年：关键数据及国际比较卷［M］. 北京：北京师范大学出版社，2009：97.

② 中国教科院教育质量标准研究课题组. 教育质量国家标准及其制定［J］. 教育研究，2013（6）：4—16.

纷纷制定教育国家标准，引领国内教育事业的发展。OECD 教育指标尽管并不是规范意义上的教育标准，但由于它在多个维度进行了具有可靠性的国际比较，因此对各国调整教育规划、拟定教育标准都产生了重要作用。

伴随着大数据时代的到来，指标体系越来越成为提高思维能力、决策能力和治理能力必不可少的战略工具。有学者将人类对数据价值及其指标价值的认识分为三个阶段：一是以经验科学为基础判断数据价值的"小数据时代"；二是以计算机为基础追求数据精细化时代；三是以数据战略资源深入挖掘数据关系的大数据时代。从结绳记事到我国古代建筑师对城市面积的规划和制定的道路标准，都体现了对数据和指标的运用。计算机技术的发展与进步，成为 20 世纪影响经济社会和科技发展最为重要的事件之一。以计算机技术为引领的信息化、数字化时代，为数据收集、整理、分析和使用提供了前所未有的便利——数据收集更加便捷，数据整理更加科学，数据分析更加深入，数据使用更加广泛。计算机技术的主要应用范围局限在数值领域，追求数据的丰富性和精细化成为数据发展的典型特点。小数据时代，由于数据的紧缺，研究者更加追求数据的精确性。①

21 世纪，数据成为最重要的战略资源之一，人类开始拉开从小数据时代进入大数据时代的序幕。这仅仅只是一个开始，大数据时代对我们的生活，以及与世界交流的方式都提出了挑战。② 大数据是指不用随机分析法这样的捷径，而采用所有数据的方法。大数据的价值不是自然而然地呈现出来的，而是需要深入挖掘和发现的。指标体系是大数据时代挖掘和发现大数据战略价值的最重要的工具。大数据时代，指标体系是研究、把握时代特点与未来趋势的战略工具。

教育指标不仅仅提供了能够反映教育发展的事实数据，同时借助统计工具，能够分析各领域之间的相关性，从而对教育事业发展提出更有价值的政策建议。瓦尔贝格（H. J. Walberg）、博塔尼（N. Bottani）和德尔福（I. Delfau）对 20 世纪末的 OECD 教育指标体系进行了分析，发现各领域指标间均是有意

---

① 高书国.教育指标体系的特点与功能［J］.教育与教学研究，2014（12）：1-6.

② 维克托·迈尔-舍恩伯格，肯尼思·库克耶.大数据时代：生活、工作与思维的大变革［M］.盛杨燕，周涛，译.杭州：浙江人民出版社，2013：9.

义的且具有统计关联性。典型相关统计分析结果显示, 背景指标与过程指标间的相关系数达到 0.69, 而过程指标与产出指标间的相关系数高达 0.78。[1] 由于国外教育指标体系注重指标间的关联性, 因而可以用来探讨教育系统内部各部分间的关系, 如教育背景对整体系统的影响、教育供给与需求的平衡、教育投入与产出的效率等。[2]

借助新世纪大数据的急速发展, 教育指标也越来越被看作关键性的信息资源, 从而推动了数据的收集和信息的整理。例如, 到 2001 年, 美国已经有 45 个州通过包含"表现指标"的"学校报告卡"来提供学校的信息, 27 个州要求提供学校的等级排名。在一定意义上讲, 谁掌握了指标体系工具, 谁就有可能把握战略方向。进入大数据时代, 人类越来越需要对客观世界, 包括对经济社会发展与人类自身发展的宏观理解和战略把握, 指标体系为人类提供了一种科学的战略工具。

三、全球治理的新趋势

全球治理委员会 (Commission on Global Governance, 简称 CGG) 认为, 治理是个人和制度、公共部门与私营部门管理公共事务的各种方法的综合。全球治理的实质是, 不是以政府权威为基础, 而是一个由多元行为主体, 包括各国政府、国际政府间组织、非政府组织、私营机构和所有人参与的持续的集体行动过程。全球治理的方式是参与、谈判和协调。全球治理的目标是, 在全球范围内构建超越国家、种族、宗教、意识形态、经济发展水平的全人类的共同核心价值。[3]

自 20 世纪 80 年代中后期以来, 世界各国不仅关注本国的教育发展, 也期望本国的教育发展在国际上具有比较优势, 并关注对他国成功经验的借鉴。正是在这一背景下, 具有国际可比性、高信度、高质量的国际教育指标应运而

---

① WALBERG H J, BOTTANI N, DELFAU I. OECD Indicators of Educational Productivity [J]. Educational Researcher, 1990, 19 (5): 30-33.

② 张良才, 孙继红. 国内外教育指标体系分析与比较 [J]. 教育学报, 2009, 5 (6): 60-68.

③ 英瓦尔·卡尔松, 什里达特·兰法尔. 天涯成比邻——全球治理委员会的报告 [M]. 中国对外翻译出版社公司, 译. 北京: 中国对外翻译出版公司, 1995: 2-9.

生并不断发展。① 从国际组织来看，联合国教科文组织从 2001 年开始对"全民教育目标"开展监测，并分主题提供年度的全民教育全球监测报告。国际教育成就评价协会（International Association for the Evaluation of Educational Achievement，简称 IEA）多年来开展了一些针对中小学不同学科的学业成就评价。另外，亚太经济合作组织（Asia-Pacific Economic Cooperation，简称 APEC）第二届部长级会议也进一步强调了教育指标的国际比较对各国教育管理体制改革的信息参照作用。总之，发达国家和国际组织的这些行动不仅为每个国家基础教育监测体系的研制提供了经验，更增加了教育比较的动力。

OECD 于 1987 年重新启动国际教育指标项目，引领和推动国际教育指标和教育监测工作的开展。进入 21 世纪以来，OECD 不再满足于各国上报的统计数据，而是开始运用跨国性的国际测评来获取教育发展数据。其中，国际学生评估项目（Programme for International Student Assessment，简称 PISA）即是成功的一例。PISA 就是要告诉学校、教师和教育系统外界都在干什么，其他的国家、教育系统、学校都可以作为看待自身的一个参照，从而了解到自己的优势和缺点。②PISA 项目教育指标和分析部负责人安德烈亚斯·施莱歇尔（Andreas Schleicher）在接受采访时提到了波兰的例子。波兰的农村地区有一类学校，接收的大多是家庭背景较差的学生。2000 年参加 PISA 测试后，波兰发现了这类学校的问题，于是废除了这类学校，将学生们合并到了正常的教育体系中。这一政策使得教师们不能再将那部分成绩差的学生送走了，而必须关心和照顾他们。正是在 PISA 影响下实施的这项措施，使波兰学生的学业水平连续 6 年每年都有明显的进步。日本也可以作为例证。2006 年日本 PISA 测试的成绩比上一次降低了 1 到 2 个名次，这件事引起了全日本教育界的讨论，他们认为日本在 20 世纪 90 年代末开始的课程改革有一个错误导向，就是更加强调综合学习而降低了对传统语言、数学和科学的教学。之后，日本公布的新法

---

① 曾天山，吴景松，崔洁芳，等.国际教育指标的选择、应用与借鉴［J］.教育发展研究，2015，35（1）：21—26.

② 张丹慧.提供参照，让教育更加开放——访 PISA 项目教育指标和分析部负责人 Andreas Schleicher［J］.基础教育课程，2011（3）：7—14.

案压缩了综合学习课程，适度加强了数学、语文的学习。① 这些例子都说明，在全球化大背景下，各个国家的教育政策会参考全球化测试的结果和他国的经验进行调整，从而提高自身的教育质量。

第二节　OECD 教育指标：理论框架与历史变迁

OECD 影响全球教育的方式和途径有很多，研究项目也是层出不穷。其中，教育指标体系是 OECD 耗时最长、最具影响力的项目之一。OECD 教育指标是 OECD 教育研究与改革中心（Centre for Educational Research and Innovation，简称 CERI）负责的年度教育报告《教育概览》（Education at a Glance，以下简称《教育概览》）使用的指标体系。这份报告自 1992 年开始发布，基本上每年一份。《教育概览》以教育指标为抓手，分析国际可比较的数据，通过国际比较呈现 OECD 成员国教育的发展水平以及在国际上的相对位置，进而确立教育发展的方向，30 多年来对教育决策者、教育机构和公众产生了重大影响。尤其是 2000 年开始的 PISA 等跨国调查的测试数据加入指标体系后，结合生均成本、教师工资、高中阶段入学率等相关指标，这些数据所负载的信息量大幅度增加，各国教育决策者纷纷参考与借鉴。甚至有的国家的某个政党因为担心本国教育体系在与别国的比较中产生负面影响，要求将当年的《教育概览》推迟到选举结束之后再发布。②

一、理论模型：CIPP 模式

国际上较为成熟的教育指标体系，如联合国教科文组织等国际组织开

---

① 张丹慧.提供参照，让教育更加开放——访 PISA 项目教育指标和分析部负责人 Andreas Schleicher［J］.基础教育课程，2011（3）：7-14.

② SMITH T M, BAKER D P. Worldwide Growth and Institutionalization of Statistical Indicators for Education Policy-Making [J]. Peabody Journal of Education, 2001, 76 (3-4): 141-152.

发的教育指标体系，在构建初期，大都参照约翰斯通（J. N. Johnstone）的教育系统模式或 CIPP 模式构建基本框架。约翰斯通的教育系统模式的基本逻辑是：基于以往的经济系统、社会系统以及政策系统共同形成的社会框架，以教育资源和教育偏好作为教育输入的主要内容，以教育的系统结构和投入配置情况作为过程性指标；在输出方面，重点关注教育资源的变化及技能的提升，兼顾教育满意度。通过这样的"输入—过程—输出"系统，描述教育通过改变资源和人才技能来改变未来社会框架内的经济、社会和决策系统。①

与约翰斯通的教育系统模式具有内在一致性并更为完善的，是 1966 年美国学者斯塔弗尔比姆（D. L. Stufflebeam）创立的 CIPP 模式。CIPP 模式亦称决策导向或改良导向评价模式，它由背景（context）、投入（input）、过程（process）、产出（product）四部分评价构成。通过 CIPP 模式，可对教育所处的背景、投入资源、教育过程和教育结果等进行全面的了解，给教育主管部门或教育政策利益相关者提供有关教育系统的信息。从此之后，教育评价进入发展历程中的专业化时期。斯塔弗尔比姆在俄亥俄州立大学（Ohio State University）教育评价中心经数年研究提出的 CIPP 模式，开始成为一种被广泛接纳和认可的评价模型。CIPP 模式与约翰斯通的教育系统模式具有内在一致性，两者都强调背景因素（过去的社会框架）对教育发展的基础性影响作用，都关注教育投入与教育过程。两者的不同之处在于，约翰斯通的教育系统模式倾向于关注教育对社会框架的影响，内容较为泛化；CIPP 模式作为一种评价模式，对教育发展情况与社会影响同时予以关注，内容更为丰富。目前大多数教育评价研究以 CIPP 模式作为主要评价框架，如 OECD 教育指标体系将指标领域分为背景、资源（投入）、过程、结果（产出）四大部分。②

联合国教科文组织早期的分类框架以约翰斯通的观点为代表。该分类框架

---

① JOHNSTONE J N. Indicators of Education Systems [M]. London: Kogan Page, Paris: UNESCO, 1981: 15.

② 段晖，刘畅，陈虹，等.教育指标体系的政策逻辑：一个理论考察与实证设计——以北京创新型城市教育指标体系构建为例 [J].公共管理与政策评论，2017，6（2）：46–59.

把教育系统划分为输入、过程和输出三个子系统。美国兰德公司（RAND）也设计了包括输入、过程和输出系统，以质量与结果为导向的分类框架。[1]20世纪 90 年代以来，为建立"世界教育指标"，联合国教科文组织提出了新的系统分类框架。[2]

OECD 教育指标的理论框架也采用 CIPP 模式，分为背景、投入、过程、产出四个部分，具体如图 1-1 所示。

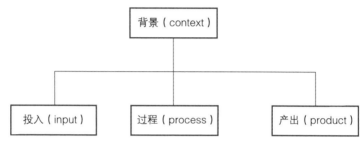

图 1-1　OECD 教育指标的理论框架

资料来源：The OECD International Education Indicators: A Framework for Analysis [M]. Paris: OECD/CERI, 1992.

OECD 2001 年的教育指标体系是严格按照 CIPP 模式的背景、投入、过程、产出四个维度来分类的，结构清晰，逻辑严密（见表 1-1）。其中，指标 A 属于背景维度，指标 B 属于投入维度，指标 C、指标 D 属于过程维度，指标 E、指标 F 属于产出维度。

表 1-1　OECD 的教育指标体系（2001 年版）

一级指标	二级指标
A 教育的背景	A1 学龄段人口的相对规模
	A2 成年人口的受教育程度
	A3 人力资源与经济增长的关系

---

① MITZEL H E. Encyclopedia of Educational Research [M]. New York: Collier Macmillan Publishers, 1992.

② 顾明远，薛理银. 比较教育导论——教育与国家发展［M］. 北京：人民教育出版社，1998：112.

续　表

一级指标	二级指标
B 教育中的财政与人力资源投入	B1 生均教育支出
	B2 与 GDP 相关的教育机构支出
	B3 教育机构公共与私人投资的相对比例
	B4 教育公共支出总额
	B5 通过公共补贴支持学生和家庭
	B6 按服务类别和资源类别划分的教育机构支出
C 教育机会、参与与过渡	C1 参与终身教育
	C2 中学教育的参与与毕业情况
	C3 高等教育机会与参与情况
	C4 高等教育的完成率
	C5 获得额外课程资源的学生（残疾、学习或行为困难与处境不利的学生）
	C6 参与继续教育与培训的成年人口
D 学习环境与学校的组织	D1 公立小学、中学教师的工资水平
	D2 教师与学校职工的年龄与性别
	D3 教学时间与教师的工作时间
	D4 初中教师指导学生的总时长
	D5 生师比
	D6 参与信息与通信技术培训的教师
	D7 学校信息与通信技术的应用与教学过程
E 个人、社会与劳动力市场教育结果	E1 不同教育程度的劳动力参与情况
	E2 15—29 岁就业与非就业人口的预期教育年限
	E3 青年人的教育与工作情况
	E4 青年人的特殊情况
	E5 收入与受教育程度
F 教育的学习结果	F1 八年级学生数学与科学平均成绩
	F2 八年级学生数学与科学成绩的差异
	F3 收入不平等与阅读成绩差异
	F4 八年级学生数学与科学成绩的性别差异

资料来源：OECD. Education at a Glance: OECD Indicators [R]. Paris: OECD, 2001.

随着教育指标在应用中的发展，CIPP 模式的适用性也受到了一定的挑战。1991 年，美国联邦教育部成立的教育指标专门研究小组指出了 CIPP 模式将教育指标体系视为生产函数的错误导向，同时也批评 CIPP 模式无法描述教育系统的动态特征，更无法体现教育机构所处的社会背景。OECD 教育指标早期采用 CIPP 模式，2002 年后进行了大幅度修改。

在对指标体系结构进行调整的 2002 年，《教育概览》列出了指标的具体变化方式，此处以表 1-2 中的教育产出指标为例。

表 1-2　OECD 2002 年《教育概览》中的教育产出指标

一级指标	二级指标	对应的上一年指标
A 教育机构的产出及学习的影响	A1 高中毕业率和成人受教育程度	C2，A2
	A2 高等教育毕业率和成人受教育程度	C4，A2
	A3 劳动力和成年人口的受教育水平	A2.1
	A4 不同专业的毕业生比例	C4
	A5 15 岁学生的阅读素养	（新指标）
	A6 15 岁学生的数学和科学素养	（新指标）
	A7 不同学校的学生表现有何不同	（新指标）
	A8 公民知识和参与情况	（新指标）
	A9 家长的职业地位与学生成绩	（新指标）
	A10 15 岁学生的出生地、母语和阅读素养	（新指标）
	A11 就业情况和受教育程度	E1
	A12 15—29 岁人口的就业和失业率以及预期受教育年限	E2
	A13 教育收益：个人收益和社会收益	E5
	A14 教育收益：人力资本和经济增长	A3

注：第三列指标内容详见表 1-1。

资料来源：OECD. Education at a Glance: OECD Indicators [R]. Paris: OECD, 2002.

2014 年，OECD 对教育指标做了进一步修订，具体见表 1-3。

表 1-3 OECD 的教育指标体系（2014 年版）

一级指标	二级指标
A 教育机构的产出及学习的影响	A1 成年人学历水平如何？
	A2 预计有多少学生完成高中教育？
	A3 预计有多少学生完成高等教育？
	A4 父母受教育程度对子女高等教育入学影响有多大？
	A5 受教育程度如何影响劳动力市场参与程度？
	A6 教育的收入回报是多少？
	A7 教育投资的动机如何？
	A8 教育的社会效益如何？
	A9 学生的学习成绩和教育公平的关系如何？
B 教育中的财政与人力资源投入	B1 生均支出是多少？
	B2 国民财富用于教育的比例是多少？
	B3 教育的公共投入和私人投入是多少？
	B4 公共教育经费总支出是多少？
	B5 高等教育学生交多少费？得到多少公共补贴？
	B6 教育经费用于哪些资源和服务？
	B7 哪些因素影响教育经费支出水平？
C 教育机会、参与与过渡	C1 哪些人接受教育？
	C2 世界范围内的早期教育体系有何差别？
	C3 预期多少学生升入大学？
	C4 谁在国外学习？在哪些国家学习？
	C5 从学校向工作过渡：15—29 岁的青年人何去何从？
	C6 多少成人参与教育和学习？
	C7 公立学校与私立学校/机构有何不同？
D 学习环境与学校的组织	D1 学生有多少时间用于课堂学习？
	D2 生师比是多少？班额是多大？
	D3 教师工资是多少？
	D4 教师有多少时间用于教学？
	D5 哪些人从事教师职业？
	D6 如何才能成为一名教师？
	D7 教师专业发展活动有多普遍？

资料来源：OECD. Education at a Glance: OECD Indicators [R]. Paris: OECD, 2014.

新的分类框架突出了与教育政策的相关性，区分了个体、教学、机构和系统的层次，但仍看得出 CIPP 模式的痕迹。

表 1-4　OECD 教育指标框架

维　　度	1. 教育与学习的产出和结果	2. 影响教育结果的政策杠杆与环境	3. 影响政策的先行因素或限制因素
1. 教育与学习的个体参与者	个体教育成果的质量与分布	个体对教与学的态度、参与以及行动	个体学习者与教师的背景特征
2. 教学环境	教学质量	教学方法、学习时间及课堂环境	学生学习条件与教师工作条件
3. 教育服务的提供者	教育机构的产出与组织表现	学校环境与组织	服务提供者及其社区特征
4. 教育体系	教育体系的总体绩效	全系统的教育机构设置、资源配置与政策	国家层面的教育、社会、经济与人口背景

注：OECD 教育指标框架的两大维度包括纵向的主体维度和横向的产出及影响因素维度。纵向是主体维度，包括个体层面、学校组织层面、教育系统层面；横向是产出及影响因素维度，包括教育与学习的产出和结果、影响产出的政策因素、影响政策的社会因素。

资料来源：OECD. Education at a Glance: OECD Indicators [R]. Paris: OECD, 2014.

从表 1-4 可以看出，教育指标主要是围绕教育的产出来论述的，分别从个体、组织和体系等层面，从微观到宏观，论述了教育系统的产出和成果。借助对教育产出的衡量和对教育效益的展示，教育指标为各国教育政策问题提供决策所需要的信息，主要包括以下四点：

1. 受教育者个人的行为及社会经济特征对其教育产出的影响。其制度含义在于教育产出反映社会阶层差异。

2. 教学的组织形式和气氛对教育产出的影响。合适的学习、工作环境等教学的制度性安排对学习氛围有影响。

3. 学校所在的社区对机构教育产出的影响。

4. 国家的机构、资源分配制度，国家的教育、社会经济及人口环境对教育体系的社会经济贡献程度的影响。

在特定的国家，对这些影响发挥作用的程度和前提条件的认识，成为选择合适政策杠杆的信息基础。通过这些指标，OECD 还提供了国家间进行比较的可能，增加了政策分析的横向尺度，为形成适当的政策杠杆提供了横向的知识基础。这样，借助结构化的指标体系，教育产出与政策、社会经济背景、个人特征之间就形成了相互影响的关系，教育指标及相应信息的政策功能得到加强；而国家间的比较，又加强了政策形成能力，降低了选择政策工具的风险。①

二、OECD 教育指标的发展历程

OECD 教育指标研究在 20 世纪 80 年代后半期开始重新振兴。1987 年 11 月，在华盛顿召开了一次有关教育指标的国际会议，22 个 OECD 成员国的代表参加了会议。会上大家一致认同，需要一系列信息和标准供各国的教育系统进行跨国比较，还需要有关各国教育表现如何的指标体系，从而提高教育质量。② 经过深入研究，OECD 于 1992 年发布了《教育概览》，提出了第一套较为完整的国际教育指标体系。该套教育指标体系提供了三方面的信息：一是教育制度的人口、经济和社会背景；二是教育制度的特征或教育过程；三是教育产出。这套教育指标体系是 OECD 教育研究与改革中心和 OECD 成员国不断努力的成果，为 OECD 后继的教育指标研究工作奠定了坚实的基础。虽然 OECD 教育指标体系历经多次修改和补充，但指标体系的组织分析模式、指导原则和制定标准等基本上沿用 1992 年版的版本。30 多年来，OECD 教育指标的发展可以总结为三大趋势：第一，在指标内容上，从聚焦教育投入指标到更加重视过程指标；第二，在指标收集方式上，从整合官方统计指标到部分采用调查数据；第三，在指标展示形式上，从笼统全面的指标体系到更有针对性的专题式测评指标。

---

① 曾晓东，曾娅琴. 中国教育改革 30 年：关键数据及国际比较卷 [M]. 北京：北京师范大学出版社，2009：110.

② BOTTANI N, TUIJNMAN A. International Education Indicators: Framework, Development and Interpretation [C]//Making Education Count: Developing and Using International Indicator. Paris: OECD, 1994.

（一）从强调教育投入指标到更加关注教育过程指标

教育指标体系的构建并不是将全部有用的指标简单排列在一起，更不是随意挑选若干指标进行拼凑。相反，指标选取与组合的背后蕴含着特定的价值取向和理念基础。正如法国哲学家茹弗内尔（Jouvenel）提到的，统计资料的设计者的确是哲学家，尽管他们不情愿承认这个称呼，但他们充分了解，如果采用另一组不同的概念，就会看到事实的另一层面。① 也就是说，指标体系并非客观无偏倚地反映事实情况，而是有选择、有倾向、有侧重地进行组合和构架。所以，各个指标体系不仅提供了有关现实状况的数据信息，也根据其价值取向呈现出了想要传达出来的一系列内容。"对社会指标的研究和发展所做的努力，就和在其他科学方面的努力一样，只能得到经由原先实证调查的观点和导向所形成的结果。我们只能得到我们预先想发现的东西。这种情况使得社会指标具有可畏的影响：当我们选定一组特定的观察值或测度值作为某种重要现象的指标时，事实上，就是将我们对现实的感受加入某种程度的选择。当我们决定事实的那些层面值得注意之后，这些指标可能就会分散我们对其他层面的注意，尤其是那些难以量化的层面。"②

鉴于对价值取向的强调，尽管 OECD 教育指标的涵盖范围十分广泛且全面，但并不处于事实中立的立场。而且，这种价值取向并非一成不变，而是根据世界教育的发展和需求有所更易。

20 世纪 90 年代《教育概览》的很大篇幅和指标数目是在"投入指标"上。究其原因，是考虑到当时多数国家教育发展的重点仍在于规模的扩大，而受教育者数量的提升更加需要资金的投入，需要国家加大投入力度，保障教育硬件条件的供给，并完善基本的软件条件。

进入 21 世纪后，作为 OECD 成员的大多数发达国家已经完成了教育规模扩张，而且很多研究表明，在经费投入达到一定程度后，进一步投入并不会带来质量的相应提升。此时，各国决策者更需要了解应该如何在新的阶段提高教育的效益。鉴于此，OECD 教育指标开始加大对过程指标的统计和

---

①② ROSSI R J，GILMARTIN K J. 社会指标导论：缘起、特性及分析［M］. 李明，赵文璋，译. 台北：明德基金会生活素质出版部，1985："代序"1

分析，试图从教育过程中的师资、学习时间、生师比等方面引领教育发展方向。

（二）从统计指标的收集到调查指标的运用

作为具备国际比较价值的指标体系，OECD 教育指标首先需要解决的就是数据可比性问题。为了使各国的教育统计数据具有国际可比性，联合国教科文组织统计研究所（UNESCO Institute for Statistics，简称 UNESCO-UIS）、OECD 及欧盟统计办公室（European Statistics，简称 EUROSTAT）按照《国际教育标准分类法》(International Standard Classification of Education，简称 ISCED)，联合设计了教育统计数据表（即 UOE 数据表），各国定期填报，作为国际组织教育统计基础平台。联合国教科文组织、OECD、联合国开发计划署（United Nations Development Programme，简称 UNDP）、世界银行等机构基于各自的发展理念与特点，构建了各具特色的教育指标体系，并定期发布专题报告。[①]OECD 教育指标的很多数据即直接来自 UOE 数据表。这些数据主要是教育管理类数据，如入学率、毕业率、教育支出、班级规模等。同时，这些数据也是以《国际教育标准分类法》为依据衡量教育发展的数据基础。OECD 还收集有关教师与课程的过程数据，比如教师的工作时间、学生的学习时间、教师的工资等。OECD 也会收集教育产出数据，此类数据包括三个方面：一是受教育程度与劳动力市场的数据，主要用于衡量受教育程度与劳动力价值的关系；二是教育与就业的数据，反映教育与成功就业的关系；三是教育与收入的数据。除了小部分数据因特殊情况出现断层外，所有数据每年均会更新。断层部分的数据将以调研反馈的形式收集，从而保证统计分析的时效性。

由于统计方法与标准存在差异，有关各国指标的统计数据有时不宜直接进行国际层面的比较，因此，OECD 制定了选取国际层面统计指标和数据的四条标准：第一，指标既要对国家政策议程层面关注的教育问题作出回应，又要通过国际比较的视角开展国别分析；第二，指标既要尽可能具有可比性，又要考虑各国

---

① 张振助.国际教育指标及统计的比较与借鉴 [J].复旦教育论坛，2009，7（5）：50–55.

历史、制度和文化差异，反映其特殊国情；第三，指标的呈现方式既要尽可能简单明了，又要足够反映多层面的实际情况；第四，在希望指标数目尽可能精练的同时，要求指标足够充分，对面临不同教育挑战的政策制定者有意义。①

UOE 数据表和 OECD 成员国提供的各类数据是 OECD 教育指标真实可靠的基本保证。进入 21 世纪以来，OECD 开始尝试用国际测量的方式收集数据，并增加调查类的指标。其中，最有名的莫过于三年一度的 PISA、教师教学国际调查（Teaching and Learning International Survey，简称 TALIS）和国际成人能力评估项目（Programme for the International Assessment of Adult Competencies，简称 PIAAC）。借助这些项目提供的数据库，每年 OECD 发布的《教育概览》可以说是掌握了目前教育与技能方面最丰富的国际数据，进一步提升了教育指标的影响力。

（三）从笼统的指标体系到专题式测评指标

教育指标构建的理论模式十分丰富。我国台湾地区学者孙志麟 2000 年评阅相关教育指标文献后，将教育指标构建的概念模式归纳为五种，即系统模式、演绎模式、归纳模式、目标模式和问题模式。从建构理念上看，系统模式从系统观点角度进行分析，多层面探讨教育系统的相关因素，并进一步指出教育指标间的相关关系。使用该模式建构的指标体系，容易理解，指标体系范围全面，能说明教育的整体发展情况。演绎模式和归纳模式是从方法论延伸出来的概念模式，是设计指标时常用的典型方式，有助于对指标体系发展的思考。目标模式和问题模式下建构的指标，通常与教育政策或教育问题有关，并能随着社会变化而适度调整指标体系建构内容。不过，这两种模式所发展的指标体系不能系统地描述教育制度全貌。从指标间的关系来看，系统模式强调因果关系的建立，探讨教育输出和教育输入及过程的关联，并分析背景因素对整个教育系统的影响。可见，系统模式理论的色彩浓厚，各指标间的关系是"由上而下"界定的。演绎模式和归纳模式虽然也强调教育指标的逻辑关系，但并未特别指出指标间的因果关系，理论基础比较隐晦。目标模式和问题模式分别是以教育目标和教育问题为基本前提，所建构的教育指标只能说是与教育目标或教

---

① OECD. Education at a Glance: OECD Indicators [R]. Paris: OECD, 2014.

育问题有关，各指标间并没有必然的因果关系。目标模式根据设定的教育目标选择指标，分析或判断教育目标的实现程度。在目标模式下，指标间具有"由上而下"的层级关系。问题模式从教育实际问题出发，根据教育决策者的经验选择指标。在问题模式下，指标间的关系具有"由上而下"和"由下而上"的混合特征。①

OECD 教育指标是在一定理论模型基础上构建的广泛而又全面的指标体系。当然，全面的体系必然能够为世界教育描绘出一幅广阔的图景，但也容易让人陷入数据的海洋，很难区分关键问题和核心内容。此时，便需要专题式测评通过聚焦的方式，有针对性地提供信息和数据。OECD 推出的 PISA、TALIS、PIAAC 以及近期推行的青少年社会与情感能力研究（Study on Social and Emotional Skills，简称 SSES），均聚焦于教育的某些重要话题展开专题调研，并获取第一手的调查数据。这些国际比较调查的影响力已经覆盖全球，并促使很多国家的政策制定者开始进行教育变革，提高全球教育的发展水平。

第三节 OECD 教育指标：内容结构

如前所述，OECD 教育指标以人力资本理论为基础，从背景指标、投入指标、过程指标和产出指标四个方面来研究与呈现教育系统的变化及发展趋势，通过比较各国教育系统发展状况来评价各国教育质量。随着社会与教育的不断发展，OECD 先后于 2002 年和 2012 年对教育指标做了进一步修改，目前形成了包括四个方面的指标体系，即产出指标（A 指标）、投入指标（B 指标）、机会指标（C 指标）和过程指标（D 指标）。

一、产出指标

当我们在讨论"什么是教育产出"的时候，核心问题是教育能够带来什么

---

① 孙志麟. 教育指标的概念模式 [J]. 教育政策论坛，2000，3（1）：117-136.

结果，以及应该如何识别、衡量和评估教育过程的产出。在这种观念下，就要将教育看作一个整体，考虑教育能够带来哪些收益，即教育活动能够为个人、社会带来哪些好处和有益的效果。

对教育产出的讨论最初主要集中于经济学家对教育收益的讨论，主要集中在经济效益层面。当经济学家开始将教育视为一种经济增长的源泉时，人们主要关注教育带来的经济收益。随着研究的深入，经济学家进一步提出，教育还具有经济效益以外的作用，对社会而言则意味着更高的生产率、更新的工业技术和更健康的公民。教育不仅能够提高生产率和收益，还能提高生活质量。接受更多的教育还意味着增进人们的健康，减少犯罪，降低死亡率，等等。这种非货币收益和外部收益难以用简单的收入衡量方法来计算，因此很少被计入教育总体收益，其影响也可能不会立即体现在个人身上和社会层面，而是形成一种隔代的、长期的影响。

基于以上的内涵与理解，OECD 的教育产出指标主要包含学业达标率、结业率、毕业率、就业率、失业率、公共与个人教育支出收益、教育社会产出等指标。OECD 教育产出指标每年都会根据当时的教育状况、政策需求等因素调整，一部分指标会连续出现多年，另一部分指标则会根据当年需求增减。在选择教育产出具体的指标内容时，主要关注个人、教育系统和教育的社会收益这三个层面。

OECD 在设置指标时的视角有两个：一个是教育体系内的参与者视角，即从微观、中观、宏观层面规定了参与教育活动的社会主体，包括学生个人、教育组织机构和社会三类；① 另一个是主题视角，即关注教育的产出在推动经济发展和推动社会发展两个层面的影响，从中能够看出 OECD 对教育活动价值和教育发展目标的认识。

（一）个人层面的产出指标

个人层面的产出指标主要使用"学生的产出结果"（student outcomes）、"学生成绩"（student achievements）等来表示。由词语的选择可以看出，个人层面的教育产出指标主要关注个人作为学生这个角色，通过接受学校教育在各

---

① OECD. Education at a Glance: OECD Indicators [R]. Paris: OECD, 2011.

学科上取得的学业成绩和能力与素养的提升情况；关注个人在教育体系中的学习成果；关注教育是否能够提升个人的知识、技术和能力。

学生的产出指标最初主要关注学生在国际测试中获得分数的绝对值和成绩表现，例如阅读测试成绩、科学测试成绩、数学测试成绩等。从 2002 年开始，《教育概览》使用 PISA 测试的成绩作为学生个人成绩的数据来源。个人层面的教育产出指标使用"阅读素养""科学素养""数学素养"，而不再是"阅读测试成绩""科学测试成绩""数学测试成绩"等。从指标文本表述的变化能够看出，OECD 在评估个人教育产出的时候，不再仅根据学生的测试成绩来评判教学效果，而是关注学生通过测试体现了哪些能力、学生能够做什么，关注问题解决能力、合作能力等，将学生能力的提升看作教育的产出结果。OECD 从最初关注各国教学效果和学生成绩的差异，逐步转向寻求这种差异背后的影响因素，越来越关注学生家庭社会经济背景、家长的受教育程度、学生的移民背景等因素对学生学业成绩的影响。

此外，OECD 还关注个人受教育水平的代际影响。家长的受教育程度影响学生接受高等教育的机会。来自 PIAAC 的数据显示，如果一个成年人（30—59 岁）的父母至少一方接受过高等教育，那么这个成年人比那些父母双方都没有接受过高等教育的成年人有更大的获得高等教育的机会。父母至少一方接受过高等教育的成年人更有可能完成本科甚至是研究生阶段的教育，这一比例明显高于父母双方都没有受过高等教育的家庭。OECD 根据这项指标提出，根据学生父母的受教育程度比根据学生个人的年龄、性别等因素更能预测出个人的受教育程度。[①] 数据显示，不论从哪一年龄组别来看，父母至少一方接受过高等教育的成年人，比父母双方均未接受过高等教育的成年人完成高等教育的可能性要多两倍。30—44 岁人口的这一比例高于 45—59 岁人口。年轻的群体中有更高的人口比例完成了高等教育，这可能也是因为近几十年来高等教育的扩张。[②]

（二）组织层面的产出指标

组织层面的产出指标主要使用"组织产出"（system outcomes）、"教育机

---

①② OECD. Education at a Glance: OECD Indicators [R]. Paris: OECD, 2017.

构毕业生产出"（graduate output of educational institutions）或是"从学校到工作的过渡"（the transition from school to work）等作为指标群的名称。从词语的选择可以看出，组织层面的产出主要将学校作为教育产出的衡量单位，强调学生毕业率等教育组织机构的直接产出，并且希望通过这种直接产出衡量未来市场潜在劳动力的数量和质量。

《教育概览》在衡量组织层面的直接产出时主要关注毕业率。因为毕业率是教育机构产出的量化结果，也就是教育机构能够为市场提供多少劳动力，其中主要衡量高中阶段教育和高等教育的毕业率。高中阶段教育能为学生提供未来升学或进入劳动力市场所需的基本知识和技能，并且能够帮助公民为参与社会活动做好准备。组织层面的产出指标认为，高中毕业率（upper secondary graduation rates）能够体现基础劳动力供应量，而高等教育毕业率主要体现劳动力市场未来能够获得的高水平劳动力。

通过这种指标数量和内容的变化可以看出，OECD 在衡量组织层面的产出结果时，仍然以毕业率这类指标为主，关注教育机构能够为市场提供多少合格的和具备较高知识技能的劳动力。近期逐渐开始关注高等教育入学率、辍学率等体现高等教育内部效益的指标，希望通过分析高等教育毕业模式来预测未来劳动力市场的发展情况和需求变化，进而调整高等教育的规模和专业设置等。

以下分析高中毕业率、高等教育初次毕业率（first-time tertiary graduation rates）、成人人口受教育程度这三项指标。

高中毕业率。它能够显示各国政府是否成功地通过各项教育政策和行动来提高高中毕业的人数。各国高中毕业率的差异与各国教育体系的差异、教育项目类型的差异、社会和经济发展水平导致的教育成果的差距密切相关。各国在关注高中毕业率的同时还强调高中毕业率的性别差异。从 2016 年《教育概览》中的数据可以看出，绝大多数国家的总体高中毕业率为 85%—90%，部分国家的高中毕业率超过 90%。同时，普通高中女性的毕业率要高于男性，在部分国家，这种性别差异较大，例如，加拿大高中毕业率的性别差异达到 8%，巴西和俄罗斯的性别差异分别为 19% 和 13%。

高等教育初次毕业率。2014 年，26 个 OECD 成员国的平均高等教育初次毕业率为 49%。在很多国家，国际学生占了高等教育毕业生的大部分，例如，澳大利亚的总体高等教育初次毕业率为 75%，但是如果去掉国际学生，则高等教育初次毕业率就下降了30%。30岁以下学生的高等教育初次毕业率能够体现有多少具备高等教育学历的年轻人将初次投入劳动力市场。[①] 在20个能够获得数据的国家中，30岁以下学生的平均高等教育初次毕业率为36%。同时，从高等教育毕业的学生年龄也可以看出各国高等教育体系的灵活性和年龄覆盖范围，例如在土耳其，如果只计算30岁以下学生的高等教育初次毕业率，那么高等教育初次毕业率将会下降10%。这一项数据可能说明这些国家的高等教育体系更具有灵活性，也更适合那些超出适龄段的人来选择高等教育。

成人人口受教育程度。对高等教育学历类型的比例进行统计后发现，大部分国家高等教育学历中占比最高的是大学学士学位，但也有部分国家是拥有短期高等教育学历的人口占大多数。近几十年来，在大多数OECD成员国和参与调查的国家与地区，未完成高中教育的成人比例有所下降。但是，在25—34岁的人口中，仍然平均有约五分之一的人口没有高中文凭。在OECD成员国和参与调查的国家与地区，25—34岁的人占了高等教育学历人口中最大的比例。各国25—64岁的人平均有35%接受过高等教育。由于高等教育的扩张，这一比例远远高于55—64岁人口中获得高等教育的人数比例。

（三）社会层面的产出指标

社会层面的产出指标主要使用"劳动力市场产出"（labour market outcomes）、"教育的劳动力市场产出"（labour market outcomes of education）、"教育的社会和劳动力市场产出"（social and labour market outcomes of education）等来表示。社会产出呈现了教育结果和劳动力市场的关系。与组织层面的产出指标不同的是，社会和劳动力层面的指标呈现了教育对社会和经济领域长期的影响，如强调受教育程度、就业率、失业率、人力资本和经济增长的相关性；而后期逐渐加强了对社会产出的关注，强调教育的社会成果（如健康和生活满意度）以及教育对个人未来发展的影响。

"教育带来的经济效益"这类指标主要关注就业、收入和国家经济发展情况。在这类指标中，主要将个人看作社会的人力资本，关注个人是否能够通过教育获得就业需要的知识和技能，从而作为合格的劳动力从事社会生产活动并

---

① OECD. Education at a Glance: OECD Indicators [R]. Paris: OECD, 2016.

推动经济发展。近几年，这类指标的数量和比重逐渐降低。

"教育带来的社会发展"这类指标关注个人的健康状况、生活满意度、社会凝聚力等非经济类的收益结果。这类指标更关注个人作为"人"的完满生活和发展情况，不再仅仅看重个人作为人力资本的作用。近几年，这类指标逐渐增加。社会层面的教育产出呈现了一种从关注人力资本到关注人的发展的态势，不再过分强调受教育者在劳动力市场和经济收益方面的贡献，而更多地关注教育能够为个人的生活、生命带来哪些变化，例如，从关注毕业生的收入转向关注个人的生活满意度、健康程度等。

教育成果的社会收益层面主要强调教育系统与其他体系的联系，如与社会和经济发展之间的联系。OECD 教育产出指标主要关注成年人的受教育水平与就业率、收入、生活满意度、个人健康状况等方面的联系。

例如，受教育水平与生活满意度。数据显示，2010—2015 年，受过高等教育的人与高中或中等后非高等教育的学生相比，更有可能对自己的生活感到满意。OECD 成员国参加了盖洛普世界民意调查（Gallup World Poll），92%受过高等教育的成年人表示对自己 2015 年的生活感到满意，而高中或中等后非高等教育水平的成年人中，仅有 83% 的人表示对自己 2015 年的生活感到满意。总的来说，那些希望在未来 5 年内能够对生活感到满意的成年人的比例随着受教育水平的提高而增加。从 OECD 成员国的平均水平来看，接受过高等教育的人口中，这一比例达到 94%，而没有接受过高等教育的人口中，这一比例则为 87%。教育在改善主观幸福感方面起着一定的作用，主要是通过对其他生活方面的结果造成影响来进一步提高幸福感。各国的调查都显示，在控制了社会福利、收入和健康状况等变量之后，主观幸福感与受教育程度之间存在正相关。

二、投入指标

OECD 的教育投入指标在建立初期，既有财政资源的投入指标，也有人力资源的投入指标。其中，国家财政对教育投入的比例、生均教育经费支出、公共和私人对教育的投入比例、教育的公共支出总额、大学生的入学成本和可获得的公共支持、教育经费提供的资源和服务、影响教育支出水平的因素这 7 项属于财政指标。人力资源指标主要包括教育从业人员、生师比等。1995 年后，投入指标陆续归入过程指标并走向独立。

1993—2016 年，出现频次最高的投入指标有如下 7 项。

一是国家财政对教育投入的比例，即教育支出占国内生产总值（gross domestic product，简称 GDP）的比例。此指标在 1993—2016 年每年存在，说明 OECD 重视政府公共财政对教育的支持力度，考察政府在发展教育中的资金支持作用。

二是生均教育经费支出。此指标在 1993—2016 年每年存在，主要衡量在教育机构中注册的全日制学生的生均支出。用某一年度的教育机构支出（用购买力平价法转化后的等值美元表示）除以该年度注册的全日制学生数量，就是某一年度的生均教育经费支出。购买力平价（purchasing power parity，简称 PPP）是根据各国不同的价格水平计算出来的货币之间的等值系数。生均教育经费支出也可以用人均 GDP 来衡量，以衡量某一年度生均教育经费支出在国家人均 GDP 中所占的比例，用生均教育经费支出除以该年度的人均 GDP。这一比例也叫生均经费指数。

三是公共和私人对教育的投入比例。此指标长期存在。在 1993—2016 年的 24 年间，除了 1996 年和 1997 年，其余 22 年 OECD 都关注到教育经费的来源情况，除了重视公共资金对教育的投入，也强调私人个体或机构对教育的投资。公共和私人对教育的投资主要反映公共部门和私营部门之间的教育成本分担比例，包括一个部门相对于另一个部门的投资金额，以及它们之间的教育资金转移的程度。

四是教育的公共支出总额。此指标主要衡量公共预算的相对规模和优先分配，并衡量教育支出相对于其他公共投入（如医疗保健、社会保障、国防和安全支出）的价值和意义。它主要通过教育机构的公共支出占公共支出总额的百分比来衡量，即用教育的公共支出除以公共支出总额。教育的公共支出总额包括教育机构内部和教育机构外部的公共支出总额。公共支出总额是政府的一般支出。

五是大学生的入学成本和可获得的公共支持。此指标主要衡量两方面的情况：大学生的入学成本主要指进入高等教育的大学生需要支付的高等教育费用，即学费；公共补贴对学生和家庭的支持主要指政府为学生和家庭提供的一系列财政补助，包括助学贷款、奖学金和补助金等，以帮助学生承担部分教育费用，尤其是针对低收入家庭的学生。

六是教育经费提供的资源和服务（即按资源和服务类别划分的教育机构支出）。此指标在 1993—2016 年每年存在。教育经费提供的资源和服务主要反映教育机构的经费用于购买何种教育资源和服务，并区分了经常性支出和资本性支出。教学服务、辅助服务和研发服务支出也包含在这个指标中，这说明 OECD 注重考察国家的教育支出情况，重视教育经费的使用结构和使用情况等。

七是影响教育支出水平的因素。政府对投入教育中的资源与学生学习结果之间的关系越来越感兴趣。各国政府努力为本国人民提供更多更好的教育支持，同时也确保公共资金得到有效利用，尤其是在公共预算收紧的情况下。此指标主要反映生均教师工资成本的四个影响因素的差异及不同组合方式对各个国家或各个阶段生均教师工资成本差异的影响程度。这一指标也考察了各国在初等和中等教育阶段投入资源时所做的选择。

从 OECD 教育经费支出的三大分类框架来看，OECD 关注教育经费的来源方式（公共的还是私人的）、支出对象（教育机构内还是教育机构外）和使用效率（用于核心服务支出还是辅助性服务支出），不仅包含经费的来源，而且包含经费发生的地点和功能，全面覆盖了教育活动发生的过程。

（一）教育经费来源指标

教育经费来源于公共的国家财政性经费和私人的教育投入。考察教育经费的指标包括国家财政性经费对教育的投入比例、公共和私人对教育的投入比例。国家财政性经费对教育的投入比例主要指公共教育支出占 GDP 的比例，它反映一个国家一年内创造的财富中，各级政府将多少自己掌握的资源投入教育。理解这个概念需要注意两点：一是一国创造的财富会沿着不同的途径进入政府、家庭、资本所有者和社会福利的"口袋"，并不完全为政府所掌握；二是公共教育支出只包括政府投入教育的经费，不包括家庭和其他社会团体的投入。关于公共和私人对教育的投入比例，OECD 按照对公共支出的分类，对最初的资金来源与教育产品和服务最终的直接购买者进行严格的区分。最初的公共财政花费包括对教育机构的直接投资和对私人领域的转移支付，最终的公共花费包括公共资金对教育资源的直接购买和对教育机构及其他实体的支付。最初的私人花费包括学费和学生及家庭对学校的其他花费，较少被政府补助抵消；最终的私人花费包括学费和其他对教育机构的私人支付。

各国政府对教育的投入是本国教育经费的主要来源，因此公共教育经费最能体现一个国家对教育的投入水平，能反映政府对教育的重视程度。国家财政性教育经费占 GDP 的比例，是世界各国衡量教育投入水平的基础线，是衡量各国政府教育投入的重要指标。它是由国家能力及国家考虑对教育支出的优先程度决定的。2005—2011 年 OECD 成员国的国家财政性教育经费保持稳定或持续上升，占 GDP 的比例平均达 6%。

一个国家教育经费的来源结构能反映教育投资体制状况，由此也能看出政府对教育财政的划拨情况以及私人来源渠道的重要性。教育经费的主要来源渠道是公共投入。世界各国由于教育财政体制的不同，对公共教育经费的依赖程度不尽相同，有的依赖程度大，比如法国、芬兰等，公共教育经费占比达到90% 以上；有的占比达到 80% 以上，属于中等依赖程度，比如英国、德国、墨西哥等；有的依赖程度小，比如美国、日本、韩国等，公共教育经费占比低于 70%。各国教育经费中公共投入的平均占比为 83%。

大部分国家的私人教育投资总量有所增加，增幅有所不同。公共和私人对教育的投入是教育经费来源的两大渠道，虽然主要渠道是公共对教育的投入，但是近年来私人对教育的投资也显得越来越重要，成为对公共教育投入的有益补充。教育成本分担理论认为，教育的受益者不仅是社会，个人也从中获益，尤其是从高等教育中获益。因此，教育的利益相关者要公平合理地分担教育成本，分享教育利益。这在一定程度上为私人对教育的投资提供了理论解释。

（二）教育经费支出对象指标

用于教育的经费将支出到哪些地方？是教育机构内部还是教育机构之外？在教育机构内部，教育经费的主要支出对象是在校学生。教育经费也用作对家庭和其他私人实体的转移支付。这里主要选取生均教育支出和大学生的入学成本及可获得的公共资助进行讨论。生均教育支出反映了培养一个人的公共支出水平，可以通过影响学习者的学习环境和学习条件直接影响学习者个体的学习。它和教育质量是成正比的，是比较不同教育供给模式效率的基础。大学生的入学成本主要指家庭所支付的学费，可获得的公共资助是指公共资金通过补贴私人的方式给学生提供各类补助，以资助学生完成教育。一般来说，学生和家庭在高等教育阶段接受的公共财政的转移支付比其他阶段要多。

部分 OECD 成员国的生均教育经费支出相对侧重于高等教育。OECD 成员国学前教育生均经费指数平均水平为 18%，初等教育的平均水平为 20%，中等教育的平均水平为 26%，高等教育的平均水平为 40%。这些数据说明，OECD 成员国相对侧重于高等教育的生均经费支出，其次是中等教育，最后是初等教育和学前教育。

政府与学生共同承担高等教育成本。高等教育的经费一部分直接用于高等教育机构，OECD 成员国的平均水平一般保持在 80%；一部分用于对家庭和私人实体的支持和补贴，包括间接支付给教育机构的资金（如抵扣学费的补贴）以及未支付给教育机构的资金（如学生的生活费用补贴），OECD 成员国的平均水平为 15%，其中，英国、美国、澳大利亚、挪威和日本对家庭和私人实体的支出比例超过 OECD 的平均水平。

（三）教育经费支出内容指标

OECD 将教育经费支出分为教育核心服务支出、辅助服务支出、高等教育机构研究和发展的费用支出三部分。教育核心服务支出又叫经常性支出，是指当年商品和服务的消费支出，以及维持教育服务周期性生产的支出。一定金额下的小型仪器设备支出也属于经常性支出。教育机构用于教职人员薪酬之外的经常性支出包括外包服务的支出，如支持性服务（校舍维修）、辅助服务（学生膳食准备）和校舍及其他设施的租赁。这些服务不是教育管理机构或教育机构利用自己的工作人员提供的服务，而是从外部提供者处获得的服务。辅助服务支出又称资本性支出，是指用于使用期限在 1 年以上的资产的支出，包括校舍的新建、改造或重大修缮以及设备购置或更新。不论是高等教育前的阶段还是高等教育阶段，部分 OECD 成员国的教育核心服务支出所占比重都很大，比例为 85%—95%，远大于辅助服务支出所占比重。

高等教育机构研究和发展的费用支出，是指大学和其他高等教育机构进行研究的支出，包括一般机构提供的资助和单独拨款或来自公共或私人的赞助等。大部分 OECD 成员国重视高等教育的研发经费投入。OECD 成员国这部分的平均水平基本稳定，保持在 30% 左右。这说明大部分发达国家重视对高等教育研发活动的投入和支持。

三、机会指标

目前各国的教育系统都以层级来划分，尤其是 1997 年《国际教育标准分类法》(ISCED) 修订后，提供了一个可供国际比较的教育层级分类框架。2011 年，ISCED 进一步修订，细化了 1997 年版的分类。OECD《教育概览》以 ISCED 作为教育层级的分类依据，将不同阶段的教育类型分为早期教育（ ISCED 01、ISCED 02 ）、初等教育（ ISCED 1 ）、初级中等教育（ ISCED 2 ）、高级中等教育（ ISCED 3 ）、中等后非高等教育（ ISCED 4 ）、短期高等教育（ ISCED 5 ）、学士或同等学力（ ISCED 6 ）、硕士或同等学力（ ISCED 7 ）、博士或同等学力（ ISCED 8 ）8 个层级。①

多年来，OECD 教育指标体系中的机会指标（ C 指标）以 ISCED 为依据，关注各级教育的机会、参与与过渡问题，在关注每一层级教育时，也关注到了该级教育的起点、过程和结果。

起点是早期机会指标的重点。目前的《教育概览》中对入学起点的衡量是其他统计指标的基础，主要有总体入学率、入学率在不同人群中的分布、预期学校教育年限等。过程指的是进入特定的教育层级后如何度过这一段学习时光，主要关注的是接受什么类型的教育，这些不同类型的教育之间有什么区别，有特殊需求人群能不能在接受教育的过程中得到照顾，入学后的参与强度如何，使用什么教学手段等多个方面。一方面是了解目前各教育层级内部的基本状况，另一方面也考察不同类型教育的质量问题和机会公平问题。在教育类型上，尤为关注公立机构与私立机构、职业教育与普通教育的相对规模。

（一）早期教育的机会指标

已有研究表明，早期教育能够减少由家庭背景造成的不平等现象，并且

---

① UNESCO. International Standard Classification of Education: ISCED-2011 [S]. Paris: UNESCO, 2012. 最初的版本是 1976 年版，1997 年进行了首次修订，2011 年进行了再次修订，2012 年公开发布。

能够帮助学生为进入正规学校学习做好准备，甚至更有助于学生学业上的成功。《教育概览》中的早期教育指标可分为起点和过程两个方面。起点方面的指标是对早期教育入园率的衡量，过程方面的指标则关注因投入不同所引起的不同类型早期教育机构之间的差异。在早期教育机会指标内部，OECD 关注学龄前儿童入园的年龄分布，采取的方法是：分别按照 3 岁、4 岁、5 岁和 6 岁来统计同一年龄儿童的入园率。在早期教育机会指标设立初期，OECD 只关注入园率的高低、入园率的年龄差异、入园机构是公立还是私立的性质差异等。随着 2012 年早期教育二级机会指标的重新设立，OECD 将衡量范围进一步扩大，开始关注儿童入园之后早期教育机构的差异，尤指公立机构与私立机构的差异。OECD 开始考察早期教育经费投入，主要包括各国早期教育经费占GDP 的比例、公立与私立早期教育机构的生均公共支出水平等。除了经费投入，教育资源投入还包括人力资源的投入。OECD 使用学生与教学人员的比率（生师比）和学生与教职工［如教师和非专业人员（助教）］的比率作为衡量指标。

调查显示，各年龄段入园率普遍上升。2012 年以来，许多国家扩大了学前教育规模。对早期教育的日益重视促使一些国家将义务教育向低年龄段延伸，对儿童实施免费早期教育，儿童早期教育得到普及。

各国早期教育的幼师比差异较大。法国和中国的幼师比较高，超过 20∶1；幼师比较小的国家中，德国大约为 10∶1，而澳大利亚只有 5∶1。

（二）基础教育的机会指标

这里的基础教育包含初等教育（小学）、初级中等教育（初中）、高级中等教育（高中）三个阶段。在基础教育方面，OECD 持续关注各级教育的注册率和预期学校教育年限，这两个指标显示了不同教育系统的基本状况和这些系统中教育机会的大体轮廓。另外，各级教育注册格局显示出的趋势和教育机构的类型，也是不同国家教育资源的需求和供给平衡方式的一个指标。

从 2007 年开始，关于基础教育阶段入学率的内容主要稳定在"谁参与教育"（Who participates in education）指标上。在具体内容上，OECD 首先分别关注义务教育和高中教育入学情况；在教育类型上，特别关注职业教育、公立学校和私立学校的相对规模等；在参与类型上，关注全日制与非全日制教育的入学率；关注受教育的群体，如青年人的受教育情况、入学率的性别差异等。

除了对入学情况的考察，在有关基础教育阶段的二级指标中，有些年份还对"参与什么类型的教育"设置了专门的指标来衡量。首先，在 OECD 给予特别关注的基础教育领域，考察特殊群体的参与情况，关注有特殊教育需求的学生能否在基础教育中获得适合的教育。其次，OECD 于 2007—2008 年专门关注了基础教育中的职业规划教育，指标名称是"职业教育普及程度"。最后，OECD 关注公立学校与私立学校的差别。在基础教育入学率指标中，OECD 已经开始对公立学校与私立学校相对入学规模进行比较，还关注公立学校与私立学校中学生成绩的差别（如 2011 年），2014 年则专门设置了"公立学校与私立学校 / 机构有何不同"的指标。

在基础教育的结果方面，OECD 主要关注高中教育的完成情况和学生是否顺利过渡到高等教育或工作，确保教育投入的收益率并切实保障教育的个人效益和社会效益。

基础教育指标的变化主要体现在两个方面。

一是从关注"是否参与"转变为关注"参与什么"。一开始，OECD 在基础教育方面只关注总体的参与率，即"是否能够参与基础教育"的可得性问题和"有多少人能参与"的数量问题。随着各国义务教育的充分普及以及高中教育入学率的稳步上升，不同类型教育的入学率差异开始占据更大的篇幅。OECD 基础教育指标内容渐趋丰富，改变了以往只有单一参与率指标的状况，"参与什么类型的教育"相关指标得以增加。现在，义务教育或高中阶段教育参与率只占基础教育指标中较小一部分，因为总体的参与率只能说明该阶段教育在人口中的普及情况，而基础教育中的选择问题甚至公平与质量等更深层次的教育问题则要更多地靠各类教育的参与情况来呈现。

二是从关注"进入"转变为关注"产出"。教育的参与率体现进入该教育阶段的人数比例，完成率则体现该教育阶段的产出情况。为了更好地说明教育的产出状况，OECD 关注了处于过渡阶段的 15—29 岁各年龄段青年人所处的状态，尤其关注正在进入劳动力市场的青年人的学习和工作状态。

根据 OECD 2014 年的数据，OECD 各国平均超过 60％ 的 15—19 岁儿童（即通常正在高中阶段或正在向更高教育阶段过渡的人口）参加了高中教育，这些参与了高中教育的学生中有大约 60％ 参与的是普通课程。多数国家高中入学仍以普通课程为主。近年来，各国增加了高中课程的多样性。这种多样性既是对高中教育日益增长的需求的回应，也是课程改革的结果。课程逐渐从将普通课程和职业课程分开，转变为提供更全面的课程，使进入继续教育或劳动力市场的途径更灵活。①

衡量从学校到工作的过渡的一个常见标准是既没有就业也没有接受教育或培训的青年人（neither employment nor education or training, NEET）的比例。分析的重点是 18—24 岁的青年人。平均来说，OECD 成员国 18—24 岁的青年人中，有 15% 是 NEET 人群。在大多数国家，NEET 中的女性主要是赋闲在家，而男性则占没有找到工作的失业人群的较大份额。平均而言，在 OECD 成员国，18—24 岁的女性中有 11% 不主动找工作，也不再接受教育，而选择赋闲在家；而男性中只有 7%。女性失业且不再受教育者的比例是 5.7%，男性的比例是 8%。赋闲在家的女性中，不主动寻求工作的主要原因是育儿责任，而健康和其他因素则构成男性赋闲在家的主要原因。②

（三）高等教育的机会指标

在 OECD《教育概览》中，有关高等教育的二级指标相对其他所有教育层级出现的频次最多。在 1993—2017 年《教育概览》各年份的共 129 个指标中，高等教育出现了 52 次。也就是说，OECD 指标体系把超过 40% 的关注点放在高等教育上。

OECD 十分关注高等教育机会指标中"有多少人入学""谁入学"这类教育起点问题。OECD 还关注"进入什么高等教育"，包括 A 类③还是 B 类④、公立还是私立、全日制还是非全日制、普通水平还是研究生水平等。OECD 对于进入什么类型高等教育并不如基础教育阶段那样关注差别与质量，而更关注

---

①② OECD. Education at a Glance: OECD Indicators [R]. Paris: OECD, 2016.

③ A 类高等教育基本上是以理论为基础的教育，为进入研究生教育和对知识、技能要求较高的职业而设计，提供资格，传授高级技能。学制最短为全日制 3 年，也可能是 4 年或更长。这些教育不一定（通常）都是由大学提供的。

④ B 类高等教育通常比 A 类高等教育学制更短，侧重就业所需的实践性的、技术性的或职业性的技能，某些专业可能包括理论基础学习。学制最短为全日制 2 年。

不同高等教育类型的入学率分别有多少，因此还是集中在"进入"的问题上。同时，OECD 还关注高成本的高等教育完成率有多少这类结果问题。因此，高等教育机会指标可分为起点和结果两方面。

在高等教育的起点方面，OECD 首先关注的是"有多少人入学"。其次，在入学指标中，OECD 又关注"谁入学"这个问题。例如，初次进入高等教育新生的年龄、性别、国籍（是否为国际学生）等。OECD 尤其关注高等教育中的国际学生。再次，入学指标中另一主要衡量内容是"进入什么高等教育"。按高等教育的类型划分，有 A 类和 B 类、普通教育和职业教育衔接、研究生阶段的入学，以及不同的学科领域。同时，OECD 还从机构类型（公立、依赖政府型私立机构、独立的私立机构）、入学类型（全日制、非全日制）来看高等教育学生的分布状况。此外，OECD 还十分关注能否从中等教育顺利过渡到高等教育。

在入学指标中，OECD 首先关注的是影响入学率高低的学生特征，如年龄、性别、国籍等。高等教育新生的年龄又受到各国高中常规毕业年龄、高等教育机构容量、在接受高等教育之前进入劳动力市场的机会、服兵役等因素的影响。

机构类型也会影响入学率，如 A 类高等教育与 B 类高等教育入学率的差异就比较大。另外还有学科专业领域等。在这些因素中，又由于各国经济相互依赖的程度不断加深，国际学生数量日益庞大，OECD 尤其关注国际学生的主要目的国去除国际学生数量以后，高等教育或 A 类高等教育入学率的变化。由于资本、商品和人员在国与国之间倾向于自由流动的总趋势，再加上劳动力市场的开放，高等教育的国际化、跨文化特征也吸引着越来越多的注意。①

另一个受关注的高等教育机会指标关于结果，即能否顺利完成高等教育。大学辍学率和留存率可以作为高等教育系统内部效益的有用指标。高等教育的参与单位成本相当高，给政府机构和家庭增加了额外的经济压力。②若进入了高等教育却不能顺利完成，无疑会造成经济、时间、机会上的巨大浪费。1998—2000 年，OECD 在机会指标中设置了二级指标"高等教育的完成和辍

---

①② OECD. Education at a Glance: OECD Indicators [R]. Paris: OECD, 2016.

学"（completion of and drop-out from tertiary education），2001 年则使用"完成高等教育"（completion of tertiary education）这一指标。

在 OECD 成员国中，平均48%的青年人可能在 25 岁之前首次进入高等教育。数据表明，在大多数 OECD 成员国中，更早进入高等教育的趋势似乎是由女性驱动的。除了墨西哥以外，所有 OECD 成员国的女性在 25 岁以前进入高等教育的概率都比男性大，女性平均比男性高出 11%。

随着知识经济和知识社群的出现，研究和高级专业服务变得越来越国际化，许多学生正在寻求出国留学的机会以获得硕士或博士学位。在 OECD 成员国中，27% 的博士生或同等学力的学生和 12% 的硕士或同等学力的学生是国际学生。OECD 成员国的硕士、博士或同等水平外国和国际学生的留学目的地较为集中，美国占有最大比重（26%），其次是英国（15%）、法国（11%）、德国（10%）和澳大利亚（8%），这些留学目的国接收了约七成留学生。在高水平高等教育国际学生中，来自亚洲的学生是最大的国际学生群体，占国际学生总人数的 53%，其次是欧洲（24.6%）的学生。特别是，来自中国的学生占 OECD 成员国硕士和博士学位或同等学力的所有国际学生的 22%，是所有报告国家中最高的。①

（四）成人教育的机会指标

OECD 认为，发展终身学习机会的战略必须使眼光超越主流教育机构的范围，以保证有最佳的人力资本投资。②成人的继续教育恰是应对这种变化的途径，它能够帮助个人不断学习和运用新技能，以满足迅速变化的劳动力市场的需要，对所有国家应对经济竞争和人口变化挑战，以及解决失业、贫困和社会排斥等问题至关重要。③与成人教育有关的二级指标首次出现于 1995 年，除个别年份外，几乎每年都会设立成人教育二级指标。有时指向明确，这一指标就是关注成人继续教育和培训。成人教育机会指标主要关注该层级教育的起点与过程方面：起点方面，主要关注"谁可以获得成人教育机会"这一问题；过程方面，则关注"进入后可以获得什么"。

---

① OECD. Education at a Glance: OECD Indicators [R]. Paris: OECD, 2016.

②③ OECD. Education at a Glance: OECD Indicators [R]. Paris: OECD, 2012.

一开始，OECD关注的是成人继续教育的参与率。1995年首次出现该项指标，关注的是不同年龄组、不同初始教育程度成人的参与比率差异。而后，随着数据的积累，OECD根据前些年得出的结论逐步增加调查内容。如1997年增加已受雇与失业成年人参与率的差别、男女参与率差异、谁是资助者与未参加原因的分析。除了2001年将成人继续教育参与率与其他层级教育并置外，参与率始终是成人教育二级指标的重中之重。1997年，OECD开始关注参与率以外的内容。首先是参与强度：课时数，以成人教育参与者在"国际成人文化水平调查"中回答的第一门课的特征为基础，得到参加成人教育课程的平均小时数。其次，OECD也关注与工作有关的培训的教学手段，是使用如教育软件、广播电台、电视和录音、录像设备等新兴技术手段，还是使用如课程教学、阅读材料等传统手段。随着技术的进步，新技术也不断应用于教育，OECD对"可以获得什么"的关注面越来越广。

成人教育机会指标与其他层级的二级指标相比，最为特殊的是对"为什么未获得"的深究。1997年，OECD将未参加成人教育的原因归纳为个人处境与制度上的障碍两大类。个人处境原因主要是没有时间，可以解释为客观上的时间安排紧张，也可能是因为对所提供的成人教育课程不感兴趣；而制度上的障碍则是经济上的原因，其中又以个人处境原因为主。

OECD成人教育指标中较为典型的两种数据是：不同技能水平受雇主赞助的成人教育参与率、有不同年龄子女的成人教育参与率。OECD的调查显示，工人的生产率越高，雇主很可能就越有兴趣投资他/她的人力资本。几乎在所有国家，获得雇主赞助参与正规或非正规教育与教育程度或关键技能的熟练程度密切相关。良好的信息与通信技术（information and communication technology，简称ICT）可以为员工带来更多的雇主赞助机会，而信息与通信技术较弱或完全不会的员工得到的机会则相对较少。就各国的平均水平来说，拥有良好的信息与通信技术和解决问题技能的员工，有63%获得了雇主资助而参与正规或非正规的成人继续教育，而没有电脑经验的员工中只有18%获得了雇主资助。

2017年，成人继续教育指标首次涉及参与成人教育和在家中养育子女之间的联系，它补充了早期版本《教育概览》中发布的成人教育分析。之前的《教育概览》中提到，拥有更高的文化素养、数字技能和更高教育程度的成年人更多地参与成人教育。2017 年 OECD 提到，很有可能因为家中有年幼的子女而使参与率变低，因为缺乏足够的时间参与。平均而言，相对于不和年幼子女住在一起的同龄人（67%）来说，和年幼子女住在一起的年轻成年人（25—34 岁）参与继续教育更少（51%）。家中有年幼（小于 13 岁）子女可能对成人教育的参与而言是个负面因素。

四、过程指标

这里的教育过程指标主要指学校层面的指标，OECD 称之为"学习环境与学校的组织"指标，即 D 指标。它主要包括：学生课堂学习时间、生师比、教学时间、教师工资等。科学技术的发展使得有关信息化和计算机的指标出现，而且指标范围逐渐扩大，涉及学校和家庭使用信息与通信技术的情况、不同性别使用信息与通信技术的情况、学生和教师两大主体了解和使用信息与通信技术的情况等。2013 年以后，学校领导者和教师群体的发展情况受到越来越多的关注，教师结构、教师专业发展、教师的评价机制、教师参与学校管理等指标相继出现。

这些指标可以按照主体分为三个层面，即学生层面的过程指标、教师层面的过程指标和学校层面的过程指标。

（一）学生层面的过程指标

与学生相关的过程指标不仅说明学习者的属性，也说明他们在学校学习的状况，是衡量学习效果和教学质量最直接的指标。从出现的频次和年代覆盖率来看，班级规模、生师比、学生课堂学习时间成为最主要的三大指标。OECD 以教学时间来衡量学生有多少时间用于课堂学习，主要以计划课时数来统计学生有多少时间用于课堂学习，包括必修课程和非必修课程。

在学生课堂学习时间方面，从学段来看，2017 年，小学平均必修课时数为 800 小时，而初中达到 913 小时，相较于 1995 年略有下降。小学阶段，必修课时数较多的是丹麦、智利和澳大利亚，都高于每年 1000 小时；必修课时数较少的是拉脱维亚、波兰和芬兰，基本低于每年 650 小时。初中阶段，必修课时数较多的是丹麦、墨西哥和智利等国，也是高于每年 1000 小时；较少的是斯洛文尼亚、瑞典和希腊，都低于每年 800 小时。从学科分配来看，小学阶段，课时数主要分配给三门学科：读写及文学、数学和艺术，占了小学阶段的51%；初中阶段，40%的必修课时数主要分配给读写及文学、第二语言及其他语言和数学。澳大利亚、法国和墨西哥三个国家重视读写及文学、数学，在这两个学科上分配的课时与OECD平均值相等或者高于平均值，但是这三个国家在艺术学科上分配的课时远低于OECD成员国平均值。一个有趣的例子是，芬兰对这三门学科的课时分配相对比较均衡。芬兰尤其重视艺术教育，课时分配远大于OECD成员国平均值。

生师比指标在1993年《教育概览》中首次出现。班级规模指标在1997年《教育概览》中首次出现。随后，这两大指标基本年年出现，成为教育过程指标中两大稳定指标，说明这两个指标具有良好的适切性、一致性和可获得性。生师比和班级规模指标都涉及学生和教师的数量，是相互联系的统一体，它们从不同侧面共同反映教育资源的分配状况，但是两者的统计方式有所不同。班级规模指标（也称"班额"）一般指一个班级中的学生人数。目前OECD仅统计小学和初中阶段的平均班级规模。生师比代表了某一个学段全日制学生人数与全日制教师人数之比。班额与生师比都是用以衡量学生学业成绩、教育质量和教育资源的重要指标。生师比更多反映出教育资源的分配情况，通常，较低的生师比反映了学生可以获得更多的教育资源，在班级中和课堂上得到更公平的机会。

OECD一般用入学的学生数除以班级数，得到班级规模数据。为了确保各国数据的可比性，班级规模数据不包含特殊教育课程，数据仅指小学和初中的常规课程，不包含常规课堂外的小组教学。平均班额的测量有两个维度。第一个维度是不同学段的平均班级规模，分为小学和初中。由于更高学段的学生会根据学科不同分为不同的班级或者子班级，因此高学段的班级规模较难定义和比较。第二个维度是公立学校和私立学校。公立学校和私立学校的班级规模存在差异，私立学校的生师比略低于公立学校的生师比。生师比的高低对各个学科的师资分配、教师工资的制定、教学人员和非教学人员的比重、教育资源利用效率等提出了不同的要求。为了提高教学质量，OECD提出建议：降低生师比，以小班授课为主，提升教育质量；控制非教学人员的比重，提高教育资源利用效率；均衡各学科生师比，使之合理地满足各自的需求。

目前来说，OECD成员国中，2005—2015年，初中平均班级规模都大于小学，小学和初中阶段的平均班级规模总体趋势都在下降。小学阶段，OECD 平均班级规模为 21 名学生。根据《教育概览》（2015 年）统计，除了智利的平均班级规模为 30 人，以色列和日本为 27 人，大部分 OECD 成员国的平均班级规模小于 27 人；平均值在 21 人以下的有 13 个国家，平均班级规模最小的是拉脱维亚和卢森堡，为 16 人。初中阶段，OECD 成员国的平均班级规模为 23 人。OECD 成员国中，平均班级规模最大的是土耳其，为 34 人；之后是日本（32 人）、智利（31 人）、韩国（30 人）。平均班级规模在 23 人以下的有 15 个国家，班级规模最小的是拉脱维亚（15 人），芬兰小学和初中的平均班级规模都小于 OECD 成员国的平均水平。东亚国家日本和韩国的平均班级规模则大于 OECD 成员国的平均水平。

根据统计，2005—2015 年，在大部分 OECD 成员国，小学和初中阶段的生师比维持不变或者显示出下降趋势，而高中的生师比略有上升。同时，在初中和高中阶段，平均而言，OECD 成员国私立学校的生师比略低于公立学校的生师比，分别为 12∶1 和 13∶1。OECD 成员国小学的生师比明显高于初中和高中，反映了教育资源分配比例的不同。10 年间，小学生师比呈明显下降趋势。OECD 成员国小学平均生师比为 15∶1，其中墨西哥生师比达到 27∶1；最低的是挪威，生师比为 10∶1。OECD 成员国初中的平均生师比为 13∶1，其中墨西哥生师比达到 34∶1，远远超过平均值；最低的是斯洛文尼亚和拉脱维亚，生师比为 8∶1。芬兰小学和初中的生师比都较低，分别为 14∶1 和 9∶1，低于 OECD 成员国平均值。

（二）教师层面的过程指标

教师层面的过程指标包括四类：第一类是有关教师基本情况的指标，包括教师年龄和性别构成；第二类指标关乎教师的教学时间，这个指标不仅测量教师的不同工作时间构成、课时数等信息，还统计教授任务和职责等；第三类指标是教师工资，包括不同类型学校和不同学段、不同年龄和不同性别教师的薪资情况；第四类指标有关教师培训和教师专业发展。

教师的年龄结构是指教师的不同年龄阶段构成，分为 30 岁及以下、30—39 岁、40—49 岁、50—59 岁、60 岁及以上共五个年龄阶段。性别结构是指教师中男教师和女教师的构成，分别统计男性教师和女性教师在全体教师中的占比。

不少 OECD 成员国面临教师结构老龄化的问题。2015 年，OECD 成员国 50 岁以上的教师平均占小学教师的 32%，占初中教师的 36%，占高中教师的 40%。2005—2015 年，OECD 成员国 50 岁及以上教师的比例，从小学到高中阶段平均上升了 5%，日本上升了 10%，韩国上升了 7%，上升最多的是希腊，为 16%。从性别结构来看，在所有学段，OECD 成员国中，平均有三分之二的教师是女性，而随着学段的上升，女性教师的比例在下降。学前教育的女性教师比例是最高的。2005—2015 年，每个学段的女性教师比例都在上升，从小学到高中平均上升了 3%。大部分 OECD 成员国都是学前女性教师占比最高，从小学、初中、高中到大学依次减少。OECD 成员国学前教育阶段女性教师平均比例为 97%，也就是说，绝大部分学前教育的教师是女性。

OECD 主要通过测量教师的教学时间和工作时间来统计教师的工作量。教学时间指一位全职教师一年教一个组或者一个班级学生的小时数。工作时间包括教学时间和非教学时间，指的是全职教师的在校工作小时数。非教学时间与教学或学校事务也有关系，指教师用于与教学相关或者与学校任务和专业发展相关的小时数，如备课、批改作业、参加学校会议和教师培训等。《教育概览》对教师教学时间的统计有详细的分类。首先，只统计了公立学校的教师；其次，统计了学前、小学、初中、高中四个阶段教师的教学时间，分别按周数、天数、小时数统计；最后，还详细统计了初中学段的教师除教学以外所承担的备课、批改作业、一般行政工作、与同事的团队工作、与家长沟通等职责，分为必要性、由学校自行决定、由教师个人自愿、不要求四个层次。

OCED 将教师工资作为教师收入的一个指标。从 2004 年开始，教师工资指标在《教育概览》中年年出现，报告了由官方薪级确定的法定工资，对象是从学前到高中阶段公立学校的教师，根据四个层次进行统计：起点工资、10 年教龄工资、15 年教龄工资和最高工资。教师工资是教育投入的一部分，在正规教育经费支出中所占比例最大。OECD 对教师工资进行国际比较，可以了解各个国家的教师从工作中得到的薪酬和福利，判断在不同国家教师职业的吸引力。在大部分 OECD 成员国，教师工资随着学段上升而增长。就 OECD 成员国平均水平而言，2005—2015 年，教师法定工资和 15 年教龄工资从学前到高中都在增长。但是，2005—2015 年，有三分之一 OECD 成员国的教师法定工资下降。通过对 2017 年《教育概览》相关数据进行分析，我们发现，教师工资有以下几大特征：第一，教师工资随着学段上升而增加，从教师法定工资平均值来看，从小学阶段到高中阶段，四个层次逐步增长；第二，教师的工资和工作年限成正比；第三，相同学段、相同年龄段的男性教师工资高于女性教师；第四，除了学前教育阶段女性教师平均实际工资高于男性教师之外，其他三个学段的女性教师平均实际工资都低于男性教师。

教师专业发展是指教师是否有资格胜任教师这个职业，在专业领域是否得到充分的培训，是否有可持续发展的专业前景。OECD 非常重视评估教师的专业发展，在 1995 年、2000 年、2003 年、2014 年分别设置了与教师专业发展相关的过程指标，着重对职前培训、初任教师培训、具体的教师专业发展活动予以测量。近年来，OECD 不仅关注职前培训和初任教师培训指标，而且越来越重视在职教师的专业发展指标。

（三）学校层面的过程指标

以学校为整体构建过程指标体系，OECD 将重点放在校长领导力、信息与通信技术在学校的应用与发展这两方面。

校长领导力的指标主要涉及四个方面。第一，校长的基本情况，包括年龄、性别、专业发展等。第二，校长的教学和管理资历。第三，校长与教师的互动关系，尤其是校长对教师工作的支持，包括：与教师合作解决课堂纪律问题；课堂教学观察；支持教师合作，进行新的教学实践；确保教师提高教学技能；增强教师对学生学习结果的责任感等。第四，校长参与学校管理和发展。通过四个方面的数据统计，OECD 重点考察校长分布式领导的特征和发展趋势，以及校长领导力对学校决策和发展的影响。

据 2013 年 TALIS 统计，OECD 成员国初中校长的平均年龄为 52 岁，校长年龄在 30 岁以下的只占校长总人数的 0.1%，30—39 岁的占 6.3%，40—49 岁的占 28.4%，50—59 岁的占 47.8%，60 岁以上的占 17.4%。OECD 成员国中，女性校长所占比例为 45.1%，低于男性校长所占比例。OECD 成员国中女性校长比例最低的是日本，仅为 6%，其次是韩国 13.3%，这可能与东亚一些国家男性与女性地位失衡的传统观念有关。

TALIS 通过统计校长参加专业发展活动的比例、平均天数和类型来比较

OECD 成员国校长专业发展的状况。根据 TALIS 2013 年的统计，OECD 成员国不参加任何专业发展活动的校长比例仅为 8.9%，说明大部分校长都参与专业发展活动。参加专业教导和研究活动的校长比例为 52.6%，参加课堂观察、会议等活动的校长比例为 85.2%，表明大部分校长都参与与专业发展相关的研究和教学活动。

OECD 对信息与通信技术的应用与发展的统计包括四个层面：学校和家庭的计算机使用情况，教师的信息与通信技术培训，不同性别教师和学生使用信息技术的态度和经历，高中阶段教师和学生信息与通信技术的使用情况。信息与通信技术对个人和学校都有着不同的意义。为什么要使用信息与通信技术？第一，降低教育成本，优化学校管理效果；第二，增加学生技能，OECD 的理念就是适应知识经济、知识社会，提高劳动力技能；第三，改善教与学，优化教育效果。

对信息与通信技术的测量始于 1998 年，主要聚焦于学校计算机的使用情况，学生在学校和家庭中使用计算机和网络的程度，学校缺乏信息与通信技术资源对教学造成的影响，教师接触信息与通信技术的情况。信息与通信技术的指标主要集中于评估学生和教师的计算机可使用率。2015 年，有关信息与通信技术的指标发生了变化。首先，强调 15 岁这一学生首次接触网络的年龄，从接触网络的年龄判断学生的信息技术素养发展。其次，测量学校教育资源质量的变化情况，如基于计算机和网络的教科书、电脑软件等。再次，关注不同性别的学生在电脑和纸笔测试中的差异。最后，评估的重点依然是教师和信息与通信技术，测量教师是否利用信息技术提高教学效果。

OECD 通过三个维度测评学生使用电脑和互联网的情况。一是年龄，二是学生数与电脑数之比，三是使用时间。2012 年 PISA 的调查显示，OECD 成员国学校和学生使用信息与通信技术的情况呈现三个特点。第一，OECD 成员国中，所有 15 岁的学生都能在学校接触到计算机。但是，学生与计算机的比例非常不同，最好的是澳大利亚，平均每个学生可以拥有一台以上计算机；而在土耳其，45 个学生才能拥有一台计算机。第二，平均来说，大约 15% 的学生报告，他们第一次接触互联网是在 6 岁或者 6 岁以前，荷兰、丹麦、挪威、瑞典、新西兰、芬兰、澳大利亚等国家的学生在 6 岁或 6 岁以前第一次接触互联网的比例更高，说明这些国家的信息与通信技术配置好，较早给学生提供了接触互联网的机会和使用互联网的教学。第三，平均来说，OECD 成员国 47% 的学生在学校使用互联网的时间为 1—60 分钟，17% 的学生为 1 小时或 1 小时以上，36% 的学生在学校从来不使用互联网。OECD 还统计了 15 岁学生在学校每天使用互联网的时间，成员国的平均值为 25 分钟，其中，澳大利亚最高，学生每天平均在校使用互联网的时间达到 58 分钟，韩国最低，仅为 9 分钟。

OECD 主要从以下三个方面统计教师的信息与通信技术情况。

一是教师在教学中使用信息与通信技术的频率。平均来说，OECD 成员国中，40% 的初中教师报告，在课堂作业或项目中，学生"频繁"或"几乎在所有功课中"使用信息与通信技术。国家之间的差异比较大，最低是日本，只有 10% 的教师认为学生"频繁"使用信息与通信技术；最高的是丹麦，高达 74%。

二是教师对信息与通信技术的需求。平均来说，OECD 成员国中，有 18% 的教师认为，在教学领域需要掌握信息与通信技术，15% 的教师则认为在工作领域需要掌握新技术。

三是教师接受的信息与通信技术培训。平均来说，OECD 成员国中，有 51% 的教师参与了教学领域的信息与通信技术培训，36% 的教师参与了工作领域的信息与通信技术培训。教学领域，教师参与度最高的是澳大利亚和墨西哥，超过 70% 的教师参与了相关培训；最少的是日本，只有 36%。工作领域，参与度最高的是美国和澳大利亚，均为 57%；参与度最低的是挪威，仅为 7%。大部分 OECD 成员国的教师认为，信息与通信技术对他们的专业教学和工作都会产生积极的作用，OECD 成员国的平均值分别为 80%（认为对教学产生影响的教师比例）和 79%（认为对工作产生影响的教师比例）。

第四节　教育指标：如何引领教育发展

如果说二战后的几十年世界教育发展的重点是教育规模的逐步扩大，那么进入 20 世纪 80 年代后，各国开始追求教育质量的提升。世界各国不仅关注教育公平的发展，更关注教育质量的提升；不仅关注本国教育自身的发展，更关注本国教育在国际评估中的位置；不仅关注本国教育的特色优势，更关注借鉴他国的教育经验。正是在这样的大背景下，OECD 通过加强对国际教育指标的研究，探索具有国际可比性、高信度、高质量的国际教育指标，引领和影响着国际教育政策的走向。

一、OECD 教育指标：对政策的敏感性

OECD 在官方网站的显著位置清晰地表明了它的价值立场："政策，让生活更美好。"（BETTER POLICIES FOR BETTER LIVES.）为了实现"更美好"的生活，作为政府间组织的 OECD，其作用主要是影响各国的宏观政策，探索一种有效地影响决策和推行其政策建议的方式。可以说，政策相关性和政策敏感性是教育指标体系的生命力。

追溯 OECD 教育指标发展的过程，政策影响力对于教育指标项目能否推行的关键作用清晰可见。1973 年 4 月，OECD 发布报告《引导政府决策的教育指标体系》。该报告提出了衡量教育影响个体和社会的 46 个指标。指标结构包括六个部分：教育在知识传递过程中的作用，教育在争取机会平等和社会流动中的作用，教育在适应社会经济发展需要方面的作用，教育对个体发展的作用，教育在价值观传递和演变过程中的作用，在争取上述政策目标过程中资源的有效利用。尽管做了充分的准备，但这一指标体系并未带来预想中的影响力。究其原因，在于政治上缺乏政策相关性，社会科学发展存在局限性等。于是，OECD 在教育指标体系方面的研究暂时沉寂下来。OECD 在总结该项目失败的教训时认为，重要的原因就在于指标信息和政策之间没有建立直接联系，指标信息不能为政策制定者提供明确、及时和政策敏感性强的信息，这样就得不到决策者的支持。[①] 没有政策制定者和决策者的支持，指标体系研究的经费来源以及其合法地位也就失去了保障。

---

① BOTTANI N, TUIJNMAN A. International Education Indicators: Framework, Development and Interpretation [C]//Making Education Count: Development and Using International Indicator. Paris: OECD, 1994.

20 世纪 80 年代和 90 年代，OECD 教育指标体系研究的进展以及 OECD 第一套完整意义上的教育指标体系的出台正是在抓住政策相关性和政策敏感性的基础上实现的。所以，当 1987 年 OECD 重启"国际教育指标项目"时，首先强调指标项目的"政治背景"和"政策需要"，甚至有学者直接将其称为"教育政策指标"。正如 2014 年《教育概览》的编者寄语开篇提到的：OECD 致力于寻找证据和开发工具，供决策者在制定新政策时使用，从而达成包容性增长这一目标。① 确定"影响政策"这一基本目标后，还需要通过切实的努力来达成。毕竟，OECD 自身并不具有对成员国的强制力，只能通过国家之间的比较所产生的压力，促使决策者采取行动。

因此，OECD 在形式上采用便于比较的结构，在数据采集上力求推广国际测试，在指标体系框架上尽可能满足决策者对教育产出与效益的关注。围绕"影响政策"这一核心，OECD 通过年度报告《教育概览》、国际成人扫盲调查（the International Adult Literacy Survey，简称 IALS）、教育指标项目、PIAAC，以及与联合国教科文组织和世界银行一起制定世界教育指标等工作，通过 PISA 和国家专题政策审查，不仅对国家内部的政策制定产生了作用，而且在构建全球教育政策空间方面也具有重要意义。②

OECD 教育指标项目并不满足于对教育进行简单的数据统计，而是在教育统计的基础上进行"加工"，目的就是更好地建立教育指标信息与政策的相关性，使其更具可比性，使信息的指示功能更强。OECD 教育指标的选择标准十分明确。为了保证指标的质量，OECD 每隔两年会对各个指标进行评估，确定哪些指标要保留，哪些指标应该删除。指标筛选的标准是：（1）提高跨国分析的价值；（2）增强跨国分析的持久性；（3）明确概念和定义；（4）保证指标计算方法的科学性；（5）确保指标的源数据质量；（6）提高指标的可解释性。③ 同时，每年都会有新的指标被纳入，新纳入指标的类型往往反映了当时国际教育发展的新形势和新需求。OECD 希望通过教育指标反映三方面的政策问题：

---

① OECD. Education at a Glance: OECD Indicators [R]. Paris: OECD, 2014.

② GREK S. Governing by Numbers: The PISA "Effect" in Europe [J]. Journal of Education Policy, 2009 (1): 23-37.

③ 艾蒂安·阿尔比瑟. 走进 OECD 教育指标体系 [J]. 崔俊萍，编译. 世界教育信息，2014，27（17）：46–49.

教育成果与教育供给的质量问题；教育成果的平等及教育机会公平问题；资源管理的充分性和有效性问题。

选择与构建指标的背后蕴含了指标体系的创立者对教育的理解和所秉持的教育理念，从中能够明显看出对新自由主义理念的信奉和对人力资源理论的推崇，强调教育的经济功能和工具价值，强调绩效、问责和量化，忽视了幸福感、公民素养和社会公平等难以量化的教育内容，从而窄化了教育内涵的丰富性与内容的多样性。教育不仅是经济增长的工具，也是人的基本权利。教育不仅仅是提升人力的手段，人本身就是教育的目的。正因为如此，有不少学者公开谴责 OECD 过于强化量化技术和标准化测试，重视教育的短期效应和经济效益，正在"破坏全球教育"。① 这也提醒我们，在借鉴 OECD 教育指标好的一面的同时，也要注意其存在的弊端，要结合我国的教育实际进行本土化改造。

二、OECD 教育指标：对政策的引领性

教育是有关"人"的活动，是十分复杂的，而教育决策也涉及政治力量的博弈和利益相关者的游说，要实现教育决策的科学化，需要对如此复杂的教育现象、教育体系、教育规模与质量等有尽可能全面与详细的了解。此时，具备标准化、系统化特点的教育指标便成为决策者能够倚仗的工具，成为引领教育政策发展方向的重要"指南针"。教育指标引领教育的未来发展，具体表现在如下几个方面。

第一，教育指标可以作为变革的催化剂。教育指标测评的数据或证据，可以成为变革的催化剂，帮助反思教育自身的问题，改进教育系统，推进教育的持续变革。比如，美国在国际测验中的指标成绩较差，因此 1983 年发布报告《国家处在危险之中：教育改革势在必行》；PISA 测试中，德国学生成绩低于 OECD 成员国的平均水平，暴露了在教育结果方面德国学校之间的巨大差距，引起了德国对教育公平的高度关注；荷兰教师曾在将教师工资指标与邻国进行比较后，游说政府部门提高工资。也正是因为这些数据的影响，芬兰的教育

---

① OECD 与 PISA 正在破坏全球教育——全球 80 位专家学者给 OECD 的公开信［J］.侯定凯，编译.世界教育信息，2014（17）：52–56.

成就被全世界关注，上海的教育在参与 PISA 测试之后名扬天下。这些例子说明，指标是教育改革的催化剂，是教育政策变革的动力。

第二，教育指标有助于在更大视角下审视国家教育目标。教育指标可以在促进各国制定理性的教育目标方面发挥重要的作用。国际基准使得各国可以在更大的参照系内看待问题，使得学校与教育体系可以通过其他国家的"棱镜"审视自己。教育指标不仅提供了对现状的描述，而且能够借助比较的优势绘制他国及世界教育发展的图景，为决策者分析和把握教育发展的宏观趋势提供资料，扩大国家教育目标的视角，从而全面提升教育战略决策与宏观预测的科学性。

第三，国际比较提供了一个参照系，可以评估教育改变的速度，分析影响教育发展的因素。一国的框架使得国家可以评估入学人数增长等方面的进步，而 OECD 的教育指标使得国家可以评估这样的进步与其他国家的变化速度相比较而言的情况。[①] 例如，学生数和教职工数是两个典型的统计数据，能够传达的信息有限，但是通过计算，生师比便成为一个指标，显示了当前教育的两大主体之间的数量关系，并提供了更多有价值的信息。由这些指标构成的结构化的体系，在教育与经济、政治背景，投入、过程和产出之间搭建起桥梁，增强了数据所承载的意义，为宏观教育决策和计划提供依据，对教育工作的运行状态进行监测，帮助学校管理和教育服务提高质量。

为了加强数据的可比较性，OECD 教育指标参照了联合国教科文组织制定的《国际教育标准分类法》。此标准把整个教育系统分为早期教育、初等教育、初级中等教育、高级中等教育、中等后非高等教育、短期高等教育、学士或同等学力、硕士或同等学力、博士或同等学力共 8 级。此标准便于各个国家把以国家为单位的教育概念和数据转换为可以在国际上进行国别比较和解释的国际数据。OECD 还拟定了《国际比较教育统计手册：概念、标准、定义与分类》（OECD Handbook for Internationally Comparative Education Statistics: Concepts, Standards, Definitions and Classifications），从相关性、准确性、可信性、及时性、可获取性、可解释性和一致性七个维度来分析数据的质量，对每个指标的概念进行界定，对指标的测算方法进行说明，尽量保证国家间的一致性，从而

---

① OECD. Education at a Glance: OECD Indicators [R]. Paris: OECD, 2011.

增强可比较性。①②

　　OECD 极力倡导"有一分证据说一分话"，在全球积极推动基于证据的政策，开展基于证据的研究，帮助决策者避免基于惯例、个人经验或直觉的决策，尽可能降低非理性因素在决策中可能产生的负面效果，在更充分的信息和科学证据的支持下进行前瞻性的决策，帮助决策者理性思考、科学审视、谨慎权衡，以确保政策的合理性、有效性和科学性。

　　①　OECD. OECD Handbook for Internationally Comparative Education Statistics: Concepts, Standards, Definitions and Classifications [EB/OL]. (2018-09-11) [2023-07-26]. http://dx.doi.org/10.1787/9789264279889-en.

　　②　OECD. Quality Framework and Guidelines for OECD Statistical Activities, Version 2011/1, Statistics Directorate [EB/OL]. (2011-12-16) [2023-07-26]. http://www.oecd.org/officialdocuments/publicdisplaydocumentpdf/?cote=std/qfs(2011)1&doclanguage=en.

第二章　教育产出指标

　　教育的本质是促进人的发展，人的发展又进一步推动社会的进步，因而教育产出是立足于人和社会的。量化的、可视的产出指标旨在具体衡量教育对个体和社会产生的影响。20 世纪后，各国逐渐认识到教育在促进经济增长、推动社会发展、培养下一代公民、增强国家竞争力等方面的重要作用，意识到研究教育产出的重要意义。通过对 OECD 成员国的教育产出进行对比，了解不同国家教育系统的发展状况，能够为我国的教育实践和教育改革提供一定的借鉴，也能为未来各国教育发展和政策制定提供依据。①

第一节　指标概述

一、指标形成的背景

　　教育指标是经过挑选的统计数据，旨在向决策者、教育工作者和公众提供

---

　　①　如无特殊说明，本章所有数据均来自 OECD 2013—2018 年《教育概览》(相关链接：https://www.oecd.org/education/education-at-a-glance/)，主要选择美国、英国、德国、法国、加拿大、澳大利亚、韩国、芬兰、日本、墨西哥等 OECD 成员国以及伙伴国俄罗斯进行比较。中国数据以同一时期中国官方发布的社会与教育统计年鉴数据为主。

有关教育系统状况的信息。①20 世纪 80 年代以来，随着提高教育质量的教育政策的出台，教育指标和教育指标体系在世界范围内成为教育研究的热点领域。将教育指标体系作为评价教育发展的依据，进而指导未来教育发展决策，成为各国教育管理部门的共识。

在这一过程中，教育的产出指标成为世界各国教育政策设计和研究的重点关注内容。特别是 20 世纪 60 年代以来，通过了解教育产出结果是否满足经济和社会发展的需求来了解教育发展状况，并为未来教育发展和政策制定提供依据，成为教育指标体系设计和研究的重点领域。人们越来越多地认识到，只有充分理解个体及机构层的学习成果及其投入和过程的关系，才能对教育体系的发展功能及影响等进行评价。② 多个国家、地区和国际组织的教育政策均体现了对教育产出的关注。比如，英国伦敦大学的学习收益研究中心（Wider Benefits of Learning）从集体、社会和个人的视角集中研究教育的经济产出。③ 美国自 1983 年发布报告《国家处在危机之中：教育改革势在必行》以来，积极致力于教育指标的开发和完善。在加强学校、教师和教育体系问责的背景下，学习评估成为一种国际化的趋势，各国将 PISA 作为一种有效和可靠的工具，来衡量教育体系的产出。④

教育产出指标的正式表述是"教育机构的产出及学习的影响"。自 1992 年以来，在多次修改和完善的基础上，《教育概览》形成了四个方面的指标，将产出指标列为 A 类指标，体现了对产出指标的高度关注。在产出指标的表述中，使用 The Output of Educational Institutions and the Impact of Learning，即"教育机构的产出及学习的影响"。《教育概览》中分别介绍了教育的个体产出、教育机构内部的产出和教育的社会产出，以及个人受教育水平对个人和社会发展带来的影响，体现了对教育产出指标的关注、对教育产出内容研究的深入和

---

① OAKES J. Educational Indicators: A Guide for Policymakers [EB/OL]. (2021-12-24) [2023-07-16]. https://www.rand.org/pubs/occasional_papers-education/OPE01.html.

② OECD. Education at a Glance: OECD Indicators [R]. Paris: OECD, 2011.

③ OECD. Understanding the Social Outcomes of Learning [R]. Paris: OECD Publishing, 2007.

④ BREAKSPEAR S. The Policy Impact of PISA: An Exploration of the Normative Effects of International Benchmarking in School System Performance [R]. Paris: OECD Publishing, 2012.

产出指标设计的系统性。目前对教育产出还没有一个标准的衡量方式，各国和各国际组织仍然在进行不同的尝试，通过构建不同的教育产出指标体系来对本国教育产出或者是各国教育产出情况进行比较分析。OECD 作为最早提议并尝试建立教育指标的组织之一，其教育产出指标体系经历了较长的发展阶段。在此期间，其教育产出指标体系根据实际发展需求进行了数次调整，这对了解教育产出指标的设立和发展具有一定的参考价值。OECD 教育产出指标体系的调整、丰富和完善，旨在更好地丰富对教育质量的理解、对教育成果的界定、对教育收益的认知。一方面，能够帮助各国了解教育系统内部的发展状况，比对世界教育发展趋势，衡量本国教育实践并进行及时有效的监测和改进；另一方面，在教育治理和教育政策制定过程中越来越关注循证研究，强调对数据和信息的梳理及应用，真实的教育信息和数据对教育决策和教育的发展逐渐显现出重要作用。同时，受到各种国际组织和全球教育政策的影响，各国的教育政策制定者越来越关注本国教育在国际测试中的表现，在制定教育政策时尝试和全球化的教育政策话语相联系。因此，对教育产出进行衡量，能够为教育政策制定提供参考数据和信息，并且能够通过教育产出的国际比较为各国教育发展提供参考基准。

二、指标内涵

教育产出的内涵相当复杂。对教育产出的讨论最初主要集中在经济学家对教育收益的讨论上，如货币效益和经济效益层面。但随着理论的深入和研究的发展，教育的效益不仅仅局限于对经济的促进，还表现在对技术的革新、公民的培育以及和谐社会的构建上。我国有学者从教育结果的角度，将教育产出分为教育内部产出和外部产出，也叫直接产出和间接产出。[①] 教育的内部产出侧重学生的知识技能、思想品质的变化。教育的外部产出是指教育通过受教育者而产生的对社会经济的作用和贡献。

当我们讨论"什么是教育产出"的时候，关注的是教育能够带来什么结果。教育的结果不只体现在受教育者身上，更表现在促进社会经济发展、提升国民素质上。因此，教育产出应该是教育活动为个人、社会带来的效

---

① 袁连生，袁强 . 教育投资内部效率探讨 [J]. 教育与经济，1991（1）：18–22.

益和价值。

　　围绕教育机构的产出和个体教育水平对学习的影响两个维度，OECD 在设计指标内容时，主要从微观、中观和宏观三个层面考察教育产出，即分别从个人、教育组织和社会三个层面设计教育指标体系，并以此为基础，围绕父母受教育水平对子女学历的影响、受教育水平对就业的影响、受教育水平对个人收益的影响、中等教育毕业率、高等教育毕业率、完成高等教育学生数（率）、成人受教育水平、教育社会效益等方面界定教育产出的内涵，并设置相应的指标体系。

（一）教育的个人产出

1. 父母受教育水平对子女学历的影响

　　"家长受教育水平是否影响学生接受高等教育的机会"是 OECD 教育指标体系中教育产出的二级指标。《教育概览》自 2014 年开始，增设"父母受教育程度对高等教育入学影响有多大？"这一指标。该指标通过统计父母的受教育水平，了解父母受教育程度对其子女学习的影响。父母受教育程度对子女学历影响的相关指标源于"成年人技能调查"，该调查是 OECD 的国际成人能力评估项目的一部分，旨在分析父母受教育程度对子女高等教育参与率的影响。[①]家庭教育是学生身心成长的根本和基石，是名副其实的"培根教育"。近年来，世界各国普遍关注家庭教育，研究家庭对孩子成长的多维机制。其中，解释家长的受教育水平与学生的受教育情况之间的影响机制，对更好地发挥家庭教育的"培根作用"具有重要的现实意义。

　　设置关于父母受教育水平对子女学历影响的个人产出指标，体现了 OECD 对教育的个人产出的认识和理解的深化。这一指标旨在将最初的直接关注各国教学效果、测验成绩、学科素养等，转向关注学生学业和素养差异背后的社会经济条件、父母的受教育水平和学生的移民背景等多种背景性因素的影响。在这些背景性因素中，重点关注由家长教育水平，特别是是否受过高等教育带来的教育代际影响。OECD 研究指出，一个学生，其父母的教育水平比学生个人

---

① OECD. Education at a Glance: OECD Indicators [R]. Paris: OECD, 2014.

的年龄或性别等因素更能据以预测其个人的受教育水平。[①] 父母受教育水平在一定程度上会影响子女的学习状况和受教育水平。父母受教育水平的高低直接影响子女的家庭文化环境。父母受教育水平高的家庭，子女接受高等教育的机会更多。指标统计 OECD 成员国父母受教育程度对子女受教育情况的影响，为解释社会教育阶层和代际流动提供了依据。代际流动是指父母子女间的社会经济地位的变动。代际流动水平较高，意味着子女的资源和社会地位受父母的影响较小，是社会机会公平的表征。自《科尔曼报告》发布以来，大量研究表明，子女的受教育情况与家庭的文化资本、经济资本和社会资本紧密相关。父母受教育程度可以看作家庭文化资本的解释变量，而学历又与职业、收入等关系密切。因此，父母受教育水平是衡量家庭背景的重要指标。对父母受教育水平与子女学历之间的关系进行解释和衡量，有助于我们发现家庭背景与子女教育之间的相关性。因此，家庭背景与教育获得之间的关系就成为衡量教育公平性的重要指标之一。我国的教育代际流动水平尤其值得关注。

2. 受教育水平对就业的影响

研究受教育水平对就业的影响，立足于社会需求来完善当前的课程体系，对促进学校教育更好地与社会发展接轨具有重要价值，有利于毕业生做好更充分的准备。

就业率依赖于劳动力市场的供应，失业率取决于雇主对劳动者的要求。但不论从哪个角度讲，高学历者通常都更占优势。OECD 成员国的劳动力市场要确保受过良好教育工人的稳定供应，以促进经济发展。通常来说，就业率随着教育水平的提高而增高。大量的投入使得劳动力的受教育水平提升，就业率就会提高。高学历者失业率也较低，因为在劳动力市场竞争中，高学历者占更多知识技术优势，雇主也更容易雇用高学历者。

受教育水平对就业影响的数据在 2000 年、2001 年归入指标"E 个人、社会与劳动力市场教育结果"，2002 年以后归入指标"A 教育机构的产出及学习的影响"。从人力资本的角度看，经济的运行状况与投入市场的劳动力息息相关。作为一种投入，教育的经济成果表现在就业率和工资水平等方面。

在 OECD 教育指标体系中，受教育水平对就业的影响属于主要指标，有

---

① OECD. Education at a Glance: OECD Indicators [R]. Paris: OECD, 2017.

明确定义且没有多大变动。就业率、失业率是衡量教育水平对就业影响的典型指标，这两个指标在2004—2017年始终存在，且未有变动，只是按性别和学历划分的细致程度有所不同。

在OECD教育指标统计中，2004年及以后的有关教育指标表述为"就业率"，而之前是"劳动力市场参与率"，就业率不等于劳动力市场参与率。就业率在2004年以前虽未明确给出，但可以通过劳动力市场参与率和失业率计算得出。

OECD的计算方式与国际劳工组织（International Labour Organization，简称ILO）及其召开的劳动力统计会议建议测量劳动力参与的概念相符，具体见表2-1。

表 2-1　劳动力市场参与概念

人口总数	$P=E+U+I=L+I$
劳动力市场参与率	L/P
劳动力闲置率 [1]	I/P
就业率 [2] 或者就业人口比	E/P
未就业率	$U/(E+U)$
注释: $P=$人口总数　　　　$E=$就业人口数　　　　$U=$未就业人口数 $L=$劳动力$=E+U$　　$I=$非劳动人口$=P-L=P-E-U$	
在一些情况下，尚未就业人群计算公式是: $P-E$ 或 $U+I$	

劳动力市场参与率不同于就业率。劳动力市场参与率是有劳动能力的人口数（劳动力）占人口总数的比例，而劳动力是就业人口数和未就业人口数的总和。就业率是指就业人口数占适龄劳动年龄人口的百分比（就业人口数除以有劳动能力的人口数）。[3] 在此基础上，按照性别、年龄、学历等划分组别进行

[1][2]　出自2005年英文版《教育概览》第107页，根据书中英文表述转化为表格。

[3]　表2-1中就业率的计算公式与此处的解释不符。两者均出自OECD《教育概览》。——编者注

各组内计算。未就业率是指劳动力中的未就业人口的百分比，计算方法同就业率。

3. 受教育水平对个人收益的影响

职业无贵贱，但不同职业的收入存在显著差异。受教育水平的高低影响着择业观念、就业领域，因此受教育水平和收入水平之间也存在内部联系。影响收入的因素很多，如学历、工龄、能力、行业等。收入水平是对职业领域和受教育状况的一个侧面反馈。通过研究不同受教育水平人群的收入状况，也能直接了解社会对不同教育水平和职业领域人才的需求状况，可以有效地优化当前的人才培养模式，让学校教育和社会服务更好地联系起来，使学有所用、学有所长。

对个体来说，人与人之间的收入存在差异并通过工资等级来体现。对市场来说，为受教育水平更高的工作者提供更高的工资，是激励员工发展的一种方式。当今社会对高学历和高技术的追求可以用人力资本来解释。人力资本是一个长期的指标，是通过教育或者技能训练取得的各种学术增长量的总库存，并最终在劳动力市场中促进收入的增加。按照人力资本的观点，一个人取得相对较高的工资，是由于他在提高技能或生产力水平方面花费了更多资金。

在许多国家，高等教育和非高等教育构成了一个转折点，超过临界点，额外的教育就会引起特别高的增值。高等教育和高中教育这两种学历水平之间的收入差距通常比高中教育与初中教育、初等教育或初中教育与初等教育之间的收入差距更明显。但这种正相关关系并非一成不变，其调整期可能会很长，调整的速度在很大程度上取决于教育系统对劳动力市场产生的需求作出反应的能力和劳动力市场对不断变化的相对劳动力供应的吸收能力，① 并且女性的收入仍然比男性低。②

美国经济学家杜森伯里（J. S. Duesenberry）1949 年提出了"相对收入假说"，对凯恩斯（J. M. Keynes）的"绝对收入假说"进行修正。杜森伯里把相对收入分为两种情况：一种相对于其他人的收入水平，另一种相对于自己过去的最高收入水平。两种相对收入分别造成了"示范效应"和"棘轮效应"。杜

---

① OECD. Education at a Glance: OECD Indicators [R]. Paris: OECD, 2005.

② OECD. Education at a Glance: OECD Indicators [R]. Paris: OECD, 2003.

森伯里认为，影响居民最终消费生活的不是绝对收入，而是相对收入。

OECD 也使用了"绝对收入"和"相对收入"的概念。相对收入以年平均收入计算，并以高中教育学历水平人群的平均收入作为衡量点。计算方式是，个体的年平均收入除以该国最高学历是高中的工人的年平均工资，再乘以100。[①] 当然，数据只记录了所涉及的学历水平中有工资收入的工人。此处的相对性的横向因素（与他人比较）是学历、性别和年龄，2014 年增加了读写水平和计算能力。

受教育水平对收入的影响属于主要指标，有明确定义且没有多大变动，始终存在两个三级指标，即"就业人群的相对收入"和"收入的男女差异"。首先，影响主要通过个体相对收入的多少来衡量，受教育水平的高低对就业者的相对收入有影响。反过来看，不同就业人群的相对收入也在一定程度上反映出不同教育水平在其中发挥的作用大小。衡量教育收益的三级指标——分别按受教育程度、年龄组、性别来划分成人就业的相对收入，都是在此基础上的细化。其次，性别是相对收入的基本对比量，OECD 将此单独作为三级指标之一。男女收入的差异往往反映了一个地域的文化和教育公平状况。

（二）教育的组织产出

教育系统的产出指标主要采用"组织产出""教育机构的产出"，介绍各国获得、参与和完成教育的指标，以及不同教育水平和教育机构的入学率趋势。

1. 中等教育毕业率

由于劳动力市场对技能的需求越来越倚重知识，劳动者需要逐步适应快速变化的全球经济的不确定性，因此完成高中学业在所有国家都越来越受到重视。提高高等教育入学率，让更多完成高中学业的人进入大学，接受系统的学习与训练，从而输送大量为社会发展服务的专业型人才，是高等教育的重要功能之一。但在实际教育发展过程中，普遍存在高中毕业后不再进入大学继续求学的情况，使得高中毕业率与大学入学率之间存在"剪刀差"和一定程度的中等教育人才资源利用不充分的问题。如何缩小高中毕业率和大学入学率之间的差距，让更多的高中毕业生进入高等教育领域，获得更广阔的发

---

① OECD. Education at a Glance: OECD Indicators [R]. Paris: OECD, 2002.

展空间和资源，既是中等教育发展的突破点，也是完善人才发展模式的重要方面。

高中教育主要给予学生基本技能和知识，为学生进入高等教育做准备，也为学生成为一名合格的公民做准备。高中学历通常被认为是成功进入劳动力市场的最低学历。无论对于个体还是社会而言，不能按时完成高中教育的代价可能会很大。尽管毕业率对教育系统在成功培养学生达到劳动力市场最低要求的效率方面有所反映，但这一指标并不反映教育质量问题。

很多 OECD 成员国的教育系统面临一个挑战——学生初中毕业后从教育系统离开或辍学，这意味着这些青年人不拿高中文凭就离开学校。这些青年人不管是进入还是留在劳动力市场，都会面临重重困难，这无论对于个体还是对于社会都是一个问题。对"成功完成高中教育的学生"的相关指标进行统计学分析和国际比较，一方面对解决学生过早辍学问题有一定的帮助，另一方面对基础教育在部分国家的普及与推广也大有意义。

毕业率是指某一特定年龄人群在其一生特定的时间点预期毕业的估算百分比。毕业率与人口现状及当前的毕业模式相关，所以对教育系统中的任何变化都是敏感的。比如，引入新课程、缩短或延长课程周期对毕业率都会产生巨大影响。"高中毕业率和大学入学率"指标在 OECD《教育概览》系列报告中是相对稳定的，指标所涵盖的子内容并没有太大的变化。通过对数据材料的整理，我们将这一指标主要概括为高中毕业率、职业教育毕业率这两个层面，在后续的数据分析中根据实际情况再对主要指标加以分解。

2. 高等教育毕业率

高等教育在社会发展过程中承担着培养高层次专门人才、科学研究、社会服务、文化传承与创新等多样的功能。让更多的优秀人才接受高等教育，并能顺利地为社会发展服务是必要的。然而，并非所有进入大学继续接受教育的学生都会圆满毕业，预期毕业率就是基于此种情况产生的。预期毕业率是衡量高等教育涵盖力度的重要指标，对完善现有的高等教育发展体系具有极大的现实意义。

近几十年来，接受高等教育的机会显著增多，包括新型高等教育机构以及不同模式和不同类型的高等教育课程，如网络授课、自主考试等。与此同时，高等教育的学生组成也变得日益多样化。从前不上大学的人群也加入高等教育的行列中，年龄偏大的人口通过提升学历水平来增强自己在劳动力市场中的竞争力，也有毕业生谋求第二学位。如今，随着高等教育规模的扩展，接受高等教育的机会越来越多，这对国家人才资源和人力资源建设起到了重要的推进作用。OECD 始终将接受高等教育的人口状况作为重要的统计指标，并特别关注其中的高等教育毕业率。

OECD《教育概览》中的高等教育毕业率是指一个年龄组在其一生中完成高等教育的人口估算百分比。[1] 这一高等教育毕业率是基于现行教育模式进行预估的，和我国所指的高等教育毕业率存在区别。

我国的高等教育毕业率关注当年的高等教育毕业情况，相应指标计算了当时高等教育毕业生的总人数比例，以及高等教育各专业领域的人数比例。这一指标能够展示国家创造先进知识的能力，同时也可以衡量高等教育的质量。OECD 教育指标中的高等教育毕业率标志着一个国家培养拥有高级专业知识和技能的未来工作人员的能力，而个人接受高等教育的水平决定其就业前景和工资水平。高等教育的结构和范围在各国也有差异，毕业率受到高等教育入学难易程度、完成高等教育的灵活性以及劳动力市场对高技能的需求等因素的影响，所以高等教育毕业率在各个国家有所不同。

预期高等教育毕业率指标主要包括高等教育毕业率、各专业领域初次毕业的人数等，该指标在 2002—2011 年为"高等教育毕业率"。2012—2017 年，该指标为"预计有多少学生完成高等教育"，主要包括按研究领域统计的高等教育毕业生的分布、高等教育初次毕业生概况以及按高等教育水平划分的高等教育初次毕业率。预期高等教育毕业率指标的三级指标变化较大，但其核心的数据统计没有发生改变，即高等教育毕业率、高等教育初次毕业率。研究分析的主要三级指标为高等教育初次毕业率[2]、各学历水平中高等教育初次毕业生[3]人数所占比例、女性毕业生在各学历层次中所占的比例。

---

[1]　经济合作与发展组织.教育概览2015：OECD指标［M］.中国教育科学研究院，组织翻译.北京：教育科学出版社，2015：84.

[2]　高等教育初次毕业率是指在高等教育阶段初次毕业的学生人数占总学生人数的比例。

[3]　初次毕业生是指特定的教育阶段初次毕业的学生。一个学生如果在多年内多次毕业，则会被多次视为毕业生，但作为初次毕业生仅一次。

3. 完成高等教育学生数（率）

OECD 成员国在指标体系研究过程中，关注预期高等教育毕业率，意在探究当前毕业模式下将通过高等教育培养的人才总量。但在实际的教育过程中，真实的高等教育毕业率即顺利完成高等教育的学生比例和预期高等教育毕业率并不是一致的，存在一定的差距，前者往往小于等于后者。前者为我们提供了现实的数据，后者则为教育发展提供了先导材料。通过分析二者之间的差距，深入探讨存在差距的原因，并力求缩小这一差距，是高等教育发展的另一重点。

在每年的《教育概览》的"政策背景"中，对"完成高等教育学生数（率）"指标的背景有相应的阐释。

首先，"完成高等教育学生数（率）"指标的产生，是基于对高等教育发展状况的考察。对高等教育发展状况的完整判断，除了基于毕业率，还有其他因素需要考虑在内，如结业、肄业、退学、辍学等情况。"完成高等教育学生数（率）"这一指标考虑的是在规定期限内完成高等教育的学生数、未完成高等教育的学生数及其影响因素（课程选择不当、未达到毕业要求和课程要求、毕业前已找到工作等），继而分析未完成高等教育的学生的选择。退学不一定是最坏的道路。因为当接受高等教育不能满足个体和就业需要时，当接受高等教育需要更多的时间成本投入而阻碍学生进入劳动力市场时，退学可能是更好的选择。①

其次，"完成高等教育学生数（率）"指标的产生，是基于中等教育普及和发展的背景。中等教育普及，毕业率增加，使得高等教育入学率提高，也带来了高等教育毕业率的提高。②高等教育是中等教育发展的更高阶段，其主要生源是中等教育毕业生。越来越多的人重视教育，中等教育的普及促使中等教育毕业生增加，意味着高等教育入学人数的增加。入学人数的增加提升了毕业人数的占比。"完成高等教育学生数"这一指标能够较好地反映高等教育的发展情况。该指标反映了完成高等教育学生的数量，也反映了高等教育与市场、与社会的衔接情况，对学生的未来生活具有实际意义，也为教育的发展提供了思考方向。

此外，"完成高等教育学生数（率）"作为 OECD 教育指标体系中的一个

---

① ② OECD. Education at a Glance: OECD Indicators [R]. Paris: OECD, 2008.

指标，也能够反映高等教育的发展现状，并有助于对未来高等教育的发展进行政策指导和规划。"这一指标显示了目前教育系统的高等教育完成率，即修读和成功完成高等教育课程的学生比例。从学生个人的角度来看，尽管辍学不是学生个人失败的因素，但高辍学率可能表明教育系统并不能满足学生的需要。"①

关于"完成高等教育学生数（率）"指标的概念，2010 年《教育概览》中对"完成率"的解释是：就读于某一教育阶段并在这一阶段获得知识和学位的人数与注册新生人数的比例。② 这一指标计算的是在基准年获得第一学位的毕业生人数占 N 年之前就读这一学位的入学新生人数的比例，N 指的是完成学位所需要的全日制学习的年限。③ 这一定义以入学新生人数作为分母，以获得毕业证书的人数作为分子。高等教育完成率表示那些接受 A 类高等教育或 B 类高等教育，并至少取得一个文凭毕业的学生比例。④A 类高等教育的完成率表示接受 A 类高等教育并至少取得一个文凭毕业的学生比例。B 类高等教育的完成率表示接受 B 类高等教育并至少取得一个文凭毕业的学生比例。2010 年《教育概览》不仅给出了"完成高等教育学生数"和"高等教育完成率"的定义，而且强调其计算方式与基数年限有关。这一指标主要对学历获得时间进行分类，对研究对象也进行限定说明。

由此，"完成高等教育学生数"的概念已经明晰，OECD 成员国在之后统计教育指标数据时沿用了这一概念。明确"完成高等教育学生数"二级指标的概念，对于我国了解 OECD 成员国高等教育的状况具有一定意义，对找国教育指标的发展也具有一定的指导价值。

（三）教育的社会产出

教育活动除了直接影响个人和各级教育组织的发展外，还间接地对劳动力市场、经济发展等社会层面的问题产生影响。

1. 成人受教育水平

根据《教育概览》的统计，平均而言，80% 以上接受过高等教育的成人

①　OECD. Education at a Glance: OECD Indicators [R]. Paris: OECD, 2008.

②③④　OECD. Education at a Glance: OECD Indicators [R]. Paris: OECD, 2010.

拥有工作。相比之下，在接受过高中教育或中等后非高等教育的人群中，只有70%以上有工作；在没有接受过高中教育的成人中，有工作的不足60%。总体上讲，就业率和收入随受教育程度和技能水平的提升而提高，这也与现实劳动力市场将文凭或学位视为劳动者技能水平的指针相符合。高学历个体往往拥有更好的健康状态、更强的社交能力、更高的就业率，并有更好的工作机会以及更丰厚的收入。基本技能（如读写算能力）的熟练程度也和高水平的正规教育高度相关。因此，个人需要接受更多的教育，而政府也有通过提供合适的基础设施和组织机构来提高民众学历的强烈愿望。

认识到教育的这些益处，OECD 成员国中越来越多的青年人希望接受高等教育。在过去的几十年间，几乎所有 OECD 成员国的民众，尤其是青年人的学历都有了显著提高。数据表明，尽管本科学位课程入学率明显高于硕士或博士学位课程，但在劳动力市场上，拥有硕士学位的人比拥有本科学位的人有更多的就业机会和更高的收入水平。拥有学士学位或同等水平学位的人员，其工作收入比高中学历人员高出约 60%；而拥有硕士学位、博士学位或者同等水平学位的人员，其工作收入则是高中学历人员的 2 倍还多。

教育的益处不仅仅体现在经济收入上，受过高等教育的人更可能拥有较好的健康状态，更多地参与志愿活动，也更信任他人，并且在政府中有一定发言权。换言之，受教育程度越高，越倾向于参与社区的事务。基于通过受教育所产生的一系列辐射效应，研究"成人受教育水平"，探究其对不同群体的独特价值意义非凡。

在 OECD 的《教育概览》系列中，"成人受教育水平"多用"成人学历水平"来表示，意为达到一定受教育程度的人口百分比。学历水平是教育水平最直接的反映，它体现了达到一定教育程度且拥有相应认证资格的人口比例。学历通常被视作衡量人力资本以及个人技能水平的指标。换言之，它体现了人口及劳动力所拥有的技能水平，也反映了国民教育的整体水平。

社会的发展变化也制约着教育的变革和发展，教育指标体系的变化也体现在其中。"成人受教育水平"这一指标涵盖的内容必然会随着时代更替而不断更新和丰富。在不同的发展阶段，教育改革和发展的重心会有所变动，因而指标所要衡量的具体侧重点也各有差异。对 2011 年以后的成人受教育水平指标进行概括，可以发现其主要包括以下五个方面：成年人群体的受教育程度、接受高中及以上教育的主要群体、接受高等教育的群体、受教育程度的变化趋势、受教育水平的群体分布状况。成人受教育程度不断提高，高中以下学历比例整体呈递减的趋势。成人接受职业教育的比例明显高于普通教育。职业教育是成人重新进入学习环境、发展就业能力的重要途径，且许多国家的职业教育制度相对灵活。成人接受高等教育的人口比例呈上升态势，尤其是韩国和芬兰。但成人接受高等教育的类型存在差异，无论是国家之间还是调查的组别之间。

2. 教育社会效益

2009 年设立"教育社会效益"指标时，主要侧重于考察 21 个 OECD 成员国的受教育程度与幸福（即社会效益）之间的关系。它着重反映社会健康和凝聚力的三种结果：自我评估健康状况、政治利益、人际信任。该指标研究这些结果在不同受教育水平人群之间的差异，以及在不同性别、年龄和收入群体之间的个体差异。它还描述了不同性别、年龄和收入群体的社会成就如何变化，以及这些差异是否因受教育水平的不同而不同。[①]"教育社会效益"指标的内涵随着时代和社会关注的热点变化而发生改变，如 2011 年涵盖了"投票选举""志愿服务""生活满意度"指标，2012 年涵盖了"预期寿命"和"少数族裔拥有平等权利的社会态度"指标，2013 年涵盖了成人"肥胖""吸烟"指标，2014 年、2015 年增加了"每月至少进行志愿服务一次""在政府中有发言权"指标，2016 年增加了"预期五年的生活满意度"指标，2017 年出现"抑郁"指标。2018 年"教育社会效益"指标主要侧重环境方面，考察环境与个人生活、社会生活的关系。2017 年《教育概览》中预测了未来"教育社会效益"指标的变化维度：环境（2018 年、2022 年）、生活与工作的平衡和社会联系（2019 年、2023 年）、公民参与管理和个人安全（2020 年、2024 年）、健康状况和个体幸福感（2021 年、2025 年）。[②]可以看出，"教育社会效益"指标超越了教育为社会带来的物质上的进步和发展，落脚于教育给社会整体的幸福感、人民的获得感和满足感，关注教育在社会人性上的影响。

---

① OECD. Education at a Glance: OECD Indicators [R]. Paris: OECD, 2009.

② OECD. Education at a Glance: OECD Indicators [R]. Paris: OECD, 2017.

"教育社会效益"指标的数据测量与收集源于各国的社会调查，OECD 将这些数据与教育相联系，分析教育对个人、对社会产生的影响。以 2016 年《教育概览》为例，"教育社会效益"指标包括自我报告健康状况良好、因个人健康状况而活动受限两个方面。"自我报告健康状况良好"的指标数据来源于 PIAAC，该项目通过问卷调查了有关社会效益的多方面内容，OECD 从中抽取健康指标数据，分析健康与教育之间的联系。"因个人健康状况而活动受限"的指标数据来源于欧盟收入与生活条件统计（European Union Statistics on Income and Living Conditions，即 EU-SILC），该项目调查了不同受教育水平群体的健康状况与活动参与受限情况。OECD 将分散的调查数据整合为"教育社会效益"指标，分析教育所产生的社会效益。

三、指标的调整与变动

经济的跨越式发展和社会突破性变革推动着教育在形式和内容上的发展和变革，教育系统内部的各元素也在不断更新和丰富。随着国际教育的发展变化以及指标评价理念的更新，OECD 每年会对教育指标进行完善，但是整体框架不会有大的变动。教育产出指标虽然没有发生质的改变，但内部各元素的变化值得关注。

作为 OECD 教育指标的内容之一，教育产出指标并非一成不变，而是随着时间的推移不断更新、调整和完善。OECD 2002 年《教育概览》明确将教育指标分为 A、B、C、D 四个章节进行统计和分析。"教育机构的产出及学习的影响"指标纳入 A 章节，名为"A 教育机构的产出及学习的影响"（以下简称"教育产出指标"）。教育产出指标主要从个人、组织和社会三个层面统计教育的产出情况。通过对 OECD《教育概览》（2002—2017 年）指标变化的整理可以发现，教育产出指标随着时间的推移而越发明确和完善。2002 年，OECD 成员国明确将教育产出指标作为教育指标的一级指标。所以，本部分整理的指标变迁主要从 2002 年开始。通过分析和整理，可以发现 OECD 教育产出指标的以下特点：从数量上看，2002—2006 年，教育产出的二级指标数量维持在 10—15 个，并且随着时间的推移，指标数量有变少的趋势；2007—2012 年，教育产出的二级指标数量维持在 9—11 个，这一阶段没有规律可循，有时指标增多，有时指标变少；2013—2017 年，这段时间指标数量基本稳定下来，大体维持在 9 个左右。二级指标的统计内容变化较大。尤其是 2002—2012 年，教育产出二级指标变化非常大，基本上每年都会增加、删除一些指标。2012—2017 年，指标也进行了调整，但是幅度不大，内容比较稳定。到 2016 年和 2017 年，教育产出二级指标基本处于稳定状态，仅有一个指标重新表述（详见附录表 2-1）。总体看来，随着时间的推移，OECD 教育产出二级指标的数量和内容大致确定下来，并且统计的目的更加明确。

（一）教育的个人产出指标变化情况

1. 受教育水平对就业的影响

（1）全职获得收入的就业人口比例

全职的基准是全年工作且一周至少工作 30 个小时。OECD 自 2011 年开始新增这一指标。通过按学历和年龄组划分，可以看出从事全职工作的机会随着受教育程度的变化而变化。2015 年，该指标开始变化，合并到受教育水平对收入的影响相关指标中，并增加了"兼职工作者"和"无收入者"变量，从中可以更加直观地看出受教育水平对就业的影响。

（2）职业教育和培训的规模及劳动成果

就业不仅需要一定的教育水平，也需要在教育系统中获得技能素养。职业教育和培训在为学生适应劳动力市场中某个职位或行业方面起了作用，满足劳动力市场的需要，从而影响就业水平。

2011 年，OECD 首次把高级中等教育和中等后非高等教育阶段（即 ISCED 3 和 ISCED 4）的职业教育和普通教育作为变量，分别列出接受职业教育和普通教育人群占就业人数、失业人数、无业人数的百分比，以探讨接受职业教育是否对就业产生影响的问题。

关于职业教育和培训作用的指标存在于 2011—2017 年。相关指标从 2013 年开始稍有变动。从 2013 年开始，指标更加具体详细，变更为关注整个劳动力市场的就业率、失业率和无业率，除了将高级中等教育和中等后非高等教育阶段的职业教育和普通教育作为变量，还加进了"未接受高级中等教育"（ISCED 0、ISCED 1、ISCED 2）和"受过短期高等教育"（ISCED 5）等变量，还增加了性别变量。2013—2015 年，OECD 分析了 25—64 岁年龄段。2011—2014 年、2016—

2017 年，OECD 分析了 25—34 岁年龄段。这体现了 OECD 对职业教育与就业关系的重视。

（3）劳动力市场状况（按学历和读写 / 计算 / 信息与通信技术水平划分）

读写能力①是在社会中理解、评估和应用文本的能力，这对获得最终成就和增长知识有很大帮助。读写能力包括理解书面句子、解释和评价文本的能力，但不包括文本书写能力。

计算能力是评估、解释和表达数字信息的能力，包括通过应用一系列复杂的方法，对数字文本、信息和观点进行反馈。计算能力可以解决真实情景中的问题。

信息与通信技术水平按小组划分。小组的划分标准是国际成人能力评估项目中技术密集情景下解决问题的能力。

从 2014 年开始，OECD 把各种能力作为指标变量，读写 / 计算能力指标存在于 2014 年和 2016 年，计算 / 信息与通信技术水平指标存在于 2015 年和 2016 年。其中，读写 / 计算能力以数字方式分为 0/1、2、3、4/5 四种程度，可以看出个人能力的熟练程度如何影响就业。虽然 2015 年已加入信息与通信技术水平指标，但 OECD 对此暂且不做分析。2016 年新增信息与通信技术水平对劳动力市场影响的分析。根据熟练程度的不同，信息与通信技术水平被划分为四个小组。

（4）高等教育人群的就业率（按专业划分）

2016 年和 2017 年，OECD 将专业作为新的指标来看就业率的变化，其指标变量包括：师范与教育专业、人类学和语言艺术专业、社会科学金融法律专业、自然科学数学统计专业、健康与保健专业和其他类。

随着市场对专业化人才的需求量越来越大，专业分类成为教育的趋势。统计市场对专业人才需求的变化，有助于把握学科与市场之间的关系。

2. 受教育水平对收入的影响

（1）操作性定义更加具体

2010 年，OECD 的锁定人群更加具体化，调查对象有全职和兼职之分。

---

① OECD. Education at a Glance: OECD Indicators [R]. Paris: OECD, 2016.

一些国家，例如奥地利、匈牙利和斯洛伐克的全职职员平均每周工作36个小时，澳大利亚、巴西、加拿大、爱沙尼亚、德国和美国的全职职员平均每周工作35个小时。教育和经济这两种因素逐渐从平行结构变为以教育学为立足点来看经济对教育的影响。2000年和2001年是平行结构"收入和教育水平"。2003年之后，开始转变为教育影响下的收入水平。2003—2006年，OECD直接把收入作为教育的回报。2007—2010年使用"收益"（benefits）一词。2011—2013年，强调收入的比较，高出平均水平的工资被认为与教育有关。2014年之后，OECD的用词更加准确，更贴近研究的目的，也就是通过分析，了解教育如何为个人取得收入上的优势以及程度如何。

（2）工资水平人口分布特点更加具体

2005年的指标A9.4新增人口分布，按照"低于工资水平中位数的二分之一""高于工资水平中位数的二分之一但低于工资水平中位数""高于工资水平中位数但低于工资水平中位数的1.5倍""高于工资水平中位数的1.5倍，但低于工资水平中位数的2倍""高于工资水平中位数的2倍"的标准，以及学历角度划分，计算人口比例，更加明确各个学历水平在收入水平上的相对位置，使读者能够直观地认识学历对收入的影响。

关于收入的比较维度，2014年新增读写能力和计算能力，2016年新增高等教育各个专业，包括教育专业、语言与艺术专业、社会科学专业、自然科学专业、保健专业等。将收入与具体的能力相关联，更有利于快速调整市场人才配给。

（二）教育的组织产出指标变化情况

在以"高中入学率和大学入学率"为指标进行研究的过程中，研究者并不局限于高中入学率和大学入学率。随着研究的深入，研究者进一步分析了高中毕业率和大学入学率之间的差异变化，关注不同群体受教育程度分布情况，在不同组别间进行受教育程度对比研究，通过控制变量进行因素分析。"高中入学率和大学入学率"指标下属的指标有所变化。其中，"教育背景"变为"教育机构的产出及学习的影响"；"成年人口的受教育程度"变为"当前成年人口中的高等教育毕业比例和成就状况"，又变为"当前高中毕业率"，后续又改为"完成高中教育并接受高等教育的学生数"，最后变为"被期望完成高中教育的学生人数"。对应的下属指标内容也随之变化，具体变化特点表现在以下几方面。

1. 聚焦对象具体，以成人群体为研究对象

在"高中入学率和大学入学率"这一指标结构的研究过程中，研究对象自始至终都是以 25—64 岁的成年人口为主。在具体研究问题上，研究者对这一群体进行不同类别的分组，予以归类研究。

2. 关注的领域更加广泛

指标体系在变化的过程中，关注的问题和角度越来越多。OECD 不仅关注不同类型教育的入学率、不同类别课程项目的入学率差异，还研究入学者的年龄分布、男性与女性在接受高等教育上的差异、高中教育初次毕业率。研究的深入使得与指标相关的诸多因素都被一一囊括其中，指标越来越全面。

3. 关注高中毕业后的继续教育问题

高中毕业后的继续教育问题连接着高中毕业率和大学入学率之间的关系。高中毕业后，并不是所有毕业生都会立即接受高等教育或进入劳动力市场。在大多数 OECD 成员国，既没有就业也没有继续接受教育的毕业生数量持续增长。关注这一问题就显得非常必要。从 2004 年开始，三级指标下属的具体内容关注到高中教育后接受非高等教育人群的比例，以解释高中毕业率与大学入学率之间的"剪刀差"，以期为高中毕业学生提供方向指导和教育机会，保障他们毕业后的出路。

OECD 成员国统计的高中毕业率涉及初次毕业率，统计方式与我国存在差异。因此，OECD《教育概览》中，中国的高中毕业率在一些年份低于 OECD 成员国，很大程度上并不能反映真实情况，仅仅是按照既定的计算方式得出的结果不同而已。而且，我国更多的是统计升学率，高中毕业率必然会高于高中升学率。分析《中国教育统计年鉴 2015》中的相关数据，可以得出 2006—2015 年中国高中升学率情况，以此大致估测中国高中毕业率。（《中国教育统计年鉴 2015》中，高中升学率为普通高校招生数与普通高中毕业生数之比。）

表 2-2 2006—2015 年中国高中升学率变化

年份	2006 年	2007 年	2008 年	2009 年	2010 年	2011 年	2012 年	2013 年	2014 年	2015 年
升学率	75.1%	70.3%	72.7%	77.6%	83.3%	86.5%	87.0%	87.6%	90.2%	90.5%

数据来源：中华人民共和国教育部发展规划司.中国教育统计年鉴 2015［M］.北京：中国统计出版社，2016.

由此可看出，中国高中毕业率每年都远高于上述数据，且自 2010 年起便超过 80%，自 2014 年起超过了 90%，高于 OECD《教育概览》中的相关数据。但为比较需要，方便统一计算，我们仍然参考 OECD《教育概览》中的相关数据。

4. 完成高等教育学生数（率）变化情况

"完成数（率）"最早出现在 2000 年《教育概览》中，但并没有明确内涵。2001 年至 2007 年间，《教育概览》中没有区分"完成高等教育学生数"与"高等教育毕业率"。在此期间，"多少学生完成了高等教育"这个二级指标发生变化，没有出现"完成率"，而是以"毕业率"和"生存率"① 作为二级统计指标。2008 年《教育概览》中明确出现了"完成高等教育学生数"，同时给出了高等教育完成率的定义：接受 A 类高等教育或 B 类高等教育并至少毕业于 A 类高等教育或 B 类高等教育（获得学历证书）的学生比例。② "高等教育毕业率"和"高等教育完成率"作为两个二级指标并列。"高等教育完成数与辍学数"作为二级指标，包括"高等教育完成数"和"A 类高等教育完成率（按学习方式划分）"两个三级指标。

2010 年《教育概览》又将毕业和完成学业两类指标分开，"多少学生毕业于高等教育？"（How many students finish tertiary education?）二级指标下包括"毕业率""毕业率趋势""毕业率差异""高等教育结构"等三级指标。"多少学生完成了高等教育？"（How many students complete tertiary education?）作为二级指标，其下"高等教育完成率"作为三级指标，同时并列出现的"A 类高等教育的完成率（按注册方式划分）"作为具体的三级指标。

---

① 2007 年《教育概览》中将生存率（survival rates）解释为：进入高等教育项目学习的学生与从该高等教育项目毕业学生的比例。

② OECD. Education at a Glance: OECD Indicators [R]. Paris: OECD, 2008.

2011 年之后，毕业率与完成率混合出现。高等教育完成率的划分标准更为多元化。数据呈现了对高等教育完成率影响因素的细致分析，指标更加全面地考虑了高等教育本身、教育主体的性别差异、接受高等教育方式以及一直作为划分标准的年限这些内外条件对教育主体完成高等教育的影响。

2017 年，所有指标中都没有"完成高等教育学生数"以及"高等教育完成率"，指标出现了变化，开始关注高中教育的完成情况。关注高中教育完成情况的指标只统计首次进入高中教育的学生。对这些学生来说，这一指标衡量的是成功完成高中课程和在两个具体时限后仍在接受教育的学生比例。这两个具体时限是：（1）学生入学的理论期限；（2）理论期限结束后两年。这两个时间框架之间的差异揭示了学生在多大程度上倾向于"按时"（或在预期给定的理论学习年限内）毕业。这一指标还允许按性别和课程目的来比较完成率。①

从"完成高等教育学生数（率）"指标的变化情况可以看出，OECD 成员国更关注高等教育发展的真实性。随着中等教育的普及和发展，高等教育的入学人数有所增加，那么高等教育的发展状况如何？OECD 成员国通过对高等教育学生的学业完成情况进行统计，获得了高等教育学生按时毕业、在读、肄业等情况。"完成高等教育学生数（率）"指标不同于毕业率的计算方式，它以 N 年前入学人数为分母，调查 N 年后学生按时毕业的情况，数据更贴合高等教育质量的实际情况。

中国没有与 OECD"完成高等教育学生数（率）"指标相同的数据统计。出现"完成率或数"的指标时间是在我国普及九年义务教育时期。当时对于义务教育完成率，有学者提出自己的见解："义务教育完成率是指义务教育阶段结束时的初中毕业生数与对应九年前的小学招生数之比，以百分比表示，用公式表达如下：义务教育完成率 = 初中毕业生数 ÷ 九年前小学招生数 ×100%。"② 这样的计算方法便于数据统计。这一指标也只是针对义务教育阶段，而非像 OECD 成员国那样用于高中教育和高等教育。

"完成高等教育学生数（率）"指标对于学生的选择、学校的教育不含有

---

① OECD. Education at a Glance: OECD Indicators [R]. Paris: OECD, 2017.

② 邱国华. 义务教育完成率："普九"新阶段的核心指标 [J]. 教育发展研究，2005（7）：1-7.

价值判断。这一指标意在调查学生完成学业的情况，分析学生未完成学业的原因。一方面，指标反思高等教育中存在的问题：学生未完成学业是不是因为高等教育课程的设置不合理，不符合学生的兴趣爱好？高等教育的教学模式是否存在不当之处？其目的在于促进高等教育合理化、科学化发展。另一方面，指标调查学生学业的完成情况，了解学生的真正需求，尊重学生的个性化发展。如果学生不完成学业而选择更适合自己的发展道路，那么学校教育能做的是尊重学生，为学生的发展提供科学指导。

（三）教育的社会产出指标变化情况

1. 成人教育指标变化情况

经济社会的突飞猛进使得教育的发展有了更加充足的物质条件。影响教育的因素越来越复杂，衡量和评价成人学历水平的相关条件也随之变化，指标体系内部不断分化。由数据统计可以看出，随着研究的深入，指标内部的元素是不断丰富和完善的，指标的指向性和针对性更加突出，研究更加具体、细致和深入，具体表现在以下几个方面。

（1）关注对象更具体。从最初关注全体学龄儿童的教育水平状况（如2000年、2001年），到2002年以来聚焦成年人的受教育状况，即学历水平。

（2）聚焦类型更多样。从仅仅关注高中毕业率（如2002年、2003年）到全面关注不同类型群体的毕业率情况（如男女受教育程度，接受高中职业教育、普通高中教育以及中等后非高等教育这些不同类别的群体之间的差异）。

（3）关注领域更全面。从2009年起，成人学历水平指标开始关注一些特别的方面，如关注毕业率的变化趋势，而不仅仅关注当前的各种毕业率；通过控制不同变量来分析不同群体的受教育情况以及应用信息与通信技术解决问题的技能和意愿；关注职业教育情况，不再仅仅关注普通教育体系内部的教育变化。

2. 教育社会效益指标变化情况

教育社会效益指标明确出现在2009年《教育概览》中，并在之后指标体系的发展过程中不断完善。设立教育社会效益指标的目的在于考察教育的社会功能以及教育与个体发展之间的关系。一方面，社会功能是教育的基本功能之一。教育的社会功能主要体现为对社会政治、经济、文化等方面的影响。

OECD 教育社会效益指标中的政治参与指标就体现了教育的政治功能。另一方面, 教育的根本目的是促进个体的全面健康发展, 包括生理健康、心理健康、精神健康等。教育社会效益指标也研究了教育对个体健康的影响, 如 "自我报告健康状况良好" 指标。

虽然教育社会效益指标在历年的发展过程中的侧重点有所不同, 但都围绕个人健康、生活幸福感与社会效益。教育社会效益指标的整体变化, 从指标本身来看, 呈现出微调、越来越具体的特点; 从内涵看, 指标不断重视个人的健康发展, 由外而内地关注个人的健康状况。

首先, 历年的教育社会效益指标, 其统计的维度变得越来越具体、越来越有针对性。以个人健康状况为例, OECD 不断细化完善指标统计维度。如 2009 年的健康指标从年龄、性别角度进行数据统计分析, 到 2012 年则按照学历和读写能力对成人健康状况进行统计分析, 分析角度拓展到教育领域, 从而分析个人健康状况与成人受教育水平、成人能力之间的联系, 从教育角度解释成人健康状况, 为成人健康水平的提升提供了新的视角。在个人健康状况划分方面, OECD 指标从描述整体的健康状况转变为描述健康状况的代表性问题, 如 "成人肥胖比例" 和 "成人吸烟比例" (2013 年)、"因个人健康状况而活动受限的成人比例" (2016 年)、"成人抑郁症比例" (2017 年)。健康指标在历年的发展过程中不断具象, 为大众提供可视化数据, 引起大众对健康状况的重视。

其次, 教育社会效益指标在变化的过程中, 对个人健康的关注由体质健康转变为心理健康, 对人的健康的关注由外在转变为内在, 如 2017 年出现了 "成人抑郁症比例" 指标。现代社会的快速发展加速了大众的生活节奏, 除了给大众的身体带来影响, 也对人们的心理造成一定的压力。OECD 教育社会效益指标能够敏锐捕捉到现代社会大众的心理发展问题, 关注到人的内在发展, 为教育的发展提供了方向, 引导教育重视人的内在发展, 促进人的全面健康发展。①

四、指标的特点

OECD 教育产出指标作为 CIPP 评价模式的一个部分, 从多个维度、多个

---

① OECD. Education at a Glance: OECD Indicators [R]. Paris: OECD, 2017.

层面对教育的产出和教育的影响进行了分析。指标的设计充分考虑了教育中个体、组织与社会三个方面，兼顾了教育在推动经济和社会发展两个维度的效应，吸收和统筹了国际教育政策与研究中有参考价值的指标内容，遵循不断完善、持续丰富、动态调整的方式，构建了具有较高效度和认可度的产出指标体系，总体上体现了以下特点。

（一）指标设计植根于"让生活更美好"的政策理念

OECD 一直坚持"政策，让生活更美好"的理念。因此，OECD 教育指标的设计根植于国际教育政策背景，区分了教育体系内的参与者，考虑了政策设计对各指标的影响，确定了与指标相关的政策问题。对成年人教育水平的关注体现着终身教育的政策内涵，从家庭背景的角度解释学业表现和受教育机会则蕴含着对教育公平的追求，关切个人完满生活状态和社会持续发展彰显了可持续发展的理念。因此，OECD 教育产出的指标从当前的政策背景出发，为各国提供了一个教育系统产出的量度。

除此之外，OECD 教育产出指标通过对数据的揭示，比较了各国教育系统产出的效率和教育政策的成效。指标需要对国家政策议程上的重要教育问题作出反应。① 政策的制定和实施离不开教育实践的反馈，因而 OECD 教育产出指标为各国教育政策的实施提供反馈路径和数据经验。

（二）指标设计充分兼顾教育的整体效应

OECD 教育产出指标设计实现了两个层面的转变：第一，由仅仅关注入学率、完成率、个体能力素养等教育性指标，转向充分关注教育公平、经济发展和社会效应等社会性指标；第二，由单纯关注经济功能和一般性社会功能，转向更具生态性地关注教育对个体和社会的多重功能，更有针对性地关注 OECD 成员国面临的特定教育问题和挑战的解决效果，诸如对社会参与、政治参与和志愿服务等方面的作用等。

基于此，教育指标的设计充分考虑了单个指标与整体指标的关联性。在单个教育产出指标上连接了各指标的差异表现和影响因素，在整体教育产

① OECD. Education at a Glance: OECD Indicators [R]. Paris: OECD, 2002.

出指标中联结了个体、教育系统与社会，体现了教育产出指标的整体性。例如，在教育系统的产出层，OECD 不仅关注学生毕业率，还分析了高等教育入学机会的影响因素，如父母受教育程度等。整个教育产出指标体系体现了宏观的政策设计。OECD 教育产出指标的构成部分虽然几经变更，但是内部结构保持一致性和稳定性，即涵盖了个体、教育系统以及教育的社会产出。

为有针对性地体现教育产出指标的社会产出属性，指标体系逐步形成了独立的教育社会产出部分，并下设更具有丰富性的三级指标，诸如"自我健康状况""政治兴趣""人际交往""志愿服务"等。这些三级指标均与个人和社会的发展密切相关。不仅如此，教育研究及创新中心（Centre for Educational Research and Innovation，简称 CERI）和相关的指标研究小组在 2005 年联合发起了"学习的社会产出"（social outcomes of learning，简称 SOL）项目。这个项目尝试分析教育与社会成果之间的联系，如更好的健康或更积极的公民意识，并期望通过明确经济和社会成果之间的相互作用，在教育和其他政策领域制定更完善的综合政策。①

（三）指标考察分析内容和领域的丰富关联性

产出指标体系中每个子目标的指向各有差异，侧重点各不相同。指标体系的内容与要素每年都会进行调整，这种调整不断顺应国际教育的发展趋势，回应 OECD 成员国在教育、社会和人的发展方面面临的新要求和新问题，体现了指标设计的内外关联性和动态调整性，并主要体现在三个方面。

一是坚持教育内部性与外部性结合的动态调整。OECD 最初以教育所带来的诸多外部利益为基准，研究教育的社会效应。指标在完善的过程中，开始融入对个体内部发展的关注，由社会转向个人，内外结合，使得整个指标体系能更全面地凸显教育的功能。"21 世纪，OECD 重视教育对个人发展、可持续的经济增长和社会融合的作用，协助成员国和合作伙伴实现全民高质量终身教育。这体现了 OECD 不仅关注教育的经济功能，还扩展了对教育在社会发展中所起到的作用的认知。OECD 关注教育对个人发展和社会凝

---

① OECD. Education at a Glance: OECD Indicators [R]. Paris: OECD, 2007.

聚的作用，突出对经济发展的效益，其教育政策理念兼具了工具价值和人文价值。"①

二是指标的设计体现了多种技术工具和研究方法的联合。如对 PISA 测试结果的解释和分析，旨在以创新的方式，反映对与成人生活有关的技能的判断，为确定和实施教育目标方面的政策对话和合作提供新的基础。② 这在一定程度上体现了 OECD 教育产出指标与研究工具的关联，对其数据的解释包含生态性的战略思考。

三是坚持现实情境与未来趋势的契合。例如，成人受教育水平指标意在揭示当前的成年人学历水平分布情况，以及这种学历对社会进步、个人发展的影响。因此，在诸多三级指标中，均涉及对现实不同类型教育毕业率的分析。但自 2009 年以后，指标开始关注学历的变化发展趋势，意图从趋势中找出变化的规律，以预测未来的发展走向，而不仅仅解释当前。

（四）指标设计具有动态调整性与问题回应性

OECD 在教育指标设计中始终针对指标解释、使用过程中的问题进行及时的调整，不断顺应各国公共政策调整和教育发展的实际需求。在调整和完善的过程中，OECD 始终坚持教育发展人、提升人的价值使命；始终坚持对教育质量和效果的全方位监测、多角度展示，力争让教育的产出指标完整反映教育的实际成效；始终坚持连续性的指标设计思路，从教育体系的连续性和人的成长的连续性考察教育的产出和效果，根据时代的变化以及社会经济、政治、文化的发展不断调整指标体系，以更好地探测教育的实际效应。

首先，突出教育价值的人本性，完善指标体系。最初两年，指标以不同类别人群的受教育程度、不同国家接受各类教育人群比例分布为主进行资料收集和分析，关注的仅仅是刚性的数字和比例的对比。但随着研究的继续，指标更加关注研究对象的个人情况，如男女性别差异、年龄分布情况等。指标不仅考虑外在的影响因素，还进一步将个体差异纳入研究范围，人本性逐渐被发掘。

---

① 武凯. 经合组织教育政策价值取向研究［D］. 上海：上海师范大学，2018.

② OECD. The High Cost of Low Educational Performance [M]. Paris: OECD, 2010: 98.

其次，坚持教育功能全面性，不断修正指标。比如，"高中毕业率和大学入学率"指标体系在原初阶段以高中毕业率、高中课程完成率、不同课程类型下高中毕业生情况等为下属研究方向，忽略了留级生对高中毕业率产生的影响。而 2009 年以后，研究更加全面和客观，将"高中教育初次毕业率"纳入下属指标中，并对其变化趋势单独予以研究，使得指标更加精确和具有说服力。再如，成人学历水平指标最初只关注毕业率、学历，后来开始将应用信息与通信技术解决问题的技能和意愿纳入指标体系，以适应新时代对学历水平的全新解读。

最后，遵循教育效应的连续性来调整指标内容。教育是一项长期的工程，其效果是隐性的，具有较长的潜藏期，需要在很长时间后才能体现，因而需要用一种具有连续性的方式来探究。指标体系在变化发展的过程中，不仅关注高中教育，还进一步观察和研究高中毕业后的继续教育问题。比如，OECD 从 2004 年开始关注中等后非高等教育毕业率，从 2008 年开始关注高等教育毕业率。这种连续性关注可以深入分析高中教育毕业率和高等教育入学率之间的比例差距，为高等教育的普及发展提供良方。

第二节　主要指标的比较

教育指标具有描述、监测、比较评价、预测以及规划的功能。对各国教育指标数据的横向和纵向比较，有利于清晰地了解各国教育产出的发展情况，同时考察我国教育发展状况在国际上的地位，对于我国教育指标体系建设具有借鉴意义。正如约翰斯通所言，指标可以在广泛的领域构建和使用，许多指标可以被规划者、管理者和研究者以相近的方式、为相同的目的使用，然而这一点并不总是被察觉。[①] 本节选取几个 OECD 成员国，对教育产出的主要指标进

---

① JOHNSTONE J N. Three Useful But Often Forgotten Education System Indicators [J]. Socio-Economic Planning Sciences, 1982, 16 (4): 163-166.

行比较和分析，并与中国相关指标进行比较，以期深化对指标及其价值、功能的认识和理解。

一、教育的个人产出

（一）家长受教育程度与子女接受高等教育机会的关系

1. 父母学历水平低，则子女学历水平相对较低

表 2-3　25—44 岁高中以下学历的人口比例

国家 / 国际组织	父母学历水平： 高中以下		父母学历水平：高中或 中等后非高等教育		父母学历水平： 高等教育	
	父母均在 国内出生	父母均在 国外出生	父母均在 国内出生	父母均在 国外出生	父母均在 国内出生	父母均在 国外出生
芬兰	8%	c	6%	c	3%	c
德国	15%	48%	5%	21%	6%	5%
韩国	7%	c	1%	c	c	c
英国	39%	27%	16%	16%	7%	3%
美国	25%	38%	6%	15%	3%	c
OECD 平均	27%	37%	10%	17%	5%	m

注：m 表示数据缺失；c 表示数据量太少，无法提供可靠的估计值。

由表 2-3 可见，25—44 岁学历在高中以下的人口比例总体上与父母的学历水平成反比，父母的学历水平越低，25—44 岁学历在高中以下的人口比例就越高；反之，则越低。父母学历水平在高中以下且父母均在国内出生的，芬兰和韩国的 25—44 岁人口中，分别有 8% 和 7% 的人学历是高中以下，说明芬兰和韩国的 25—44 岁人口教育水平较高，并且其受教育程度与父母的教育水平无太大关系；英国和美国的 25—44 岁人口中，分别有 39% 和 25% 的人只接受过高中以下教育，其比例高于 OECD 平均水平。在德国和美国，父母学历水平在高中以下且父母均在国外出生的 25—44 岁人口中，只接受过高中以下教育的比例高于 OECD 平均水平，并且其比例远远高于父母均在国内出生的 25—44 岁人口。这说明，在这两个国家中，父母的移民状态影响了子女

接受高中以下教育的机会。而在英国，父母移民状态的影响呈现出相反的情况。在韩国、德国、芬兰、美国四个国家，父母学历水平为高中或中等后非高等教育且父母均在本地出生的 25—44 岁人口，其接受高中以下教育的比例低于 OECD 成员国的平均水平。只有英国的比例高于 OECD 成员国的平均水平。在德国、英国和美国，父母学历水平为高中或中等后非高等教育且父母均在国外出生的 25—44 岁人口，只接受过高中以下教育的比例不低于父母均为国内出生的相应人群。在父母学历水平为高等教育的情况下，不管父母是国内出生还是国外出生，其子女只接受高中以下教育的比例都很低，都没有超过 10%。

2. 父母学历水平高，则子女接受高等教育的比例高

表 2-4 25—44 岁接受高等教育的人口比例

国家 / 国际组织	父母学历水平: 高中以下		父母学历水平: 高中或中等后非高等教育		父母学历水平: 高等教育	
	父母均在国内出生	父母均在国外出生	父母均在国内出生	父母均在国外出生	父母均在国内出生	父母均在国外出生
芬兰	39%	c	48%	c	68%	c
德国	21%	7%	27%	18%	55%	58%
韩国	43%	c	60%	c	82%	c
英国	17%	36%	42%	51%	72%	84%
美国	5%	9%	33%	42%	61%	75%
OECD 平均	23%	22%	39%	36%	67%	66%

注: c 表示数据量太少，无法提供可靠的估计值。

从表 2-4 可以发现，父母学历水平越高，25—44 岁接受高等教育的人口比例也越高，说明 25—44 岁接受高等教育的人口比例与父母的学历水平总体上成正比。而且，从表格的数据中也可以发现，25—44 岁人口接受高等教育的比例总体上与父母的移民状态关系不大。在芬兰、德国和韩国，父母学历水平为高中以下且父母均在国内出生的 25—44 岁接受高等教育的人口比例大于OECD 成员国的平均水平，说明在这些国家，25—44 岁人口接受高等教育的机会受父母教育水平的影响较小。

3. 中国家庭中子女受教育水平总体高于父辈，并具有阶段性和分化性

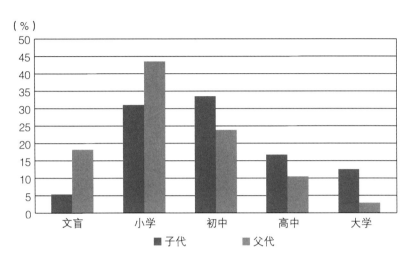

注：小学，包括能读写、小学未毕业和小学；高中，包括高中和中专；大学，包括大专、本科、硕士和博士。

图 2-1 父代与子代的受教育水平概况

数据来源：赵红霞，冯晓妮.我国教育代际流动性及地区差异的比较研究——基于CHARLS 2013 数据分析［J］.中国青年研究，2016（8）：54–58.

从图 2-1 可知，整体来看，我国父代和子代受教育水平的分布情况如下：子代的学历水平明显高于父代，并且总体的受教育水平呈现向高层次发展的趋向。具体表现为：小学及以下学历的比例，子代明显低于父代；接受初中及以上教育的比例，子代高于父代。这与我国出台的相关政策有着密不可分的关系。1986 年《中华人民共和国义务教育法》颁布，接受义务教育的人数增加；1999 年高校扩招，更多的人有机会接受高等教育。根据《2014 年全国教育事业发展统计公报》，截至 2014 年，义务教育巩固率达到 92.6%，高等教育毛入学率达到 37.5%。[①] 以上分析表明，随着《中华人民共和国义务教育法》的实施以及大众教育的发展，我国教育事业发展迅速，国民受教育水平整体提升，且逐渐向高学历化发展。

---

① 赵红霞，冯晓妮.我国教育代际流动性及地区差异的比较研究——基于CHARLS 2013 数据分析［J］.中国青年研究，2016（8）：54–58.

结合表 2-3、表 2-4、图 2-1 的数据分析，父母的受教育程度与子女学历为高中以下呈负相关。25—44 岁学历在高中以下的人口比例总体上与父母的学历水平成反比。父母的学历水平越低，25—44 岁学历在高中以下的人口比例就越高；反之，则越低。父母的受教育程度与子女接受高等教育的可能性呈正相关。父母受教育水平越高，子女接受高等教育的机会就越大；反之，则越小。这也在总体上反映了子女的学历水平超过父辈的基本特点。这一方面是基于我国义务教育制度的实施和教育公平的推进，初中及以下学历人口不断减少；另一方面也体现了中国父母对子女接受教育的重视，特别是对低学历的父母而言，他们更希望子女在学业上有所成就，以弥补父辈因学历低导致的困难或不利。因此，对于低学历的中国父母而言，其子女的学历普遍高于父辈，这符合我国现阶段的社会状况。

（二）受教育水平对就业的影响

1. OECD 成员国失业率随学历水平提高而降低

OECD 成员国失业率受学历水平影响显著，随学历水平增高而降低，不论从韩国、美国、芬兰、德国四个国家还是从平均数据上来看，皆如此。

平均数据显示，2016 年，OECD 成员国高中以下学历人群的失业率超过接受高等教育人群失业率的 2 倍（分别为 16.8% 和 6.6%），美国和德国则达到了 5 倍以上（分别为 13.1%、2.9% 和 16%、3.1%）。接受中等后非高等教育人群的失业率处于未受过高中教育人群和受过高等教育人群的中间，各国情况有所差别。德国和韩国受过中等后非高等教育人群的失业率与受过高等教育人群的失业率，差距从横向来看相对较小。德国受过中等后非高等教育人群的失业率与学历为高中以下人群的失业率相比差距较大，与受过高等教育人群的失业率相比差距却较小，呈 L 型走向。韩国的失业率虽随学历变化，但整体起伏较为平缓；美国则随学历起伏明显，呈现梯形走向。

随时间推移，失业率在学历维度上的起伏有所差异，但各个国家政策不同，因此不能一概而论。如 2016 年对比 2014 年，德国只受过高中以下教育员工的失业率同比受过高等教育员工的失业率降低更快（降低率分别为 12.5%

和 8.9%）；芬兰还出现受过高中以下教育员工的失业率大幅度降低（降低率为19.3%），受过高等教育员工的失业率反而增加的情况。韩国在 2015 年出现受高中以下教育的员工失业率激增的现象（与 2014 年相比，增长率为 52.1%），美国则在 2016 年出现受过高等教育员工的失业率同比 2015 年几乎无变化的现象（变化不超过 0.1%）。这在一定程度上反映了各发达经济体的经济发展状态和产业结构的复杂性、变动性（详见图 2-2）。

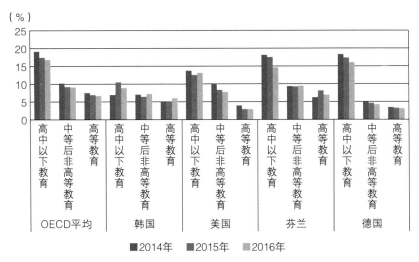

图 2-2 **2014—2016 年部分 OECD 成员国的成人失业率**

2. OECD 成员国就业率随学历水平提升而增高，高中以下学历就业率较低

不论是 OECD 均值还是韩国、美国、芬兰、德国四个国家，就业率都与学历水平成正比。其中，韩国就业率随学历逐级增高，就业率增长比大致相当。美国、芬兰、德国受过高中以下教育与中等后非高等教育人群的就业率增长率同比受过中等后非高等与高等教育人群的就业率增长率相差较大，不呈现线性增长，高中以下学历人群的就业率过低。这反映了发达经济体在就业领域的“底线”约束，即在高科技时代，不具备较高的教育层次和能力水平，很难具备就业的基本条件。

各国就业率随时间推移渐趋稳定，逐年增幅不超过 2%。韩国出现连续三年变化不明显的现象（增长率差值不到 1%）（详见图 2-3）。

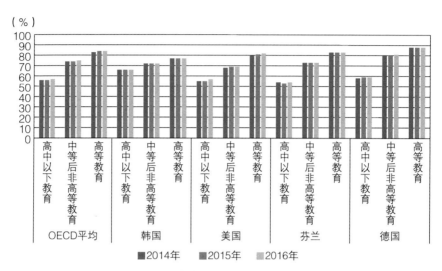

图 2-3　2014—2016 年部分 OECD 成员国的成人就业率

3. 中国大学生就业率变化

第一，就业人数逐年增多，但未显示出与教育水平之间的关系。

OECD《教育概览》中没有呈现中国就业率随教育水平不同而变化的情况。翻阅《中国教育年鉴》及社会保障部门的统计数据可以初步知道，中国接受高等教育的人数在逐年上升（见图 2-4），就业人数也逐年上升（见图 2-5，但无法表明两者之间有相关关系）。

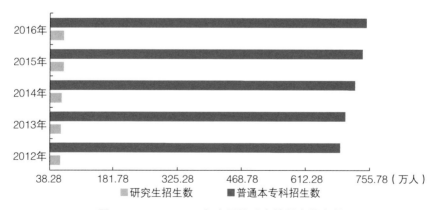

图 2-4　2012—2016 年中国接受高等教育的人数

数据来源：中华人民共和国教育部发展规划司.中国教育统计年鉴 2012—2016［M］.北京：中国统计出版社，2013—2017.

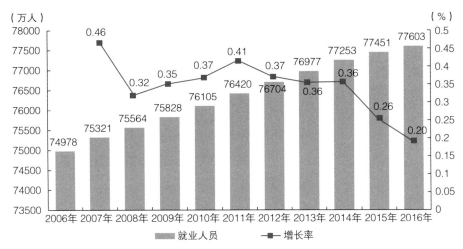

图 2-5　2006—2016 年中国就业人口数量及增长率

数据来源：中华人民共和国教育部发展规划司.中国教育统计年鉴 2006—2016［M］.北京：中国统计出版社，2007—2017.

第二，大学生初次就业率逐年上升。

据《2018 年中国本科生就业报告》，大学生初次就业数据清晰明确，大学毕业生就业率整体呈现上升态势，且随时间变化变动不大，2011—2017 年皆在 90% 以上（如图 2-6 所示）。横向来看，高职毕业生就业率稳步上升，并于 2017 年实现十年来首次超过本科就业率（如图 2-7 所示）。这表明就业模式面临转型，中国经济发展需要更多技术人员。

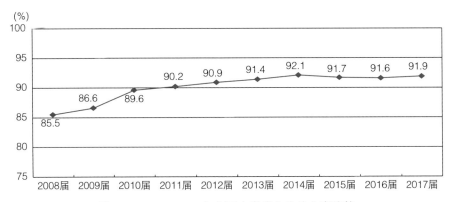

图 2-6　2008—2017 年中国大学毕业生就业率趋势

数据来源：王伯庆.2018 年中国本科生就业报告［M］.北京：社会科学文献出版社，2018.

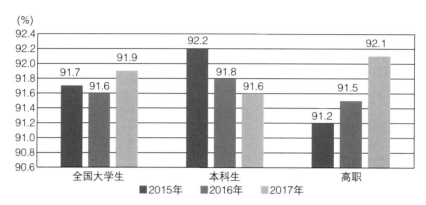

图 2-7　2015—2017 年中国大学毕业生就业趋势

　　总体来说，我国对大学毕业生的就业分析基于对毕业半年学生的调查，没有也较难进行长期跟踪。我国大学生的就业率相对于 OECD 成员国偏高，这主要是由于我国行政主管部门对大学生就业政策的强化，以及对高校毕业生就业率的考核评价，强化了行政等各方对就业的支持和帮助。不同学历的毕业生就业率普遍较高，也与近年来我国城镇化过程中对劳动力的高需求有关，这与国内近年来出现的"用工荒"现象吻合。

　　4. 中国就业人员与失业人员的学历构成 ①

　　人口的文化素质受一定的经济条件制约，反过来又影响经济社会的发展。2018 年人口抽样调查数据显示：中国就业人口的受教育程度有所提高。从图 2-8 中可以看出，在 2018 年的就业人口中，大学专科及以上文化程度占就业总人数比重为 18.20%，而 2016 年只有 17.40%，两年间上升了 0.8 个百分点。高中以下就业人群所占百分比从 2016 年的 76.40% 下降到 2018 年的 75.40%，下降了 1 个百分点。② 这些数据与 OECD 成员国的统计数据都传达出同样的信息：学历是就业中的一项重要因素，而且随着时间的推移，就业岗位更青睐于受过高中以上教育或职业教育的人群。失业人员的受教育程度有所提高，可能与劳动适龄人口的受教育程度提高有关（详见图 2-9）。

---

　　①　OECD 的数据总体是社会劳动人员，此处的数据总体为中国的已就业人员或失业人员。

　　②　国家统计局人口和就业统计司，人力资源和社会保障部规划财务司 . 中国劳动统计年鉴 2016—2018［M］. 北京：中国统计出版社，2016：55；2017：59；2018：57.

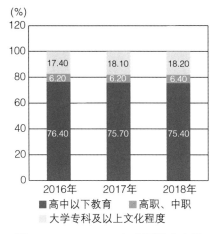

图 2-8　2016—2018 年中国就业人员
学历构成

图 2-9　2016—2018 年中国失业人员
学历构成

（三）受教育水平对收入的影响

1. 受教育水平对就业人群的相对收入影响大

"相对"是指各个教育程度工作者收入的位置。相对收入以各国高中学历工作者的平均收入为衡量点，其计算公式为：（某教育程度人群的年平均收入 ÷ 该国最高学历是高中的工作者的年平均收入）×100。由图 2-10、图 2-11（图

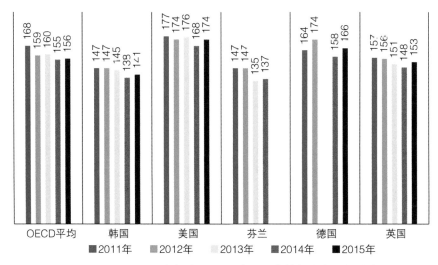

图 2-10　2011—2015 年部分 OECD 成员国高等教育人群相对收入

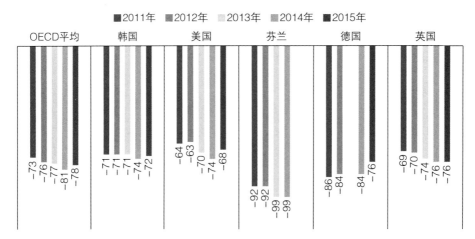

图 2-11 2011—2015 年部分 OECD 成员国高中以下人群相对收入

中的负值表示教育水平在高中以下）可知，各国受过高等教育的工作者的相对收入接近未受过高中教育的工作者收入的 2 倍（芬兰除外），OECD 成员国的平均水平也是如此。在美国，市场对教育水平的要求可能更高，因为图中显示两者工资差距最大（2015 年，美国受过高等教育人群的相对收入为 174，高中以下学历人群的相对收入为 68）。

但从纵向来看，随着时间的推移，这种差距有缩小的趋势。这与各个国家公平政策的调整和全球范围内产业对高级技工需求的增长有关。①

2. 各教育水平人群的收入分布②显示，受过高等教育人群的收入优势明显

选取 OECD 五国 2014 年和 2015 年（芬兰为 2014 年，其余为 2015 年）的数据，分析各个国家不同受教育水平就业人群的收入分布（图 2-12），任何一个教育程度的百分数总和都为 100%（每个教育水平的人群在各个收入水平都有分布），1 代表"收入达到全国相对收入的中位数水平"，X ≤ 0.5 代表"某个教育程度人群的收入小于中位数收入的二分之一"。

受过高等教育的人群收入优势显而易见。从横向来看，随着受教育水平

---

① OECD. Education at a Glance: OECD Indicators [R]. Paris: OECD, 2013-2017.

② OECD. Education at a Glance: OECD Indicators [R]. Paris: OECD, 2017.

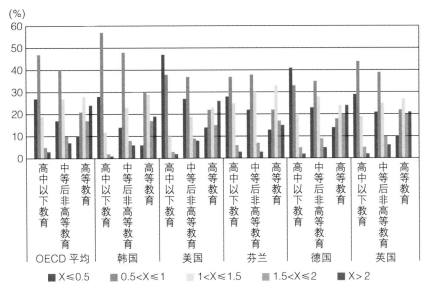

图 2-12　2015 年部分 OECD 成员国就业人群的收入分布

的提高，收入占最高收入水平（X>2）比例不断增加，图中五个国家收入占最高收入水平比例最大的都是受过高等教育的人群。其中，美国高于 OECD平均水平，高等教育人群的收入占最高收入水平比例最高，为 26%。从纵向来看，教育水平处于高中以下的人群收入呈现"金字塔形"，其收入多在中位数收入以下（X ≤ 1 时，OECD 平均为 74%）；而接受高等教育的人群收入呈现"倒金字塔形"，收入水平比例多在中位数以上（X>1 时，OECD 平均为 69%）。

　　但是，并非受过高等教育的人收入就必然高。每个国家都有受过高等教育的人收入水平较低（X ≤ 0.5 时，OECD 平均为 10%）。同样，每个国家也有少部分未受过高等教育的人群（高中以下教育及中等后非高等教育）收入水平较高（X>2 时，OECD 平均为 3%+7%=10%）。这主要是各国职业结构、产业结构以及薪酬待遇的特殊差别造成的。

　　3. 女性收入低于男性

　　男女相对收入差异① 是以全职工作女性的收入除以全职工作男性的收入

---

　　①　OECD. Education at a Glance: OECD Indicators [R]. Paris: OECD, 2017.

计算得出的。所得的结果可能和男女工作性质有关，因为在采矿、天然气开发等高收入项目中工作多由男性承担，当然也存在因性别同工不同酬的现象。

在 OECD 五国数据中，不论哪个教育程度，女性收入均低于男性，没有一个国家的全职工作女性收入占男性收入的 90% 以上（见图 2-13）。从横向来看，韩国和美国在各个教育程度上女性收入占男性收入的比例较低。从纵向来看，在接受高等教育人群中，女性收入占男性收入的比例反而比未接受高等教育的群体低，韩国例外。这些都反映了各个地区的不同文化以及男女职业结构带来的收入的性别差异。

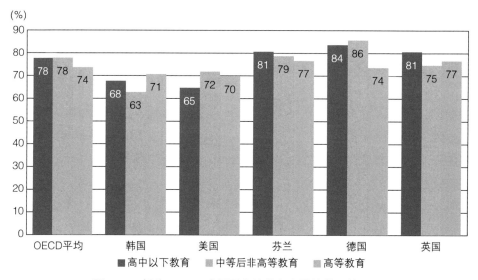

图 2-13 部分 OECD 成员国女性收入占男性收入的比例

在中国，随着受教育水平的提升，收入的性别差异有缩小趋势，这与同为东亚国家的韩国有相似之处。BOSS 直聘研究院的调查数据显示（见图 2-14），中专及以下学历的女性比相同学历男性的平均薪酬低 26.5%；到了本科阶段，下降至 18.3%；在博士阶段，则下降至 14.2%。在中国，接受高等教育能够大大拓宽女性选择工作的范围，有助于女性进入互联网、金融、专业服务等高薪和发展迅速的行业并获得高级职位，带来职业发展和收入的快速提升，为女性的收入提高提供更好的保障。

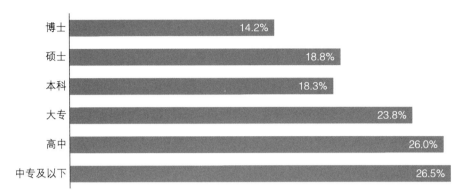

图 2-14　2017 年中国不同学历背景的男女薪酬差异

数据来源：BOSS 直聘研究院 . 同工不同酬，女性薪资打八折 |BOSS 直聘发布 2018 中国性别薪酬差异报告［EB/OL］.（2018-03-18）［2023-07-26］. https://www.sohu.com/a/225114947_209208.

4. 中国大学生的收入水平

《2018 年中国本科生就业报告》显示，大学生 2015 年、2016 年、2017 年的月收入均在 3000 元以上（见图 2-15），2017 届大学毕业生的月收入为 4317 元。其中，本科院校 2017 届毕业生的月收入为 4774 元，高职院校 2017 届毕业生的月收入为 3860 元，均明显高于 2017 年城镇居民月均可支配收入 3033 元，且呈现逐年增长态势。其月收入水平和教育程度呈正相关，与 OECD 五

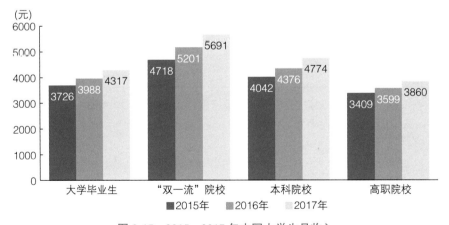

图 2-15　2015—2017 年中国大学生月收入

数据来源：王伯庆 .2018 年中国本科生就业报告［M］. 北京：社会科学文献出版社，2018.

国结果相同。2017 年，"双一流"院校与高职院校相差 1831 元，达到历史最高（2015 年和 2016 年分别相差 1309 元和 1602 元）。

不同专业之间薪资差距较大。薪酬网在同一时间分别对 2013 届、2015 届和 2017 届毕业生进行就业数据分析（见表 2-5、表 2-6），数据显示了就业收入排名最靠前的专业和最靠后的专业。就业收入最靠前的学科类型是工学。2017 届毕业生中，收入最高的是软件工程专业的毕业生，平均月薪为 9001 元。就业收入靠后的专业学科类型是管理学，城市管理专业的毕业生在 2017 届毕业生中收入最低，平均月薪为 2008 元，最高收入与最低收入相差接近 7000 元。同时，2017 届就业收入较高的专业，2015 届和 2013 届的收入也居于高位。

表 2-5　2013 届、2015 届、2017 届中国本科毕业生就业收入较高的专业

首年薪酬排名	专业名称	学科类型	学历类别	2017 届平均月薪（元）	2015 届平均月薪（元）	2013 届平均月薪（元）
1	软件工程	工学	本科	9001	11522	13711
2	材料物理	工学	本科	8862	10812	12866
3	汽车类综合	工学	本科	8786	11071	13506
4	应用化学	理学	本科	8650	10467	13188
5	生物科学	理学	本科	8622	10347	12520
6	电子信息工程	工学	本科	8476	10256	12513
7	建筑学	工学	本科	8359	10533	13482
8	高分子材料与工程	工学	本科	8109	9730	12357
9	石油工程	工学	本科	8031	9476	11466
10	语言类综合	文学	本科	7519	9173	10916

数据来源：搜狐网 . 各高校及专业薪酬排行榜！［EB/OL］.（2019-05-26）［2023-07-26］. https://www.sohu.com/a/316583723_99983152.

表 2-6　2013 届、2015 届、2017 届中国本科毕业生就业收入较低的专业

首年薪酬排名	专业名称	学科类型	学历类别	2017 届平均月薪（元）	2015 届平均月薪（元）	2013 届平均月薪（元）
10	心理学	理学	本科	2432	3040	3679
9	质量管理工程	管理学	本科	2424	3005	3516

续　表

首年薪酬排名	专业名称	学科类型	学历类别	2017届平均月薪（元）	2015届平均月薪（元）	2013届平均月薪（元）
8	人类学	管理学	本科	2316	2663	3089
7	行政管理	理学	本科	2261	2668	3148
6	数学与应用数学	理学	本科	2248	2788	3290
5	汉语言文学	文学	本科	2242	2668	3282
4	交通管理工程	工学	本科	2053	2381	2858
3	动物科学	农学	本科	2035	2503	3054
2	历史学	历史学	本科	2030	2334	2731
1	城市管理	管理学	本科	2008	2429	3012

数据来源：搜狐网．各高校及专业薪酬排行榜！［EB/OL］．（2019-05-26）［2023-07-26］．https://www.sohu.com/a/316583723_99983152．

二、教育的组织产出

（一）高中毕业率

分析与扩展主要指标，从普通高中毕业率、职业教育毕业率、职业高中毕业率这几个维度对中国与 OECD 成员国的情况加以比较，可以得到如下信息。

1. 普通高中毕业率的国际差异大，中国稳步上升

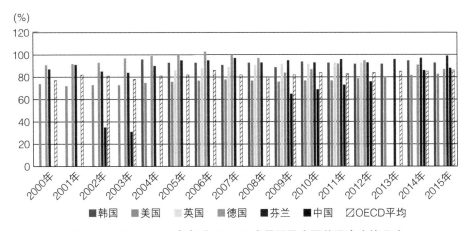

图 2-16　2000—2015 年部分 OECD 成员国及中国普通高中毕业率

由条形统计图 2-16 可知，OECD 成员国普通高中毕业率呈现"年份变化小，国别差异大"的特点，具体如下。

第一，除部分年份、个别国家出现数据缺失外，OECD 成员国自 2000 年至 2015 年普通高中毕业率整体趋于稳定，变化不大，随年份推移而递增的国家较少。OECD 平均普通高中毕业率约为 84%。高于该水平的国家中，德国的普通高中毕业率在 94% 左右，芬兰约为 93%，韩国为 92% 左右，而英国在 90% 左右。

第二，整体上，所有国家不同年份的高中毕业率在稳定的区间内呈现出波动性。最低不低于中国 2003 年的 31%，最高不超过德国 2006 年的 103%（普通应届生和成人接受高中教育之和），大部分在 75%—95% 这一范围内。这与 OECD 各国原本的经济发展速度以及政策制度是相关的。经济上，不同国家对普通高中教育的财政投入不同，不同国家在不同时期对普通高中教育投入也不同。OECD 各成员国对普通高中教育的成本分担大都以政府支出为主。OECD 各成员国普通高中教育的政府财政投入占普通高中教育总投入的比例在 50% 以上；在奥地利、爱尔兰、新西兰等国家，政府财政支出占普通高中教育总支出的 90% 以上；在德国、瑞士、澳大利亚、丹麦、墨西哥、韩国、智利等国家，政府在普通高中教育经费投入中承担着重要的部分。[①]2008 年以前，德国的普通高中毕业率一直位居第一。2009 年以后，芬兰跃居榜首，一直保持着领先的水平。韩国和英国各年份普通高中毕业率相差不大，随年份不同而以此起彼伏的态势发展着。

第三，美国和中国的普通高中毕业率大体上随年份推移而缓慢上升。其中，中国的普通高中毕业率在 2002 年远低于五个 OECD 成员国，后逐渐提升，差距越来越小，到 2014 年基本与 OECD 成员国的平均值持平并略高于美国。2009 年，中国普通高中毕业率为 65%，而 OECD 平均水平是 82%；到 2011 年，中国普通高中毕业率为 73%，OECD 平均水平是 83%；2014 年，中国普通高中毕业率为 86%，OECD 平均水平是 85%；2015 年，中国普通高中毕业率增长到 88%，超过 OECD 平均水平 86%。这与我国近年来重视基础教

---

① 吴延妮 .OECD 成员国普通高中教育财政投入及启示［D］. 南京：南京师范大学，2015.

育质量，推进素质教育、课程改革以及普通高中内涵建设的国家政策有关。中国作为发展中国家的代表，在较长时间内受经济发展水平等因素的限制，教育事业的发展相对不完善，尤其是基础教育的发展落后于发达国家。进入21世纪后，随着国家经济的发展，实施科教兴国战略，重视教育的发展成为主流，用于教育事业的各项投资也被一一落实，教育长足发展得到了有力的保障，因而中国的普通高中毕业率逐年稳步上升。

2. 职业教育毕业率变化多样

与普通高中教育相辅相成、互相依托的职业教育，在21世纪的教育领域占据举足轻重的地位。职业教育将教育与社会实践相结合，一方面达成既定的教育目标，另一方面也为青年人未来工作做准备，提高个体技能，满足劳动力市场需求，为社会培养应用型人才。因此，与既有的普通教育相比，职业教育也备受推崇。2000—2015年，OECD各国职业教育毕业率呈现的特点主要是"高低错落，各有增减；年份变化大，国别差异显"，具体如下。

其一，由图2-17可知，随着时间的推移，OECD成员国职业教育毕业率出现"分流"的情况，2003年是一个节点。2003年前，折线图所反映的各国职业教育毕业率走势大体相同，区别不大，相对平稳；2003年后，各国增减的变化趋势很明显——除芬兰呈阶梯状上升外，韩国、德国及OECD平均水平都缓慢下降。变化幅度最小的国家是韩国，降低幅度最大的是德国。具体表现为：芬兰的职业教育毕业率从2003年的69%到2015年超过100%（普

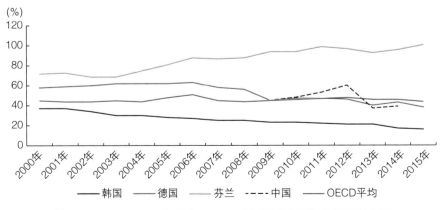

图 2-17 2000—2015 年部分 OECD 成员国及中国职业教育毕业率

通职业教育与成人职业教育之和）；韩国职业教育毕业率从 2003 年的 30% 降低到 2015 年的 16%；德国职业教育毕业率从 2003 年的 60% 降低到 2015 年的 38%；中国职业教育毕业率从 2009 年的 45% 增长到 2012 年的 60%，接着下降至 2014 年的 39%；OECD 平均水平相对而言较稳定，从 2003 年到 2015 年一直在 40% 与 44% 之间波动，变化幅度小。

其二，2000 年以来，各国职业教育毕业率中，韩国一直处于最低水平，且远低于 OECD 平均水平，并呈逐年缓慢递减趋势。

其三，OECD《教育概览》的数据显示，中国自 2009 年开始统计职业教育毕业率情况，并呈现出明显的先升后降的变化趋势，从 2009 年的 45% 增长到 2012 年的 60%，接着下降至 2014 年的 39%。这与职业教育在国家和民众生活中的作用与地位以及相应的认识变化有关。随着中国现代化进程的加快、各行业对产业工人需求的增长以及国家对职业教育的政策落实，职业教育获得了较快的发展，也得到了民众较高的认可度。

3. 不同国家间的普通高中毕业率差异显著

普通高中毕业率情况主要从数据相对完整的 OECD 成员国在历年普通高中毕业率最高和最低这两个层面加以分析，具体如下。

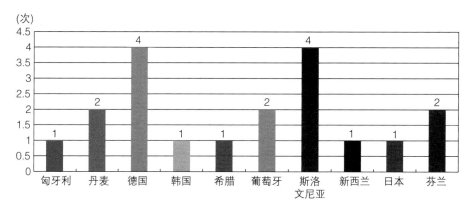

图 2-18 2000—2015 年普通高中毕业率最高的国家频数分布

注：根据 2015 年和 2016 年 OECD《教育概览》中的数据，2000—2015 年的 16 年间有两年存在数据并列情况。2013 年 OECD 成员国普通高中毕业率最高的国家有 2 个（新西兰和斯洛文尼亚均为 100%），2014 年 OECD 成员国普通高中毕业率最高的国家有 3 个（葡萄牙、芬兰、日本均为 97%），因此 16 年的数据共有 19 个。

对 2000—2015 年 OECD 各成员国每年的普通高中毕业率最高的国家进行统计，并绘制频数分布图，可以发现 16 年中德国、斯洛文尼亚普通高中毕业率最高的情况占 4 次，其余的国家如韩国、日本、芬兰等各占 1 至 2 次（详见图 2-18）。这在很大程度上是因为这些国家政府财政投入占总教育经费比例高且相对稳定。

对 2000—2015 年 OECD 各成员国每年普通高中毕业率最低的国家进行统计，并绘制频数分布图，可以发现 16 年中墨西哥普通高中毕业率最低的情况最多，占 47%；土耳其以 35% 的比例位居第二；捷克、冰岛和斯洛伐克均为 6%，频数最少（详见图 2-19）。这与国家政策也紧密相关。如斯洛伐克的普通高中教育由"单级政府财政投入体制"转向"两级政府财政投入体制"，既减轻中央财政的压力，又进一步促进普通高中教育的发展。但在政策转变的过程中，财政投入的起伏不定和动荡也会在最初产生一定的负面效应。因此，斯洛伐克普通高中毕业率最低的情况也时有出现。[①]

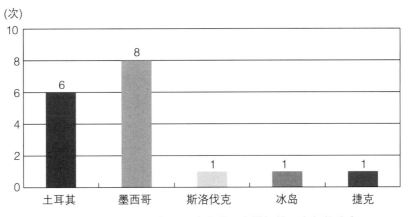

图 2-19 2000—2015 年普通高中毕业率最低的国家频数分布

4. 芬兰职业高中毕业率高于其他各国

职业高中毕业率情况，主要从数据相对完整的 OECD 成员国在历年职业高中毕业率最高这个层面加以分析，具体如下。

---

① 覃利春，沈百福. OECD 成员国普通高中财政投入及其启示［J］. 教育发展研究，2011，31（7）：62-65.

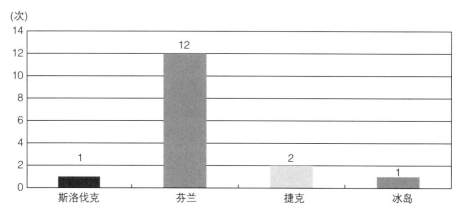

图 2-20　2000—2015 年职业高中毕业率最高的国家频数分布

对 2000—2015 年 OECD 对各成员国成为当年职业高中毕业率最高国家的次数进行统计，并绘制频数分布图，可以发现 16 年中有 12 年，芬兰的职业高中毕业率在 OECD 成员国中最高；16 年中有 2 年（占 13%），捷克的职业高中毕业率在 OECD 成员国中最高；冰岛和斯洛伐克各有 1 年（各占 6%）。世界各国文化背景各有差异，职业高中在不同国家的受重视程度、发展状况也千差万别。在有些国家，职业高中教育备受重视，民众接受度高，他们认识到良好的职业教育和培训能为经济竞争力的提高作出不可替代的贡献，还有经济条件为发展做保障。在芬兰，与普通高中教育相比，很多毕业生在完成职业高中教育后马上进入劳动力市场。据统计，约有 95% 的青年人有望在一生中获得职业高中学历。[①]

（二）预期高等教育毕业率

OECD《教育概览》中的高等教育毕业率是基于现行教育模式预估的，指一个年龄组在其一生中完成高等教育的人口估算百分比。这与我国所指的高等教育毕业率有区别。[②] 我国的高等教育毕业率关注的是当年高等教育的毕业情况，该指标计算了当时高等教育毕业生的总人数比例，以及高等教育各专业领域的人数比例，与 OECD 教育统计指标中的高等教育完成率类似。基于这一

---

① 经济合作与发展组织. 教育概览 2015：OECD 指标 [M]. 中国教育科学研究院，组织翻译. 北京：教育科学出版社，2015：185.

② 同上：29.

情况，我们将 OECD 指标中的"高等教育毕业率"改为适合我国国情的"预期高等教育毕业率"。

1. 不同课型和学历、学位水平的高等教育初次毕业率的国际差异

初次毕业生是指在特定教育阶段初次毕业的学生。一个学生如果在多年内多次毕业，则每次毕业时都要被计为毕业生，但作为初次毕业生只有一次。高等教育初次毕业生指的是在某一国家第一次获得高等教育学位的学生。高等教育初次毕业率是指一个年龄组中，其成员在一生中初次获得高等教育学历的人口估算比例。OECD《教育概览》对高等教育毕业率的统计主要分为两个时期：2000—2012 年、2013—2015 年。这两个时间段对高等教育初次毕业率统计的分类有所不同。2013 年以前，OECD 成员国的高等教育课程分为 A 类高等教育课程、B 类高等教育课程和研究生课程 ① 三类。2013 年，OECD 按照学历、学位类型进行数据统计，将高等教育分为专科、学士或同等学力、硕士或同等学力以及博士或同等学力四类。通过数据整理发现，2001—2012 年的研究生课程的毕业率不是初次毕业率。所以，在这个时期，我们只对接受 A 类高等教育课程和 B 类高等教育课程学生的初次毕业率进行分析。中国的课程分类与 OECD 成员国存在明显不同，因此 2001—2012 年《教育概览》对高等教育毕业率的统计并未收入中国数据。从 2013 年开始，《教育概览》才将中国的数据纳入高等教育毕业率的统计。

（1）OECD 成员国高等教育初次毕业率（2001—2012 年）

A 类高等教育课程以理论为主，是为进入研究生课程和对知识、技能要求较高的职业而设计的，所以各个国家对 A 类高等教育课程的重视程度较高。但中国的分类与 OECD 成员国不同，所以我们只对 OECD 主要国家的数据进行分析。美国、英国、德国、芬兰四个国家 A 类高等教育课程（大学水平）与 B 类高等教育课程（以职业为导向）的初次毕业率以及 OECD 成员国平均水平的具体情况如下。

从图 2-21 可以看出，整体而言，美国、英国、德国三个国家的 A 类高

---

① 研究生课程中，学生接受可获得研究生学历的教育，教育的主要内容为高等学习或创造性研究。

等教育课程初次毕业率以及 OECD 成员国的平均水平 ① 呈上升趋势。尤其是 2001—2007 年，OECD 成员国的平均水平从 30.3% 增长至 38.7%，随后趋于平缓。但是，芬兰的 A 类高等教育课程毕业率在 2009 年急剧下降，从 2008 年的 62.6% 下降到 44%。2012 年，OECD 成员国的平均水平大幅下降，从 2011 年的 40% 下降到 31%。发生这样的变化可能与课程改革和教育改革有很大的关系。将各个国家的数据与 OECD 成员国的平均水平相比，我们可以发现：芬兰的 A 类高等教育课程初次毕业率每年均高于 OECD 成员国的平均水平；在绝大多数年份，英国的 A 类高等教育课程初次毕业率高于 OECD 成员国的平均水平；美国和德国的 A 类高等教育课程初次毕业率总体低于 OECD 成员国的平均水平，其中德国与 OECD 成员国的平均水平相差较大，而美国相差较小。2001—2008 年，A 类高等教育课程初次毕业率最高的国家是芬兰；2009—2011 年，是英国。德国的 A 类高等教育课程初次毕业率在四个国家中最低。

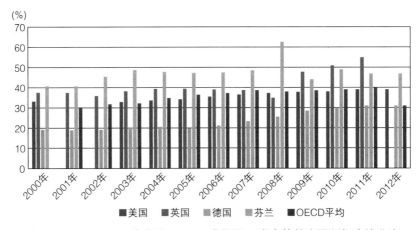

图 2-21　2000—2012 年部分 OECD 成员国 A 类高等教育课程初次毕业率

从 A 类高等教育课程初次毕业率的变化幅度看，英国和德国的增长幅度较大。2001—2012 年，英国从 37.4% 增长至 55%，增长了 17.6%；德国从 19% 增长至 31%，增长了 12%。虽然德国的增长幅度没有英国大，但也可以看出德国对 A 类高等教育课程的重视程度。芬兰的 A 类高等教育课程初次毕

---

① OECD 成员国的平均水平是所有可获得或可估计的 OECD 成员国的数据非加权平均计算得出的。因此，OECD 成员国的平均水平是国家体系层面数据的平均，可用于回答特定国家的一个指标如何与另一个国家比较的问题。每个国家教育体系的绝对规模未被考虑在内。

业率在 2001—2008 年的增长幅度是最大的，从 40.7% 增长至 62.6%，增长了 21.9%，但 2009 年下降到 44%。2001—2012 年，美国的 A 类高等教育课程初次毕业率增幅最小，只增长了 6.1%。

从课程类型来看，B 类高等教育课程倾向实践性，操作性较强。从图 2-22 可以发现，2001—2012 年，OECD 成员国 B 类高等教育课程初次毕业率的平均水平相对稳定，保持在 8%—11%。总体而言，英国、美国、德国三国的 B 类高等教育课程初次毕业率呈上升趋势，但芬兰不是。芬兰的 B 类高等教育课程初次毕业率呈下降趋势，因为该国的 B 类高等教育课程被逐步淘汰。德国和英国的 B 类高等教育课程初次毕业率总体而言高于 OECD 成员国的平均水平。芬兰的 B 类高等教育课程初次毕业率低于 OECD 成员国的平均水平。美国的 B 类高等教育课程初次毕业率与 OECD 平均水平相比分为两个阶段：2003 年前低于 OECD 平均水平，2004—2012 年高于 OECD 平均水平。英国的 B 类高等教育课程初次毕业率从 2001 年到 2008 年一直是美国、英国、德国、芬兰四个国家中最高的，2009 年起被德国超越。2008 年，德国的 B 类高等教育课程初次毕业率在四个国家中最低。2009—2012 年，美国的 B 类高等教育课程初次毕业率最低。（OECD《教育概览》中，2008 年以后，芬兰的 B 类高等教育课程初次毕业率的相关数据未被统计。）

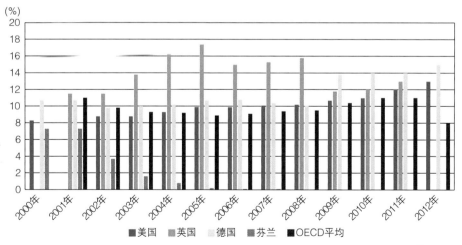

图 2-22　2000—2012 年部分 OECD 成员国 B 类高等教育课程初次毕业率 [1]

---

[1]　OECD. Education at a Glance: OECD Indicators [R]. Paris: OECD, 2000-2012.

（2）中国高等教育初次毕业率整体低于 OECD 成员国

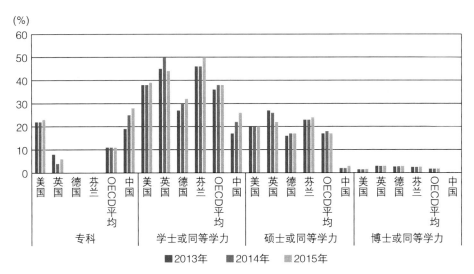

图 2-23 2013—2015 年部分 OECD 成员国及中国的高等教育初次毕业率

首先，OECD 各国不同学力或学位类型的初次毕业率变化显著。从图 2-23 可以发现，2013—2015 年，高等教育毕业率总体呈上升趋势，因间隔年限较短，表现不太明显。值得注意的是英国数据的变化：2015 年，学士或同等学力、硕士或同等学力、博士或同等学力的初次毕业率都有所下降。从图 2-23 中可以发现，美国的专科学历初次毕业率高于 OECD 成员国的平均水平，这与美国重视专业技术发展分不开；英国则低于 OECD 成员国的平均水平。美国专科学历的初次毕业率在五个国家中最高，而英国则最低。2013—2015 年，美国、英国和芬兰的学士或同等学力的初次毕业率均高于或者等于 OECD 成员国的平均水平；德国的学士或同等学力的初次毕业率低于 OECD 成员国的平均水平。就硕士或同等学力的初次毕业率而言，美国、英国和芬兰均高于 OECD 成员国的平均水平，而德国低于 OECD 成员国的平均水平。2013 年和 2014 年，英国的硕士或同等学力的初次毕业率在五个国家中最高。2015 年，芬兰超过英国，位居第一。与美国、英国和芬兰相比，德国一直处于最后一位。英国、德国和芬兰的博士或同等学力的初次毕业率高于 OECD 成员国的平均水平，美国则低于 OECD 成员国的平均水平。虽然英国的博士或同等学力的初次毕业率在 2014 年略有降低，但其学士和硕士或同等学力的初次毕业率在五个国家中最高。

其次，中国的学士或同等学力、硕士或同等学力、博士或同等学力的初次毕业率整体上低于 OECD 成员国，并且学历层次越高，初次毕业率越低。中国专科、学士或同等学力的人口数远远高于硕士或同等学力、博士或同等学力。2015 年，我国初次获得专科学历的毕业生为 28%，初次获得学士或同等学力的毕业生有 26%，而初次获得硕士或同等学力、博士或同等学力的毕业生不到 5%。中国除了专科初次毕业人数的比例高于 OECD 成员国的平均水平外，其余的学历层次的初次毕业率远远低于 OECD 成员国的平均水平。2013—2014 年，中国专科初次毕业率均高于 OECD 成员国的平均水平。到了 2015 年，中国的专科初次毕业率较 2013 年上涨了 9 个百分点，达到了 28%，比 OECD 成员国的平均水平高 17 个百分点。中国的学士或同等学力的初次毕业生占比均低于图表中的 OECD 成员国及 OECD 成员国的平均水平。就 2015 年的数据看，中国的学士或同等学力的初次毕业率为 26%，比 OECD 成员国的平均水平低了 12 个百分点，比芬兰低了 24 个百分点。但不可忽视的是，中国的增长速度最快。中国的硕士或同等学力的初次毕业率很低，仅有 2%—3%，而 OECD 成员国的平均水平为 17%—18%。就 2015 年的数据看，中国的硕士或同等学力的初次毕业生人数占比为 3%，OECD 成员国的平均水平为 17%；芬兰在四个国家中的硕士或同等学力的初次毕业率最高，为 24%，中国比其低了 21%。各个国家的博士或同等学力的人口比例都不高，2013—2015 年，中国均为 0.2%，而其他国家均在 1.5% 以上，英国约为 3%。

基于 2015 年的教育模式，在中国，28% 的初次高等教育毕业生获得了专科学历，26% 的年轻人从学士或同等学力初次毕业，3% 的初次毕业生接受了硕士或同等学力教育，0.2% 的初次毕业生接受了博士或同等学力教育。通过数据分析，根据中国的教育模式，青年人一生中初次获得专科学历的人数比例高于其他国家。除此以外，在中国，初次获得其他学历层次的学生人数比例低于 OECD 成员国及其平均水平。由此可以看出，中国接受学士或同等学力、硕士或同等学力、博士或同等学力的人口比例较小，低于 OECD 成员国，与其差距较大。虽然中国各个学历、学位类型的初次毕业率较低，但是其增长速度最快。高等教育毕业率是基于各个国家现行的教育模式，对接受高等教育的人口进行估算得出的比例。2014 年，中国高等教育毕业率①仅有 23%，而 OECD 成员国高等教育平均毕业率为 54%。在所有年龄阶段中，中国接受高等教育的人口比例较小，而 OECD 成员国接受高等教育的平均人口比例是中国的两倍多。

2. 女性毕业生进入高等教育各学历、学位层次的状况

女性毕业生在高等教育各学历、学位层次中所占的比例可以反映出一个国家对女性教育的重视程度，同时也反映了国家对教育中性别平等的追求。OECD《教育概览》从 2008 年开始对女性毕业生在高等教育中所占的比例进行统计和说明。2006—2010 年的数据按照 A 类课程、B 类课程和高级研究项目三个类别进行统计，2013 年、2014 年的数据是按照学历、学位层次进行统计的，并且中国的数据也在 OECD《教育概览》的统计之中。为了更好地反映女性毕业生在高等教育中的比重，2013—2015 年《教育概览》对女性高等教育毕业率也有说明。

其一，OECD 成员国 A 类课程中的女性毕业生比例远高于 B 类课程。

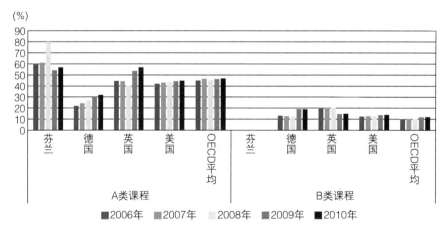

图 2-24　2006—2010 年部分 OECD 成员国不同种类高等教育课程中女性毕业生的比例

总体而言，从图 2-24 可以看出，女性毕业生在 A 类课程中所占的比例远远高于 B 类课程，即接受学术型教育的女性毕业生多于接受实践型教育的毕业生。高级研修项目只有 2010 年的数据，从中可以看出女性毕业生所占比例

---

① 这里指的是 OECD《教育概览》中的高等教育毕业率。

很低，其中最高的芬兰也只有 2.5%，可能因为女性所承担的家庭和社会角色对其学业产生了一定影响。随着经济和社会的发展，各个国家对教育中性别平等的关注也越来越多，这四个国家的女性毕业生在 A 类课程和 B 类课程中所占的比例大体呈逐年上升趋势，并且女性的 A 类课程毕业率增长尤为强劲。相对于 A 类课程，B 类课程中的女性毕业生比例增长幅度较小。

将芬兰、德国、英国和美国四个国家的数据进行比较，可以发现芬兰的女性毕业生在 A 类课程中所占的比例在四个国家中最高，而德国最低，说明在德国进行 A 类课程学习的女性比例较低。芬兰的女性毕业生在 A 类课程中所占比例在 2008 年高达 80%，到后面呈下降趋势；而英国的女性毕业生 2008 年在 A 类高等教育中所占比例也从 2007 年的 44.6% 下降到 40.2%，到了 2009 年又增长到 53.8%。这与 2008 年的金融危机有着密切的关系。其中，德国和美国的女性毕业生在 A 类课程中所占比例一直低于 OECD 成员国的平均水平。从 2006 年到 2008 年，英国的女性毕业生在 B 类课程中所占比例在四个国家中最高，但是 2009 年下降到 14.8%。2009 年和 2010 年，德国的女性毕业生在 B 类课程中所占比例最高。其中，德国、英国、美国的女性毕业生在 B 类课程中所占比例高于 OECD 成员国的平均水平。

其二，中国女性毕业生在所有学历、学位层次中所占比例均低于 OECD 平均水平。

从表 2-7 中可以发现，女性毕业生在各个学历、学位层次中所占比例是比较高的，但由于统计时间较短，增长趋势不太明显。在四种不同学历、学位中，随着等级的升高，女性毕业生所占比例减少，在博士或同等学力水平中所占比例最低，在专科学历中所占比例最高。根据学历、学位层次来看，专科学历中，德国女性的毕业率最高，并且德、英、美三国的女性毕业率均高于 OECD 平均水平。在学士或同等学力中，芬兰的女性毕业生的比例最高，德国最低，但从总体上看几个国家相差不大；德、英、美三国的女性毕业率均低于 OECD 平均水平，只有芬兰高于 OECD 平均水平。在硕士或同等学力中，芬兰的女性毕业生比例最高，德国最低且低于 OECD 平均水平。在博士或同等学力中，芬兰的女性毕业生比例最高，韩国最低。从这一分析可以发现，除了在专科学历中，芬兰女性毕业生的比例在六个国家中均为最高且高于 OECD 平均水平。

表 2-7　2013—2014 年部分 OECD 成员国及中国女性毕业生
在高等教育各学历、学位层次中的比例

国家 / 国际组织	专　科		学士 或同等学力		硕士 或同等学力		博士 或同等学力	
	2013 年	2014 年	2013 年	2014 年	2013 年	2014 年	2013 年	2014 年
韩国	m	m	m	m	m	m	34%	35%
美国	61%	61%	57%	57%	58%	59%	49%	50%
英国	57%	61%	56%	56%	58%	58%	46%	47%
德国	75%	67%	49%	49%	53%	53%	44%	45%
芬兰	a	a	59%	59%	60%	60%	51%	53%
OECD 平均	56%	56%	58%	58%	56%	57%	47%	47%
中国	52%	51%	50%	52%	49%	49%	37%	38%

注: a 表示数据不适用, 因为类别不适用; m 表示数据缺失。

就中国数据来看, 女性毕业生获得专科学历、学士或同等学力的比例均高于 50%, 获得硕士或同等学力的比例则接近 50%, 而获得博士或同等学力的女性毕业生则不到 40%, 2014 年仅有 38%。由此可以看出, 在中国, 随着学历、学位层次的升高, 年轻女性接受高层次教育的人数逐步减少。其中, 获得博士或同等学力的女毕业生最少, 其他三类学历、学位层次的女性毕业生比例差不多。中国女性毕业生在所有学历、学位层次中所占比例均低于 OECD 平均水平, 并且基本上低于其他国家。但中国女性毕业生在学士或同等学力中所占比例高于德国, 在博士或同等学力中所占比例高于韩国。从总体上看, 中国女性毕业生在高等教育中所占比例与其他国家的差距不大。

其三, OECD 成员国女性高等教育毕业率较高, 均超过 50%。

从图 2-25 可以发现, 芬兰、德国、英国、美国和 OECD 平均的女性高等教育毕业率均超过了 50%。可以看出, OECD 成员国对女性教育的重视程度很高, 并且各个国家的比例相差并不大。2013—2015 年, 女性毕业生在高等教育中所占的比例相对稳定。其中, 芬兰和美国的女性毕业生在高等教育中所占比例高于或等于 OECD 平均水平, 而德国和英国则相对略低。从图中亦可看出, 美国女性高等教育毕业率在四个国家中最高。

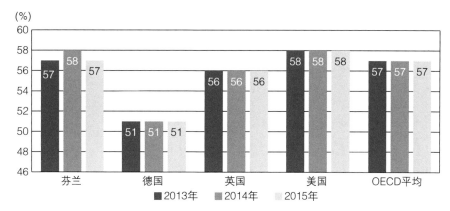

图 2-25　2013—2015 年部分 OECD 成员国女性高等教育毕业率

（三）完成高等教育学生数（率）

随着中等教育的普及和发展，接受高等教育的人数不断增加，高等教育规模扩大。OECD 用"完成高等教育学生数（率）"指标测量评估高等教育的发展状况。"完成高等教育学生数（率）"指标测算的是在规定期限内完成高等教育的学生数（率），其中的规定期限为 N 年（N+3 指延长统计年限至学生毕业 3 年后）。"完成高等教育学生数（率）"指标除了统计成功毕业的学生外，也统计学生的发展状况，如肄业、在读的学生比例，真实地反映了 OECD 各国的高等教育状况。

1. 学士或同等学力学生完成率

OECD 成员国对"完成高等教育学生数（率）"从高等教育年限角度进行了统计。以 2014 年全日制本科学士或同等学力的数据为例，计算方式分为三种：方式 1 为按"真实队列①且学业完成期限为 N 年"进行统计，如芬兰、英国、美国；方式 2 为按"真实队列且学业完成期限为 N+3 年"进行统计，如芬兰、英国、美国；方式 3 为按"交叉队列"②进行统计，如韩国。

---

①　OECD. Education at a Glance: OECD Indicators [R]. Paris: OECD, 2016. 真实队列：从学生注册进入高等教育学习到规定的学习年限期满，完成率统计的是该时间段内毕业学生比例，即计算在规定期限内按时毕业的人数比例。

②　交叉队列，用于学生个人数据无法获得时，通过将一年的毕业生人数除以该年之前的新注册学生人数来计算完成率，时间即学业完成年限，即计算在某一年毕业的所有学生人数比例。

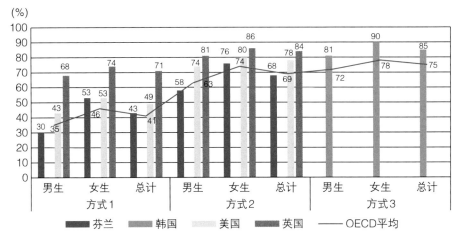

图 2-26　2014 年部分 OECD 成员国全日制本科学士或同等学力完成率

OECD 成员国分别从 N 年和 N+3 年的角度对学士或同等学力的学生比例进行了分析比较，直观地反映出学士或同等学力学生学习的情况。从图 2-26 "总计" 中的数据可以看出，年限增加 3 年后，芬兰学士或同等学力学生比例从 43% 提升到 68%，美国学士或同等学力学生比例从 49% 提升到 78%，英国学士或同等学力学生比例从 71% 提升到 84%。随着年限的增加，芬兰和美国学士或同等学力学生比例几乎翻倍。这说明，虽然一部分学生无法按时毕业，但是也能够在一定的时间内通过努力而达到毕业要求。

从国别比较来看，英国学士或同等学力学生的比例在以方式 1 进行统计时最高，达到 71%；芬兰和美国相差不大，但与英国相差近 20%。随着年限的增加（N+3），芬兰、美国与英国学士或同等学力学生的比例差距缩小，相差 10% 左右。芬兰学士或同等学力学生的比例没有其他国家高。一方面，这说明芬兰的高等教育在学生毕业方面管理较为严格，多数学生因无法按期完成学业要求而无法毕业。"严出" 政策把控高等教育质量，让学生在接受高等教育过程中真正学习到知识，学习科学研究，学校并不因追求毕业率而放松对学生的管理要求。另一方面，这也说明芬兰更尊重学生的自主选择。学生无法按时毕业的因素很多，有可能在接受教育的过程中找到了适合自己的发展道路，不再需要以学历作为资本，从而选择休学或者退学。

从性别角度看，芬兰、美国、英国学士或同等学力学生比例的性别差异较大，其中芬兰女生的完成率比男生高 20% 左右，美国女生的完成率比男生高 10% 左右。学士或同等学力完成率的性别差异体现了女生在高等教育阶段的优势。女生在学业方面的努力不比男生差，能够表现得和男生一样出色甚至更加优秀。女生完成高等教育比例高于男生证明了性别并不影响女生接受教育，教育在性别上应当公平。按照交叉队列的方式统计韩国的数据，数据显示：韩国高等教育学生完成率并不比西方国家低，且高于 OECD 平均水平。韩国学生学士或同等学力完成率的性别差异接近 10%，也是女生比例高于男生。可见，在高等教育的学习过程中，女生比男生的完成度更高，女生在高等教育学习阶段具有一定的优势。

中国没有完成率指标，所以在计算时按照 OECD 的概念进行了粗略计算，计算数据为《中国教育统计年鉴》中近 10 年普通本科"授予学位数""招生数"两项数据，公式为：当年本科教育授予学位的学生人数 ÷4 年前新生入学人数 ×100%，最终得到如图 2-27 所示的中国本科教育完成率。虽然统计路径与 OECD 成员国仍然存在一定区别，但是也能够反映出中国本科教育的情况。从图 2-27 数据中可以看出，中国的高等教育完成率保持在 95% 以上，说明大部分学生能够完成本科教育，成功毕业。

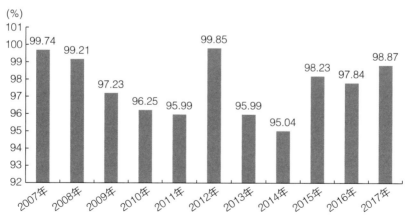

图 2-27 2007—2017 年中国本科教育完成率

数据来源：中华人民共和国教育部发展规划司.中国教育统计年鉴 2015［M］.北京：中国统计出版社，2016.

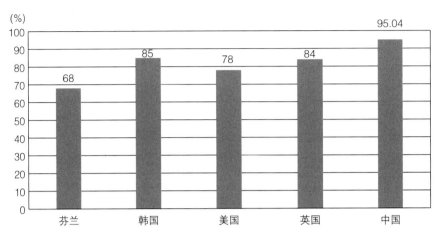

图 2-28　2014 年中国与部分 OECD 成员国学士或同等学力完成率比较

关于学士或同等学力完成率，因为各个国家统计方式存在差异，所以图 2-28 选取了 2014 年各个国家完成学士或同等学力学生比例的最大值进行比较。从图中的数据可以看出，中国的学士或同等学力完成率在五个国家中最高，芬兰最低，其原因在于国家政策差异和文化差异。在高等教育政策方面，西方国家坚持"宽进严出"，而中国严格把控学生的入学水平。在文化方面，西方国家倡导个性与自由，学生可能因为更换学校课程而导致未能按时毕业，也可能因为自主创业而选择退学。在中国以学历为资本的环境中，学校和家庭一般不会支持学生放弃学业，学生也不敢贸然放弃学业。所以，学生在各种条件下努力完成学业要求，按时毕业。

2. 接受全日制本科教育学生的分布情况

2016 年，OECD 对高等教育（本科教育阶段）学生的分布情况按照学年划分进行了数据统计。在本科教育阶段，除了学生按期毕业，还有少部分学生存在肄业、延期在读等情况。所以，这一数据统计了本科教育阶段全日制学生的在读、毕业和肄业学生比例，了解高等教育学生学习的真实情况。其中，N 和 N+3 为理论课程学习年限。韩国和德国的数据为空白，英国的数据包含其他数据。①

---

①　OECD《教育概览》中，英国的数据中显示"71d"，其中字母"d"的意思为"包含其他列数据"。

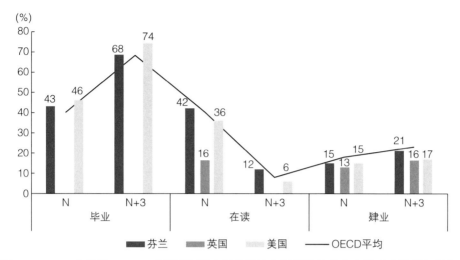

图 2-29 2014 年部分 OECD 成员国接受本科教育的全日制学生的分布情况（按学年划分）

如图 2-29 所示，在芬兰、英国、美国三个国家中，美国学生的毕业比例最高。随着学习年限的变化，芬兰、美国的毕业学生比例涨幅较大，芬兰从43% 增长为 68%，美国从 46% 增长为 74%。芬兰、美国两个国家的毕业学生比例均超过 OECD 成员国的平均水平，可见大部分接受本科教育的学生都能按照要求在一定期限内毕业。

关于在读学生比例，从年限划分（从 N 到 N+3）看，芬兰分别为42%、12%，美国为分别 36%、6%，英国没有统计 N+3 的数据。两个国家因毕业年限不同，学生的在读比例有所下降。图 2-29 的数据表明，在读学生比例随着毕业年限的增加降低。这说明学生在增加的年限里或是完成学业要求成功毕业，或是从学校教育中彻底退出而选择了其他道路。

图 2-29 显示，三个国家的肄业学生比例在 N 年的期限内相差不大。芬兰、英国、美国依次为 15%、13%、15%，且低于 OECD 平均水平 18%。当以年限 N+3 进行统计时，三个国家的肄业率有所上升，尤其是芬兰。不过，三个国家均低于 23% 的 OECD 平均水平。一部分学生因无法完成学业而不能按时毕业，这是高等教育学生完成率的侧面反映。学生的肄业人数增加，则完成数减少，反之亦然。学生肄业的原因是多方面的，可能是因为学校课程设置不符合学生自身的学习能力和学习兴趣，也可能是因为学生在就读期间已经找到了更喜欢的工作和生活方式。

三、教育的社会产出

（一）成人受教育水平

成人受教育水平这一指标的比较有两个方面，即成人群体高中及以下学历情况和成人群体接受高等教育的情况。高等教育按照课程类别划分，主要分为A类高等教育课程、B类高等教育课程和研究生课程三类。

1. 成人高中以下学历人口递减明显

在 OECD《教育概览》系列报告中，高中及以下学历的统计是从小学学历、初中学历、高中学历这三方面展开的，规划相对细致。出于调查结果概括性、归纳性的需要，这三部分统称为高中及以下学历。

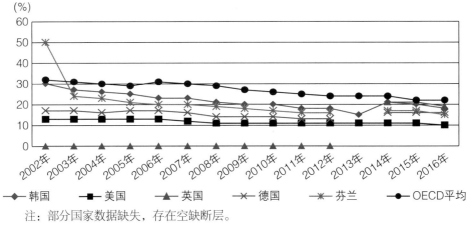

注：部分国家数据缺失，存在空缺断层。

图 2-30　2002—2016 年部分 OECD 成员国 25—64 岁成人高中及以下学历的人口比例

由图 2-30 可知，2002 年到 2016 年期间，各个国家 25—64 岁高中及以下学历的人口比例呈如下特点。

第一，25—64 岁高中及以下学历的人口比例整体呈递减的趋势。这表明，高中以上学历人口比例增多，OECD 成员国受教育水平逐年提高。无论是亚洲国家还是欧洲发达国家，教育的大力发展都成为时代的主流。

第二，在接受调查的国家中，25—64 岁高中及以下学历的人口比例总体上都低于 OECD 平均水平。

　　由图可见，相对而言，英国、美国和德国的指标变化更稳定，芬兰和韩国的指标变化起伏更大。

　　2. 不同年龄段成人接受不同课型高等教育的情况差异显著

　　依据对高等教育课程类别的划分，成年人接受高等教育的情况从 A 类高等教育课程（以理论为基础的课程，为对知识、技能要求较高的职业而设计）、B 类高等教育课程（侧重就业所需要的实践性技能）、研究生课程三个方面分析，研究不同类型课程中不同国家成年人口的分布情况，具体如下。

　　（1）成人接受 A 类高等教育课程的人口比例

　　由图 2-31 可知，OECD 各国不同年份成人接受 A 类高等教育课程的比例存在显著差异。

　　从变化趋势看，无论是 OECD 平均水平还是各个国家（德国除外），成人接受 A 类高等教育课程的人口比例都呈现上升的态势。

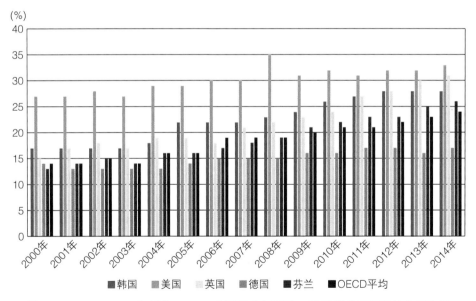

图 2-31　2000—2014 年部分 OECD 成员国成人接受 A 类高等教育课程的人口比例

　　自 2000 年到 2014 年，美国成人接受 A 类高等教育课程的人口比例一直处于首屈一指的地位，而德国则一直处于末位，且比例变化相对稳定。英国和韩国的比例最初呈现你追我赶的态势，双方在各自的反超中递增。但 2011 年以后，英国的比例超过韩国。

（2）成人接受 B 类高等教育课程的人口比例

关于成人接受 B 类高等教育课程的数据资料，部分 OECD 成员国数据缺失，完整性不够。因此，这里仅对相对完整、连续性较强的数据进行整理和归类并加以分析。

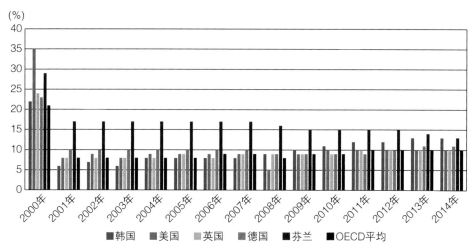

图 2-32 2000—2014 年部分 OECD 成员国成人接受 B 类高等教育课程的人口比例

由图 2-32 可知，OECD 各国不同年份成人接受 B 类高等教育课程的人口比例存在显著差异，具体如下。

首先，整体而言，5 个国家 2000 年成人接受 B 类高等教育课程的人口比例远高于其余各年份。进入 21 世纪，教育的发展成为新时代的主旋律。对高科技人才的需求使得 A 类高等教育课程的重要性日益凸显。在新世纪最初的一年或几年里，成年人接受 B 类高等教育课程的人口比例较高，后有所下降，并随年份增加而趋于平稳。

其次，除 2000 年外，芬兰成人接受 B 类高等教育课程的人口比例均高于其他国家；而美国除 2000 年该比例位居榜首外，其余年份相对较低。

最后，2001—2014 年，美国、英国和德国成人接受 B 类高等教育课程的比例变化不大，相对稳定。芬兰成人接受 B 类高等教育课程的人口比例呈现一种先增后减的状态，韩国则整体处于递增的状态。韩国的高等教育发展起步相对较晚，再加上经济水平的限制，对人才的需求一直很强烈。在政府政策的吸引下，成年人接受 B 类高等教育课程的人口比例逐年增加。

（3）成人学习研究生课程的人口比例

研究不同年龄组学习研究生课程的情况，对于区分各年龄段的受教育状况，对比各个国家同一年龄段之间的区别具有重要价值，对后续国家完善成人教育的相关政策具有更强的指导性和说服性。

从图 2-33 可以看出，2008—2010 年，不同国家间、同一个国家不同年龄组间，群体接受研究生课程教育的情况是存在差异的。

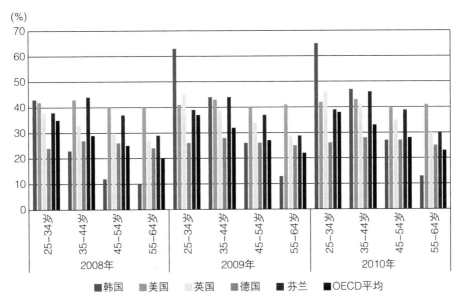

图 2-33　2008—2010 年部分 OECD 成员国成人接受研究生
课程教育的人口比例（按年龄组划分）

不同国家相比，成人接受高等教育研究生课程人口比例的变化幅度相对较小的是美国和德国，变化幅度最大的是韩国，英国和芬兰的变化呈波浪式推进与发展状态。2008—2010 年，美国、英国和芬兰成人接受高等教育研究生课程人口比例均高于 OECD 成员国的平均水平。2008—2010 年，美国每年各个年龄段受教育分布情况区别不大，韩国、英国、OECD 平均水平均呈递减趋势，德国和芬兰则呈抛物线状态发展。

对比同一个国家的不同年龄组，整体而言，25—34 岁和 35—44 岁年龄组学习研究生课程的人数高于 44—54 岁和 55—64 岁年龄组，即 44 岁以下的成年人学习研究生课程的人数整体上多于 45 岁以上的。25—34 岁年龄组接受研究生课程教育的人口比例，韩国一直处于领先位置，并呈现出一种缓慢增长的状态；德国则一直处于最末的位置，且低于 OECD 成员国的平均水平。其余三个国家和 OECD 成员国的平均水平都处于一种相对持平的状态，增长幅度不大。35—44 岁年龄组中，韩国与英国呈现低速增长的状态，美国、德国、芬兰变化不显著，德国连续三年低于 OECD 成员国的平均水平。45—54 岁年龄组内，韩国和英国由大幅度增长到趋稳，美国和德国、OECD 成员国的平均水平基本不变。55—64 岁年龄组，韩国比例最低且幅度变化不大，远远低于 OECD 成员国的平均水平；美国比例最高；其余三国变化很小，且都高于 OECD 成员国的平均水平。

由此可以看出，2008—2010 年，OECD 成员国内部，成人学习研究生课程的情况是存在明显差异的。从变化情况可以看出，韩国、英国更加重视相对年轻的成人的研究生课程教育。德国、美国、芬兰对不同年龄段成人学习研究生课程的重视程度相对均衡，各年龄组之间的比例变化不大。韩国各年龄组之间的人口比例差异较大。

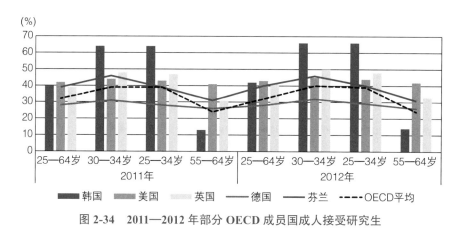

图 2-34　2011—2012 年部分 OECD 成员国成人接受研究生
课程教育的人口比例（按年龄组划分）

对 2011—2012 年韩国、美国、英国、德国、芬兰五个国家接受研究生课程学习的情况予以归纳总结（如图 2-34），结论主要如下。

第一，对比不同国家，韩国、英国不同年龄组成人接受研究生课程教育的人口比例明显呈现抛物线形状且起伏大，其他国家成人接受研究生课程教育的人口比例变化幅度小，其中美国的变化幅度最小。美国、英国在不同年份、不同年龄阶段的人口比例均高于 OECD 成员国的平均水平，其他国家都略低于 OECD 成员国的平均水平，或忽高忽低。

第二，30—34 岁、25—34 岁年龄组成人接受研究生课程教育的人口比例高于 25—64 岁、55—64 岁年龄组的水平；30—34 岁和 25—34 岁两个组别内，各个国家成人接受研究生课程教育的人口比例均高于 OECD 成员国的平均水平；55—64 岁年龄组，有的国家高于平均水平，有的国家低于平均水平。

由整体分析可知，韩国、英国高龄成人接受研究生课程教育的人口比例相对低于低龄成人。美国和德国不同年龄组间的变化不大，不同年龄组接受研究生课程教育的人口比例相对均衡。

（二）教育社会效益

1. 自我报告健康状况良好的成人情况

OECD 教育指标"自我报告健康状况良好的成人比例"，数据来源于 PIAAC，仅有 2012 年和 2015 年的数据作为支撑。这一指标按读写能力（水平 0—5）和性别划分。OECD 将"读写能力"规定为："理解、评估、运用书面语言以参与社会生活，实现个人目标，发展知识和潜能的能力。读写能力包括从基本的拼写字词和语句到理解、解释和评价复杂文本等的一系列技能，不包括写作能力。熟练水平较低的成人的读写能力信息来源于一项阅读测试，该阅读测试从词汇、句子理解和段落流畅性三方面来考查。"[1]OECD 将成人的读写能力与成人教育健康相联系，从中探究成人健康水平与教育水平之间的关系。

OECD 用具体的 0 至 500 分来衡量读写能力的熟练程度，并将该熟练程度分为六个等级：低于一级、一级、二级、三级、四级、五级。"这六个等级被重新归类为四个熟练水平，每一个熟练水平都有特定的分数范围：熟练水平 1（低于一级和一级）——226 分以下；熟练水平 2（二级）——226—276 分；熟练水平 3（三级）——276—326 分；熟练水平 4（四级和五级）——326 分以上。"[2]

（1）读写能力水平高，成人健康状况比较好

从 OECD "自我报告健康状况良好的成人比例"的数据来看，成人健康与

---

① OECD. Education at a Glance: OECD Indicators [R]. Paris: OECD, 2015.

② OECD. Education at a Glance: OECD Indicators [R]. Paris: OECD, 2016.

读写能力水平之间的关系为：读写能力水平越高，成人健康状况良好的比例越高。这说明，良好的教育对成人健康具有促进作用。

图 2-35 中五国的数据呈现了 2012 年芬兰、德国、韩国、美国、英国的成人健康状况。从图中可以看出，读写能力水平越高，成人健康状况良好的比例越高。以芬兰为例，随着读写能力水平的提高，芬兰成年男子的健康人数比例从 62% 升至 89%；随着读写能力水平的上升，芬兰成年女性的健康比例从 63% 升至 92%。五个国家中，德国成人健康状况良好的比例最高，男性平均为 88.5%，女性平均为 86.25%。韩国自我报告健康状况良好的成人比例在五个国家中最低。

通过数据可以看出，随着读写能力水平的提升，自我报告健康状况良好的成人比例也逐渐提升，而读写能力水平随着受教育水平的提升而提升。所以，接受教育不仅能够增长知识，对于健康水平的提升也具有积极作用。这既是教育的结果，也应当成为教育目标之一。随着时代的发展，越来越多的人开始重视健康问题，教育应当发挥提升个人身体健康的功能。

（2）男性健康状况良好的比例整体高于女性

从图 2-35 的性别比较来看，OECD 成员国成人健康状况良好的平均水平趋势显示出：成年男性自我报告健康状况良好的比例随着读写能力水平的提升而稳定增长；成年女性自我报告健康状况良好的比例在水平 3 之后增长较慢。

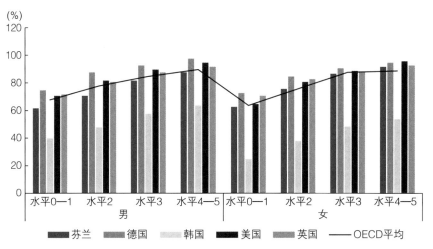

图 2-35 2012 年部分 OECD 成员国自我报告健康状况良好的成人比例

从平均水平上来说，自我报告健康状况良好的成年男性比例大于女性；而在高读写能力水平中，男女差异并不大。芬兰比较特殊，男性自我报告健康状况良好的比例在任何一个读写能力水平中均低于女性自我报告健康状况良好的比例。在高读写能力水平中，美国、英国成年男女自我报告健康状况良好的比例接近，但是在水平4—5，女性自我报告健康状况良好的比例高于男性。在每一级读写能力水平中，韩国男女自我报告健康状况良好的比例差异都比较大。各国男女健康状况存在差异，既是因为文化习惯和生活方式不同，也是由于教育所产生的影响不同。

教育能够影响一个人的健康意识和健康行为，改变一个人的生活方式和生活状态，转变个体的健康状况。接受教育的过程也能够对人们的心理产生影响。好的教育能够引导受教育者朝向积极的状态发展，维护其身心健康。所以，学校应当注重受教育者的健康状况，促进其身心全面发展，关注健康指标。

2. 因健康问题而活动 ① 受限的成人比例

对于"自我报告因健康问题而活动受限的成人比例"这一指标，按受教育程度和年龄划分的数据统计只出现在2016年《教育概览》中，但反映的是2014年OECD各国的情况。韩国、德国、中国在这一年没有出现统计数据。

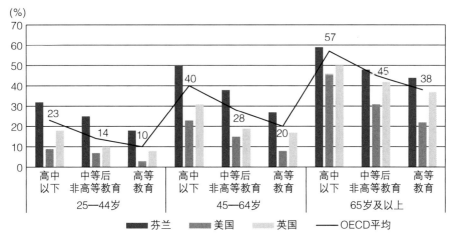

图2-36 2014年部分OECD成员国因健康问题而活动
受限的成人比例（按受教育程度和年龄划分）

---

① 这里的"活动"指的是成人参加的正常的日常活动。

比较芬兰、美国、英国的数据，可以发现成人活动受限比例与年龄、受教育程度均相关。在年龄方面，随着年龄的增长，成人活动受限比例逐渐增高。在受教育水平方面，成人活动受限比例随着受教育水平的提高而降低。

（1）年龄与成人活动受限情况

OECD 指标中，将因健康问题而活动受限的成人比例分为三个年龄组进行比较：25—44 岁、45—64 岁、65 岁及以上（见图 2-36）。通过比较三个国家三个年龄组的成人活动受限比例，可以看出，随着年龄的增长，成人活动受限比例逐渐增高。这说明，年长者因健康问题而活动受限的比例高于中青年人活动受限比例，25—44 岁的成人因健康问题而活动受限的比例最低。

在芬兰、美国、英国三个国家中，美国成人活动受限比例在所有年龄段均低于其他两个国家；芬兰成人活动受限比例最高，且高于 OECD 成员国的平均水平。

（2）受教育水平与成人活动受限情况

OECD 成员国将"受教育程度"作为变量之一，研究成人活动受限情况与受教育水平之间的关系。受教育水平与成人活动受限的关系成反比。芬兰、美国、英国的成人活动受限比例随着受教育水平的提高而降低，说明随着受教育水平的提高，成人健康、知识与能力等各方面素质均达到参与社会活动的要求。芬兰受教育水平为高中以下的成人活动受限比例最高，美国接受过高等教育的成人活动受限比例最低，英国接受中等后非高等教育与高等教育的成人活动受限比例差距不大。

3. 25 岁以上成人因健康问题而活动受限的比例与教育水平呈负相关

OECD 剔除年龄标准，从整体分析成人因健康问题而活动受限的比例与受教育程度的关系，进一步阐释教育与成人健康状况的关系。从图 2-36 反映的结果来看，随着受教育水平的提高，成人活动受限比例逐渐下降，二者呈负相关。

如图 2-37 所示，只有芬兰和英国统计了这方面的数据，德国、韩国、美国和中国等均没有相关数据。数据显示，芬兰受教育水平为高中以下的成人活动受限比例为 48%，受教育水平为中等后非高等教育的成人活动受限比例为 32%，受教育水平为高等教育的成人活动受限比例为 23%。英国受教育水平为高中以下的成人活动受限比例为 31%，受教育水平为中等后非高等教育的成人活动受限比例为 19%，受教育水平为高等教育的成人活动受限比例为 14%。OECD 成员国成人活动受限比例的平均数据为：高中以下——39%，中等后非高等教育——23%，高等教育——17%。

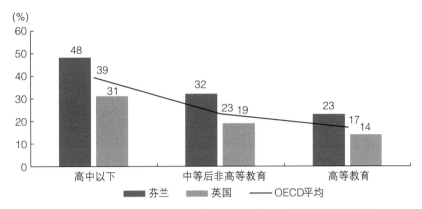

图 2-37 **2014 年部分 OECD 成员国 25 岁及以上成人自我报告因健康问题而活动受限的人数比例**

从图 2-37 可以看出，芬兰和英国两国的共同趋势为：随着受教育程度的提高，成人活动受限比例逐渐降低，且受教育水平为高中以下的成人活动受限比例远远高于接受高等教育人群的活动受限比例。芬兰成人活动受限比例高于英国，并且高于 OECD 平均水平。

受教育水平越高，在不考虑其他影响因子的情况下，成人的健康水平呈上升趋势。教育水平的提升，影响着人的健康，帮助受教育者更加重视健康的思想、健康的生活习惯和生活方式等，让受教育者提升自我健康状况，正常参与日常活动。

4. 中国与 OECD 教育健康指标的比较

《国家中长期教育改革和发展规划纲要（2010—2020 年）》中提到，"加强体育，牢固树立健康第一的思想，确保学生体育课程和课余活动时间，提高体育教学质量，加强心理健康教育，促进学生身心健康、体魄强健、意志坚强"①。国家重视学生德智体全面发展，注重学生综合素养的发展，因此修订学

① 中华人民共和国教育部.国家中长期教育改革和发展规划纲要（2010—2020 年）〔EB/OL〕.（2010-07-29）〔2023-05-18〕. http://www.moe.gov.cn/srcsite/A01/s7048/201007/t20100729_171904.html.

生体质健康标准并在全国施行。中国教育指标体系中，有关学生体质健康的是《国家学生体质健康标准（2014 年修订）》，其指标根据教育层级的不同而测试不同的项目。

中国"2014 年国民体质达标率，'合格'等级以上的人数百分比为89.6%。20—39 岁成年人为 89.0%，40—59 岁成年人为 88.1%，60—69 岁老年人为 87.1%（平均合格率为 88%）。男性达到'合格'等级以上的百分比为88.2%，女性为 91.1%（均值为 89.65%）"①。通过以上统计数据可见，中国 20岁以上人口的健康水平比较高，并且女性健康比例高于男性，与 OECD 成员国的男高女低状况有所不同。原因之一在于，OECD 成员国统计"健康状况良好的成人比例"，而中国统计的是"合格率"，二者的统计路径和标准并不一致，中国也没有从研究的角度统计教育与个人健康之间的关系。所以，中国的国民体质数据只是从整体上反映了国民身体素质，而没有进一步和教育相联系，无法进行深入分析。

5. 自我报告抑郁的成人比例

教育是成人健康状况的影响因素之一，成人健康水平随着受教育水平的提升而增加。随着社会经济的发展，成人面临的生活压力、就业压力增大，给心理健康造成了不良影响。如近年来成人抑郁人数不断增加，心理压力成为影响成人健康的重要原因。OECD"自我报告抑郁的成人比例"指标基于教育、就业、健康三个方面的关联性，分析教育、就业与成人健康水平之间的关系。芬兰、德国、英国的"自我报告抑郁的成人比例"数据来源于 2014 年"欧盟健康调查"（the European Health Interview Survey），美国、韩国、日本没有相关统计数据。

（1）成人抑郁比例随受教育水平的提升而降低，女性抑郁比例高于男性

在成人抑郁与教育、性别的关系方面，数据如图 2-38 所示。芬兰受教育水平为高中以下的成年男性抑郁比例为 12%，成年女性为 13%；受教育水平为中等后非高等教育的男性抑郁比例为 11%，女性为 16%；接受过高等教育的男性抑郁比例为 8%，女性为 10%。

---

① 人民网.国家体育总局公布《2014 年国民体质监测公报》[EB/OL].（2015-11-25）[2023-05-18]. http://sports.people.com.cn/n/2015/1125/c35862-27855794.html.

德国受教育水平为高中以下的成年男性抑郁比例为 16%，成年女性为 18%；受教育水平为中等后非高等教育的男性抑郁比例为 11%，女性为 14%；接受过高等教育的男性抑郁比例为 8%，女性为 10%。

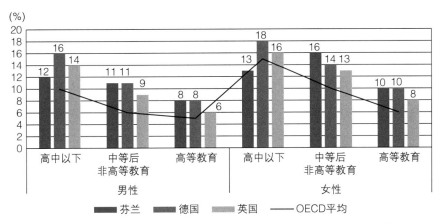

图 2-38 部分 OECD 成员国自我报告抑郁的成人比例（学历和性别差异）

英国受教育水平为高中以下的成年男性抑郁比例为 14%，成年女性为 16%；受教育水平为中等后非高等教育的男性抑郁比例为 9%，女性为 13%；接受过高等教育的男性抑郁比例为 6%，女性为 8%。

通过对三个国家数据的比较可以看出，成人抑郁比例随着受教育水平的提升而降低，且在不同受教育水平中，成年女性的抑郁比例高于成年男性。不同受教育水平成人抑郁情况的差异表明，接受教育有利于降低成人抑郁水平。从教育角度看，国家教育目标和教育内容对成人的心理健康产生了影响。由于国家对心理健康的重视，学校为学生设置了心理教育课程，提供心理教育服务，有利于帮助学生树立正确的思想观念，及时解决心理问题。而且，成人受教育水平越高，思想观念越成熟，越能够自我缓解心理压力。所以，高受教育水平的成人抑郁比例较低。从就业角度看，受教育水平高的成人相对来说比受教育水平低的成人容易就业，就业意味着经济收入的增加、社会的认同；而低受教育水平的人就业困难，生活压力大，增加了抑郁的可能性。女性就业困难，也是女性教育压力高于男性的原因之一。

（2）成人抑郁比例随年龄增长而上升

不同年龄组成人的抑郁情况如图 2-39 所示，整体而言，成人抑郁比例随着受教育水平的提升而降低, 且在同一受教育水平中, 成人抑郁比例随着年龄的增长而增加。以英国为例, 从 25—44 岁到 45—66 岁的年龄增长中, 受教育水平为高中以下的成人抑郁比例由 14% 增长为 16%, 受教育水平为中等后非高等教育的成人抑郁比例由 10% 增长为 11%, 受教育水平为高等教育的成人抑郁比例由 6% 增长为 9%。不过, 芬兰的成人抑郁比例随着年龄的增长而降低或持平。

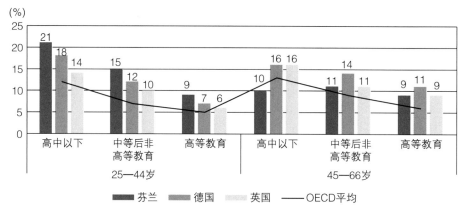

图 2-39 部分 OECD 成员国自我报告抑郁的成人比例 (学历和年龄差异)

由图 2-39 可见, 中老年人的抑郁比例较大。中老年人随着年龄的增长, 身体健康状况有所下降, 身体健康影响了心理健康, 增加了抑郁的可能性。中老年人的生活状况也会对心理健康造成影响。比如, 中老年人的生活能力有所下降, 对生活自理造成负面影响, 也影响到心理健康, 增加了抑郁的概率。退休后的老年人闲暇时间过多, 导致抑郁情绪的可能性增加。

（3）就业有利于降低成人抑郁比例

OECD 成员国通过对成人就业人口与抑郁情况的调查, 发现成年就业人口的抑郁比例最低。如图 2-40 所示, 以英国为例, 在高中以下学历的所有人口中, 成人抑郁比例为 15%; 在就业人口中, 成人抑郁比例为 8%, 降低了 7%。在中等后非高等教育学历的所有人口中, 成人抑郁比例为 11%; 在就业人口中, 成人抑郁比例为 7%, 下降了 4%; 在接受过高等教育的所有人口中, 成人抑郁比例为 7%; 在就业人口中, 成人抑郁比例为 5%, 下降了 2%。可见, 就业有利于降低成人的抑郁比例。

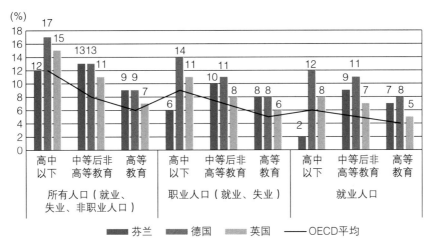

图 2-40　部分 OECD 成员国自我报告抑郁的成人比例（学历和人口差异）

就业能够降低成人的抑郁比例，原因在于成人通过就业得到了社会和职业认同，实现了自我发展目标，增强了自信。而且，成人就业，获得了经济来源，缓解了生活压力和心理压力。此外，就业是一项社会活动，成人在就业过程中增加了社会交往，在工作中与他人沟通交流，有助于避免心理抑郁。

第三节　启示与建议

OECD 教育产出指标的设置经验和发展趋势对丰富我国教育产出指标，开发和构建教育产出指标体系具有借鉴意义。通过对 OECD 教育产出关键指标的分析和比较，可以发现我国教育发展中还存在诸多弱项，需要通过深化改革、调整政策，不断提高我国的教育质量和教育服务社会发展及人的发展的能力。

一、完善教育产出指标的理念和内容，构建与教育治理体系和治理能力现代化相适应的教育产出指标体系

实现教育治理体系和治理能力现代化，需要配套相应的现代教育产出指标

体系。教育产出指标是有效衡量教育产出、教育质量和教育影响的工具，也是评价和引导教育发展和政策变革的重要方面。目前，我国的教育产出指标体系还在不断探索和完善中。借鉴 OECD 教育产出指标体系的经验，需要从产出指标的理念和设计内容等方面入手，完善我国的教育产出指标体系。

（一）借鉴 OECD 教育产出指标设计理念，构建现代教育产出指标框架

指标的选择和确立，是在理论的指导下，通过数据收集、分析和整理并最终体现理论思想的过程。OECD 教育指标以人力资本理论为基础，以 CIPP 模式为框架，构建了关注背景、投入、过程和产出的教育指标体系。同时，在指标的选择上，OECD 遵循一致性、政策相关性、准确性和可靠性以及时效性的标准，① 定期组织相关机构对所用标准进行评价和筛选，以确保指标的有效性。但我国教育指标的数据来源于基层的数据报表或国家统计数据，在形式上缺乏顶层设计的理论指导，在内容上强调对数据进行汇编，指标之间的整体关联性不够。大多数教育产出研究分析的是单一的产出，或者是一系列的产出指标，而没有考虑它们之间的相互作用。② 从我国已有的教育监测指标来看，不仅各个指标之间在解释力度和用途上有所差异，而且在整体上缺乏关联各指标的主线，只是从设计层面通过数据的变化来描述教育成效。

构建完善的教育治理体系，提高教育治理能力，实现教育治理现代化，是当前深化教育领域综合改革的重要内容，也是我国教育事业健康发展的重要保障。在中央重大决策部署下，教育治理体系和治理能力建设成为深化教育改革的主要抓手。教育治理能力是国家教育制度执行能力的集中体现。教育治理能力的现代化与教育现代化进程息息相关，关系着国家治理能力的现代化。多媒体和信息技术的高速发展，为现代化教育治理提供了大数据的分析支撑平台，使得教育治理与决策更加快捷与科学。在大数据时代，教育指标的发展和建设

---

① 艾蒂安·阿尔比瑟. 走进 OECD 教育指标体系［J］. 崔俊萍，编译. 世界教育信息，2014，27（17）：46–49.

② HANUSHEK E A. Conceptual and Empirical Issues in the Estimation of Educational Production Functions [J]. The Journal of Human Resources, 1979, 14 (3): 351-388.

应该借助时代的技术红利，对大样本数据进行全方位深入分析。但指标的分析应注意避免陷入"虚无的实证主义"漩涡。目前，我国教育监测和评价统计指标以统计工具的形式对教育发展数据进行简单的统计报表汇编和数据分析，未能从理论的高度对教育指标和教育产出指标做科学透视和准确把握，从而未能发挥教育产出指标衡量教育效益和促进教育规划的价值。良好的教育指标体系应能提供准确的信息以阐明教育状况，并有助于改善教育状况。因此，指标开发和设计必须有敏锐的理论直觉和导向，通过构建科学合理的教育指标体系，促进教育治理方式转型。

我国目前处于深化教育改革的攻坚期，明晰教育产出内涵、丰富教育产出指标、完善教育产出内容、不断提升教育效益，是教育改革的重要方面。因此，有必要借鉴 OECD 教育产出指标的理念和思路，结合我国国情，确立我国教育指标、教育产出指标的理论体系和框架思路，并以此为基础在总体上确立我国的教育指标体系。这个理论体系和框架思路应该立足于教育治理体系和教育治理能力现代化的战略定位，将教育的改革发展和政策设计植根于全球化背景下中国教育现代化的目标任务，将中国教育立足于不断满足人民群众对美好生活和美好教育向往及需求的时代坐标，将"面向 2035"的中国教育现代化作为设计取向，确立体现现代性、具有全球视野、扎根中国大地、"面向 2035"的教育指标设计理念，支持和引领中国教育现代化。

（二）借鉴 OECD 教育产出指标设计思路，优化我国教育产出指标体系

OECD 教育产出指标体系在时代的发展变化中注重理论的引领，强调实践的融合，关注教育的整体效应，最终构建出一套具有跨国比较价值的教育产出指标体系。学习 OECD 教育产出指标体系的设计思路，有利于更好地完善我国的教育产出指标体系。

1. 关注教育功能的整体性，增强教育产出指标的生态性

教育的产出集中体现为教育对社会、个人发展的促进价值，以及教育给受教育者带来的能力、知识、就业、发展、收入等多方面的影响。OECD 教育产出指标利用多种调查工具获取较为全面的数据，再基于人力资本理论和 CIPP 模式，构建了涉及个人、组织和社会产出的整体性教育产出指标体系。不仅如

此，OECD 教育产出指标体系还在时代的发展中不断得到完善，积极回应时代的政策议题。OECD 教育产出的分析既体现了理论与实践的结合，也融合了历史与未来，体现了指标体系的生态性和丰富性，是较为全面和科学的教育产出指标分析方式。

我国教育产出指标体系过多关注诸如教职工数量、校舍面积、学校设备、生均经费、科研产出、成果数量等可显示、条件性、外在性的指标，而常常忽略了教育与社会深度关联、与个体深层次交互的整体性效应和价值，诸如教育对劳动力就业、国民健康、个体收益、环境生态、政治参与等的作用。

教育生态系统理论将教育视为一个复杂、有机、统一的系统。教育治理能力和治理体系的现代化应体现教育的生态性，体现治理方式的生态化。教育治理的生态化即将教育治理落实到社会发展的大环境，在社会各个子系统中用联系的、全局的观点来治理教育。教育产出衡量教育活动的效果和影响，个体教育产出是教育对个体影响的直接反映，教育系统的产出反映教育机构内部的组织效率和生产效益，教育的社会产出衡量教育对社会发展的长效影响。教育产出是教育治理中不可忽视的环节，应成为教育治理的重要参考。因此，教育产出指标建设在外部条件上既要关注国民整体受教育水平和素养，也要关注教育带来的人力资本增量和经济收益，同时还要关注教育在培育健康公民、和谐社会上的价值。在内部成分上，教育产出指标要强调高效合理的排列组合，实现各指标、各维度、各部分之间的高度联系，不但涉及教育的数量和规模，还关涉教育的结构和质量；不但涉及教育的投入和结果，还关涉教育的过程和内容。

2. 关注教育影响的丰富性，重视教育产出指标的多维关联性

外延式发展注重量的扩张，内涵式发展强调质的提升。在教育改革的推进下，教育外延式发展的空间越来越小，对教育内涵发展即强调优质教育的发展的呼声日益高涨。优质教育的发展不是单一的线性发展，而是多维视角的综合发展。在教育内涵式发展的背景下，教育产出指标应是包括教育产出类型、产出影响因素和各级各类教育产出的三维指标。

在教育的个体产出层面，建议开发科学合理的研究工具，获取各阶段学生的学业产出。比如，在义务教育阶段，可以利用义务教育质量监测的数据，关注义务教育阶段学生的产出和差异，为实现义务教育均衡发展提供有效的政策

建议。

教育系统的内部产出应该包括各级各类教育的毕业率、升学率、辍学率等，既要关注整体的教育发展情况，也要分析教育内部效率，同时还要关涉教育过程对教育产出的影响。比如，学校教育环境指标与教育成果指标一样重要，可以给政策制定者提供有关需要改进的教育领域的线索，并防止学校过于注重升学率等数字指标。

教育系统的外部产出强调从教育外部效益的角度关注教育对社会、经济、文化等外部系统的影响。2012 年 PIAAC 调查结果显示，具有较高教育水平的成年人更可能表明自己拥有良好的健康状况、积极参与社会志愿活动的意愿、值得信任的人际关系、在政治活动中的发言权等较为理想的社会产出结果。2018 年"社会产出如何与教育有关"指标从环境教育的角度，分析了受教育程度与环保意识、环保行动之间的关系，并认为学校的环境教育帮助年轻人获得必要的知识、技能和价值观，以支持其向更可持续的世界过渡。对环境问题的认识程度因教育程度而异。平均来看，受教育程度越高，对环境问题的认识程度就越高。

教育可以帮助个人更好地理解和接受社会凝聚力和多样性的价值观，从而直接影响人际信任。这一机制在实现中国梦的伟大征程中具有重要作用。所以，教育为实现中国梦助力，在教育产出指标的建设上就应该重视产出指标的多维度设计，从教育的个体出发，研究教育的直接收益；从教育组织本身出发，分析教育组织内部的效率；从教育系统外部出发，延伸教育的社会效益和产出。

（三）增设相关产出指标，完善教育产出指标体系内容

现阶段，我国的教育产出指标更多关注学生毕业率、就业率等汇总性统计数据。对比分析 OECD 教育产出指标与我国的相关数据，不但可以借鉴学习 OECD 教育指标设计的理念和思路，学习其教育产出指标的丰富性、多样性和生态性，还可以结合我国当前教育改革、教育政策改进和教育监测与统计的需求，借鉴学习、改造有参考价值的相应的 OECD 指标内容，纳入我国教育产出指标体系，以不断增强我国教育产出指标体系的政策导向性和实践引导性。

1. 增设高等教育预期毕业率指标

OECD 教育指标对高等教育毕业率的定义与我国所指的高等教育毕业率存在差别。OECD 教育指标中，高等教育预期毕业率是指基于当年的毕业模式，一个年龄组在其一生中完成高等教育的人口估算百分比。高等教育预期毕业率对社会发展具有重要意义，它标志着一个国家培养拥有高级专业知识和技能的未来工作人员的能力。这一指标的统计结果会随着各种教育计划的变化而变化。在我国，高等教育毕业率仅仅是指高等教育毕业生占高等教育总人数的比例，这只能反映出学生在学校的毕业情况，并不能反映出一个国家拥有高知识水平精英的比例。高等教育预期毕业率则能够清晰地反映出一个国家拥有的高知识水平精英的比例。将高等教育预期毕业率增设为我国教育指标的一部分，可以丰富我国高等教育毕业率指标，矫正、检验数据反映的意义和价值。

2. 增设指标以关注父母受教育水平与子女接受高等教育的关系

教育公平问题一直受到社会的广泛关注。自《科尔曼报告》公布以来，许多研究表明，父母的受教育程度会影响子女的受教育机会，从而实现阶层的复制和再生产。因此，通过设置指标以分析父母受教育水平与子女接受高等教育的关系，可以有针对性地改革公共政策和教育政策，增加较低社会阶层子女的受教育机会，提供更加有支持性的措施和手段，减少社会阶层的固化，促进阶层流动和社会公平。在我国社会转型时期，关注社会公平与教育公平正在成为一个重要的政策议题，两者之间存在着较大的关联性。从某种意义上讲，关注教育的公平问题是关注社会公平的重要方式。

国内外研究的一个基本共识是，父母受教育水平的高低对子女的受教育机会有较大的影响。低学历层次的父代很难拥有高的社会地位，由于经济资本、文化资本和社会资本投入匮乏，使其子代的升学竞争力和升学机会降低，从而进入低等级学历层次。[①] 设置教育指标体系的初衷就是更好地增强指标对教育发展的引领性以及对教育政策变革的导向价值。父母受教育水平与子女接受高等教育的关系，既是国际社会教育指标和教育政策的关注重点，也应该成为我国教育指标设计的重要内容。OECD 成员国中，学生获得高等教育的机会，取

---

① 赵红霞，冯晓妮. 我国教育代际流动性及地区差异的比较研究——基于 CHARLS 2013 数据分析［J］. 中国青年研究，2016（8）：54–58.

决于其父母学历的高低：与父母学历在高中以下的学生相比，父母双方至少有一方拥有高中或中等后非高等教育学历的学生的入学机会要高出一倍；父母接受高等教育的学生入学机会要高出 3.5 倍。① 可见，在社会阶层流动中，父母受教育程度在一定程度上影响着子女接受高等教育的机会和质量，也在一定程度上带来了阶层的固化和教育机会的不公平。因此，关注父母受教育程度对子女受教育机会的影响，是从影响因素的角度出发，回应教育公平的政策议题，实现"更加公平有质量的教育"的有效措施。

3. 将学生健康素质指标纳入教育产出指标体系

教育产出指标的建设必须充分考虑教育的人本性，从而体现人文关怀。OECD 教育产出指标将健康指标整合在教育社会效益指标之下，作为教育社会效益指标的一个维度，不仅仅关注分数和成绩形式的产出，更关注学生的体质健康等人文性的产出。我国学生的体质指标则只是被归到体育范畴之下，作为其他指标体系的从属，而非独立为一个指标体系。可见，健康指标在我国没有得到足够的重视。

教育的目的，就是要培养全面健康发展的人。教育指标不仅仅调查评估学生的学业成绩，更要注重学生的全面健康发展。作为教育前提和基础的健康，其价值和地位应当被承认。国家政策制定应以健康发展为导向，教育发展应以学生的健康发展为理念，教育指标制定应纳入学生的健康素质。

4. 增设切合我国和谐社会建设特点的社会效益的产出指标

OECD 确立教育社会效益指标的目的在于考察教育的社会功能以及教育与个体发展之间的关系，将教育置于整个社会的生态系统中进行考察，发现其中各个因素的相互影响机制。指标在设置、完善和动态调整中，始终关注 OECD 成员国共性的社会问题，诸如健康、政治参与、环境、生活满意度等，也重视独特的社会现象，诸如吸烟、肥胖、抑郁等。这样的指标设计体现了 OECD 对教育与社会发展和社会幸福之间关系的关注。当前，我国正处在全面建成社会主义现代化强国的新时代，教育不但受社会生态系统制约，也为社会的富强、民主、文明、和谐、美丽提供了重要的支持。因此，结合我国社会发展中

---

① 经济合作与发展组织 . 教育概览 2015：OECD 指标［M］. 中国教育科学研究院，组织翻译 . 北京：教育科学出版社，2015：80.

的典型领域与特殊问题，设置一定的社会效益指标，分析其与教育的关联性特征，有利于更好地推动教育发展与社会发展的双向支持。

5. 增设各级各类教育完成率指标，多角度诠释教育产出

我国的教育指标体系中并未设置明确的高中教育、高等教育学生完成数和高中教育、高等教育完成率指标。OECD 教育产出指标中的组织产出指标不但关注特定年龄组接受高中教育和高等教育的人数，也特别关注高中教育和高等教育的完成数和完成率。如前所述，高中教育和高等教育的完成数和完成率不完全等同于我国高中教育和高等教育的毕业率。高中教育和高等教育的毕业率仅仅关注接受同层次高中教育或高等教育的毕业生中有多少学生完成学业并毕业。这里的毕业率主要反映了达到毕业年限的同级在读学生的学业完成情况或者学业学习的合格情况。这一毕业率概念不能计入那些延期毕业的学生，从而不能全面反映学生实际完成学业的情况。

完成率、完成数则表示更为丰富的教育产出成果的内涵和意蕴。其一，完成数不仅统计毕业年的毕业学生数，也统计毕业年之后那些延期毕业学生的数量。这就使得对学校教育实际成效的反映更加清晰。其二，完成率以学生毕业数 ÷ N 年前学生注册数为统计模式。这样，用注册学生数减去完成数，就可以动态地分析有多少学生没有顺利完成学业，对那些结业、肄业、中途退学的学生数进行统计和分析，而且还可以结合不同学段的特点进行分析。比如，在高等教育阶段，部分学生因其他领域的教育培训或课程体系更有吸引力或更加个性化而放弃高等教育的学历教育。面对这种现象，就不能简单化地对高等教育体系进行否定。再如，学生因社会上存在着更加适宜的就业岗位而选择退学就业等。面对这一现象，也不能简单地对教育的管理和质量进行一般性的消极判断，而是可以综合性地分析社会劳动力市场对用人的需求和吸引力等多方面的内容，有利于公共政策作出完善和调整。对于高中教育，也是如此。通过高中教育的完成数和完成率，可以动态丰富地了解在高中教育阶段因各种原因离开学校生活的学生的多种情况。所以，如果想更好地了解高等教育学生的学业完成情况，甚至是高中学生的学业完成情况，我国的教育指标有必要借鉴OECD 教育指标体系的思路，设置专门统计高等教育完成率、完成数的指标体系。

重视增设各级各类教育完成率、完成数指标在教育统计、教育监控和教育

信息中的作用，对于完善教育指标体系，多角度了解教育参与者的学习状态等，均具有一定的积极价值。

二、借鉴 OECD 的教育产出指标内容，深化教育改革，推进教育治理体系和治理能力现代化

（一）围绕就业、收入等教育的个人产出，确立教育政策调整的重点方面

教育的个人产出强调的是"学生产出"，即强调学生个人层面的结果。个人产出主要关注个人作为学生这个角色，通过接受学校教育在各学科上的学业成绩、能力与素养的提升情况，关注个人在教育体系中的学习成果，关注教育是否能够提升个人的知识、技术和能力。[①] 与 OECD 成员国进行比较分析发现，我国在受教育程度对就业的影响、性别对收入的影响方面，可以从以下两层面进行优化。

1. 从就业率与失业率的视角，关注不同学历层次教育的重点领域

接受教育是社会成员的一种投资，是为未来就业做准备的主要方式。职业是对个体受教育状况的反映，教育则为个体就业积累资源。受教育程度的差异会造成就业观念和取向、就业层次的不同。关注国家就业人群与失业人群的学历构成，对促进学校教育更好地与社会发展接轨具有重要价值，有利于毕业生做好更充分的准备，对缓解"就业难"等社会现象是必要的。就业率在某种程度上取决于劳动力市场的供求情况，失业率取决于雇主对劳动者的要求。在某种程度上，不论从哪个角度看，高学历者在就业中都更占优势。在 OECD 成员国，就业率随学历提高而上升，受教育水平为高中以下的人群就业率较低；失业率随学历水平提高而降低。比较发现，我国的就业人群与失业人群的学历构成与 OECD 成员国存在一定的差异。在就业率方面，我国高中以下学历人群的就业率较高，其次为接受高等教育人群，最后为接受职业教育（中职、高

---

① 石岚. 如何衡量教育产出？——经合组织《教育概览》产出指标分析及启示 [D].
上海：华东师范大学，2018.

职）人群。这一结果的出现可能与我国对高中以下学历人群的就业标准界定较为宽松有关。我国将一般临时性的、短期性的务工统计在就业范围内，因此高中以下学历人群的就业率较高。在失业率方面，高中学历人群的失业率最高，其次为高等教育学历人群，最后为职业教育学历人群，即职业教育学历人群的失业率最低。高中学历者高就业、高失业的现象与高中以下学历人群就业岗位的临时性和不稳定性有关。不同学历层次人群就业率、失业率不同的根本原因与不同学历拥有者的专业知识、专业能力和职业能力有关。

为了提高不同学历人群的就业率，降低失业率，应该采取一些必要的措施。首先，更好地完善我国的教育结构和教育体系，不断满足各类群体对各类教育的需求。当前，特别需要加强对初中毕业生升入高中的支持，让更多的民众接受高中及以上的教育，减少高中教育以下受教育者的比例。这里要结合我国的国情，合理地设置普通高中、职业高中的比例，更好地满足民众希望接受普通高中教育的需求，适度引导民众接受职业中等教育。其次，增加对各个教育阶段的就业指导，尤其是职业教育与高等教育阶段，改变受教育者的就业观念。受教育程度对就业影响较大，但也不能忽视就业观念对个人就业的影响。为什么高中以下学历人群的就业率高，而高等教育和职业教育学历人群则较低？主要原因在于，低学历人群清楚自己的学历水平在就业中没有优势，因而无论工作层次好坏，都会选择就业；而高学历人群因为学历水平较高，对工作的环境、待遇等要求较高，找工作的周期会长一些，就业率就更低。最后，加大对低学历水平人群的继续教育，提高其就业能力，提升其职业适应力，提高其就业竞争力。高中以下学历人群的失业率最低，应加强对这部分人群的继续教育，主要帮助其学习适应劳动力市场的知识。高等教育学历人群的失业率处于可以降低的状态。达到这一目的的关键是增强教育培养的职业性和应用性，以及增强受教育者的创业能力和职业规划能力，不断提高受教育者接受的教育内容与劳动力市场的适切性。

2. 立足于缩小男女就业差距与收入差距，优化教育政策和教育方式

男女的性别差异以及由此带来的就业差异和收入差异是世界各国教育面临的共同话题，并在不同国家、不同阶段以及不同方面表现出差异性。总体而言，男女的社会差异，包括就业差异、社会偏见、收入差异等，在一定程度

上带来了社会的不公平问题。根据对 OECD 教育产出的分析，可以看出，这种不公平主要表现在两个方面。其一，女性接受教育的机会少于男性，尤其是接受高等教育的机会少于男性。其二，女性的就业机会少于男性，收入也低于男性。想要保证我国的教育产出能够更好地促进教育的良性发展，就需要关注与解决教育中的性别差异问题，尤其是男女就业机会和收入不平等问题。从 OECD 平均数据来看，女性收入明显低于男性，男女就业收入存在不平等。我国也存在同样的情况。而且，与其他同时期的发展中国家相比，我国已婚女性的教育收益率比较低。①

由男女的收入和就业差异带来的社会不公平问题正在成为文明社会公共政策的重要议题。解决男女的社会公平问题既需要长期和持续的努力，也需要当下有针对性的政策安排。这既涉及社会政策的调整和变革，也关涉教育政策的完善。就社会政策而言，一方面，对用人单位进行监督，要求设置女性所占岗位的最低比重，增加女性的就业机会；禁止因性别产生同工不同酬的做法。另一方面，完善生育制度，缓解女性因养育而产生的职业压力；完善生育保险制度，要求用人单位不得因女性生育而降低其职业地位。完善学前入托机制，保证女性不因生育而影响就业和收益，或者将这种影响降到最低限度。

男女的教育差异既是男女的收入和就业差异的一部分，也是造成男女收入和就业差异的原因之一，甚至也是男女收入和就业差异的结果。就教育而言，要通过优化教育管理政策和教育评价政策来缩小男女差异。就教育管理政策而言，首先，要提高女童和女性的入学率及升学率。特别是要提高农村地区、偏远地区的女性入学率，提高落后地区女性升入高一级学校的比例，大幅度降低女性的辍学率和失学率。其次，要提高对女性教育的支持力度，特别是对于困难地区、困难家庭的就学支持，主要是加大对女性初中毕业后接受高中教育和职业教育的支持力度，提高女性接受中等以上教育的比例。就教育方式而言，可以在一定程度上突出性别差异。这种显示性别差异的教育不但要增强女性的教育自信，也可以结合性别特点，开展更适合女性的课程，实施特色化的教学

---

① 王广慧，张世伟.教育对我国已婚女性就业和收入影响的经验分析 [J].科学·经济·社会，2010，28（4）：83-87，93.

方式和评价方式，增强女性的自我发展能力和就业能力。

（二）围绕教育的完成率、特定年龄段不同学历拥有率等优化产出指标，明晰不同层次和不同类型教育的发展重点

组织产出将学校作为教育产出的衡量单位，强调学生毕业率等教育组织机构的直接产出，并且希望通过这种直接产出衡量未来市场的潜在劳动力数量和质量。[①]OECD 教育指标主要从高中教育毕业率、高等教育毕业率、高等教育完成率等方面衡量组织产出。通过分析比较，可以发现我国在中职教育、高等教育以及成人教育等方面仍有待优化。

1. 大力发展职业教育，推进中等职业教育与高等职业教育的贯通性培养，增强职业教育的吸引力

普通高中教育与中职教育在性质上的区别在于，普通高中教育培养的是通用型人才，倾向通识知识的学习，将来通过高考可以接受更高层次的教育；中职教育培养的是专用型人才，倾向实践知识的学习，毕业后直接进入劳动力市场。在我国现在的教育模式中，前者比后者有更大的适用范围和流动转换领域。从某种程度上说，中职教育与普通高中教育同等重要。与普通高中教育相比，中职教育毕业生与特定职业或岗位的匹配度更高，某种程度上可缓解某些专业性人才的缺失。中职教育的重要性不可忽视。2009—2012年，我国的职业教育毕业率高于 OECD 平均水平；而 2012 年后开始呈下降趋势，从 2012 年的 60% 下降至 2015 年的 39%，比 OECD 平均水平低了近 3 个百分点。我国中职教育毕业率降低的原因首先在于人们的观念：对职业教育的重视度不够，过度关注普通高中教育。其次，用人单位招聘的歧视。随着高等教育的扩招，高学历待业人员越来越多，中职学历在应聘中处于劣势地位。国家对中职教育的关注度有待提高。OECD 成员国中，芬兰中等职业教育毕业率高于其他国家，并且呈逐年上升趋势，这与芬兰重视职业教育发展有密切关系。芬兰有一套完整的职业教育体系，从初等职业教育、中等职业教育、高等职业教育到继续职业教育都有完备的政策体系。芬兰每四年会制定一

---

① 石岚. 如何衡量教育产出？——经合组织《教育概览》产出指标分析及启示 [D]. 上海：华东师范大学，2018.

次教育发展规划，为未来几年教育发展指明方向，并且都会把职业教育的发展放在优先地位。①

近年来，我国也先后出台了多项相关政策，大力发展职业教育。但我国中职教育毕业率不高，就业吸引力不够，存在社会歧视性文化等，这使得中职教育发展面临困难。因此，稳健发展中职教育应该成为我国未来教育政策的重点之一。这里的"稳健"，强调中职教育的质量，强调提高中职教育学生真实的能力，强调面向实践的职业素养以及面向市场的人才结构。为此，要深化课程改革，深化管理体制和办学体制改革，增加中职教育的办学实力和社会影响力。要强调教育资源和教育投入的收益，以及学生学业投入的有效性。要让中职学生通过扎实的学校课程学习、能力提升和技能训练，真正学有所成，学有所长，学有所用。为此，需要从以下几方面入手。首先，政府应重视职业教育的发展，加大对职业教育的宣传力度，改变社会对中职教育的扭曲观念。现阶段，我国中职教育的最大阻碍在于社会对中职教育的固有观念未转变，认为接受中职教育没有用处，从而造成中职教育在我国的地位不高。其次，应增强职业教育发展动力，明确发展方向。应明确职业教育的最终目的是让学校更好地与社会、市场对接，弥补普通高中教育的缺陷与不足。职业教育的职业性、实践性是需要强化的。这也是职业教育的主要走向。可以深化"师徒制""半工半学制"等教学方式改革。最后，应更好地打通中职教育与高等教育的通道，开辟中职与高校的多种入学方式，通过论证，必要的情况下也可以有条件支持部分学生参加普通高考，拓宽中职毕业生的选择机会。打通中职教育与高等教育的通道，既是未来我国职业教育人才培养层次提升的需要，也是满足家长和学生接受更高层次教育的需要。随着现代科技的发展，产业结构的优化，未来国家对技能型人才的能力水平和专业素养要求的增强，客观上要求培养高层次、高学历的技能型人才。随着家庭教育需求的增强和教育供给能力的提升，不少家长和学生都不再满足于学校教育终结在中等教育阶段，希望接受更高层次的高等教育。为此，深化职业教育的层次提升和结构优化，打通中职教育与高等教育的通道，增强职业教育的选择性和吸引力，就成为未来教育政策的重要选项。

---

① 康建朝.芬兰：职业教育优先发展［N］.中国教育报，2014-12-24.

2. 以多种形式扩大高等教育规模，增加各年龄段接受高等教育的人数

OECD《教育概览》中的高等教育预期毕业率，是指一个年龄组在其一生中完成高等教育的人口估算百分比。这一指标的数值反映了一个国家特定年龄段公民接受高等教育人口的比例和数量，体现了一个国家高等教育的发展水平和人力资源的总体质量。OECD 高等教育预期毕业率是基于现行教育模式进行预估的，和我国所指的高等教育毕业率存在区别。OECD 的高等教育预期毕业率不仅显示了一个国家未来将拥有的高质量就业人才，同时也是衡量教育质量的标准之一。要想培养更多接受高等教育的人才，提高教育质量，就必须通过多种形式扩大高等教育规模，增加受高等教育的人口数量，通过长期持续的努力，提高各年龄段接受高等教育的人数比例。

首先，实现高等教育投入多元化，稳定增加社会投入占比。根据前面的分析，可以发现 OECD 成员国同一年龄阶段接受高等教育的人数比例远远高于我国，这与 OECD 成员国的高等教育经费投入关系紧密。OECD 成员国主要采用四种高等教育投入模式：以美国为代表的"三高模式"（高财政投入、高社会投入、高个人投入）、以韩国为代表的"社会主导模式"（以社会投入为主，政府投入为辅）、以法国为代表的"政府投入为主的中央集权制"模式、以丹麦等北欧国家为代表的"国家买单"模式。① 虽然 OECD 成员国的高等教育投入模式不尽相同，但高等教育投入占 GDP 的比例总体呈"总量投入增加、财政投入下降、社会投入增加"② 的趋势。所以，社会投入成为 OECD 成员国高等教育发展的主要经费增长来源之一。我国高等教育社会投入占 GDP 的比例却表现出曲折发展趋势。2000—2012 年，我国高等教育社会投入占 GDP 的比例增长了 0.14%，其中 2005 年达到历史最高的 0.64%，随后大幅度下降。③ 与此同时，我国政府对高等教育的财政投入也较少。2011 年，我国教育财政性投入占 GDP 的 3.93% 左右，高等教育财政投入约为 GDP

---

① 刘红宇，马陆亭. OECD 国家高等教育投入的典型模式［J］. 高等教育研究，2012，33（5）：102–109.

②③ 许进. 教育市场化下财政投入、社会投入与高等教育产出——基于 OECD 成员国 2000—2012 年的面板数据［D］. 南京：南京财经大学，2016.

的 0.9%。① 从上面的数据可以发现，我国高等教育经费的社会投入和政府投入都不高，这与我国的经济发展水平有很大关系。因此，要想提高政府对高等教育的投入，应先大力发展经济。经济得到发展，经费投入量自然得到提高。因此，随着经济的发展，在高等教育财政收入稳速增长的情况下，也应保证高等教育投入总量的增加。此外，应改革高等教育投入结构，实现教育投入多元化。在保证政府财政投入的同时，要加强高等教育对社会投入的吸引力。我国在改革高等教育投入模式的同时，应结合本国实际，不能盲目借鉴国外经验。我国应"有效调整高等教育社会投入政策，加强针对学费、服务、捐赠及其他吸引社会投入教育融资活动的政策研究"②，通过立法方式合理引进社会投入中的教育融资活动，加强对高等教育学费、服务的政策引导。

其次，提高我国高等教育毛入学率，提高接受高等教育的人口比例。通过对 OECD 成员国的数据统计可以发现，我国除了专科及同等学力的高等教育初次毕业率高于五个 OECD 国家（韩国、美国、芬兰、德国、英国），其他高等教育学历水平的初次毕业率都远远低于这五个国家及 OECD 平均水平。我国的学士或同等学力、硕士或同等学力的初次毕业人数比例远远低于 OECD 平均水平。如 2014 年所有高等教育毕业率③，我国只有 23%，而 OECD 高等教育平均毕业率为 54%。从数据可以看出，在同一年龄组，我国接受高等教育的人数比例远远低于 OECD 平均水平。高等教育初次毕业率偏低意味着接受高等教育的人口比例偏小。从高等教育初次毕业率可以看出，我国接受专科教育的人数远远高于接受硕士和博士教育的人数。所以，要想提高预期高等教育初次毕业率，就需要扩大高等教育毛入学率④，给更多的适龄人口接受高等教育的机会，从而增加接受高等教育的人口比例。但不能盲目增加我国高等教

---

① 中华人民共和国教育部发展规划司 . 中国教育统计年鉴 2012［M］. 北京：人民教育出版社，2013：668，693.

② 刘红宇，马陆亭 . OECD 国家高等教育投入的典型模式［J］. 高等教育研究，2012，33（5）：102–109.

③ 这里的高等教育毕业率即我国的高等教育预期毕业率。

④ 高等教育毛入学率是指高等教育在学人数与适龄人口之比。适龄人口是指 18—22 岁这个年龄段的人口数。

育毛入学率，应结合我国 GDP 增长的速度进行调整。有研究基于我国 GDP 增长率及适龄人口结构的变化，对我国高等教育毛入学率进行预测：到 2032 年，我国的高等教育毛入学率将达到 60% 左右。①

最后，除了从发展高等教育入手，也可通过提高接受其他阶段教育的人数比例来增加各年龄段接受高等教育的人数比例。第一，增加接受普通高中教育的学生数，提高普通高中教育毛入学率。有研究者提出，"高中教育已经成为影响普通高等教育机会获得的狭窄瓶颈"②，这足以说明普通高中教育已成为影响高等教育的重要因素。1999 年，我国开始扩大普通高校招生人数，高等教育规模发展迅速。但是，数据显示，普通高中教育的发展速度严重滞后于高等教育。2015 年，"高中升大学的升学率为 87.76%，比 1998 年的 42.90% 增长了 44.86 个百分点，而初中升高中的升学率为 56.19%，仅比 1998 年的 22.75% 增长了 33.44 个百分点"③。也就是说，初中升高中的过程中有 43.81% 的学生不能顺利进入普通高中学习而被"分流"。高中教育发展滞后于高等教育发展的直接后果，是使近 50% 的初中毕业生不能接受高中教育④而被过早"分流"，同时又使进入普通高中尤其是重点高中的竞争比考大学还要激烈。虽然未接受高中教育的成人可以通过成人高考接受高等教育，但是教授基础知识的高中教育属于基础教育，对人一生的发展具有重要意义，也是提高我国未来劳动力水平的重要一环。所以，要想稳定提高我国高等教育的规模和质量，就应从高中教育入手。第二，鼓励和扶持民办教育尤其是民办高等教育的发展。民办教育对我国教育的发展起到了不可替代的作用，是弥补公共教育资源不足的重要方式。民办高等教育的发展更是我国高等教育发展的重要组成部分。2013 年，我国民办高校本科招生数占全国高校本科招生的比例为 24.16%，专科招生数占全国高校专科招生的比例为 21.37%。从

---

① 胡德鑫，王漫. 2016—2032 年我国高等教育规模的趋势预测 [J]. 教育学术月刊，2016（6）：3-7.

② 王烽. 高中何以成为人们获得高等教育机会的狭窄瓶颈？[J]. 社会观察，2005（8）：3-5.

③ 吴江林. 我国高中教育和高等教育规模的历史比较 [D]. 南京：南京师范大学，2017.

④ 这里指的是普通高中教育。

数据可以看出，我国民办高等教育对公办高等教育进行了有益的补充。我国在民办教育方面出台了相关的政策法规促进其发展，民办高等教育的学校数及招生数占比持续上涨。到 2013 年，我国民办高校数占全国高校的比例为 28.82%，与 2003 年相比，增加了超过 20 个百分点。① 但是，我国民办高校办学仍存在很多问题，比如教育经费来源单一，主要依靠学费收入；政府的支持政策未得到有效落实，且民办教育政策的制定有待完善。2010 年，我国民办高校经费中，公共财政预算教育经费占 4.7%，校办产业和经营收益用于教育的经费仅占 0.1%，捐赠收入也仅有 0.2%，学杂费收入占 84.4%。② 可以看出，学费收入是整个民办高等教育的主要经费来源，其他收入占比很小。而美国政府资助和社会捐赠分别占到私立高校收入的 15% 左右，校办产业收入约占学校收入的 23%。③ 从数据可以看出，我国民办高等教育的政府资助、社会捐赠及校办产业收入占比都与美国存在较大差异。因此，我国应稳步增加公共财政资助，鼓励社会力量加大对民办教育的支持。除此之外，国家也应完善民办教育的发展政策，为其发展提供更多的指导。第三，我国也可以通过扩大高职院校人数比例及扩大成人教育来提高接受高等教育的人数比例。

3. 提高不同年龄段成人受教育水平，提升国家人力资源水平

学习型社会是我国当前的重点建设目标。与学习型社会相联系的，是终身教育和终身学习。这两个概念虽不同，但大概意思相近。终身教育强调从国家角度，为社会成员提供受教育机会；终身学习则从学习者个体的角度，强调"活到老，学到老"的精神，强调个体的自主学习，不管处于何种年龄、何种时候，都应保持一种不断学习的态度。随着信息化时代的到来，知识更替速度加快，只有不断学习才能适应飞速变化的社会。对于已经处于工作环境的成年人，更是如此。受教育程度越高，人的社会地位越高，就业的概率越高，可能

---

① 周海涛，刘侠.民办高等教育发展研究报告——基于近十年全国民办高校数据统计与政策文本分析［J］.中国高等教育，2016（2）：18-22.

② 王斌.中国民办高等教育投资补偿机制研究［D］.武汉：武汉理工大学，2013.

③ 马玮岐.广西民办高等教育发展的公共财政扶持政策研究［D］.桂林：广西师范大学，2011.

获得更好的劳动机会及更高的相对收益。成人受教育水平指的是 25—64 岁年龄段人口所达到的教育水平的百分比。受教育程度经常被用作衡量人力资本和个人技能的依据，即衡量人口和劳动力的可用技能，在一定程度上也是衡量一个国家经济发展可持续性的重要依据。学历证明提供毕业生在正规教育中获得的知识和技能类型的信息，这可以与劳动力市场的职业类型进行匹配。正规教育和培训在培养读写和计算等技能方面的重要性在今天比以往任何时候都更加明显。OECD 更多关注成人的补充教育程度的数据、读写和计算分布 ① 以及成人解决问题的能力。其实，在一定程度上，提高成人受教育水平，即提高劳动力素质，为国家经济发展提供更多的优秀人才。OECD 成员国非常关注成人受教育水平，将成年人分为四个年龄组别，分别是 25—34 岁、30—34 岁、25—64 岁、55—64 岁。"在过去的几十年里，几乎所有 OECD 成员国的教育都有了显著的提升，高等教育规模明显扩大。在大多数 OECD 成员国，现在绝大多数成年人都有高中学历。"② 成人受教育水平在一定程度上反映出一个国家的人力资源素质。

OECD《教育概览》中有我国 2000 年和 2010 年 25—34 岁成人学历水平在高中及以下的人数比例：2000 年，我国成人（25—34 岁）高中及以下学历水平的人数占比为 94%，OECD 成员国的平均水平仅为 25%；到了 2010 年，我国下降到 64%，OECD 成员国的平均水平为 18%。通过这一数据可以看出，我国成人受教育水平在慢慢提高，与 OECD 成员国的差距在渐渐缩小，但仍有差距。OECD 成员国的成人受教育程度统计的是 25—64 岁年龄段成人的学历水平，虽然我国统计年龄阶段与 OECD 成员国存在差异，但基本趋势仍然可以进行比较。1982—2010 年，我国从业人员的学历水平占比如下："从业人员中接受过大专以上教育的人口比例从 0.87% 增长到 10%；接受过高中阶段教育的人口比例从 10.54% 增长到 13.87%；小学及以下受教育水平的从业人员比例从 62.58% 下降至 27.27%。"③ 这说明我国劳动力的学历水平呈升高的趋

---

① "读写和计算分布"指成年人不同读写能力和计算能力反映的不同受教育程度、不同健康状况的分布情况。

② OECD. Education at a Glance: OECD Indicators [R]. Paris: OECD, 2014.

③ 刘中晓，张冰杰 . 我国人力资源基本状况及成人教育的发展趋势分析 [J]. 广州广播电视大学学报，2013，13（1）：5–9，107.

势，接受大专以上教育及高中阶段教育的人口呈明显上升趋势。在第六次全国人口普查中，我国对 15—64 岁适龄劳动人口的学历水平进行了统计。2010年，我国劳动适龄人口（15—64 岁）中，具有小学和初中文化程度的人口超过 67.79%，接受过高中教育的占 18.05%，而接受过大专和本科教育的劳动力人口仅占 12.07%。①2010 年，OECD 成员国的各个年龄段成人接受高等教育人数占比如下：25—34 岁占 38%，35—44 岁占 33%，45—54 岁占 28%，55—64 岁占 23%。这说明我国劳动适龄人口的受教育程度主要停留在初中及以下文化水平、高中文化水平，接受高等教育的适龄人口比例较小，与 OECD 成员国仍存在很大差距。由这些数据可见，我国当前劳动力接受教育的情况有待重视，应大力发展成人教育，关注成人受教育水平的变化情况。总体而言，可以从以下几方面入手。

首先，明确成人教育的服务对象和方向，更加明确办学目的。成人教育对于未接受完整基础教育的成年人来说具有重要意义，可以帮助他们完善基础教育或自身教育；对于那些应付工作、面对新要求的人来说，成人教育可以帮助其适应环境；对于那些接受过高等教育的人来说，成人教育可以进一步增加其知识储备量。②我国应扩大成人教育服务范围，主要面向各种职业的在职人员、在岗人员、下岗人员、转岗人员、离退休人员等，要囊括所有需要再教育和再学习的人群。同时，我国的成人教育应与普通教育和职业教育进行协调。成人教育还需要关注职业培养的方式，充分考察我国当前的就业市场，为成人就业作出贡献。除了服务对象和服务内容的改变，也应改变成人教育方式，提供各种各样的培训及学习课程，利用互联网的发展进行远程教育，提供相关的学历与非学历教育。芬兰成人受教育的比例比较高，在 25—60 岁的成年人中，大约有 57% 接受过不同形式的成人教育或者相关职业培训。据调查，在工作人群中，有三分之二的人有兴趣并愿意参加不同形式的成人教育，以此提升自己。而且，工作上越有成就的人越愿意接受成人教育，即使是有高学历的

---

① 刘中晓，张冰杰.我国人力资源基本状况及成人教育的发展趋势分析［J］.广州广播电视大学学报，2013，13（1）：5-9，107.

② 联合国教科文组织国际教育发展委员会.学会生存——教育世界的今天和明天［M］.华东师范大学比较教育研究所，译.北京：教育科学出版社，1996：247.

白领，也会利用业余时间参加成人教育。① 芬兰的大部分企业会提供各种形式的培训。可以看出，在芬兰，不管是个人还是企业，都非常重视成人教育。总之，国家要为有需要的成人提供形式多样化、层次多样化的教育。相关企业也应当为在职人员提供各种形式的培训和学习机会，提高其工作能力。

其次，大力发展继续教育，提升（再）就业能力。继续教育属于终身教育的一部分，但是又与终身教育存在区别。继续教育的概念很宽泛，既包括学历教育，也包括非学历教育。这里所说的继续教育指的是非学历教育，即从学校毕业或肄业学生所接受的教育。因为这部分教育由社会（主要包括政府、企业、社会公益组织等）提供，所以 OECD 将其放在教育的社会产出部分。继续教育的重要性与终身教育类似，是提高社会成员就业竞争力的重要手段，是人力资本投入的表现形式之一。在 OECD 教育产出指标中，A5 和 A6 指标描述的是受教育水平和个人经济产出的关系，除了给出不同学历人群的就业率、失业率和相对收入，有些年份（如 2014 年版、2016 年版）还把学历和读写能力、计算能力、信息与通信技术结合起来看对经济产出的影响。即使学历无法再提升，高水平的读写能力、计算能力和信息与通信技术仍然影响个人经济产出。例如，在 2015 年 OECD 各国平均水平数据中，高中以下学历人群的平均相对收入虽然低于受过高等教育人群的平均相对收入，但是计算能力达到 Level 3 的高中以下学历人群的平均相对收入高于计算能力仅在 Level 1 的受过高等教育人群的平均相对收入。②

虽然囿于各种条件，有些人无法再提升学历水平，但他们仍可以通过提升各种能力增强竞争力。为了提高社会成员的再就业能力与工作能力，国家与用人单位都应采取相应的措施，作出相应的努力。对于未就业人群，政府应积极组织各种就业培训，提供就业指导，创建各种技能培训班，提升其综合素质，提高其再就业能力；对于在岗职员，用人单位应定期对其进行工作培训与指导，进行多元人力资源开发，提供公平的学习机会，激发其继续深造学习的动力，提高其工作能力。

---

① 侍朝霞.芬兰成人教育制度简介及其对我国的启示［J］.成人教育，2015，35（1）：92-94.

② OECD. Education at a Glance: OECD Indicators [R]. Paris: OECD, 2016.

　　最后，大力发展成人中等教育和成人高等教育，提高我国成人的学历层次和文化水平，提高劳动力素质。通过第六次全国人口普查，可以看出我国劳动适龄人口的中等教育和高等教育水平较低。因此，国家可以通过加大对这一阶段成人教育的投入来提高成人受教育水平，尤其要注重职业教育的发展。现阶段，在我国，如果劳动适龄人员的受教育水平较低，则只能进入技术含量较低的行业工作。提供职业教育，加大专业技能的培训，使劳动适龄人员拥有一定的工作技能，不仅能提高我国成人的受教育水平，也能在一定程度上解决某些技术产业人才短缺的情况。

第三章　教育投入指标

本章主要以 OECD《教育概览》中的经费投入指标作为文本分析对象，通过对文本中的经费投入指标和相关数据与中国相应的指标和数据进行对比分析，探讨中国与 OECD 有关国家教育经费投入和支出的差异状况，以期为我国不同教育阶段教育经费的投入提供借鉴。①

第一节　指标概述

一、教育投入指标的历史演变

OECD 的教育投入指标主要是指教育经费投入（financial resources invested in education）。作为 OECD 教育指标的内容之一，经费指标并非一成不变，而是随着时间推移而不断更新和调整。有些指标连续存在多年并一直保持到现在，可称之为稳定指标；有些指标随着时间推移而被删除或新增，变化次数在

---

① 如无特殊说明，本章所有数据均来自 OECD 2013—2018 年《教育概览》(相关链接：https://www.oecd.org/education/education-at-a-glance/)，主要选择美国、英国、德国、法国、加拿大、澳大利亚、韩国、芬兰、日本、墨西哥等 OECD 成员国以及伙伴国俄罗斯进行比较。中国的数据以同一时期中国官方发布的社会与教育统计年鉴数据为主。

两次以上，可称之为变化指标。2002 年，OECD《教育概览》明确设立固定独立的 A、B、C、D 四个一级指标，构成并列的四章，将关于教育经费和支出的所有指标划分到 B 章中，名称为"B 教育中的财政与人力资源投入"。2019 年，其名称改为"C 教育中的财政资源投入"。

对 OECD《教育概览》中教育投入指标的历史维度进行考察分析后发现，[1]OECD 教育投入指标变化最多的年份主要在 2001 年以前，主要变化有人力资源指标的重新归类，以及一些指标的新增和删减。后面有几年也发生了变化，但都限于指标的重新表述，关于指标的新增和删减，相较 2001 年之前变动较小。整体而言，发生明显变化的指标主要是教育从业人员和生师比。这两个指标都属于人力资源投入指标，在经过多次的删减、重新增加等变化后，最终从经费指标中移除。随着时间的推移，OECD 对指标进行动态调整，已经形成了关于教育投入的八个稳定指标，分别为财政性教育经费占 GDP 的比例、教育公共支出总额占公共支出总额的比例、公共和私人的教育投入比例、生均教育经费支出、生均教育经费指数、教育经费支出结构、学生学费与政府对学生和家庭的财政资助、生均教师工资成本。

总体来看，OECD 教育经费指标相对于其他三个一级指标，整体变动幅度不大；在二级指标数量和指标内容上，较其他一级指标均相对稳定。这些稳定指标可以分为四类。

一是反映国家教育经费总投入及结构，主要指标有国民财富用于教育的比例、公共和私人的教育投入比例。国民财富用于教育的比例一般通过财政性教育经费占 GDP 的比例和教育公共支出总额占公共支出总额的比例来反映。公共和私人的教育投入比例是从教育经费来源的角度看公共和私人对教育投入的分担比例。

二是反映生均教育经费投入水平以及教育经费的支出结构。生均教育经费投入水平主要由生均教育经费支出和生均教育经费指数两个指标来反映。教育经费支出结构按照资源和服务的类别来划分，主要用经常性支出和资本性支出来反映。经常性支出主要指教育经费用于商品和服务、教师薪酬、辅助服务等

---

① 黄忠敬，等 . OECD 教育指标引领教育发展研究［M］. 上海：华东师范大学出版社，2019：90.

的支出。资本性支出主要指教育经费用于校舍建设、维护或大型修缮，添置或更新设备等的支出。

三是反映学生个人的教育成本分担和政府对学生的成本补偿。这部分的主要指标是高等教育学生学费与政府对学生和家庭的财政资助，主要考察各国高等教育机构收取的年度学费、政府直接和间接投入教育机构的经费以及政府提供给家庭的学生生活费用补贴。由于各国学费和资助政策不同，因此难以比较各国学费水平和资助水平的差异，我们主要通过对各国学费和资助政策的分析来比较各国政策的优劣。

四是反映影响教育支出的因素，主要指标为生均教师工资成本。该指标是从 2009 年开始出现并使用至今的。OECD 从 2007 年开始探讨教育资源的使用效率，早期主要是通过生均教育支出与 PISA 测试成绩间的关系来反映教育投入的效率。随着研究的不断完善，最终形成生均教师工资成本指标，用来反映各国教师雇佣成本的变化以及影响教师雇佣成本的因素。

二、教育经费统计口径比较

（一）教育经费统计范围

OECD 的教育经费统计范围通常是教育教学机构，即学校、学院和大学等机构，以提供教育性课程为主要目的，并由相关国家教育部门或等同部门认证或批准的机构，与中国的教育经费统计范围基本一致。我国的党校、社会主义学院、行政学院和国家会计学院不在 OECD 教育经费统计范围内。

中国的教育经费统计范围有三类。

一是教育部门举办的各级各类学校、幼儿园；其他部门举办的各级各类学校、幼儿园；县级以上人民政府教育行政事业单位（部门）具备独立师资并按学校体制管理的中央、省（自治区、直辖市）、地（市）、县各级党委举办的党校，各级政府举办的社会主义学院、行政学院（不含行业、部门办的党校和行政学院）；财政部举办的国家会计学院；等等。

二是国有及国有控股企业举办的各级各类学校和经过教育主管部门批准承认学历的成人高校、成人中等专业学校、成人中学、成人小学等。

三是国家机构以外的社会组织或者个人利用非国家财政性经费，面向社会举办的，经政府部门按照国家规定的权限审批的各级各类学校等。

（二）教育经费统计机构分类

OECD 将教育机构划分为公立机构和私立机构。其中，私立机构进一步细分为政府依赖型私立机构和独立型私立机构。公立机构一般直接由所在国家的公共教育部门或机构控制和管理，私立机构一般由非政府机构（如教会、工会、企业、外国或国际机构）全面控制和管理。

中国教育机构按性质可分为公办机构和民办机构，其中公办机构按照举办者的不同又可细分为以下几类：（1）教育部门办，指各级教育行政部门利用国家财政性教育经费举办的各级各类学校（机构）；（2）其他部门办，指教育行政部门以外的各级党政机关、事业单位以及国家级金融机构、经济实体等利用国家财政性经费和国有资产举办的各级各类学校（机构）；（3）地方企业办，指地方国有企业利用企业拨款（企业对学校的拨款属于国家财政性教育经费）和国有资产举办的各级各类学校（机构）；（4）事业单位办，指事业单位利用国有资产或财政专项补贴举办的各级各类学校（机构）；（5）部队办，指军队系统在各地举办的幼儿园；（6）集体办，指街道、乡镇、居委会或村委会利用集体或公共资产、经费举办的幼儿园。民办机构指社会组织或个人利用非国家财政性经费举办的各级各类学校（机构）。

（三）教育经费收入口径

根据联合国教科文组织、OECD 等国际机构的统计分类，各国教育经费来源一般分成六个主要方面，具体包括：（1）各级政府的教育投入；（2）由学生及其家庭负担的、以学杂费等形式提供给学校的教育经费；（3）社会各部门、社会团体和组织以及公民个人出资或直接投入办教育的教育经费；（4）各类捐赠及通过各种方式筹集的教育经费；（5）学校服务与销售收入；（6）学校附属企业的经营收入。

中国的教育经费收入口径与国际组织的统计分类基本保持一致。

中国的教育经费收入包括国家财政性教育经费投入、民办学校中举办者投入、捐赠收入、事业收入及其他教育经费投入。其中，国家财政性教育经费包括一般公共预算安排的教育经费，政府性基金预算安排的教育经费，企业办学中的企业拨款，校办产业、社会服务收入用于教育的经费，其他国家财政性教育经费。民办学校中举办者投入是指民办学校举办者投入民办学校的办学经费。捐赠收入是指境内外社会各界及个人对教育的资助和捐赠资金。事业收入是指学校（单位）开展教学、科研及其辅助活动依法取得的，经财政部门核准留用的资金，以及从财政专户核拨回的资金，主要指学费、住宿费等。

（四）教育经费支出口径

OECD 成员国的教育经费支出主要包括：直接用于教学和教育的经费，包括用于教师（薪酬、退休金，医疗、残疾、失业等保险）、校舍建筑、教学设备、图书、教育管理等的经费，以及学校债务的利息支出。关于研发经费，只有在教育机构中进行的研发活动经费才能包括在教育统计中，即包括高等学校的研发经费、教育研究和课程开发机构的经费。对学生的各类资助和补贴主要包括奖学金、助学金和其他与学生相关的医疗与福利性补贴，以及政府发放的学生贷款。OECD 成员国的教育经费支出不包括：学校固定资产的折旧、教育机构外的研发经费、政府发放的学生贷款的利息支付和本金偿还、学校债务的本金偿还。

中国教育经费支出内容和 OECD 基本一致，按经济分类，主要包括：（1）工资和福利支出，学校支付的在职教职工和编制外长期聘用人员的各类劳动报酬，以及为上述人员缴纳的各项社会保险费；（2）对个人和家庭的补助支出，如离退休费、医疗费、住房公积金、助学金等；（3）商品和服务支出，学校购买商品和服务的支出（不包括用于购置固定资产的支出）；（4）资本性支出，用于购置学校固定资产、土地和无形资产，以及建设基础设施、进行大型修缮发生的支出；（5）其他支出（利息等）。

中国教育经费支出中的研发经费，按经济活动，包含在上述支出中。中国的教育经费支出不包括固定资产的折旧、教育机构外的研发经费。在政府发放学生贷款方面，与 OECD 国际组织有所区别，中国政府是通过政府贴息及风险补偿完成的。在学校贷款和退休金支出的处理方面，国际、国内各地区不尽一致。

三、教育投入指标内涵比较

为了更好地比较中国与 OECD 成员国的教育经费指标，本部分主要选取 OECD 最稳定的八个指标进行分析。在十余年中，它们的变化相对较小，十分稳定。

（一）财政性教育经费占 GDP 的比例

在 OECD 成员国，国民财富用于教育的比例通常是教育机构经费支出占国民财富的比重。其中，国民财富是基于 GDP 的估值，教育支出包括政府、企业、学生个人及其家庭的支出。

在我国，衡量国民财富用于教育比例的主要指标是财政性教育经费支出占 GDP 的比例和占财政支出的比例。1993 年发布的《中国教育改革和发展纲要》对"国家财政性教育经费支出"口径作出规定：包括各级财政对教育的拨款、城乡教育费附加、企业用于举办中小学的经费与校办产业减免税部分。《中国教育经费统计年鉴（2017）》中提出，国家财政性教育经费支出包括：公共财政预算安排的教育经费、政府性基金预算安排的教育经费、企业办学中的企业拨款、校办产业和社会服务收入用于教育的经费以及其他属于国家财政性教育经费。与之前的口径相比，此次增加了部分政府基金用于教育的经费投入。这是依据 2011 年《国务院关于进一步加大财政教育投入的意见》，从政府基金中的土地出让收入中，按照扣除征地和拆迁补偿、土地开发等支出后余额 10% 的比例，计提教育资金。

（二）教育公共支出总额占公共支出总额的比例

OECD 成员国用教育公共支出总额占国家公共支出总额的比例和占该国 GDP 的比例来说明公共预算的相对规模。此外，该指标还涵盖了中央、区域、地方三级政府的教育经费情况。

（三）公共和私人的教育投入比例

根据联合国教科文组织、OECD 等国际机构的统计分类，各国教育经费来源一般分为政府投入（也称公共投入）和民间投入（也称私人投入）两大类。OECD 除了重视公共资金对教育的投入外，也强调私人个体或机构对教育的投资。公共和私人对教育的投资主要反映公共部门和私营部门之间的教育成本分担比例，包括一个部门相对于另一个部门的投资金额，以及它们之间的教育资金的转移程度。来源于各级政府的教育经费一般称为政府的教育投入，而来源于受教育者、社会组织或学校其他渠道的教育经费称为民间的教育投入。政府投入在中国也称财政性教育投入，而 OECD 的民间投入相当于中国的非财政性教育经费。

（四）生均教育经费支出

生均教育经费支出指平均每个学生（按全日制折算）获得的教育经费，包括公共财政和非公共财政投入各级各类学校的教育经费，综合反映了对学生平均的教育投入水平，因而通常被用于衡量一个国家或地区教育投入的实际水平。

某一教育阶段的教育机构生均教育经费支出等于该阶段教育机构总支出除以相应的折合全日制学生人数。

在计算生均教育经费支出时，通常以全日制折算的学生人数作为分母。教育经费支出包括直接的公共支出和私人支出。为确保数据的国际可比性，教育经费支出不包括政府对教育机构以外的学生生活费的补贴。计算教育经费支出时，按 GDP 购买力平价指数将本币转换成等值美元，以减少市场汇率的影响。

折合全日制学生受各个国家如何定义全日制、非全日制以及等同于全日制学生的影响。如有的国家将每一名接受高等教育的学生都统计为全日制学生；而有的国家则通过学生在某一时期内成功修完特定课程所获得的学分来确定学生的参与程度，再折合为全日制学生。一般来说，能够折合成全日制学生的教育机构生均支出要高于那些不能区分全日制和非全日制学生的教育机构的生均支出。

教育机构生均支出除了受学生数量的影响外，还受教师工资、退休金制度、教学和授课时数、教学材料和设备成本、课程等多种因素的影响。同时，吸引新教师、缩小班级平均规模、改变教职工结构等各项政策也会引起教育机构生均支出的变化。

（五）生均教育经费指数

为了使各国实际的教育投入水平可以进行直接比较，避免受到货币和实际购买力等因素的限制，在衡量各国生均教育经费的高低时，OECD 等相关国际机构在生均经费指标基础上构建了一个新的指标——生均教育经费指数。生均教育经费指数是指生均教育经费占人均 GDP 的比例，是一个对教育经费与国家的富裕程度进行综合考虑的衡量指标，可以用来比较在不同经济发展水平下各国生均教育经费的投入水平。

生均教育经费与人均 GDP 的关系较为密切，如果要比较不同经济发展水平国家教育投入的努力程度，用生均教育经费指数进行比较就具有较强的说明性。按人均 GDP 来衡量，经济发达国家各级生均教育经费支出比贫困国家多得多。实际上，虽然一些发展中国家生均教育经费的绝对值没有发达国家高，但是相对于其经济水平来说，付出的努力可能高于发达国家。因此，要比较不同经济水平的国家在生均投入方面的努力程度，可以用生均教育经费指数。

（六）教育经费支出结构

联合国教科文组织、OECD 等国际性机构把教育经费的支出分为资本性支出（capital expenditure）和经常性支出（current expenditure）两部分。资本性支出指的是用于使用期限在一年以上的资产的支出，包括校舍建设、维护或大修以及添置或更新设备的支出；经常性支出指的是在当年消费的商品和服务的支出与保证教育服务提供的周期性生产的支出，包括教职工薪酬以及某些分包服务的支出，如支持性服务（如校舍维护）、辅助服务（如学生膳食的准备）和校舍及其他设施的租赁。[1]

我国把教育经费支出分为事业性经费支出和基本建设经费支出两部分。事业性经费支出包括人员经费支出和公用经费支出，相当于国际上的经常性支出；基本建设经费支出指各级发展与改革部门集中安排的公共财政预算（不包括政府性基金以及各类拼盘自筹资金等）用于学校（单位）购置固定资产、土地、无形资产和大型修缮所发生的支出，相当于国际上的资本性支出。

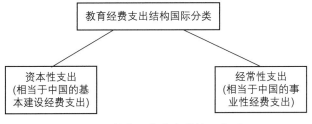

图 3-1　教育经费支出结构示意图

---

① OECD. Education at a Glance: OECD Indicators [R]. Paris: OECD, 2012.

OECD 把经常性支出进一步细分为三大功能类别：教师薪酬、其他工作人员薪酬和其他经常项目支出。其中，其他经常项目支出包括教学材料和物资费用、校舍维护费用、学生膳食配制费用、教育设施的维护和建设费用。①

在我国，教育事业性经费支出中，人员经费支出指的是学校教职工工资（包括临时聘用人员）等各类劳动报酬、为上述人员缴纳的各项社会保险费等，以及对个人和家庭的补助；公用经费支出指学校购买商品和服务的支出（不包括用于购置固定资产的支出）以及其他支出，具体包括公务费、设备费、业务费与维修费。其中，公务费主要是学校用于日常行政管理方面的开支；设备费主要用于保证教学和科研的设备、实验仪器、图书资料、体育设施等的购买或维护；业务费主要用于教学和科研的实验、实习，教学用的水电，教学业务活动，等等。这些经费都是学校办学的必备条件。公用经费的多少，直接影响学校的办学条件，也直接或间接影响教育质量。

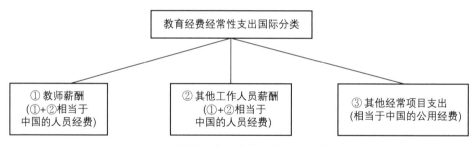

图 3-2　教育经费经常性支出结构示意图

（七）学生学费与政府对学生和家庭的财政资助

OECD 成员国采取不同的方法让政府、学生和家庭以及其他私人实体分担高等教育支出和向学生提供财政资助。所有国家都希望学生能够负担得起高等教育的费用，其中有些国家倾向于将手中的资源用于降低学费，而有些国家则决定向学生提供贷款和补助金来支付学费或生活费。

学费缩小了高等教育机构所产生的费用与其从学生及其家庭以外所获得的收入之间的差距。影响高等教育成本的因素有很多：教师和研究人员的工资，

---

① OECD. Education at a Glance: OECD Indicators [R]. Paris: OECD, 2012.

对力争在全球学术界雇用最优秀人才的机构而言更是如此；非教学服务的发展，如就业服务、与公司的关系等；数字化学习需求的增长；支持国际化的投入；教师和工作人员开展研究活动的数量与类型。高等教育机构通过内部资源（捐赠）或来自学生及其家庭以外的私人收入支付部分开销，其余费用由学生学费或公共资源承担。因此，与学费相关的政策不仅影响学生接受高等教育的成本，也影响高等教育机构所能支配的资源。于是，一些国家倾向于让高等教育机构收取较高的学费，同时以其他方式，尤其是通过助学金和公共贷款向学生提供财政支持。公共贷款往往为学生们提供了优于市场的条件，其利率通常较低且有减免或豁免贷款的条款。

提供给学生的公共补贴也间接地资助了高等教育机构。学生向高等教育机构提供学费，有助于促进高等教育机构之间的竞争，以使它们更好地回应学生需求。因为补贴给学生的生活费可以代替打工收入，所以政府资助可以减少学生的打工时间，从而提高学生的学习成绩。这种资助有多种形式：基于收入的补贴、为学生提供的家庭津贴、对学生或其父母的减免税以及其他的家庭转移支付。

高等教育机构的年度平均学费主要通过购买力平价转化为等值美元来表示。从政府资助体系中受益的学生比例为受益于公共贷款和 / 或奖学金、助学金的学生人数占全日制接受教育人数的比重。

（八）生均教师工资成本

衡量教育的投入与产出效率是一件十分困难和复杂的事情。OECD 自 2007 年开始着手研究教育投入与产出之间的关系，以期对各国的教育政策提供指导性的意见或建议。OECD 2007 年的《教育概览》用各成员国中小学阶段的相关数据，研究各国教育体系的效率，比较各国从小学到中等教育阶段（6—15 岁）平均每人的实际支出与 2003 年 PISA 的学生平均数学成绩，结果发现尽管每个学生的平均支出与平均数学成绩之间呈正相关关系，但是这个关系并不强。比如，数据显示，西班牙和美国学生的 PISA 平均数学成绩表现几乎一样好，但是美国在 15 岁以下的学生身上花费大约 8 万美元，而西班牙仅花费约 4.7 万美元。那么，这是否意味着我们可以用较小的投入获得更好的产出呢？

为进一步观察、了解在同样或近似产出（学业成绩表现）的情况下哪些因素会影响教育成本，OECD 对教师工资、教师人数、生师比、班级规模、授课时间、教师素质、学生学习时间以及非控制变量（如学生的天赋、学生的社会经济背景等）进行回归分析，并采用了加拿大《教育统计公报 2005》的方法，建立教育支出与学生上课时间、教师教学时间、班额、教师工资水平之间的数理关系。

生均教师工资成本（the salary cost per student，简称 CCS）可以通过教师工资乘以学生上课时间乘以教师教学时间的倒数乘以班额的倒数，或者用教师工资除以生师比计算获得，具体公式表示如下：

$$CCS = SAL \times instT \times \frac{1}{teachT} \times \frac{1}{class\ size} = \frac{SAL}{ratiostud/teacher}$$

SAL：教师工资（估算为教龄 15 年以上教师的法定工资）

instT：学生上课时间（估算为学生年度计划上课时间）

teachT：教师教学时间（以教师年教学时数估算）

class size：班额

ratiostud/teacher：生师比

利用这种数学关系比较各国教师工资、教师教学时间、学生上课时间和班额四个因素的值与 OECD 平均值，可以分别计算这四个因素对各国生均教师工资成本和 OECD 平均值差异的直接和间接贡献率。

第二节　主要指标的比较

一、国民财富用于教育的比例

国家投资教育意义重大，有助于提高劳动力素质，促进经济增长，推动社会发展，减少社会不平等。当前，世界各国的教育经费主要来自公共预算。教育支出水平受到一国的学龄人口规模、入学率、教师工资水平、教学组织与实施等多个因素的影响。

在 OECD 成员国，衡量国民财富用于教育的比例，通常使用两个指标：一是初等教育到高等教育经费支出占 GDP 的比例，二是教育公共支出总额占公共支出总额的比例。与之相对，中国通常使用财政性教育经费占 GDP 的比例、财政性教育经费支出占财政支出的比例来衡量。

（一）财政性教育经费占 GDP 的比例

教育机构经费支出占 GDP 的比重这项指标与经济发展情况相比存在一定的滞后性。2008—2010 年，OECD 成员国政府对教育投入的平均水平增加了5%，经济危机的影响并没有立刻显现到教育经费上。2010—2013 年，OECD 成员国 GDP 平均增速为 4%，但是教育公共支出增幅不超过 1%，教育公共支出占 GDP 的比例下降了 3%。

如图 3-3，2012 年，OECD 成员国的教育经费支出占其 GDP 的比例平均为 5.3%，欧盟 21 国的平均值为 4.9%。在新西兰、哥伦比亚、韩国、加拿大等11 个国家，这一比例达到甚至超过了 6%。在 OECD 成员国与伙伴国中，只有意大利、斯洛伐克、卢森堡、印度尼西亚四国的国家教育经费支出占 GDP 的比例小于 4%。进一步聚焦东亚地区，韩国的这一比例达到 6.7%，日本是 5%。2012 年，我国教育经费总投入占 GDP 的比例达到 5.3%，与 OECD 成员国教育经费支出水平相当，略高于欧盟国家平均值和日本，小于美国、英国、芬兰、韩国等国家。其中，我国国家财政性教育经费占 GDP 的比例达到 4.28%。

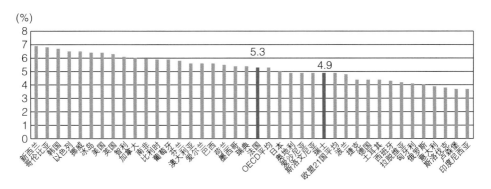

图 3-3　2012 年部分 OECD 成员国及伙伴国教育经费支出占 GDP 的比例

如图 3-4，到 2014 年，OECD 成员国教育经费支出占其 GDP 的比例平均为 5.2%，较 2012 年下降了 0.1%；欧盟 22 国平均值为 4.9%，较 2012 年的欧盟 21 国平均值没有变化。2012 年与 2014 年，在新西兰、韩国、美国、英国、加拿大等 7 个国家，这一比例均达到或超过了 6%。在 OECD 成员国及伙伴国中，意大利、斯洛伐克、卢森堡、印度尼西亚等国教育经费支出占 GDP 的比例小于 4%。进一步聚焦东亚地区，2014 年，韩国的这一比例达到 6.3%，日本是 4.4%。2014 年，我国教育经费总投入达到 42557 亿元，教育经费总投入占 GDP 的比例达到 5.1%，略低于 OECD 平均水平，高于欧盟 22 国平均值。其中，我国国家财政性教育经费占 GDP 的比例达到 4.1%，较 2012 年下降 0.18 个百分点。

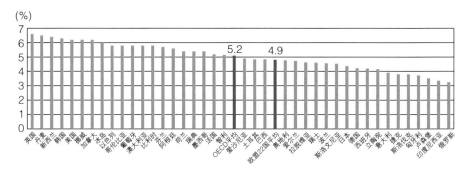

图 3-4　2014 年部分 OECD 成员国及伙伴国教育经费支出占 GDP 的比例

我国教育经费以政府投入为主，国家财政性教育经费是教育经费第一大来源，占全国教育经费总投入的比例持续保持在 80% 以上。我国最早在 1993 年发布的《中国教育改革和发展纲要》中就提出教育经费投入目标：到 20 世纪末，国家财政性教育经费支出占国民生产总值（gross national product，简称 GNP）的比例应达到 4%。之后，《国家中长期教育改革和发展规划纲要（2010—2020 年）》提出，在 2012 年实现国家财政性教育经费支出占国内生产总值（GDP）比例达 4% 的目标。历经近 20 年，我国终于在 2012 年实现财政性教育经费支出占 GDP 4% 的目标。时至今日，这一目标仍处在巩固状态之中。财政性教育经费支出占 GDP 4% 这一目标的落实，是在数个教育发展规划目标和多届政府的共同努力下顺利实现的。提出 4% 的目标之初，国家财政性教育经费仅有 1000 多亿元，全国教育经费总投入尚不到 1500 亿元；到 2000 年，国家财政性教育经费 2563 亿元，占 GDP 比例为 2.87%。虽然在经费投入总量上实现翻番，但是仍然没有实现 4% 的目标。2001 年，教育部提出"依法做到教育经费的'三个增长'，到 2005 年国家财政性教育经费支出占国内生产总值（GDP）的比例达到 4%"①，对 4% 的目标进一步阐述说明，一是把"国民生产总值"转变成"国内生产总值"，二是明确了教育经费的"三个增长"机制的保障作用。2010 年发布的《国家中长期教育改革和发展规划纲要（2010—2020 年）》中，明确了 4% 目标的实现年限，即 2012 年。在中央和地方各级政府的共同努力下，到 2012 年，全国教育经费总投入 28655.31 亿元。其中，国家财政性教育经费 23147.57 亿元，占 GDP 比例达到 4.28%，如期实现了 4% 的目标。但是，在 2013 年，这一指标出现了下滑，国家财政性教育经费支出占 GDP 的比例下降到 4.11%，随后呈现出起伏趋势，4% 的目标有待进一步加强与巩固。

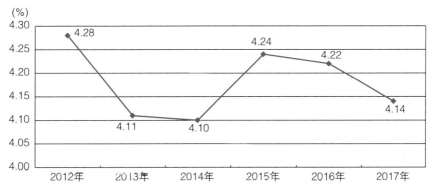

图 3-5　2012—2017 年国家财政性教育经费支出占 GDP 的比例

数据来源：2012—2017 年《全国教育经费执行情况统计公告》。

综上可知，目前我国国家教育经费支出占 GDP 的比例与 OECD 成员国平均水平基本持平，我国教育投入水平基本能满足教育发展需求。舒尔茨（Theodore William Schultz）的人力资本理论认为，在影响经济发展的诸因素中，人的因素是最关键的，经济发展主要取决于人的素质的提高。舒尔茨通过对美国的研究发现，教育投资增长的收益占国民收入增长的比重为 33%。与其他类型的投资相比，人力资本的投资回报率很高。这一理论很好地解释了德

① 杨周复.4%：教育财政体制改革 40 年的一个缩影［M］.教育财会研究，2019（1）：6-11.

国和日本的经济奇迹般复苏的原因。日德两国教育优先发展的国家战略助力了二战后经济飞升。我国应该继续保持现有教育投入水平，通过进一步完善教育投入增长的长效机制，巩固国家财政性教育经费支出占 GDP 4% 比例的政策成果，为经济的持续发展奠定坚实的人力资本基础。

（二）教育公共支出总额占公共支出总额的比例

国家对于教育、医疗卫生等不同领域预算分配的决策取决于本国的优先发展政策以及私人提供这些服务的可能性。政府有必要在公共收益以及私人成本高于私人收益的领域投入资金。但是，在经济危机后，OECD 各成员国普遍采取举措削减了教育经费，这可能对教育质量产生影响，也不利于人力资本投资。

2005—2013 年，OECD 成员国平均教育公共支出总额占所有服务公共支出总额的比例减少了 0.6 个百分点。就初等教育到高等教育公共支出总额占公共支出总额的百分比而言，27 个国家中有 19 个国家有所下降，墨西哥下降的比例甚至超过了 3 个百分点。2008—2013 年，教育公共支出总额占公共支出总额的比例整体下降了 2%。虽然教育公共支出总额增长了 5%，但是所有服务公共支出总额增长了 7%，所以教育公共支出总额的整体比例下滑。

纵观 OECD 成员国及伙伴国可以发现，2014 年，OECD 平均教育经费总支出占公共支出总额的 11.3%；哥斯达黎加、新西兰、印度尼西亚、墨西哥、南非、巴西等国教育经费总支出占公共支出的比例超过了 16%，而俄罗斯、捷克、匈牙利、意大利等国的这一占比小于 8%。2014 年，我国公共财政教育

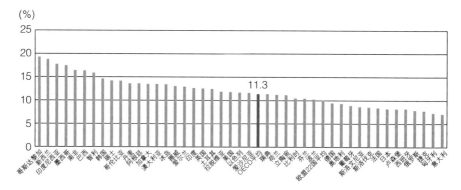

图 3-6　2014 年部分 OECD 成员国及伙伴国教育公共支出总额占公共支出总额的比例

支出（包括教育事业性经费、基本建设经费和教育费附加）为 22576.01 亿元，公共财政支出 151785.56 亿元，公共财政教育支出占公共财政支出的比例为 14.87%，高于 OECD 成员国的平均水平。

1993 年发布的《中国教育改革和发展纲要》提出，到 20 世纪末，我国财政性教育经费支出占国民生产总值的比例应达到 4%。虽然这项指标在文件中提及次数不如国家财政性教育经费占国内生产总值（GDP）的比例，但它一直存在于中国教育经费统计项目中。目前，全国一般公共预算教育支出是一般公共预算第一大支出，占全国一般公共预算支出的比例基本保持在 15% 左右。虽然 2014 年我国公共财政教育支出占公共财政支出的比例高于 OECD 成员国的平均水平，但结合 2013—2017 年的数据分析发现，我国公共财政教育支出占公共财政支出的比例处于逐年下降的水平，从 2013 年的 15.27% 降到 2015 年的 14.70%，在 2016 年有稍许回升，达到 14.75%，不过整体上仍然处于下降趋势，这需要引起我们的重视（详见图 3-7）。

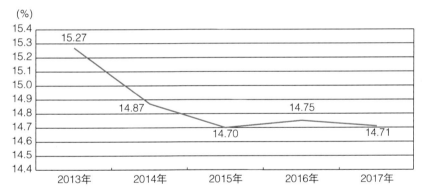

图 3-7　2013—2017 年我国公共财政教育支出占公共财政支出的比例

数据来源：2013—2017 年《全国教育经费执行情况统计公告》。

（三）公共教育经费结构的比较

1. 基础教育 ① 和高等教育投入结构

就基础教育和高等教育投入结构而言，OECD 成员国及其伙伴国表现出

———————————

① 本文中，基础教育指的是 OECD 指标中初等教育、中等教育和中等后非高等教育，不包含早期儿童教育。

惊人的一致性，用于基础教育的国家资源要远高于高等教育。如图 3-8 所示，OECD 成员国平均将约 70% 的教育支出用在基础教育（初等教育、中等教育和中等后非高等教育的公共支出）上，余下的约 30% 用于高等教育。欧盟22 国教育支出用于基础教育的比例是 72%，用于高等教育的比例是 28%。在大多数 OECD 成员国及伙伴国中，基础教育支出是高等教育支出的 2 倍多。2015 年，我国教育经费支出中用于高等学校的为 8026.6 亿元，用于基础教育的为 19154.3 亿元，高等教育占比约 30%，基础教育占比约 70%，与 OECD成员国的平均水平保持一致。

值得注意的是，在 OECD 成员国及伙伴国中，美国对于基础教育的投入比例最低，仅为 57%，但是对高等教育的投入比例则达到了 43%，在所有国家中处于最高水平。这需要结合图 3-9、图 3-10 作进一步分析。

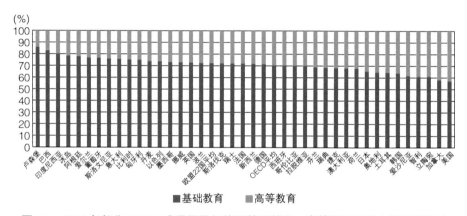

图 3-8　2014 年部分 OECD 成员国及伙伴国基础教育、高等教育经费支出比例比较

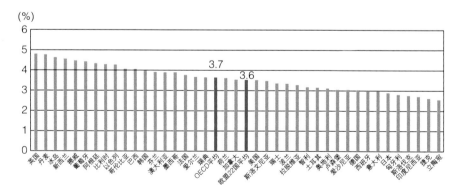

图 3-9　2014 年部分 OECD 成员国及伙伴国基础教育经费支出占 GDP 的比例

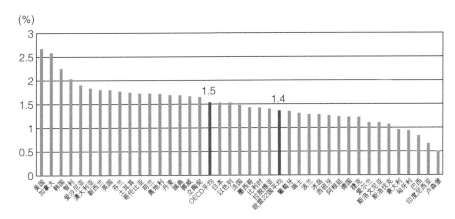

图 3-10　2014 年部分 OECD 成员国及伙伴国高等教育经费支出占 GDP 的比例

根据图 3-9，虽然美国基础教育的投入比例较低，但其投入总量并不少，基础教育经费支出占其 GDP 的比例为 3.5%，基本与 OECD 平均水平和欧盟 22 国的平均水平持平。图 3-10 中，美国高等教育经费支出占其 GDP 的比例为 2.7%，在 OECD 成员国及伙伴国中位列第一，是 OECD 平均水平的 1.8 倍。美国高等教育的领先位置与其高等教育投入水平密切相关，值得我国注意与借鉴。

此外，各国的投入模式也受到了人口结构的影响。生育率相对较高的国家在基础教育阶段的教育经费支出通常更多。但像欧洲一些出生率较低的国家，如奥地利、捷克、德国等，其初等教育支出占 GDP 的比例低于 1%。

2. 中央和地方教育投入结构

政府的教育支出可以分为三个层级：中央、区域和地方。在一些国家，经费由各级政府共同承担。也有一些国家的教育经费由中央统一支付。相比基础教育，高等教育阶段的公共投入更多来源于中央政府。如图 3-12，OECD 成员国转移支付前平均 87% 的高等教育经费来自中央政府的投入，转移支付后有 85% 来自中央政府；41 个数据可获取国中，有 29 个国家中央政府转移支付前投入的比例超过 90%，有 12 个国家的中央政府是唯一的高等教育经费来源。与此形成对比的是，德国、比利时、西班牙、瑞士的高等教育经费有一半来源于区域政府。在所有国家中，地方政府对高等教育的经费投入占比都不高。

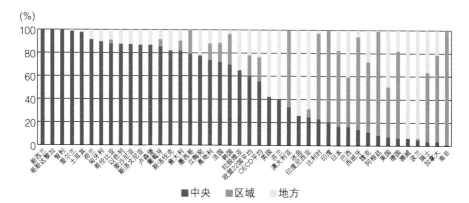

图 3-11　2014 年部分 OECD 成员国及伙伴国中央、区域、
地方基础教育公共教育经费来源比例（转移支付前）

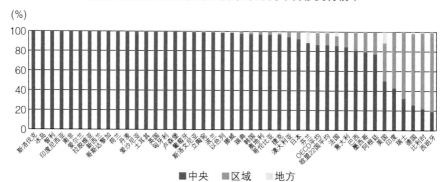

图 3-12　2014 年部分 OECD 成员国及伙伴国中央、区域、
地方高等教育公共教育经费来源比例（转移支付前）

　　基础教育阶段教育经费的来源更为复杂多样。如图 3-12，在 40 个可获取数据的国家中，有 6 个国家 90% 以上的基础教育经费来源于中央政府，其余国家的区域政府和地方政府在基础教育阶段承担了更多的投入职责。在德国、西班牙等国家，基础教育 75% 以上的经费来自区域政府；在波兰、挪威等国家，基础教育 90% 以上的经费来源于地方政府。

　　OECD 的投入结构为我国地方政府履行教育投入职责提供了借鉴。对省级政府、县级政府而言，投入份额能够代表政府对教育工作的履职情况。2015年，全国公共财政教育支出为 25861.87 亿元，其中中央财政教育支出 4245.58亿元，地方政府教育支出 21616.29 亿元，中央政府支出占比 16%，地方政府占比 84%。可见，地方政府承担了绝大部分投入职责。在对比投入结构时，可以进一步在 OECD 成员国中选择体制、结构与我国类似的国家，如日本、韩国、德国等，进行国际比较分析。

二、公共教育投入和私人教育投入比例的比较

公共教育投入与私人教育投入占教育总经费的比例，是反映政府与民间对教育投入力度的重要指标，被广泛用于教育财政的国际比较、各国政策分析及其相关评估。

（一）总体上，政府投入是世界各国教育经费的主要来源

一个国家教育经费的来源结构能反映其教育投资体制状况，也能体现政府对教育财政的努力程度以及其他私人来源的重要性。教育经费来源结构的国际比较表明，政府投入是各国教育经费投入的主要来源。

如表 3-1 所示，2015 年，OECD 成员国平均 83% 的教育经费投入来源于政府拨款，而部分非 OECD 成员国政府投入占教育总经费的比例平均也达到 80% 以上。[①]

表 3-1　2015 年部分 OECD 成员国及伙伴国教育总经费中政府与民间投入的比例 [②]

国家 / 国际组织	政府投入	民间投入	国家 / 国际组织	政府投入	民间投入
OECD 平均	83%	16%	德国	86%	14%
欧盟 22 国平均	87%	11%	日本	72%	28%
澳大利亚	66%	34%	韩国	71%	29%
加拿大	74%	26%	墨西哥	80%	20%
芬兰	98%	2%	英国	68%	31%
法国	87%	12%	美国	68%	32%

各国教育财政体制不同，对公共教育经费的依赖程度也不尽相同，政府投入占教育总经费的比例存在差异。北欧的瑞典、挪威和丹麦等高福利国家，民

---

① OECD. Education at a Glance: OECD Indicators[R]. Paris: OECD, 2018.

② 《教育概览》的原始数据中还包括"国际投入"。本文未引用国际投入数据，因此政府投入与民间投入比例之和不一定等于 100%。表 3-2、表 3-3 的情况与此相同。

间对教育投入的比例很低，政府公共教育经费占教育总经费的比例达到 95%
以上；亚洲的印度、泰国，其教育经费也主要依靠政府投入，来自民间的投入
只占教育总经费的 4.5%、4.8%。[1] 有的国家属于中等依赖程度，如法国、德
国、墨西哥等，公共教育经费占比达到 80% 以上；俄罗斯也达到 83%。[2] 有
的国家来自民间的教育经费占比相对较高，像英国、美国、澳大利亚、智利等
国家，2015 年私人投入的比例都在 30% 以上，其中智利高达 37%，澳大利亚
达到 34%。私人投入占教育总经费比例较高的国家，如美国、韩国等，其私
立高等教育都相当发达，私立高校在校生规模也占较大比例。

（二）各国中小学教育经费主要来源于政府，其比重一般在 80% 以上

各国中小学教育经费大部分来源于政府，无论是发达国家还是发展中国
家，政府投入占教育总经费的比例一般都在 80% 以上，少数国家政府投入高
达 95% 以上。2015 年，OECD 成员国从学前到中等后非高等教育阶段教育经
费中政府投入比例平均为 90%，欧盟 22 国平均为 92%，详见表 3-2。

表 3-2　2015 年部分 OECD 成员国及伙伴国学前至中等后非高等教育
阶段教育经费中政府与民间投入 [3] 的比例

国家 / 国际组织	政府投入	民间投入	国家 / 国际组织	政府投入	民间投入
OECD 平均	90%	9%	日本	92%	8%
欧盟 22 国平均	92%	8%	韩国	87%	13%
澳大利亚	81%	19%	墨西哥	83%	17%
智利	83%	17%	英国	87%	13%
芬兰	99%	1%	美国	91%	9%
法国	91%	9%	俄罗斯	95%	5%
德国	87%	13%			

---

① OECD. Education at a Glance: OECD Indicators[R]. Paris: OECD, 2003.

② OECD. Education at a Glance: OECD Indicators[R]. Paris: OECD, 2018.

③ 这里的民间投入包括政府对私立教育机构的转移支付，表 3-3 同。

大多数国家私人投入的最大份额来自家庭，主要是学费。不同国家教育机构的私人投入比例不同。在 OECD 成员国，小学私人投入平均占比 7%。在初中一级，私人资金平均相当于教育总支出的 8%。与小学和初中相比，高中教育更多地依赖私人投入，OECD 成员国平均达到 13%。在高中阶段的职业教育中，私人投入比例（占教育总支出的 14%）高于普通高中（占教育总支出的 12%）。在德国、荷兰和新西兰，职业教育获得的私人资金比普通高中至少多 25 个百分点。在智利、土耳其和英国，普通高中私人投入比例则比职业教育多 15 个百分点以上。

在中等后非高等教育阶段，OECD 成员国公共投入水平平均只有 75%。在以色列、新西兰、波兰和美国，该阶段的教育投入更依赖于私人投入。

（三）民间投入在教育总经费中的比例，高等教育高于基础教育

受不同国家公共资源分配方式、对各自政府职能角色定位以及对各级教育性质认识的影响，世界各国政府和民间投入在高等教育、基础教育经费来源中所占的比例存在较大的差别。

私立高等教育的高回报使得一些国家期望更多的私营部门为高等教育提供资金，并建立财政资助机制，以支持来自不同经济背景的学生。

一般而言，民间投入在教育总经费中的比例，高等教育要高于基础教育。OECD 成员国中，教育机构主要由公共资金提供支持，政府投入在小学、中学及中等后非高等教育阶段平均占比 90%，在高等教育阶段占比 66%。高等教育中私人教育支出的比例（平均近 31%）要比基础教育高得多。[1]

各国私人投资在高等教育机构中所占的比例各异，主要原因在于各国高等教育机构收取的学费有差异。在大多数 OECD 成员国，家庭支出是最大的私人资金来源，平均占民间投入的 70.9%。比如，哥伦比亚、智利、日本、英国和美国高等教育中私人投资比例所占份额最大（约 70%）。但在芬兰、冰岛、卢森堡和挪威，高等教育机构收取的学费较低甚至可以忽略不计，几乎所有的私人资金都来自其他私人实体（主要是研发机构），家庭支出为零或非常低（参见表 3-3）。

---

[1]　OECD. Education at a Glance: OECD Indicators[R]. Paris: OECD, 2003.

表 3-3　2015 年部分 OECD 成员国及伙伴国高等教育阶段教育
经费中政府与民间投入的比例

国家 / 国际组织	政府投入	民间投入	其中: 家庭支出	家庭支出占民间投入的比例
OECD 平均	66%	31%	22%	70.9%
欧盟 22 国平均	73%	22%	15%	68.2%
澳大利亚	38%	62%	50%	80.6%
芬兰	93%	3%	0	0
法国	78%	20%	11%	55.0%
日本	32%	68%	52%	76.5%
韩国	36%	64%	45%	70.3%
墨西哥	71%	29%	29%	100.0%
英国	25%	71%	48%	67.6%
美国	35%	65%	46%	70.8%
俄罗斯	64%	35%	23%	65.7%

数据来源: OECD. Education at a Glance 2018, Table C3.2. Distribution of public, private and international sources of funds for educational institutions before and after transfers (2015).

在学前教育和高等教育阶段，大多数国家公立和私立教育之间的平衡水平各不相同。在这些教育层次上，私人资金主要来自家庭，这引发了人们对平等接受教育的讨论，特别是关于高等教育经费的争论尤其激烈。一些利益相关方认为，公共和私人资金之间的平衡不应阻止潜在的学生接受高等教育。一些人主张各国应大幅增加公共资金对学生的支持，而另外一些人则支持私营企业增加高等教育资金投入。

（四）向私营部门的公共转移支付在高等教育筹资方面发挥重要作用

教育机构的经费来源包括政府、国际机构、私人机构和学生个人及其家属的支出等。政府将大部分资金直接投入教育机构，也将资金通过各种其他分配机制转移支付到教育机构，如通过学费补贴（奖学金、助学金或学费贷款等），根据学生入学人数或学分数为机构提供资金，资助学生、家庭和其他私人实体等。

各国向私营部门的公共转移支付在高等教育筹资方面发挥着重要作用。在

OECD 成员国中，平均有 5% 的资金从公共部门转移到私营部门，以支付高等教育机构的开支。政府利用转移支付向各机构提供奖励，刺激其更好地满足学生要求，增加更多学生受教育的机会，减少社会不平等。通过学生为学校提供资金增加了教育机构之间的竞争性，有利于提高教育经费使用效率。资助学生生活费用也可以使学生安心地进行全日制学习，从而提升学习效果。

在高等教育规模扩张的国家，特别是在收取学生学费的国家，公共资金向私人的转移支付往往被视为扩大低收入学生入学机会的手段。但是，OECD 成员国之间的分配模式并不相同，一些国家的私人投入主要由政府转移支付完成。比如，澳大利亚、新西兰和英国是公私转移最多的国家（约占资金总额的20% 至 30%），这些转移支付资金专门用于高等教育机构。另一些国家，如奥地利、瑞典等国，公共转移支付低于 1%。那些转移支付比例较高的国家恰恰也是学费较高的国家。学费主要由个人承担成为这些国家学生进入高等教育的主要障碍（参见表 3-4）。

表 3-4 2015 年部分 OECD 成员国及伙伴国高等教育阶段教育经费中政府转移支付的比例

国家 / 国际组织	政府投入	政府转移支付	民间投入
OECD 平均	73%	6%	21%
欧盟 22 国平均	76%	5%	19%
澳大利亚	38%	26%	37%
新西兰	52%	21%	28%
瑞典	89%	0	11%
法国	80%	3%	18%
奥地利	94%	0	6%
匈牙利	63%	m	37%
墨西哥	71%	2%	27%
英国	29%	27%	44%
美国	35%	3%	62%

注：m 表示数据缺失。

数据来源：OECD. Education at a Glance 2018, Table C3.2. Distribution of public, private and international sources of funds for educational institutions before and after transfers (2015).

（五）21 世纪以来，私人教育投入的增长快于公共教育投入，私人教育投入占 GDP 的比例上升

近年来，私人对教育的投资越来越重要。教育成本分担理论以及一些教育决策者主张，教育的受益者不仅仅是社会，教育的最大获益者是受教育者个人，因此个人应承担部分教育成本。在目前的经济环境下，许多政府发现，仅仅通过公共资金难以提供必要的资源以满足人们日益增长的教育需求。因此，在公共投入仍是教育投入主渠道的情况下，大部分国家的私人教育投资总量有所增加，增幅有所不同。就 OECD 成员国的平均水平而言，私人投入增长幅度高于公共投入。数据表明，2010—2015 年，从小学至第三级教育，OECD 成员国教育机构私人资金平均增长了 11%，而公共资金所占比重下跌了 1%。①

在许多 OECD 成员国，非高等教育学生入学人数的增加反映出个人和社会强烈的教育需求。在入学率增长的同时，投资也在增加，增加的投资主要来自私人，从而影响了公共和私人投入的比例。2010—2015 年，OECD 成员国私人教育投入平均增长了 30%，公共资金仅增长了 5%。但在爱沙尼亚、以色列和西班牙等国家，非高等教育的私人资金份额增长了 50% 以上。同期，土耳其和英国大幅提高公共教育投入，增长幅度为 25% 至 50%。也有一些国家的高等教育机构公共资金份额在减少，而这些削减通过增加私人资金得到补偿。例如，同比 2010 年，澳大利亚、加拿大和西班牙 2015 年公共资金份额下降了 10% 至 20%，但私人资金份额增加了 15% 至 50%。

随着私人教育投入的增加，私人教育投入占 GDP 的比例也随之上升。2015 年 OECD 成员国中，私人教育投入占 GDP 的比例最高的国家达到 2.0%。在高等教育阶段，私人投入的作用变得日益突出，大部分国家三分之二的私人教育投入用于高等教育，美国更是达到了 80% 以上（参见表 3-5 及表 3-6）。

---

① OECD. Education at a Glance: OECD Indicators[R]. Paris: OECD, 2003.

表 3-5 2000—2015 年部分 OECD 成员国私人教育总投入占 GDP 的比例

国家	2000 年	2005 年	2010 年	2015 年
澳大利亚	1.36%	1.47%	1.59%	2.0%
加拿大	1.13%	1.36%	1.49%	1.57%
法国	0.56%	0.55%	0.61%	0.64%
日本	1.13%	1.16%	1.16%	1.14%
韩国	m	2.49%	2.60%	1.67%
墨西哥	0.61%	1.01%	1.08%	1.07%
英国	m	m	m	1.91%
美国	1.51%	1.72%	1.91%	1.98%

注：m 表示数据缺失。

数据来源：OECD. Private spending on education［EB/OL］. (2018-09-14)［2023-05-26］. https://www.oecd-ilibrary.org/education/private-spending-on-education/indicator/english_6e70bede-en.

表 3-6 2000—2015 年部分 OECD 成员国高等教育私人投入占 GDP 的比例

国家	2000 年	2005 年	2010 年	2015 年
澳大利亚	0.75%	0.83%	0.9%	1.27%
加拿大	0.88%	1.03%	1.11%	1.24%
法国	0.20%	0.21%	0.26%	0.30%
日本	0.83%	0.89%	0.96%	0.94%
韩国	1.62%	1.62%	1.75%	1.16%
墨西哥	0.18%	0.36%	0.41%	0.41%
英国	m	m	m	1.33%
美国	1.21%	1.41%	1.61%	1.67%

注：m 表示数据缺失。

数据来源：OECD. Private spending on education［EB/OL］. (2018-09-14)［2023-07-27］. https://www.oecd-ilibrary.org/education/private-spending-on-education/indicator/english_6e70bede-en.

（六）发达国家高等教育总经费中，社会服务与社会捐赠比重可观

发达国家高等教育总经费中，除政府财政拨款、学生及其家庭的教育投入外，社会服务与社会捐赠也是重要来源。高等院校通过与政府、社会各界合作进行科研及产品开发，通过提供知识服务，通过经营学校附属企业，或者通过接受社会各界的捐赠等多种途径，增加高等教育经费，客观上也提高了民间投入在高等教育总经费中所占的比例。

英国、法国、美国以及亚洲和拉美一些国家的情况表明，大学在与政府和工商界的合作中获得了重要的经费支持。在英国，科研补助和合同收入占大学收入的比例，2014—2015 学年达到 17.81%。牛津大学 2015 年科研补助和合同收入占学校总收入的比例更达到 36.58%。[1] 法国巴黎高科集团学校以签订科研合同或技术转让等方式，为企业承担相当比例的科研任务，如国立巴黎高等矿业学校的科研合同收入相当于国家行政拨款的 1.5 倍。在美国大学的总经费中，来自联邦和州政府的科研拨款及合同收入约占 10%，而来自私营科研机构的经费及合同收入也占 5% 左右。据美国教育统计摘要，2018 年度，美国联邦给予高校的研发合同（含由高校管理的联邦资助的研发中心）投入达到 339 亿美元。2018—2019 年，哈佛大学来自联邦和非联邦提供的赞助研究经费达到 9.15 亿美元。[2] 同时，高校还通过科技专利转让等途径增加经费收入。

通过院校的附属企业直接向社会提供知识服务和技术服务也是不少国家高等教育机构增加经费收入的途径之一。这些企业的经营活动主要是提供科技、决策咨询等知识服务，开展公司培训，组织和安排各类大型会议，出租学校设施，提供法律咨询，销售软硬件，以及进行科研合作，等等。目前，澳大利亚大学公司发展的一个新趋势是连锁经营。

在美国高等教育尤其是私立高等教育的发展中，私人和社会团体的捐赠

---

① 杨平波，朱雅斯. 英国高等教育经费筹措方式及启示［J］. 财会月刊，2016（36）：100–104.

② HARVARD UNIVERSITY. Sponsored Research[EB/OL]. [2023-05-26]. https://oir.harvard.edu/fact-book/sponsored-research.

同样成为高校办学经费的重要来源。如斯坦福大学、哈佛大学和耶鲁大学等世界知名高校，最初都是由私人捐赠作为启动基金而逐步发展起来的。除社会各界的主动捐赠外，各高等院校也主动"出击"，积极向相关企业、校友和社会团体募捐、筹款，获得的经费金额非常可观。各大学获得捐赠的方式多种多样，有现金捐赠、增值证券捐赠、不动产所有权捐赠、有形资产捐赠、遗产捐赠、寿险捐赠、信托捐赠等等，其中最常见的是例行年度募款和大额捐款。以哈佛大学为例，20世纪80年代初获得的捐赠收入尚不足20亿美元，2000年达到近200亿美元，2019年达到409亿美元。[1] 社会捐款既调动了社会资源参与高等教育发展，也提高了高等教育总经费中民间投入的比例。

（七）国家财政性教育经费是中国教育经费来源的主渠道

中国教育经费主要以政府投入为主，私人教育投入主要为学费收入。中国各级教育经费中公共教育投入的比例，与OECD成员国差别比较明显。在小学、初中等义务教育阶段，中国明显高于OECD成员国。但是，在普通高中，中国公共教育投入的比例明显低于OECD成员国的整体水平。在高等教育阶段，中国公共教育投入的比例与OECD成员国的平均水平相当，且学费比例也相当。

表 3-7　2017年中国各级教育经费来源结构

学段	国家财政性教育经费比例	学费比例
高等学校	62.11%	21.00%
中等职业学校	87.88%	5.18%
普通高中	82.46%	11.82%
普通初中	92.03%	5.12%
普通小学	94.60%	3.48%
幼儿园	48.02%	47.23%

① HARVARD UNIVERSITY. Harvard University Fact Book[EB/OL]. [2023-05-26]. https://oir.harvard.edu/endowment.

国家财政性教育经费是中国教育经费来源的主渠道。2017 年，中国教育经费投入总计约为 42562 亿元，其中：（1）一般公共预算安排的教育经费（包括教育事业性经费、基本建设经费、教育费附加、科研经费、其他）约为 33412 亿元，占比 78.50%；（2）政府性基金预算安排的教育经费约 274 亿元，占比 0.64%；（3）其他财政性教育经费（包括企业办学中的企业拨款、校办产业和社会服务收入用于教育的经费、其他属于国家财政性教育经费）约 522 亿元，占比 1.23%；（4）民办学校中举办者投入约 225 亿元，占比 0.53%；（5）社会捐赠经费约 85 亿元，占比 0.2%；（6）事业收入约 6958 亿元，占比 16.35%，其中学费（含企业办和民办学校）约为 5293 亿元；（7）其他教育经费约 1087 亿元，占比 2.55%（详见图 3-13）。

从总体看，中国教育经费来源结构中，国家财政性教育经费（主要包括一般公共预算安排的教育经费、政府性基金预算安排的教育经费、其他财政性教育经费）约 34208 亿元，占比 80.37%；非财政性教育经费约 8355 亿元，占比 19.63%（详见附录表 3-1）。

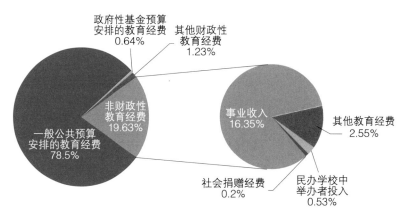

图 3-13 2017 年中国教育经费来源构成情况

三、生均教育经费支出比较

对高质量教育的需求，意味着更高的生均成本。生均成本必须与其他公共支出需求和整体的税收负担保持平衡。在教育系统中对每个学生的教育支出进行比较，一般选取生均教育经费支出和生均教育经费指数两个指标。前者综合反映了按学生平均的教育投入水平，通常被用于衡量一个国家或地区教育投入的实际水平；后者则反映了不同经济水平的国家在生均投入方面的努力程度。

（一）生均教育经费支出的比较

1. 生均教育经费支出随着教育水平的提升而增加，但国家之间差异明显

2015 年，OECD 成员国小学、初中、高中和高等教育的生均教育经费支出平均分别相当于 8631 美元、9941 美元、10196 美元和 15656 美元。生均教育经费支出随着教育水平的提升不断增加。欧盟 22 国各级教育的生均教育经费支出比 OECD 成员国的平均水平稍高，差距不大。

OECD 各成员国的生均教育经费支出存在较大差距。例如，2015 年，小学生均教育经费支出最高的国家超过 2 万美元，最低的墨西哥则仅相当于 2874 美元。初中、高中阶段的生均教育经费支出也存在明显的国别差距，最高的卢森堡在 2 万美元上下，最低的国家不到 4000 美元。

高等教育生均教育经费支出最高的卢森堡超过 4 万美元，达到 48907 美元；其次为美国，超过 3 万美元；最低的希腊仅相当于 4095 美元；智利、墨西哥、波兰和土耳其等国家也在 1 万美元以下。

从各级教育的生均教育经费支出排序来看，排名靠前的基本为卢森堡、美国、瑞典、奥地利和挪威等发达国家，这些国家的人均 GDP 都在 4 万美元以上；而排在后位的基本为墨西哥、希腊、智利、土耳其等发展中国家，这些国家的人均 GDP 都不超过 3 万美元（详见附录表 3-2）。

如图 3-14，2015 年，OECD 成员国各级教育的生均教育经费支出差异表现不同。各国中学生均教育经费支出相对于小学的比例较为接近，OECD 成员国中学生均教育经费支出平均约为小学的 1.2 倍。但各个国家也存在一定的差异，捷克初中和高中生均教育经费支出都是小学的 1.6 倍以上，荷兰初中和高中生均教育经费支出约为小学的 1.5 倍和 1.6 倍，而英国、土耳其初中和高中生均教育经费支出都低于小学。

高等教育与小学生均教育经费支出的差距较大。OECD 成员国高等教育生均教育经费支出平均约为小学的 1.8 倍。墨西哥和美国最高，分别约为 2.8 倍和 2.6 倍；而希腊和韩国高等教育的生均教育经费支出低于小学。

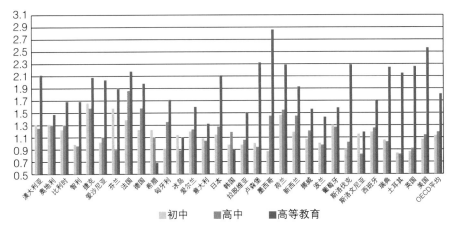

图 3-14 2015 年部分 OECD 成员国各级教育生均教育经费
支出相对于小学的比例（小学 =1）

2. 大多数国家的生均教育经费支出逐年增长

2005—2015 年，多数 OECD 成员国各级教育的生均教育经费支出都呈现增长的态势。这一时期，OECD 成员国小学、初中、高中和高等教育生均教育经费支出平均增长 38.1%、33.7%、21.9% 和 36.0%。

在各个教育阶段，不同国家生均教育经费支出的增速有快有慢。在小学阶段，生均教育经费支出增长较快的国家有智利、韩国和斯洛伐克，2015 年比 2005 年约翻了一番。希腊、匈牙利、冰岛和意大利的增幅相对较小，增速在 10%—25%。

在初中阶段，智利、波兰和斯洛伐克的生均教育经费支出增长了 1 倍以上，匈牙利、意大利、卢森堡和美国的增幅则在 18%—28%。在高中阶段，智利、波兰和斯洛伐克的增幅在 1 倍以上；冰岛、意大利、斯洛文尼亚和美国的增幅在 15%—30%；卢森堡生均教育经费支出的绝对水平最高，因此增幅比较缓小，为 5.1%。

在高等教育阶段，除希腊外，各国的生均教育经费支出都有增长。其中，爱沙尼亚增幅最大，增长了约 2.3 倍；以色列增幅较小，仅为 0.8%。

多数国家教育经费投入的增长速度高于在校生人数的增长速度，因而保证了生均教育经费支出得到实际增长。在其他条件不变的情况下，教育经费的增长速度只有高于在校生人数的增长速度，生均教育经费支出才可能增长。

例如，2005—2015 年，澳大利亚、法国、爱尔兰、墨西哥、挪威、西班牙、英国和美国等国家中小学阶段的在校生数量都有一定幅度的增长，而这些国家的中小学教育总经费的增长速度明显快于在校生数量的增长速度。因此，中小学生均教育经费支出也有了较大的提高。比如，澳大利亚 2015 年中小学生均教育经费支出比 2005 年增长了 32%，墨西哥和英国等国的增长速度也超过了 10%。

德国、日本和韩国等国在中小学在校生规模比 2005 年略有下降的情况下，教育经费投入仍保持较快的增长速度，结果带来了更大幅度的生均教育经费支出的增长。2015 年，韩国中小学的生均教育经费支出比 2005 年增长了 88%（详见附录表 3-3）。

3. 各国生均公共教育经费支出存在差异，其中高等教育生均公共教育经费支出占生均教育经费总支出的比例差异较大

生均公共教育经费指平均每个学生（按全日制当量折算）获得的公共教育经费（仅指其中投入教育机构的部分，不包括政府给学生个人和家庭的补贴），用于评价政府对教育的重视程度。OECD《教育概览》不是每年都有这个指标，2016 年用到了这一指标。

2013 年，OECD 成员国平均的生均公共支出从小学到高等教育分别为 7847 美元、9070 美元、8620 美元和 9719 美元，其中高中教育生均公共支出低于初中。

在各个教育阶段，各国生均公共教育经费存在较大差异。在小学阶段，生均公共教育经费支出最高的超过 16000 美元，最低的仅为 2340 美元。在中学阶段，各国生均公共教育经费支出也存在较大差异。在高等教育阶段，各国生均公共教育经费支出从最高的 20167 美元到最低的 2866 美元不等，差距更大。这主要是因为各国公共财政的投入方向不同。有些国家，如澳大利亚、智利、韩国和捷克等，公共财政对私立教育机构的投入较少；而瑞典、英国和芬兰等国家尽管公共财政投入公立高校比私立高校多，但投入的差距没有那么明显（详见附录表 3-4）。

从生均公共教育经费支出占生均教育经费总支出的比例来看，这一比例随着教育水平的提升而下降。2013 年，OECD 成员国平均的生均公共教育经费支出占生均教育经费总支出的比例在小学、初中、高中和高等教育分别为 92.6%、90.9%、86.3% 和 61.6%。小学和初中基本属于义务教育，因此教育经费主要由

公共财政负担，各个国家的生均公共教育经费支出占生均教育经费总支出的比例都在 80% 以上。在高中教育阶段，这一比例最低的国家也超过 70%。

如图 3-15，各国高等教育生均公共教育经费支出占生均教育经费总支出的比例存在较大差距。2013 年，在高福利国家，如奥地利、芬兰、挪威、比利时、丹麦、冰岛和瑞典等，生均公共教育经费支出占生均教育经费总支出的比例都超过 80%；而在日本、韩国和美国等私立高等教育较为发达的国家，这一比例都在 40% 以下。

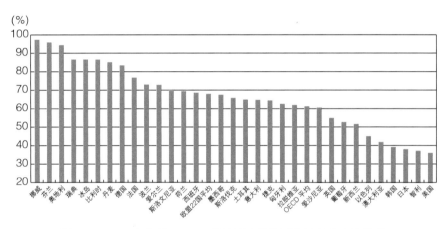

**图 3-15　2013 年部分 OECD 成员国及伙伴国高等教育生均公共
教育经费支出占生均教育经费总支出的比例**

4. OECD 成员国学前教育生均教育经费支出快速增加，但国家之间差异较大

2011 年，OECD 成员国平均的学前教育生均教育经费支出为 7428 美元，欧盟 21 国平均为 7933 美元。总体来看，各个国家内部的差异也较大，澳大利亚、丹麦、新西兰和美国学前教育生均教育经费支出超过 1 万美元，而爱沙尼亚和墨西哥等发展中国家学前教育生均教育经费支出不足 3000 美元。

从发展趋势来看，2005—2011 年，OECD 成员国平均的学前教育生均教育经费支出实现了快速增长，2011 年比 2005 年增长 52.0%。但是，OECD 主要国家经费增长的内部差异较大，丹麦、韩国和新西兰的学前教育生均教育经费支出增长迅速，增速超过 1 倍；而匈牙利仅增长 3.7%。美国曾经是 OECD 主要国家中学前教育生均教育经费支出最高的，但是其增长趋于稳定平缓，2009 年被增长速度迅速的新西兰超越。韩国 2005 年学前教育生均教育经费支出仅高于爱沙尼亚和墨西哥，但是韩国增长速度异常迅速，到 2011 年已经超过了学前教育发达的法国。总体而言，OECD 主要国家近年来在学前教育阶段的生均教育经费支出增长迅速，增幅较大，并且逐渐成为一种趋势（详见附录表 3-5）。

5. 高中阶段职业教育生均教育经费支出总体高于普通教育

2015 年，OECD 成员国平均的高中阶段职业教育生均教育经费支出高于普通教育。职业教育平均为 11037 美元；普通教育为 9119 美元，比职业教育低 1918 美元。在数据可得的 26 个 OECD 成员国中，除澳大利亚、英国、斯洛文尼亚和挪威外，其余国家的职业教育生均教育经费支出都高于普通教育。其中，以色列职业教育生均教育经费支出是普通教育的 2.56 倍，瑞典为 2.18 倍，匈牙利和冰岛为 1.5 倍以上（详见附录表 3-6）。

如图 3-16，2017 年，我国高中阶段普通教育和职业教育生均教育经费支出分别相当于 5232 美元和 5175 美元，普通教育稍高于职业教育。从发展趋势来看，2017 年之前，我国高中阶段职业教育生均教育经费支出都高于普通教育。其中，2007—2009 年，职业教育生均教育经费支出比普通教育高 10% 以上，其余各年都在 10% 以内。从与 OECD 成员国职业教育与普通教育生均教育经费支出的比值来看，我国高中阶段职业教育投入相对较低。

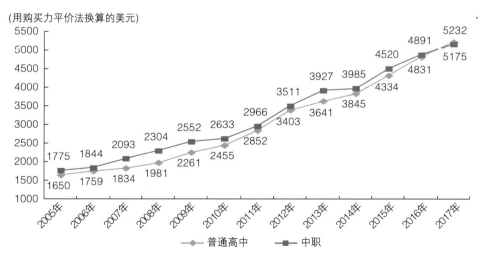

图 3-16　2005—2017 年我国高中阶段普通教育和职业教育生均教育经费支出情况

数据来源：教育部财务司，国家统计局社会科技和文化产业统计司. 中国教育经费统计年鉴［M］. 北京：中国统计出版社，2005—2017.

6. 我国各级教育生均教育经费支出 ① 快速增长，但明显低于 OECD 成员国平均水平

2005 年以来，我国教育经费投入不断增加。2012 年，教育财政性投入占 GDP 的比例达到 4%，之后继续保持这一水平。尽管在校生规模不断增大，但生均教育经费支出仍实现快速增长，其中义务教育阶段增长尤为迅速。这主要是由于我国自 2005 年以来，实行义务教育经费保障机制，并制定生均教育经费支出标准，保障了义务教育经费的投入。

如图 3-17，2017 年，我国幼儿园、小学、初中、高中、中职和普通高校生均教育经费支出分别为 9775 元、12178 元、17548 元、18575 元、18373 元和 33475 元，分别比 2005 年增长 2.7 倍、5.7 倍、6.7 倍、3.0 倍、2.7 倍和 1.2 倍。小学和初中的增长都超过了 5.5 倍，而普通高校生均教育经费支出的增速相对较为缓慢，这是由于普通高校生均教育经费支出的基数大。

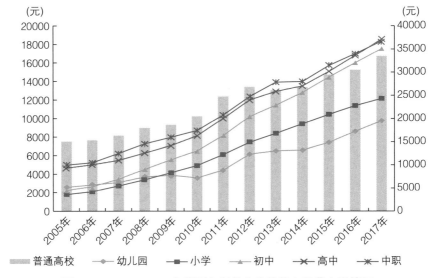

图 3-17　2005—2017 年我国各级教育生均教育经费支出情况

数据来源：教育部财务司，国家统计局社会科技和文化产业统计司. 中国教育经费统计年鉴［M］. 北京：中国统计出版社，2005—2017.

---

① 在叙述我国各级教育生均教育经费支出现状时，用我国现有的基本数据；在作国际比较时，按用购买力平价法换算的美元进行分析。

　　与 OECD 成员国相比，我国各级教育生均教育经费支出水平仍然较低。如图 3-18，2015 年，我国幼儿园、小学、初中、普通高中、中职和普通高校的生均教育经费支出分别相当于 OECD 成员国平均水平的 28.8%①、34.9%、41.9%、47.5%、41.0% 和 54.1%。与 OECD 成员国相比，我国小学生均教育经费支出仅高于墨西哥，低于土耳其；初中生均教育经费支出高于土耳其和墨西哥，低于匈牙利；普通高中和中职生均教育经费支出比墨西哥和土耳其稍高；普通高校生均教育经费支出相当于智利的水平。与 OECD 成员国最高水平相比，我国各级教育经费仅为其 15%—20%。总体来看，我国各级教育生均教育经费支出水平不及 OECD 成员国平均水平的一半，幼儿园甚至不足其三分之一，义务教育在 35%—40%，最高的普通高校也仅相当于其一半左右。该差距表明，当前我国教育经费投入政策应关注逐步提高各级教育的生均教育经费支出水平。

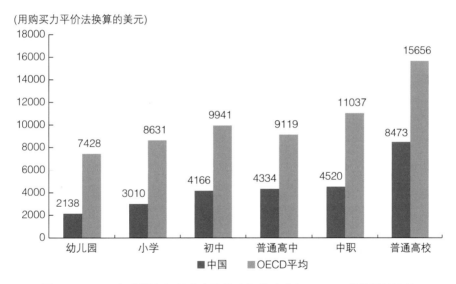

图 3-18　2015 年我国各级教育生均教育经费支出与 OECD 成员国的比较

数据来源：

1. 教育部财务司，国家统计局社会科技和文化产业统计司.中国教育经费统计年鉴 2016［M］.北京：中国统计出版社，2017.

2. OECD. Education at a Glance: OECD Indicators［R］. Paris: OECD, 2018.

---

　　① OECD 成员国的学前教育生均教育经费支出为 2011 年的数据。

　　我国中小学生均教育经费支出的增速快于 OECD 成员国的平均水平。2015 年与 2005 年相比, 我国幼儿园、小学、初中、普通高中和中职生均教育经费支出都翻了一番以上, 分别增长了 1.3 倍、3.7 倍、4.2 倍、1.6 倍和 1.5 倍, 明显快于 OECD 成员国平均 20%—40% 的增速。我国普通高校生均教育经费支出的增速也快于 OECD 成员国的平均水平: 2015 年比 2005 年增长 59.1%, 比 OECD 的平均增长速度 36.0% 快 20 多个百分点。

　　如表 3-8 所示, 从生均公共教育经费支出来看, 我国中小学生均公共教育经费支出相当于 OECD 成员国平均水平的 25%—30%, 普通高校生均公共教育经费支出相当于 OECD 成员国平均水平的 47%。与 OECD 成员国比较, 我国小学和高中生均公共教育经费支出低于 OECD 所有国家, 是生均公共教育经费最低国家墨西哥的 80%—85%; 初中生均公共教育经费支出高于墨西哥, 但低于土耳其。普通高校生均公共教育经费支出高于韩国和智利, 但韩国是私立高等教育发达的国家, 政府对教育的投入相对较低。

表 3-8　2013 年中国各级教育生均公共教育经费支出与 OECD 成员国的比较

学段	中国（用购买力平价法换算的美元）	OECD 成员国平均（用购买力平价法换算的美元）	中国相当于 OECD 成员国平均水平的比例
小学	1982	7847	25.3%
初中	2692	9070	29.7%
高中	2467	8620	28.6%
中职	2628		30.5%
普通高校	4565	9719	47.0%

数据来源:

1. 教育部财务司, 国家统计局社会科技和文化产业统计司. 中国教育经费统计年鉴 2014 [M]. 北京: 中国统计出版社, 2015.

2. OECD. Education at a Glance: OECD Indicators [R]. Paris: OECD, 2016.

　　我国中小学生均公共教育经费支出占生均教育经费总支出的比例低于 OECD 成员国的平均水平。2013 年, 我国小学、初中、高中和中职教育生均公共教育经费支出占生均教育经费总支出的比例分别为 83.6%、83.3%、67.8% 和 66.9%, 义务教育比 OECD 成员国的平均水平低 7—9 个百分点, 高中阶段教育低近 20 个百分点。我国高中阶段教育实行成本分担的教育财政政策，家庭和社会承担了部分教育经费，因此生均公共教育经费支出占生均教育经费总支出的比例较低。我国普通高校生均公共教育经费支出占生均教育经费总支出的比例与 OECD 成员国的平均水平基本接近，详见图 3-19。

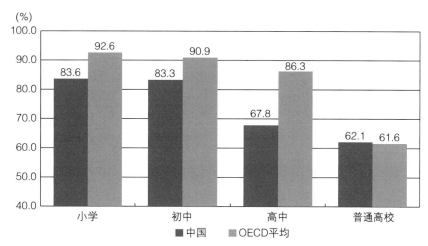

图 3-19　2013 年我国生均公共教育经费支出占教育经费总支出的比例与 OECD 成员国的比较

数据来源：

1. 教育部财务司，国家统计局社会科技和文化产业统计司．中国教育经费统计年鉴 2014 [M]．北京：中国统计出版社，2015.

2. OECD. Education at a Glance: OECD Indicators [R]. Paris: OECD, 2016.

7. 我国各级教育生均教育经费支出的差异不断缩小，普通高校表现尤为明显

各级教育生均教育经费支出的差异受多种因素的影响，如生均成本、国家政策和在校生规模等。2017 年，我国中等教育的生均教育经费支出约是小学的 1.5 倍，稍高于 OECD 成员国平均 1.2 倍的水平。幼儿园的生均教育经费支出低于小学，仅为小学的 80%。普通高校的生均教育经费支出是小学的 2.7 倍，高于 OECD 成员国平均 1.8 倍的水平。这表明，我国中等教育与初等教育之间生均教育经费支出的差异不明显，但高等教育与初等教育的生均教育经费支出的差异仍较大。

从发展趋势来看，幼儿园生均教育经费支出在 2009 年之前是高于小学的，

但之后低于小学。初中与小学生均教育经费支出的差异变化不大，在 1.2 倍至 1.4 倍之间；而高中阶段教育和高等教育与小学生均教育经费支出的差异不断缩小，高等教育尤为明显，从 2005 年的 8.2 倍缩小到 2017 年的 2.7 倍。这表明，我国教育经费在各级教育之间的分配更加公平，配置更加合理（详见表 3-9）。

表 3-9 2005—2017 年我国各级教育的生均教育经费支出比较（小学 =1）

年份	幼儿园	初中	高中	中职	普通高校
2005	1.4	1.2	2.6	2.7	8.2
2006	1.3	1.3	2.4	2.5	7.2
2007	1.1	1.3	2.0	2.3	5.9
2008	1.1	1.3	1.8	2.1	5.3
2009	0.9	1.3	1.7	1.9	4.5
2010	0.7	1.3	1.6	1.8	4.2
2011	0.7	1.3	1.6	1.7	4.0
2012	0.8	1.4	1.6	1.7	3.6
2013	0.8	1.4	1.5	1.7	3.1
2014	0.7	1.4	1.4	1.5	2.8
2015	0.7	1.4	1.4	1.5	2.8
2016	0.8	1.4	1.5	1.5	2.7
2017	0.8	1.4	1.5	1.5	2.7

自 2005 年以来，我国中等教育和高等教育生均公共财政预算教育拨款支出的差异逐步缩小，特别是普通高校与普通小学之间的差距大大缩小，从 2005 年的 4.4 倍缩小到 2017 年的 1.5 倍。这说明，我国政府在实行高等教育成本分担的同时，不断加大对义务教育的投入，使政府投入的教育经费的分配和使用更趋公平和合理。但幼儿园与小学生均公共财政预算教育拨款支出的差异有逐步扩大的趋势。2005 年和 2006 年，幼儿园生均公共财政预算教育拨款支出与小学接近或稍高于小学。但 2007 年之后，幼儿园生均公共财政预算教育拨款支出明显低于小学，到 2017 年仅相当于小学的 60%。这说明，学前教育仍然是我国各级教育发展在经费投入方面的短板。

2017 年，我国幼儿园、初中、高中、中职和普通高校生均公共财政预算教育拨款分别是小学的 0.6 倍、1.4 倍、1.4 倍、1.3 倍和 1.5 倍，详见表 3-10。

表 3-10 2005—2013 年我国各级教育生均公共财政预算教育拨款的比较（小学 =1）

年份	幼儿园	初中	高中	中职	普通高校
2005	1.1	1.1	1.6	1.8	4.4
2006	1.0	1.2	1.5	1.6	3.8
2007	0.8	1.2	1.2	1.5	3.1
2008	0.8	1.3	1.2	1.4	3.0
2009	0.7	1.3	1.1	1.3	2.6
2010	0.5	1.3	1.2	1.3	2.5
2011	0.5	1.3	1.2	1.3	2.9
2012	0.6	1.4	1.3	1.3	2.7
2013	0.6	1.4	1.2	1.3	2.3
2014	0.5	1.4	1.2	1.2	1.8
2015	0.5	1.4	1.2	1.3	1.6
2016	0.6	1.4	1.3	1.3	1.5
2017	0.6	1.4	1.4	1.3	1.5

（二）生均教育经费指数的比较

1. 教育层次越高，生均教育经费指数越高

2013 年，OECD 成员国小学、初中、高中、大学的生均教育经费指数平均分别为 22、26、26 和 41；欧盟 22 国的生均教育经费指数平均分别为 23、27、26 和 40，与 OECD 成员国的平均水平差异不大。从各级教育来看，OECD 各成员国的小学生均教育经费指数为 16—31，大部分国家在 25 左右；初中生均教育经费指数为 14—35；高中生均教育经费指数为 17—38。OECD 各成员国的高等教育生均教育经费指数差距稍大，最高的国家为 66，最低的国家为 26（详见附录表 3-7）。

生均教育经费支出水平低的国家，其教育投入占 GDP 的比例可能与生均教育经费支出水平高的国家相近。如斯洛文尼亚中等教育阶段教育机构生均教育经费支出与人均 GDP 均低于 OECD 成员国的平均水平，但其生均教育经费

指数高于 OECD 成员国的平均水平。因此，人均 GDP 和教育机构生均教育经费支出之间的关系很难解释。但是，在初等教育和中等教育阶段，人均 GDP 和教育机构生均教育经费支出之间存在明显的正相关关系，经济水平较低的国家之生均教育经费支出往往比经济水平较高的国家少，生均教育经费指数也主要取决于国家和地区的经济发展水平和公共财政能力。

在高等教育阶段，世界各国均在不同程度上实行成本分担制度，除了国家和地区经济发展和财政能力外，生均教育经费指数还取决于受教育者及其家庭的经济状况和支付能力。对于高等教育而言，这一指标不仅受国家财政收入的影响，还将受到学生及其居民家庭收入水平和入学规模的共同影响。比如，加拿大、瑞典、土耳其、英国和美国高等教育机构生均教育经费支出占人均GDP 的比例都超过 50%，低于巴西（85%）。这并不说明巴西的财政支付能力高，而是因为其高等教育的总体规模较小，高等学校的设备设施投入又相对要求高，较小规模的入学水平和既定的投入按生均标准核算，自然就出现了较高的生均教育经费指数。

2. OECD 成员国各级教育的生均教育经费指数总体相对稳定

从发展趋势来看，2005—2013 年，OECD 成员国平均的各级教育生均教育经费指数相对稳定：小学在 20—23，初中在 22—26，高中在 26—29，高等教育在 40—42。

表 3-11　2005—2013 年 OECD 成员国平均生均教育经费指数变化情况

学段	2005 年	2006 年	2007 年	2009 年	2011 年	2012 年	2013 年
学前	18	18	18	20	21	m	m
小学	21	20	20	23	23	22	22
初中	24	23	22	26	26	25	26
高中	27	26	26	29	27	26	26
高等教育	40	40	40	42	41	40	41

注：m 表示数据缺失。

各个国家中，小学的生均教育经费指数相对较稳定。在小学阶段，变化较大的英国、挪威和爱沙尼亚，其 2013 年的生均教育经费指数比 2005 年提高了6—7。匈牙利和卢森堡 2013 年初中阶段的生均教育经费指数比 2005 年下降了

6—7；挪威、波兰和斯洛伐克 2013 年初中阶段的生均教育经费指数比 2005 年提高了 6。2013 年高中阶段的生均教育经费指数，除瑞士比 2005 年下降 15 以外，其余各国的变化为 0—8。高等教育生均教育经费指数的变化较大，爱沙尼亚和英国比 2005 年提高了 20 以上，而智利、荷兰和土耳其则下降了 10 以上。

3. 我国各级教育的生均教育经费指数表现不一，普通高校生均教育经费指数持续下降

2013 年，我国幼儿园、小学、初中、高中、中职和普通高校的生均教育经费指数分别为 15、19、26、29、32 和 59。与 OECD 成员国平均的各级教育生均教育经费指数相比，我国幼儿园和小学较低，初中与 OECD 成员国的平均水平持平，中职和高等教育高于 OECD 成员国的平均水平。

与 OECD 各国比较，我国小学生均教育经费指数与卢森堡、新西兰、智利、德国和法国等国家接近；初中生均教育经费指数相当于丹麦、爱沙尼亚和荷兰的水平；普通高中仅低于英国、法国、比利时和斯洛文尼亚，相当于新西兰和瑞典的水平；中等职业教育与瑞典、瑞士等国家的水平接近；普通高校生均教育经费指数仅低于英国，高于其他 OECD 成员国，说明我国高等教育的投入已经达到一定水平。

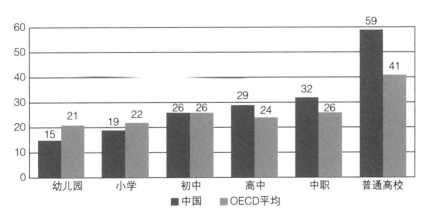

图 3-20　2013 年我国各级教育生均教育经费指数与 OECD 成员国的比较

数据来源：

1. 教育部财务司，国家统计局社会科技和文化产业统计司. 中国教育经费统计年鉴 2014 [M]. 北京：中国统计出版社，2015.

2. 中华人民共和国国家统计局. 中国统计年鉴 2014 [M]. 北京：中国统计出版社，2014.

3. OECD. Education at a Glance: OECD Indicators [R]. Paris: OECD, 2016.

如表 3-12 所示，2017 年与 2005 年相比，除义务教育生均教育经费指数有所提升外，其余各级教育生均教育经费指数都在下降。普通高校生均教育经费指数下降最为明显，2017 年比 2005 年下降了 49 个点。

幼儿园生均教育经费指数自 2005 年起一直下降，直至 2010 年。之后随着国家对学前教育的重视，先后出台学前教育发展"国十条"和学前教育三年行动计划，加大对学前教育的投入，学前教育阶段的生均教育经费指数才有所提高，但仍低于 2005 年的水平。

义务教育一直是我国教育发展的重中之重，教育投入一直在增加，生均教育经费支出快速增长。因此，其生均教育经费指数一直呈现上升的趋势。2015 年以来，小学和初中生均教育经费指数稳定在 20 和 30 左右。

高中阶段教育的生均教育经费指数有一个先降后升的过程。2005—2010 年，普通高中和中等职业教育生均教育经费指数都在不断下降。2010 年之后，随着《国家中长期教育改革和发展规划纲要（2010—2020 年）》的发布和实施，高中阶段教育投入增速加快，生均教育经费指数逐渐提高，但仍低于 2005 年的水平。

2005 年，我国普通高校生均教育经费指数超过 100，大大高于 OECD 成员国的平均水平。之后，其生均教育经费指数一直下降，但仍比 OECD 成员国的平均水平高。

表 3-12　2005—2017 年我国各级教育的生均教育经费指数

年份	幼儿园	小学	初中	高中	中职	普通高校
2005	18	13	16	32	35	105
2006	17	13	16	30	31	92
2007	15	13	17	27	30	80
2008	15	14	19	26	30	75
2009	15	16	21	27	30	71
2010	12	16	21	26	28	66
2011	12	17	22	27	29	68
2012	15	19	26	30	31	67
2013	15	19	26	29	32	59
2014	14	20	27	29	30	57

续　表

年份	幼儿园	小学	初中	高中	中职	普通高校
2015	15	21	29	30	31	59
2016	16	21	30	31	31	57
2017	16	20	29	31	31	56

2013 年，我国幼儿园、小学、初中、高中、中职和普通高校生均公共教育经费指数 ① 分别为 9、16、22、20、21 和 37。与 OECD 成员国相比，我国小学和高中生均公共教育经费指数相当于爱尔兰的水平，我国初中生均公共教育经费指数相当于韩国的水平。韩国的初中生均公共教育经费指数在 OECD 成员国中排名靠后。我国普通高校的生均公共教育经费指数仅低于瑞典、芬兰和挪威，约为美国和日本的 2 倍（参见附录表 3-8）。

如图 3-21 所示，从我国各级教育生均公共教育经费指数的发展趋势来看，2005—2017 年，中小学生均公共教育经费指数呈现不断上升的趋势，小学、初中、高中、中职生均公共教育经费指数分别从 2005 年的 9、11、15 和 17 上升到 2017 年的 17、25、24 和 23。其中，初中的上升趋势表现得尤为明显。幼儿园生均公共教育经费指数先降后升，从 2005 年的 10 下降到 2010 年的 6 后又缓慢提高，2017 年为 11。普通高校生均公共教育经费指数先降后升再降，2005 年为 41，2010 年下降到 33，2011 年和 2012 年上升到 40 和 43，之后又开始下降，2017 年为 35。

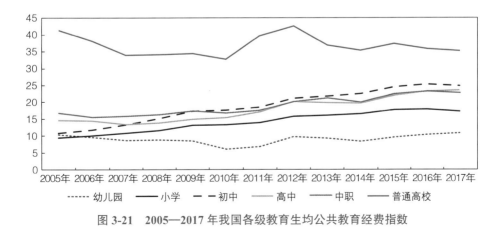

图 3-21　2005—2017 年我国各级教育生均公共教育经费指数

① 生均公共教育经费指数是指生均公共教育经费支出占人均 GDP 的比例。

四、教育经费支出结构的比较

教育经费支出结构对教育绩效产生的影响是巨大的。不同的教育经费支出结构会影响教学质量（如通过教师的工资）、教育设施的状况（如通过教育维修费用开支）以及教育体系对人口发展趋势和入学人数发展趋势的适应能力（如通过新学校的建立）。① 因此，各国统计中都有对教育经常性支出（事业性经费支出）和资本性支出（基本建设经费支出）的区分。

（一）中小学教育经常性支出（事业性经费支出）与资本性支出（基本建设经费支出）结构比较

1. 平均而言，OECD 成员国中小学经常性支出与资本性支出比例为 92:7，但各国之间差异较大

教学活动属于劳动密集型活动，因此教育经常性支出（事业性经费支出）所占的比重一般大于资本性支出（基本建设经费支出）比重。比如，1980—1990 年，国际教育经常性支出约占 85%，教育资本性支出约占 15%。这一时期，无论是发达国家还是发展中国家，教育经常性支出都占较大比重，约为85%，发达国家略低于发展中国家。这是由于发达国家教育投资存量大（教师的质量好，教育的物质技术条件好），影响了教育支出的增量结构，因而资本性支出的比重相对高于发展中国家。

从 OECD 成员国来看，1997—2016 年，中小学教育经常性支出与资本性支出的比例一般是较为稳定的，约为 92:7。就 OECD 平均水平而言，2016年，小学阶段经常性支出比例为 92.5%，资本性支出比例为 7.5%；初中经常性支出比例为 92.7%，资本性支出比例为 7.3%；高中阶段经常性支出比例为93.1%，资本性支出比例为 6.9%（详见附录表 3-9）。

如表 3-13 所示，2016 年，绝大部分 OECD 成员国中小学经常性支出占比基本超过 90%，资本性支出占比低于 10%。其中，英国的经常性支出在 95%以上。仅日本和韩国中小学经常性支出占比低于 90%。

---

① OECD. Education at a Glance: OECD Indicators[R]. Paris: OECD, 2010.

表 3-13　2016 年部分 OECD 成员国及伙伴国各学段（包括公立和私立）
经常性支出和资本性支出比例结构

国家 / 国际组织	小学阶段		初中阶段		高中阶段	
	经常性支出	资本性支出	经常性支出	资本性支出	经常性支出	资本性支出
澳大利亚	92.7%	7.3%	90.7%	9.3%	91.3%	8.7%
加拿大	93.0%	7.0%	m	m	93.0%	7.0%
法国	94.0%	6.0%	93.0%	7.0%	91.4%	8.6%
德国	93.8%	6.2%	94.5%	5.5%	89.8%	10.2%
日本	87.4%	12.6%	87.3%	12.7%	89.9%	10.1%
韩国	85.6%	14.4%	87.4%	12.6%	89.3%	10.7%
英国	96.9%	3.1%	96.0%	4.0%	96.7%	3.3%
美国	91.4%	8.6%	91.4%	8.6%	91.4%	8.6%
OECD 平均	92.5%	7.5%	92.7%	7.3%	93.1%	6.9%
欧盟 23 国平均	93.6%	6.4%	93.6%	6.4%	93.9%	6.1%
中国	98.7%	1.3%	98.6%	1.4%	98.1%	1.9%

注：m 表示数据缺失。

2. 我国中小学教育经费支出结构中的基本建设经费支出比重持续降低

从国际上来看，OECD 教育经常性支出比例上涨较慢且长期基本保持在 90% 左右，资本性支出的比例在 10% 以内。与国际相比，我国教育经费支出结构的比例在 21 世纪初也基本维持于这一比例。进入 21 世纪后，我国中小学教育经费支出结构中，事业性经费的比例不断提高，基本建设经费的比例持续降低。到 2014 年左右，基本建设经费的比例下降到 2% 以下。我国基本建设经费比例降低的原因是多方面的，与我国近年来的义务教育政策、义务教育基本均衡评估、义务教育"薄改工程"等建设有很大的关系。如表 3-14 所示，2003—2016 年，我国加大对义务教育阶段学校建设的投入，大多数省份的学校建设基本能达到省定或者国家标准，在很大程度上使得学校基本建设经费投入下降。

表 3-14　2003—2016 年我国义务教育事业性经费和基本建设经费
占教育经费总支出的比例结构变化

年份	普通小学		普通初中		普通高中	
	事业性经费	基本建设经费	事业性经费	基本建设经费	事业性经费	基本建设经费
2003	95.9%	4.1%	92.2%	7.8%	88.0%	12.0%
2004	95.9%	4.1%	92.7%	7.3%	87.7%	12.3%
2005	96.1%	3.9%	93.5%	6.5%	89.4%	10.6%
2006	96.7%	3.3%	94.2%	5.8%	90.9%	9.1%
2007	98.8%	1.2%	97.8%	2.2%	96.0%	4.0%
2008	98.8%	1.2%	97.4%	2.6%	97.2%	2.8%
2009	98.3%	1.7%	96.2%	3.8%	97.0%	3.0%
2010	98.1%	1.9%	96.9%	3.1%	96.4%	3.6%
2011	98.3%	1.7%	97.5%	2.5%	97.4%	2.6%
2012	97.9%	2.1%	96.6%	3.4%	97.1%	2.9%
2013	98.5%	1.5%	97.6%	2.4%	97.6%	2.4%
2014	98.8%	1.2%	98.2%	1.8%	98.0%	2.0%
2015	99.2%	0.8%	98.5%	1.5%	98.2%	1.8%
2016	98.7%	1.3%	98.6%	1.4%	98.1%	1.9%
2017	98.7%	1.3%	98.7%	1.3%	98.1%	1.9%

3. 影响中小学教育经常性支出（事业性经费支出）与资本性支出（基本建设经费支出）比例的因素分析

中小学教育经费支出结构中教育经常性支出（事业性经费支出）与资本性支出（基本建设经费支出）的比例并不是固定不变的。在有些国家，这一比例的波动很大。影响中小学教育经常性支出（事业性经费支出）与资本性支出（基本建设经费支出）比例的根本因素是教育投资总量和经济发展水平。当经济发展水平较低，教育投资总量有限时，首先要保证人员支出，而且由于工资增长的刚性，人员支出比重较大。当经济发展水平较高时，投入的教育资源相对充足，虽然人员支出绝对量仍会增加，但其相对比重会下降，资本性支出（基本建设经费支出）比重会上升。

中小学教育经常性支出（事业性经费支出）与资本性支出（基本建设经费支出）的比例还受教育发展阶段的影响。如果中小学教育高速发展，处于规模大扩张时期，资本性支出（基本建设经费支出）的比例就会较高。经过了规模的大扩张，进入中小学教育平稳发展时期，资本性支出（基本建设经费支出）的比例会降到比较低的水平，并保持相对的稳定。如美国，在1959—1960学年以前，由于国家处于大力普及中小学教育阶段，中小学入学人数逐年上升，所以基本建设投入较高，经常性支出比例低；自1960年以后，由于原先的教育基础建设部分的存量大，不需要很大的增量，所以经常性支出所占比例有了明显的提高。

中小学教育经费支出结构中经常性支出（事业性经费支出）与资本性支出（基本建设经费支出）比例的波动还取决于入学人数、教职员工的工资标准、维修费用、教育设施建筑费用的变化。

（二）高等教育阶段的经常性支出（事业性经费支出）与资本性支出（基本建设经费支出）结构分析

高等教育经常性支出（事业性经费支出）包括高校每年用于学校运作所需的资金；资本性支出（基本建设经费支出）包括为期一年以上的资产支出，还包括用于建筑的开支、建筑物的更新和大修开支。高等教育经常性支出（事业性经费支出）与资本性支出（基本建设经费支出）占总经费支出的比例的计算公式分别如下。

$$\begin{matrix}\text{高等教育经常性支出}\\(\text{事业性经费支出})占\\\text{总经费支出的百分比}\end{matrix} = \frac{\text{高等教育经常性支出（事业性经费支出）}}{\text{高等教育总经费支出}} \times 100\%$$

$$\begin{matrix}\text{高等教育资本性支出}\\(\text{基本建设经费支出})\\占总经费支出的百分比\end{matrix} = \frac{\text{高等教育资本性支出（基本建设经费支出）}}{\text{高等教育总经费支出}} \times 100\%$$

高等教育经常性支出（事业性经费支出）与资本性支出（基本建设经费支出）的比例，就是经常性支出（事业性经费支出）占总经费支出的百分比与资本性支出（基本建设经费支出）占总经费支出的百分比。

1. OECD 成员国高等教育经常性支出与资本性支出的比例大致为 90∶10，各国差异较大

2003—2016 年的数据显示，OECD 成员国平均的教育经常性支出与资本性支出比例较为稳定，教育经常性支出占总经费支出的比例在 88% 至 91% 之间波动，资本性支出占总经费支出的比例则在 9% 至 12% 之间波动。2016 年，OECD 成员国平均的教育经常性支出与资本性支出比例约为 90∶10，详见表3-15。

表 3-15　2003—2016 年 OECD 成员国平均的教育经常性支出与资本性支出比例

年份	经常性支出	资本性支出	年份	经常性支出	资本性支出
2003	89.7%	10.3%	2010	90.3%	9.7%
2004	89.3%	10.7%	2011	89.5%	10.5%
2005	90.4%	9.5%	2012	90%	10%
2006	90.3%	9.7%	2013	89%	11%
2007	90.7%	9.3%	2014	89%	12%
2008	90.9%	9.1%	2015	88%	12%
2009	91.0%	9.0%	2016	90%	10%

虽然 OECD 成员国平均的教育经常性支出与资本性支出比例较为稳定，但分国别来看差异比较明显。从变动趋势来看，2003—2016 年，澳大利亚、加拿大、韩国、英国等国的教育经常性支出占比总体呈下降趋势，资本性支出呈逐步增加的趋势。比如，澳大利亚教育经常性支出与资本性支出的比例 2003 年为 94.7∶5.3，2015 年则为 89∶11；加拿大教育经常性支出与资本性支出的比例由 2003 年的 96.2∶3.8 调整为 2016 年的 93∶7；韩国教育经常性支出与资本性支出的比例由 2003 年的 90.5∶9.5 调整为 2016 年的 88∶12。

与澳大利亚、加拿大、韩国、英国等国相反，2003—2016 年，法国、日本、美国等国的教育经常性支出占比总体呈逐步上升的趋势，资本性支出呈

逐步减少的趋势。比如，法国教育经常性支出与资本性支出的比例 2003 年为 89.3∶10.7，2016 年则为 93∶7；日本教育经常性支出与资本性支出的比例由 2003 年的 83.6∶16.4 调整为 2016 年的 88∶12；美国教育经常性支出与资本性支出的比例 2003 年为 90.4∶9.6，2016 年则为 94∶6（详见附录表 3-10）。

2. 我国高等教育阶段的基本建设经费支出占比较低

2000 年前后，我国高等教育经费增长更为迅速，普通高等学校教育经费总支出从 1993 年的 168.51 亿元增长到 2002 年的 1439.94 亿元，增长了 7.55 倍，可以说是 9 年翻了三番，平均年增长率为 26.92%，大大高于高等学校在校生的增长速度。1993 年，我国高等教育基本建设经费支出占总经费的比例为 21.95%，2002 年下降到 18.75%。

2012 年及以后，我国高等教育基本建设经费支出占教育经费总支出的比例与中小学教育大致相当，均约为 2%，低于 OECD 成员国 10% 的平均占比（详见表 3-16）。

表 3-16　2003—2016 年我国高等教育经费总支出及其比例结构

年份	教育经费总支出（亿元）	事业性经费占比	基本建设经费占比
2003	1778.9	80.5%	19.5%
2004	2143.0	79.9%	20.1%
2005	2526.6	81.7%	18.3%
2006	2841.8	83.9%	16.1%
2007	3496.9	91.6%	8.4%
2008	4112.9	92.8%	7.2%
2009	4518.6	95.0%	5.0%
2010	5212.2	95.6%	4.4%
2011	6519.6	96.3%	3.7%
2012	7387.6	97.2%	2.8%
2013	7547.3	97.4%	2.6%
2014	7854.2	98.0%	2.0%
2015	8697.8	98.1%	1.9%
2016	9252.8	98.2%	1.8%

3. 高等教育经常性支出（事业性经费支出）与资本性支出（基本建设经费支出）的比例受教育政策等因素的影响较大

与中小学阶段相比，高等教育阶段不仅资本性支出（基本建设经费支出）占总经费支出的比例较大，而且教育经常性支出（事业性经费支出）与资本性支出（基本建设经费支出）的比例波动较大。如 1998 年，印度尼西亚的经常性支出高达 100%，1999 年则降为 82%。

研究表明，一个国家的教育政策对经常性支出（事业性经费支出）与资本性支出（基本建设经费支出）的比例结构有较大影响。例如，据统计，二战前，日本国立大学资本性支出占全部经费支出的 14.9%，公立大学的资本性支出占全部经费支出的 19.7%，私立大学的资本性支出占 17% 左右，平均约为 17.2%。二战后，日本高等院校与整个国民经济一样，经费捉襟见肘，仅有的经费中，资本性支出很低。但在经济高速增长时期，日本政府实行对高等教育高投入政策，资本性支出所占比例明显增高。20 世纪 80 年代后期，日本绝大多数高等院校都已初具规模，保障了高等院校的教学、研究需要，反映在高等教育资本性支出方面，主要呈现出保持或微降的趋势。因此，2000 年，基本建设开支在日本高等院校所占比例并不算高，低于我国高等院校的基本建设经费支出。

（三）教育经常性支出（事业性经费支出）结构比较分析

中小学教育的经常性支出（事业性经费支出）结构关系到中小学教育发展的质量和教育资源的利用效率。有关研究表明，教师和其他职工的工资（即人员经费支出）占全部 OECD 成员国经常性支出的最大比重。①

1. 在大多数国家中，中小学阶段用于人员的经费占经常性支出的 80% 以上

根据联合国教科文组织的统计资料计算，1980 年与 1990 年，世界部分国家的教育公共支出结构为：在教育经常性支出中，教师工资所占比重，世界平均为 65.2%，发展中国家平均为 66.6%，发达国家平均为 62.2%。这表明，无论在发达国家还是发展中国家，人员经费支出在经常性支出中都占较大比重，

---

① OECD. Education at a Glance: OECD Indicators[R]. Paris: OECD, 1997.

其中发达国家略低于发展中国家。其原因可能在于，发达国家教育的物质技术条件好，而发展中国家教育更倾向于劳动密集型服务。

OECD《教育概览》的相关资料也显示：人员经费支出占全部 OECD 成员国教育经常性支出的比重最大。1997—2008 年，OECD 成员国人员经费支出占教育经常性支出的比重约为 80%，之后略有下降，后几年约为 78%，详见表 3-17。

表 3-17　1997—2016 年 OECD 成员国平均中小学教育经常性支出结构变化

年份	小学阶段		初中阶段		高中阶段	
	人员支出	公用支出	人员支出	公用支出	人员支出	公用支出
1997	80.0%	20.0%	80.0%	20.0%	80.0%	20.0%
1998	80.0%	20.0%	80.0%	20.0%	80.0%	20.0%
1999	80.3%	19.7%	80.3%	19.7%	80.3%	19.7%
2000	80.3%	19.7%	80.3%	19.7%	80.3%	19.7%
2001	80.7%	19.3%	80.7%	19.3%	80.7%	19.3%
2002	81.0%	19.0%	81.0%	19.0%	81.0%	19.0%
2003	80.2%	19.8%	80.2%	19.8%	80.2%	19.8%
2004	80.1%	19.9%	91.0%	9.0%	91.0%	9.0%
2005	80.5%	19.5%	79.9%	20.1%	79.9%	20.1%
2006	80.0%	20.0%	79.4%	20.6%	79.4%	20.6%
2007	80.0%	20.0%	78.8%	21.2%	78.8%	21.2%
2008	80.1%	19.9%	78.5%	21.5%	78.5%	21.5%
2009	79.0%	21.0%	77.8%	22.2%	77.8%	22.2%
2010	79.1%	20.9%	77.6%	22.4%	77.6%	22.4%
2011	79.7%	20.3%	78.4%	21.6%	78.4%	21.6%
2012	79.3%	20.7%	78.2%	21.8%	78.2%	21.8%
2013	77.3%	22.7%	76.5%	23.5%	76.5%	23.5%
2014	78.0%	22.0%	78.4%	21.6%	76.6%	23.4%
2015	78.0%	22.0%	78.0%	22.0%	78.0%	22.0%
2016	78.1%	21.9%	78.1%	21.9%	78.1%	21.9%

2. 我国中小学教育事业性经费支出中，人员经费比例略低于 OECD 成员国的平均水平

2000 年前后，我国中小学教育事业性经费支出的突出问题是公用经费比例的日益缩小和人员经费比例的不断扩大。尽管我国对于中小学教育的投资在不断增长，但由于教育投资增长的很大一部分被物价上涨抵消，因此教育投资不足成为制约教育发展的一个突出问题。当时我国经济水平不高，教育投资总量不足，教育经费增加力度不够，新增教育事业性经费大部分用于增加教职工工资，公用经费几无增加，导致教育事业性经费支出结构呈人员经费不断上升、公用经费不断下降的趋势。公用经费的下降，使教育教学活动以及教学条件改善进程受阻，影响教育质量提高。2003 年以来，我国普通小学人员经费占事业性经费支出的比例在 65.2% 至 76.7% 之间波动，普通初中人员经费占事业性经费支出的比例在 60.8% 至 69.9% 之间波动（详见表 3-18）。解决这一问题的根本出路在于广开融资渠道，努力增加教育投资总量，通过教育投资增量的调整，逐步改变现有不合理的教育经费使用结构。

表 3-18　2003—2016 年我国义务教育人员经费和公用经费占事业性经费支出的比例

年份	普通小学		普通初中	
	人员经费	公用经费	人员经费	公用经费
2003	76.7%	23.3%	68.3%	31.7%
2004	76.4%	23.6%	68.6%	31.4%
2005	75.2%	24.8%	67.8%	32.2%
2006	75.1%	24.9%	68.1%	31.9%
2007	74.9%	25.1%	68.4%	31.6%
2008	73.2%	26.8%	66.9%	33.1%
2009	74.2%	25.8%	67.4%	32.6%
2010	73.4%	26.6%	67.3%	32.7%
2011	68.3%	31.7%	63.0%	37.0%
2012	65.7%	34.3%	60.8%	39.2%
2013	65.2%	34.8%	61.7%	38.3%
2014	76.7%	23.3%	64.0%	36.0%
2015	76.7%	23.3%	67.6%	32.4%
2016	76.7%	23.3%	69.9%	30.1%

3. 高等教育经常性支出（事业性经费支出）结构分析

2003—2016 年，OECD 成员国平均高等教育经常性支出中，人员经费占比在 65.5% 至 69% 之间波动，呈现出逐步上升的趋势。2016 年，OECD 成员国平均高等教育经常性支出中，人员经费与公用经费支出的比例为 69∶31。2003—2016 年，OECD 成员国平均高等教育经常性支出中，公用经费占比在 31% 至 34.5% 之间波动（详见表 3-19）。

表 3-19 　2003—2016 年 OECD 成员国高等教育经常性支出结构

年份	人员经费	公用经费	年份	人员经费	公用经费
2003	65.5%	34.5%	2010	68.9%	31.1%
2004	66.2%	33.8%	2011	67.5%	32.5%
2005	68.0%	32.0%	2012	67.1%	32.9%
2006	68.1%	31.9%	2013	67.0%	33.0%
2007	68.1%	31.9%	2014	67.0%	33.0%
2008	68.5%	31.5%	2015	68.0%	32.0%
2009	67.9%	32.1%	2016	69.0%	31.0%

（1）OECD 各国高等教育经常性支出结构差异较大

2016 年，法国高等教育经常性支出中人员经费占比为 80%，日本、韩国仅为 59%。2003—2016 年，OECD 各国高等教育经常性支出显示出较大差异。一些国家表现为先升后降，如 2003 年澳大利亚高等教育经常性支出中，人员经费占比为 59.6%，之后逐步上升，2013 年达到 63%，之后又下降为 2016 年的 61%；日本高等教育经常性支出中的人员经费占比，由 2003 年的 64.5% 上升到 2008 年的 66.1%，又下降为 2016 年的 59%；韩国高等教育经常性支出中，人员经费占比，由 2003 年的 43.3% 上升到 2008 年的 60.1%，又下降为 2016 年的 59%。

另一些国家则表现为先降后升。例如，加拿大高等教育经常性支出中，人员经费占比，2003 年为 67.3%，之后下降到 2009 年的 63.1%，之后又上升为 2016 年的 66%；德国高等教育经常性支出中的人员经费占比，由 2003 年的 71.4% 下降到 2008 年的 65.7%，之后又上升到 2016 年的 66%（详见附录表 3-11）。

（2）我国高等教育事业性经费支出结构中，人员经费与公用经费大致各占 50%

与 OECD 成员国相比，我国高等教育事业性经费支出中，人员经费占比相对较低。如表 3-20 所示，我国高等教育事业性经费支出中，人员经费占比 2003 年为 46.3%，之后逐步降低，2011 年和 2012 年均为 38.9%，2016 年又上升为 50.9%。高等教育事业性经费支出中，公用经费呈现与之相反的变动轨迹，公用经费占比 2003 年为 53.7%，之后逐步上升，2011 年和 2012 年均为 61.1%，2016 年又下降为 49.1%。

表 3-20　2003—2016 年我国高等教育事业性经费支出及比例结构

年份	事业性经费支出（亿元）	人员经费	公用经费	年份	事业性经费支出（亿元）	人员经费	公用经费
2003	1431.2	46.3%	53.7%	2010	4984.5	42.3%	57.7%
2004	1712.6	46.3%	53.7%	2011	6277.1	38.9%	61.1%
2005	2064.7	46.0%	54.0%	2012	7178.5	38.9%	61.1%
2006	2383.1	45.3%	54.7%	2013	7352.3	42.2%	57.8%
2007	3201.5	43.1%	56.9%	2014	7699.0	45.8%	54.2%
2008	3818.7	42.2%	57.8%	2015	8536.1	48.2%	51.8%
2009	4293.5	43.0%	57.0%	2016	9088.5	50.9%	49.1%

五、高等教育学费与学生资助的比较

（一）OECD 成员国高等教育学费水平比较 [1]

根据教育阶段、专业领域、学生背景、授课方式的不同，OECD 各成员国高等教育机构对不同类别的学生收取的学费水平存在差异。

---

[1]　由于中国公开的高等教育学费数据不分专科、本科和研究生，也不分全日制学生和非全日制学生，其数据口径与 OECD 成员国不具可比性，因此本报告仅对 OECD 成员国的高等教育学费水平进行内部比较。

1. 三类机构学士学位课程的学费差异

根据经费来源的不同，国际上一般将高等教育机构划分为三类，即公立机构、民办公助机构① 和独立私立机构②。相比于公立机构，独立私立机构往往受政府监管的影响较小，较少依赖公共资金。但有时候它们感受到的竞争压力更大，需要尽可能为学生提供最好的服务。因此，在所有数据可得的 OECD 成员

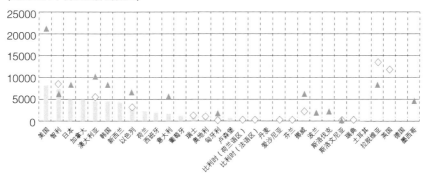

注：

1. 本国全日制学生收取的年均学费，以购买力平价法转换后的等值美元表示。

2. 澳大利亚、奥地利的数据年份为 2014—2015 学年。

3. 丹麦、瑞典的数据为非欧洲经济区的外国学生学费数据。

4. 以色列的数据年份为 2013—2014 学年。

5. 韩国的数据年份为 2016 年。

6. 波兰的数据为非欧盟国家的外国学生学费数据。

7. 美国的数据年份为 2011—2012 学年。

8. 英国的数据仅参考英格兰。

9. 拉脱维亚、英国、德国和墨西哥公立机构对全日制学生收取学费的数据缺失。

图 3-22　2015—2016 学年部分 OECD 成员国公立机构、民办公助机构和
独立私立机构学士或同等水平课程收取的学费

① 民办公助机构从政府机构获得 50% 或更多的核心资金，或者其教学人员工资由政府机构支付。

② 独立私立机构从政府机构获得少于 50% 的核心资金，其教学人员工资不由政府机构支付。

国，独立私立机构的学士或同等水平课程收取的年均学费要高于公立机构。

如图 3-22 所示，在所有数据可得的 OECD 成员国，独立私立机构和公立机构的学费差异都很大。2015—2016 学年，美国独立私立机构学士或同等水平课程收取的年均学费是 21189 美元，是公立机构年均学费（8202 美元）的 2.5 倍多。日本和韩国的独立私立机构在此教育水平收取的年均学费高于 8000 美元，而公立机构收取的年均学费则在 5000 美元左右。在意大利，独立私立机构收取的年均学费要高出公立机构 2.5 倍；在澳大利亚和以色列，要高出 1 倍。挪威独立私立机构的年均学费为 6288 美元，斯洛伐克为 2287 美元，这两个国家的公立机构都不收学费。

与此相反的是，在数据可得的 OECD 成员国，公立机构和民办公助机构学士或同等水平课程收取的年均学费差异很小。在爱沙尼亚、芬兰、斯洛文尼亚和瑞典，这两类机构都不收取学费。在奥地利、比利时（荷兰语区）和瑞士，这两类机构收取的学费完全相同。在比利时（法语区）和以色列，这两类机构收取的学费也非常接近（详见附录表 3-12）。

2. 公立机构学士学位课程的学费差异

2015—2016 学年，OECD 各成员国高等教育机构学士或同等水平课程对本国学生收取的平均学费差异很大。有 9 个国家的公立机构不对全日制学生收取学费，这 9 个国家分别是丹麦、挪威、芬兰、瑞典、斯洛文尼亚、爱沙尼亚、斯洛伐克、波兰和土耳其。

公立机构学士或同等水平课程学费低于 2000 美元的有 8 个国家，分别是比利时（荷兰语区和法语区）、匈牙利、卢森堡、奥地利、瑞士、葡萄牙、意大利和西班牙。其中，比利时（法语区）最低，平均为 419 美元。

公立机构学士或同等水平课程学费超过 2000 美元的有 9 个国家，分别是荷兰、以色列、新西兰、韩国、澳大利亚、加拿大、日本、智利和美国。这 9 个国家中，除了荷兰和以色列，其余国家的学费水平均在 4000 美元以上。其中，美国最高，平均为 8202 美元（详见附录表 3-12）。

3. 高等教育项目间的学费差异

在所有数据可得的 OECD 成员国，拥有硕士、博士或同等水平学位的人与只拥有学士学位者相比，具有更多的收入上的优势和被雇用的机会。但是，公立机构向国内学生收取的硕士、博士或同等水平学位项目的学费没有比向学士项目收取的学费高出很多。2015—2016 学年，在约三分之一的 OECD 成员国中，公立机构向各级教育项目的全日制学生收取的学费基本一致。丹麦、爱沙尼亚、芬兰、挪威、波兰、斯洛伐克、瑞典和土耳其不收取学费。一些国家对不同级别的高等教育课程收取基本一致的学费，包括奥地利（910 美元）、日本（约 5216 美元）和荷兰（学士和硕士项目均收取 2395 美元）。

一些国家向国内学生收取的学士和硕士项目的学费差别很大。在韩国、智利和美国，硕士项目的学费比学士项目高出约 30%；澳大利亚高出约 60%。如用美元表示，澳大利亚、韩国、智利和美国在学士和硕士项目的学费上的差距为 1500 美元到 3200 美元不等。

在数据可得的 OECD 成员国，一些国家博士项目的学费比学士和硕士项目的学费低很多，包括澳大利亚和瑞士。在澳大利亚，公立机构博士项目的学费总共是 319 美元，而硕士项目是 7933 美元。但是，在韩国、斯洛文尼亚和美国，公立机构博士项目的学费均高于学士和硕士项目（详见附录表 3-13）。

4. 专业领域间的学费差异

一半以上数据可得的 OECD 成员国会依据专业领域向接受高等教育的学生收取不同费用。比利时（荷兰语区和法语区）、意大利、荷兰和瑞士是例外。澳大利亚公立机构不同专业领域的学费差距最大，其硕士项目的最高学费是最低学费的 2.6 倍左右（从教育学的 3876 美元到社会科学、商学和法学的 10231 美元）。澳大利亚独立私立机构的学士和硕士项目在不同专业的收费差别也在 1—3 倍。

表 3-21 2013—2014 学年部分 OECD 成员国高等教育不同专业学费水平的差异

国 家	国内学生			
	不同专业收费有差异	不同专业差异化收费的原因		
		与劳动力市场的不同资质有关	与学习的公共支出有关	其 他
澳大利亚	是	是	是	否
奥地利	是	否	否	否
法国	是	m	m	否
加拿大	是	是	否	否

续　表

国　家	国内学生			
	不同专业收费有差异	不同专业差异化收费的原因		
		与劳动力市场的不同资质有关	与学习的公共支出有关	其　他
匈牙利	是	是	是	否
以色列	是	是	否	否
韩国	是	是	否	否
新西兰	是	是	是	否
挪威	是	是	是	否
斯洛伐克	是	是	否	否
斯洛文尼亚	是	m	m	m
英国	是	是	否	否
美国	是	否	否	不同专业的收费差异是不同机构收费差异的结果（不是同一机构内不同专业间的收费差异）

注：

1. 斯洛伐克只包括独立私立机构的学费差异。

2. 斯洛文尼亚只包括博士或同等水平学位项目的学费差异。全日制学生不需要为学士、硕士或同等水平学位项目支付学费。

3. m 表示数据缺失。

表 3-21 展示了不同专业的收费差异与劳动力市场的不同资质有密切关联。这是数据可得的 OECD 成员国进行差异化收费的依据之一，但美国是个例外。美国不同专业的收费差异主要是由不同机构间的收费差异造成的，而非机构内部的差异。在澳大利亚，收费差异与特定学科毕业生的预期工资水平挂钩。此外，专业的公共支出也是差异化收费的依据。在澳大利亚、匈牙利、新西兰等国，专业教育的成本越高，教育机构收取的学费水平越高。

5. 本国学生和国际学生的学费差异

在数据可得的 OECD 成员国中，近半数国家的公立机构对同一专业的本国学生和国际学生实行差别收费政策。但是，欧盟和欧洲经济区的国家对本国学生与其他欧盟和欧洲经济区国家的学生收取相同费用。例如，奥地利对非欧盟或非欧洲经济区国家的学生收取的学费，平均是来自欧盟或欧洲经济区国家的学生的两倍左右（公立机构的学士、硕士、博士项目）。2015—2016 学年，在澳大利亚、加拿大、新西兰和瑞典，国际学生平均每年要比本国学生多交约 10000 美元；在美国，则要比本国学生多交约 8000 美元。相比之下，芬兰、挪威、斯洛伐克、瑞士、意大利、西班牙、以色列、韩国、日本、智利、葡萄牙和卢森堡等国的本国和外国学生平均所交的学费相同（详见附录表 3-14）。

（二）OECD 成员国高等教育学生资助比较 [1]

许多国家有相似的高等教育目标，如强化知识经济、提高入学率、提升完成率以及确保高等教育体系财政稳定等。但在政府、学生及家庭、私人实体之间如何分担高等教育成本，以及向学生提供财政支持方面，OECD 各国之间存在显著差异。最近几十年，学费上涨似乎是普遍趋势。数据显示，1975—2011 年，日本公立大学学费上涨了 14 倍；1975—2010 年，韩国四年制国立和公立大学学费涨了 25 倍，私立大学学费涨了 29 倍；1989—2009 年，中国高校学费更是由生均 200 元提高至 7000 元，上涨了 35 倍。随着高等教育学费的大幅上涨，学生及家庭学费成本负担日益沉重，高校贫困生越来越多。

1. 各国高等教育学生公共补贴的改革

各国为高等教育学生提供财政资助的方法不是一成不变的。政府经常实施改革，以改变学费水平，确保补助和贷款到位，这两者往往结合在一起。2010 年以来，在数据可得的 OECD 成员国中，有 8 个国家的高等教育实施了学生公共补贴改革，包括澳大利亚、丹麦、爱沙尼亚、匈牙利、意大利、韩国、瑞典和英国。

澳大利亚从 2012 年起引入需求驱动的资助体系，政府向公立大学每个注册学士水平课程（医学除外）的学生提供补贴，并且修正高等教育指数，以更好地反映高等教育成本。

---

[1]　由于中国公开的高等教育学生资助数据不分奖学金、助学金和学生贷款，也不分全日制学生和非全日制学生，其数据口径与 OECD 成员国不具可比性，因此本报告仅对 OECD 成员国的高等教育学生资助情况进行内部比较。

丹麦政府减少了那些与父母共同居住的学生（约有 6% 的高等教育学生与父母同住）的州教育助学金。此外，丹麦州教育助学金的年度监管将与失业补助、社会保险等转移支付一样，纳入统一监管。

爱沙尼亚从 2013—2014 学年开始引入新的基于需求的学生支持体系，家庭条件较差、使用爱沙尼亚语的全日制学生可以申请每月 75—220 欧元的学习补助。从 2015 年起，如果家庭经济状况发生变化，没有学习津贴者可以申请基于需求的特殊补助。此外，从银行申请特殊学习贷款的可能性仍被保留。

在匈牙利高等教育中，全部州资助、部分州资助、全部自付三种形式并存。在 2012—2013 学年，全部州资助的数量降低了约 27%，50% 由州资助的数量也有所降低。这主要影响了法学、经济学等专业，理工类专业得到了更好的支持。在 2012—2013 学年，匈牙利还引入一种新的学生贷款，面向全体支付学费的学生，但是只能被用于支付学习成本。

随着 2010 年综合大学改革的实施，意大利的学生支持体系也发生了显著变化。改革的主要目标是保障对所有社会经济背景较差的学生的资助。2013 年，学生监测站的建立有助于对学生资助服务进行监测和报告，并就学生资助体系的标准向政府部门提出建议。

为提高对高等教育的公共资助水平，韩国 2012 年对高等教育学生支持体系进行了改革，旨在扩大高等教育入学率和促进公平。同年，通过结合并扩大现有的面向低收入家庭学生的奖学金，设立了国家奖学金。

在瑞典，除了博士研究生以外，自 2011 年起，高等教育机构的非欧洲经济区学生需要缴纳学费，同时出台公共津贴计划。

在英国，对于自 2012—2013 学年开始在英格兰学习的学生，最高学费由 3290 英镑提高至 9000 英镑，提供给学生的学费贷款增加到每年 9000 英镑。同时，还贷条款也发生了变化：开始还款的收入门槛提高了，收入高于门槛时按实际利率收取利息，收入门槛将随着收入逐年提高，还贷期限从 25 年延长至 30 年，免费贷款的发放范围扩展至在职学生。

2. 各国高等教育学生资助的模式

尽管各国政策会出现变化，且 OECD 成员国间的政策各异，但还是可以确定一些模式来对高等教育的资助方式进行分类。按照学费水平和高等教育学生资助体系提供的资助水平两个因素，可将各国高等教育资助划分为四种模式。

（1）模式1：**免学费或低学费且学生资助体系发达**

北欧国家（丹麦、芬兰、冰岛、挪威和瑞典）属于这一类。这些国家的学生不需付任何学费，而且可以从充足的高等教育公共资助中受益。在这些国家，超过50%的学生受益于公共资助、公共贷款或两者兼具。这种对高等教育的资助模式反映了这些国家根深蒂固的社会价值观念，如机会均等。政府应该为其公民提供免费高等教育的理念是这些国家教育文化的显著特征。这些国家对学生和机构的资助都是基于这样的原则，即接受高等教育是一种权利而不是一种特权。

（2）模式2：**高学费且学生资助体系十分发达**

此类国家包括澳大利亚、加拿大、荷兰、新西兰、英国、美国和日本。在这些国家，学生接受高等教育的经费门槛很高，但政府也向学生提供大量公共资助。除了荷兰，其余国家的公立高等教育机构学士项目的学费均超过4000美元。在澳大利亚、新西兰、英国和美国这4个数据可得的国家，至少85%的高等教育学生通过公共贷款或奖学金/助学金得到政府资助。它们的学生资助体系非常发达，几乎能满足所有学生的需求。

（3）模式3：**高学费但学生资助体系不发达**

此类国家包括智利和韩国。这两个国家的大多数学生支付高额的学费。根据2015—2016年度的数据，韩国的公立机构学士项目的学费超过5200美元，智利更是超过7300美元。但这两个国家的学生资助体系不如采用模式1和模式2的国家发达，这可能给学生及其家庭带来很大的经济负担。不过，韩国实施了完善学生资助体系的改革措施。韩国2012年的改革旨在通过提供全国性的奖学金，以及合并和扩大面向低收入学生的奖学金，增加入学机会和提升高等教育的质量。

（4）模式4：**低学费且学生资助体系欠发达**

此类国家包括奥地利、比利时、法国、意大利、瑞士、捷克、爱尔兰、波兰、葡萄牙和西班牙。与采用模式2、模式3的国家相比，这类国家（除了意大利）公立机构收取的学费较低，均低于2000美元。在数据可得的国家，大部分学生不能获得公共资助。

部分 OECD 成员国高等教育学生资助的模式参见图 3-23。

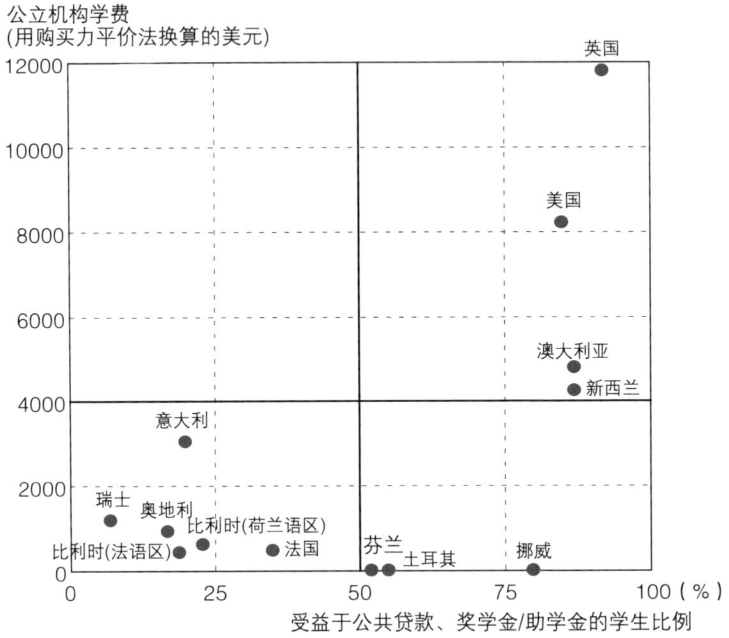

注：

1. 接受资助学生的数据年份为 2013—2014 学年。

2. 公立机构学士课程学费的数据年份为 2015—2016 学年。

3. 英国的数据仅参考英格兰。

4. 根据法国教育部的数据，学士课程的学费从 215 美元到 715 美元不等。

图 3-23　部分 OECD 成员国公立机构学士课程学费和接受资助的学生比例散点图

3. 各国高等教育学生的助学金与贷款

OECD 的研究表明，一个强有力的财政支持体系对于确保高等教育学生获得良好的教育十分重要，而且资助的类型也很关键。很多 OECD 成员国面临的一个关键问题是：是否主要以助学金或贷款的形式为高等教育学生提供资助？政府通过混合这两种资助的方式补贴学生的生活和教育费用。减税和税收抵免没有被包含在此指标中。

提倡学生贷款者认为，贷款能使资源进一步扩展。如果助学金的金额用于担保或补贴贷款，可以为更多的学生提供更多的资助，高等教育的总体入学机会将会增加。贷款还将部分教育费用转移给从高等教育获益最大的人，也就是能体现高等教育的高私人回报的那些学生个体。

反对学生贷款者认为，对于鼓励低收入家庭的学生就学，学生贷款不如助学金有效。他们还认为，鉴于提供给借贷双方的各类补贴及管理和服务费用，贷款的效率比预期要低。另外，如果大量的学生不能偿还贷款，高债务也许会对学生和政府产生不利影响。

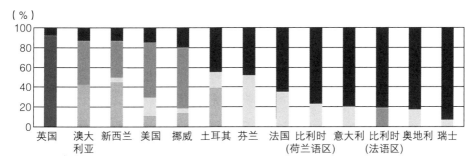

■未受益于公共贷款和奖学金/助学金 ■受益于公共贷款和奖学金/助学金 ▨仅受益于奖学金/助学金
▨仅受益于公共贷款 ■受益于公共贷款或奖学金/助学金

注：

1. 英国的数据年份为 2014—2015 学年，数据不包括私立机构。

2. 澳大利亚的数据只包括政府奖学金项目，不包括所有由教育机构和私人部门提供的奖学金。

3. 新西兰的数据为所有高等教育全日制学生的平均值。

4. 美国的数据年份为 2011—2012 学年。

5. 土耳其的数据年份为 2014—2015 学年，其仅受益于奖学金 / 助学金的学生只包括接受公立奖学金 / 助学金的学生。

6. 芬兰的数据包括硕士、博士或同等水平课程。

7. 比利时（荷兰语区和法语区）的数据包括硕士或同等水平课程。

8. 瑞士的数据年份为 2012—2013 学年，数据包括短期高等教育课程。

图 3-24 2013—2014 学年部分 OECD 成员国学士课程接受资助的学生比例分布

在少量可以获得公立机构本科生经济资助情况数据的国家中，澳大利亚、新西兰、挪威、英国和美国有 75% 或更多的学生受益于公共贷款或奖学金 / 助学金。除了挪威，这些国家在 OECD 成员国中均属于高学费国家。奥地利、比利时（荷兰语区和法语区）、法国、意大利、瑞士的本科生学费处于中等水平，这些国家的大部分学生没有受益于经济资助。比利时（法语区）只有学士学位学生受益于贷款和奖学金 / 助学金的组合。在芬兰和土耳其，公立机构不收学费，大部分学生受益于奖学金（芬兰）、奖学金 / 助学金或贷款（土耳其）（详见图 3-24，参见附录表 3-15）。

4. 各国高等教育申请贷款的学生人数、比例和生均年贷款额

向学生提供公共贷款的目的是在提供财政资助的同时，将一部分教育成本转移到在高等教育中获益最多的人即学生身上。总体而言，更多学生接受贷款是一种趋势。在大多数数据可得的 OECD 成员国中，从 2004—2005 学年至 2014—2015 学年，在学士、硕士、博士或同等水平课程中受益于贷款的学生人数增长了 40% 以上。然而，这种趋势掩盖了各国之间非常重要的差异。受益于贷款的学生人数在意大利增加了 5 倍，在澳大利亚、日本、荷兰、瑞士和土耳其增加了 50% 以上，但在斯洛伐克减少了一半，在匈牙利减少了三分之二，在爱沙尼亚减少了五分之三。这种大的比例变动有时反映了受益于贷款的学生的绝对数量事实上非常有限。例如，尽管意大利的数据增加了 5 倍，但 2014—2015 学年只有 4614 名学生（占总数的 0.3%）受益于国家担保贷款。

根据现有的数据，2015—2016 学年，挪威、瑞典、澳大利亚、加拿大、美国等国的公共贷款体系高度发达，这些国家 55% 以上的学生在学士、硕士、博士或同等水平项目中受益于公共贷款，其中挪威和瑞典 100% 的学生受益于公共贷款。

2015—2016 学年，学生在学习期间从公共贷款中获得的财政支持不能只根据获得贷款的比例进行单独分析。对学生的支持也取决于他们能获得的公共贷款金额。在 21 个数据可得的国家中，有大部分学生受益于公共贷款的国家提供给每个学生的平均年度贷款总额都超过了 4000 美元。

2015—2016 学年，在高等教育机构学士或同等水平项目中，学费超过 2000 美元且年度贷款金额数据可得的国家中，学生平均贷款额超过学费的只有日本、韩国、荷兰和新西兰。相比之下，美国平均学费远高于学生贷款（许多学生同时申请助学金和贷款）。平均学费和平均贷款额之间最大的差异出现在北欧国家（丹麦、芬兰、挪威和瑞典）、爱沙尼亚和土耳其等，这些国家的高等教育机构不收取学费，很大比例的学生受益于公共贷款（或国家担保的贷款）。平均贷款额从爱沙尼亚的 3561 美元到挪威的 8952 美元不等（详见附录表 3-16）。

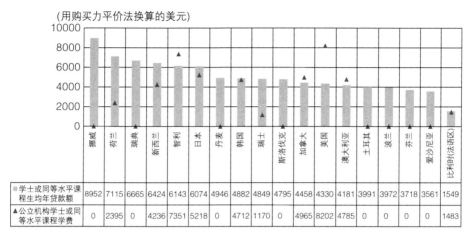

注：

1. 丹麦、荷兰学士或同等水平课程生均年贷款额的数据包含短期高等教育、硕士或同等水平课程。

2. 瑞典学士或同等水平课程生均年贷款额的数据包含硕士或同等水平课程。

3. 瑞士、土耳其学士或同等水平课程生均年贷款额的数据包含短期高等教育课程。

4. 爱沙尼亚、芬兰学士或同等水平课程生均年贷款的数据包含硕士、博士或同等水平课程。

5. 芬兰学士或同等水平课程生均年贷款额的数据为政府担保的私人贷款。

6. 韩国学士或同等水平课程生均年贷款额为 2016 年的数据。

7. 日本学士或同等水平课程生均年贷款额仅包括无息贷款。

8. 加拿大学士或同等水平课程生均年贷款额为 2013—2014 学年的数据，数据只包括联邦政府为学生提供的财政项目，该项目资金总额约占学生公共贷款总额的 60%。

9. 澳大利亚公立机构学士或同等水平课程学费为 2014—2015 学年的数据。

10. 美国公立机构学士或同等水平课程学费为 2011—2012 学年的数据。

11. 丹麦、瑞典公立机构学士或同等水平课程学费为非欧洲经济区的外国学生学费数据。

12. 波兰公立机构学士或同等水平课程学费为非欧盟国家的外国学生学费数据。

图 3-25　2015—2016 学年部分 OECD 成员国学士或同等水平课程生均年贷款额和公立机构学士或同等水平课程学费

（三）高校学生资助政策

根据我国教育部的抽样调查，高校贫困学生占在校生总数的 20% 左右，特别困难学生所占比例为 5%—10%。截至 2010 年底，在全国公办全日制普通高校的 2666 万在校生（包括全日制本科、专科学生和研究生）中，贫困家庭学生约有 500 万人；经济特别困难的学生占 5%—10%，人数为 133 万—267 万。另外，近年来还出现了城市贫困生数量增多的现象。解决好高校贫困家庭学生的经济困难问题，直接关系到我国高等教育事业的持续、健康发展和学校乃至社会的稳定，直接关系到高等教育体制改革的深入，直接关系到广大公民机会均等地接受高等教育的权利。

《国家中长期教育改革和发展规划纲要（2010—2020 年）》明确提出，要"努力办好每一所学校，教好每一个学生，不让一个学生因家庭经济困难而失学"。"健全国家资助政策体系"，从制度上基本解决家庭经济困难学生的就学问题，是促进教育公平，发挥公共财政职能的具体体现。高校学生资助制度问题的研究与解决，一方面可以保障弱势群体接受高等教育的权利，促进教育公平和社会和谐发展；另一方面也能够使我国高等教育收费制度顺利实施，增强高校办学能力，促进高等教育的进一步发展。

中华人民共和国成立以来，高校学生资助政策大致经历了五个阶段：人民助学金阶段（1949—1983 年）、人民助学金和人民奖学金并存阶段（1983—1986 年）、奖学金和助学贷款并存阶段（1986—1993 年）、初步建立"奖、贷、助、勤、补、减"资助体系阶段（1993—2007 年）和资助体系不断完善阶段（2007 年至今）。

我国高校现行的各种学生资助方式，其资助主体、资助性质、资助目的各异，且各具优缺点，形成了一个相对完整的学生资助体系。

表 3-22　我国现行的高校学生资助方式比较

资助方式	资助主体	资助性质	资助目的	资助方式的优点与缺点
奖学金	国家、企业、社会团体及个人	竞争性赠予性	表彰奖励先进，激励学生奋发向上	优点：激励有潜力的学生努力学习，提高教育质量。缺点：资助名额有限；贫困生也未必全是优秀学生，助困功能不是很明显。
贷学金	学校或金融机构	市场性有偿性	保证经济困难学生不会因经济困难而失学，保证教育机会均等	优点：资金循环使用，使更多学生获得帮助；增强学生教育成本概念和责任感，符合"谁受益，谁投资"的商业原则，实现成本—收益的公平。缺点：可能增加学生心理负担，因失业、低薪而引起贷学金拖欠。

资助方式	资助主体	资助性质	资助目的	资助方式的优点与缺点
助学金	中央和地方政府	赠予性无偿性	保证学生不会因经济困难而失学,保证教育机会均等	优点:能解决贫困生的困难,并且不会形成经济负担,心理负担也不大。 缺点:资金需求量大;易导致平均主义;可能引发"少数人享用,多数人承担"的问题。
勤工俭学	学校	自助性契约性	为学生提供机会通过自己的劳动获得报酬,弥补生活费用的不足	优点:学生在获得报酬的同时能够接触社会,提高他们的智力和能力水平。 缺点:勤工助学岗位有限,参与社会活动需要承担"机会成本"。
困难补助/减免学费	中央和地方政府	赠予性无偿性	鼓励学生报考特殊专业,保证学生不会因经济困难而失学	优点:解决贫困生的后顾之忧,使其安心学习;保证教育机会均等。 缺点:资金需求量大,难以全面推广,并且效率难以保证;易造成学生之间的不公平;不符合商业规律。
绿色通道	学校	自助性	保证学生不会因经济困难而失学,保证教育机会均等	优点:减少贫困生入学障碍。 缺点:未从物质上给予直接帮助。

六、义务教育阶段生均教师工资成本

随着国家公共财政预算压力的增大,特别是受 2008 年金融危机影响,世界上大多数国家不同程度地缩减了预算。在此背景下,人们越来越关心教育的经济效益如何,关心教育作为一项产业,是否可以像其他部门一样,以最小的投入实现更大的产出,或者在同样投入的前提下实现更多的产出。

基于此,OECD 设计了生均教师工资成本指标。通过比较各国教师工资、教师教学时间、学生上课时间和班额四个因素的值与 OECD 平均值,可以分别计算这四个因素对各国生均教师工资成本和 OECD 平均值差异的直接和间接贡献率。尽管这一方法存在一定的局限性,比如教师培训的投入、学生的学费、学校的经济实力等因素可能对教师工资和班级规模产生影响,但是在一定程度上仍可以反映不同国家的政策选择以及对产生这一差异的因素作出解释,为各国未来的政策选择提供现实的参考依据。

OECD《教育概览》的历史分析表明，决定生均教师工资成本的四个因素对生均教师工资成本有不同的影响，其中教师工资的影响是最直接的。教师工资水平越高，生均教师工资成本越高。另外三个因素通过改变所需教师的数量来影响教师工资成本。比如，假设学生的数量不变，如果教学时间增加，就必须聘请更多的教师来保持班级规模不变。同样，如果需要雇用更多的教师，要保持其他一切不变，则需要缩小班级规模。OECD 通过比较成员国数据与OECD 平均水平的差异发现，教师工资水平和班级规模对造成各国与 OECD平均水平差异的贡献率较大。教师教学时间和学生上课时间虽对生均教师工资成本也有影响，但影响不如另两个因素明显。因此，教师工资水平和班级规模也是各国教育改革需要考虑的重点因素，各国需要在提高教师工资和雇用更多教师之间作出选择。

（一）中国生均教师工资成本增长迅速，远超 OECD 成员国平均值增幅

生均教师工资成本由教师工资、教师教学时间、学生上课时间和班额四个因素计算而来，该指标考察了各国在中小学教育中投入资源时所做的选择，并能反映与这些因素相关的不同政策选择是如何影响教师工资成本的。为了更好地反映和比较中国与 OECD 成员国生均教师工资成本的长期变化和水平，我们整理了 2010—2019 年出版的《教育概览》中 OECD 成员国的生均教师工资成本数据。为了解中国的生均教师工资成本，我们整理了 2006—2017 年《中国劳动统计年鉴》和《中国教育统计年鉴》中小学教师年均工资收入、生师比、班额等数据，计算中国小学生均教师工资成本（初中教师年均工资收入不可获得，所以未能计算）。考虑到进行国际比较，为使国家间的价格具有可比性，本部分通过将各国的货币数值除以购买力平价指数，把以各国货币统计的教师工资转换成等值的美元，由此将生均教师工资成本转换成等值的美元。

如图 3-26 所示，从 OECD 成员国平均值来看，2006—2017 年，OECD 成员国平均的小学和初中生均教师工资成本虽有波动，但整体上呈现缓慢上升趋势。2017 年，OECD 成员国小学生均教师工资成本平均相当于 2784 美元，比

2006 年增长 23.1%；OECD 成员国初中生均教师工资成本平均相当于 3380 美元，比 2006 年增长 15.8%。受益于中国政府对影响教育质量的关键因素——教师队伍的建设越来越重视，不断以法律和政策的形式保障义务教育阶段教师平均工资水平不低于或高于公务员的平均工资水平，中国生均教师工资成本呈现持续上升的趋势。2017 年，中国小学生均教师工资成本相当于 1278 美元，比 2006 年增长 298.1%，增长幅度远超 OECD 成员国平均增幅，但总量仍有较大差距。

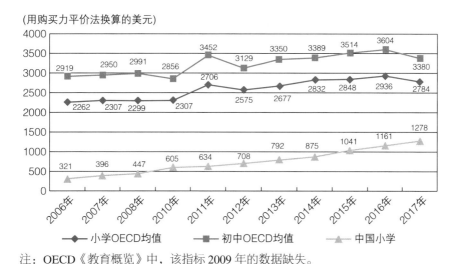

(用购买力平价法换算的美元)

注：OECD《教育概览》中，该指标 2009 年的数据缺失。

图 3-26　2006—2017 年中国与 OECD 成员国义务教育阶段生均教师工资成本

从 OECD 主要成员国来看，在小学阶段，美国、英国、德国、加拿大等国生均教师工资成本都有不同程度的增长，其中墨西哥增幅最大，2017 年比 2006 年增长了 78.31%；德国增幅为 74.72%；澳大利亚增幅也较高，为 54.51%。从 2017 年小学阶段的生均教师工资成本来看，德国最高，为 4679 美元；加拿大和澳大利亚也超过 4000 美元；墨西哥最低，为 1159 美元。在初中阶段，除部分国家数据缺失外，其余国家如美国、德国、加拿大等，生均教师工资成本也均呈现增长态势，其中德国 2017 年比 2006 年增长了 80.75%，墨西哥增长了 52.88%，澳大利亚增长了 40.83%。从 2017 年的生均教师工资成本来看，德国最高，为 6008 美元；其次是芬兰和澳大利亚，均超过 5000 美元（详见附录表 3-17）。

（二）中国生均教师工资成本仍然较低，不足 OECD 成员国平均值的二分之一

尽管近年来中国的生均教师工资成本增长很快，但是中国生均教师工资水平仍然较低。与 OECD 成员国的平均水平相比，中国小学生均教师工资成本是很低的，不到 OECD 成员国平均水平的一半。如图 3-27 所示，2017 年，OECD 成员国平均生均教师工资成本为 2784 美元，比中国高 1506 美元。与 PISA 高分国家相比，与同属东亚国家的日本和韩国相比，中国小学生均教师工资成本仅不到其二分之一；与美国、德国、加拿大和澳大利亚相比，中国小学生均教师工资成本不超过其三分之一。与中国小学生均教师工资成本比较接近的是法国和墨西哥。

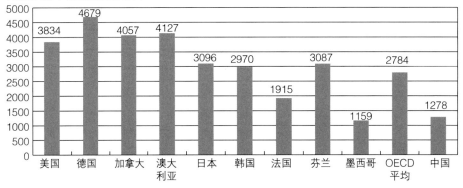

（用购买力平价法换算的美元）

注：韩国 2017 年和 2016 年数据均缺失，以 2015 年数据代替。

图 3-27　2017 年中国与部分 OECD 成员国小学生均教师工资成本比较

（三）中国生均教师工资成本占人均 GDP 的比例提升幅度超过 OECD 均值

由于生均教师工资成本与国家人均 GDP 呈正相关，也就是说，生均教师工资成本的高低也取决于国家的相对财富水平，因此我们用生均教师工资成本占人均 GDP 的比例这一指数来排除国家财富水平对工资成本的影响，以更好地进行国际比较。

如图 3-28 所示，从 OECD 成员国均值来看，OECD 成员国平均的小学和

初中生均教师工资成本占人均 GDP 的比例波动较大，除个别年份外，整体有下降趋势。2017 年，OECD 平均的小学生均教师工资成本占人均 GDP 的比例为 6.7%，比 2006 年下降 1 个百分点；OECD 平均的初中生均教师工资成本占人均 GDP 的比例为 8.2%，比 2006 年下降 1.5 个百分点。在小学阶段，2017年，中国生均教师工资成本占人均 GDP 的比例为 7.6%，比 2006 年提高 2.1个百分点。

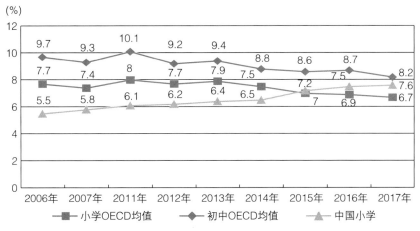

图 3-28　2006—2017 年中国与 OECD 成员国义务教育阶段生均教师工资成本占人均 GDP 的比例变化

从 OECD 主要国家来看，小学生均教师工资成本占人均 GDP 的比例在2011—2013 年有短暂的上升，之后就呈现不同程度的下降。其中，日本、法国和芬兰 2017 年的数据比 2006 年下降幅度较大，均超过 1 个百分点。从初中阶段来看，部分国家生均教师工资成本占人均 GDP 的比例在 2011—2012 年达到最高值，之后呈现逐步下降的趋势。其中，日本、法国和芬兰的下降幅度也超过 1 个百分点（详见附录表 3-18）。

（四）中国生均教师工资成本占人均 GDP 的比例高于 OECD 均值，但与部分 OECD 成员国仍有差距

尽管近年来中国政府在提升义务教育阶段教师工资水平方面付出了很大的努力，政府的财政努力程度值得肯定，但是与 OECD 平均水平相比，中国生均教师工资成本占人均 GDP 的比例仍有差距。如图 3-29 所示，2017 年，中国小学生均教师工资成本占人均 GDP 的比例为 7.6%, 比 OECD 平均水平高 0.9 个百分点。与 PISA 高分国家相比, 中国小学生均教师工资成本占人均 GDP 的比例仍是较低的, 与德国、加拿大、韩国相差 1—2 个百分点; 与日本相当; 高于美国、法国和芬兰。

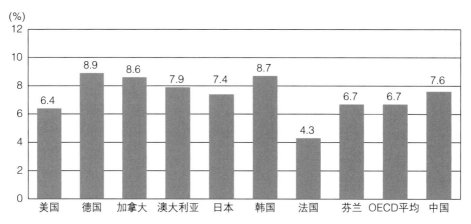

图 3-29　2017 年中国和部分 OECD 成员国小学生均教师工资成本占人均 GDP 的比例

第三节　启示与建议

在一段时间内, OECD 教育投入指标包括财力与人力资源投入, 经过不断的改革发展, 人力资源投入逐步独立出来, 归入过程指标。于是, 教育投入指标重点放在财政经费投入上, 目前已经基本稳定下来。从这个变化过程可以看出, OECD 不仅关注教育的经费投入, 而且重视人力投入; 不仅关注经费投入的数量, 而且重视教育经费的使用效率; 不仅关注投入的质量, 而且重视教育投入的公平; 不仅关注公共经费的投入, 还重视私人经费的投入; 不仅关注经费投入本身, 还重视影响经费投入的诸多因素。这些做法与经验给中国教育投入带来诸多的启发。为此, 以下特从对我国教育投入指标和教育经费投入的启示两个方面提出建议。

一、对我国教育投入指标的启示

（一）关于教育投入指标的公平性

公平问题一直是教育中的热点和重要问题，OECD 的教育投入指标也蕴含着对教育公平的追求和关注。1997 年、2000—2017 年，在投入指标部分都出现了公共财政对学生和家庭的补贴这个二级指标，体现了政府对高等教育阶段的入学机会公平问题的重视。每个学生的家庭经济状况不同，政府对负担不起大学学费的学生及家庭提供公共补贴，以鼓励和资助这些学生进入大学接受高等教育，有助于在一定程度上解决教育机会公平的问题。OECD 成员国不仅关注教育机构内的经费支出问题，也十分关心经济困难的家庭和学生对教育的负担能力。

我国可以学习 OECD 成员国，对学生和家庭提供多种类型的公共补贴，通过财政转移支付等形式，解决教育中的入学难问题，尤其是高等教育阶段的入学难问题。政府可以将对学生和家庭提供的补贴纳入统计范畴内，以便结合入学率进行对比，判断资助的效果。除了家庭外，我国的区域和地区经济差异较大，政府也应该关注不同区域的教育差异问题，通过财政转移支付等形式，缩小区域间的差距。

（二）注重教育经费使用的效率

从 2007 年开始，OECD 将教育经费的使用效率考虑进来，并作为二级指标列入投入指标部分。对于花费在教育领域的经费的使用效率，OECD 采取"教育资源的使用效率如何？"指标来衡量（见 2007 年和 2008 年 B7 指标），它考察了 OECD 成员国在初等和中等教育中投入的资源与结果之间的关系，从而引发了对其教育体系效率的质疑。从 2009 年开始，该指标被替换为"哪些因素影响教育支出水平？"。这一指标的更换说明，OECD 不仅关注经费的使用效率是高还是低，投入和结果呈现什么样的数量关系，更关键的是要探究这一结果背后的影响因素，不再满足表面结果的呈现。对经费使用效率的关注，其目的是找出提高效率的方法，这必然要深入考虑有哪些因素在影响着教育支出水平。

从 2007 年开始，OECD 增加关注经费使用效率的指标，并在 2009 年对这一指标进行推进和升级，关注影响教育支出水平的四个因素并探究其影响程度。投入指标的这一变化说明，在历史演变过程中，OECD 意识到经费使用效率的重要性，由过去单纯强调经费的投入总量到现在开始注重经费的使用效率。

有鉴于此，我国可以将教育经费支出与绩效挂钩，建立专门的教育支出绩效评价体系和制度，切实提高经费的利用效率。

（三）注重教育投入的成本分担

所谓成本分担，是指高等教育成本从完全由政府或纳税人负担，转向至少部分依靠家长和学生负担，以交学费的方式补偿部分教学成本，或以支付使用费来补偿由政府或大学提供的住宿和膳食。越来越多的人获得了受教育机会，于是，"谁应当为个人获得更多教育提供支持——政府或个人自己？"这个问题变得越来越重要。一些决策者主张，教育的最大获益者——接受教育的个人应该至少承担部分教育成本。由于在校学生数的增长和其他因素引起的教育经费的增加，社会承受了更重的财政负担，但这一负担并非完全落在公共资金上面。在当下的经济环境中，很难仅靠政府通过公共投入提供资源来满足教育需求。20 世纪 90 年代，美国财政减少对高等教育的投入，采取逐步递增的方式和高学费资助制度，在此过程中考虑不同居民的经济收入水平和承受能力。

教育经费来自公共和私人资金。在公共经费仍占国家教育投入很大一部分的情况下，私人经费也显得越来越重要。在 OECD 的投入指标中，每年都有公共和私人对教育的投资指标，说明 OECD 除了关注公共资金外，也关注私人对教育成本的共同分担情况。2006 年，OECD 投入指标部分，将 B5 指标重新表述为"高等教育机构收取的学费及公共对学生和家庭的补贴"，以后每一年这一指标都存在。对学费的考察指标以及辅助的政府资助体系指标的存在，也进一步说明了 OECD 对高等教育成本共担的重视。这对我国的启示是，随着私人经费对教育的投入以及家庭教育支出的比例越来越大，需要把这些支出，尤其是家庭的教育支出纳入统计范围。

二、对我国教育经费投入的启示

（一）完善教育投入增长的长效机制，加大学前教育和义务教育投入，增加高等教育研发投入

1. 继续加大教育投入，完善教育投入增长的长效机制，保障财政性教育经费满足教育发展需求

我国各级生均教育经费的绝对值都低于 OECD 成员国的平均水平，显示我国各级教育的经费投入不足。虽然教育投入总量不断增加，财政性教育经费占 GDP 的比例也稳定在 4% 以上，但教育是培育人力资源潜能的重要方式，教育效能的释放具有长期性和正外部性，需要建立稳定的财政资金投入机制，发挥财政资金的杠杆作用，确保财政性教育经费投入稳中有升，多渠道保障各级各类学校的办学经费，扩增优质办学资源，获取教育资金投入。

我国用了近 20 年的时间才实现了财政性教育经费占 GDP 比例 4% 的目标，这不仅是由于我国拥有世界上最大规模的教育体系，也是因为我国财政收入占 GDP 比例偏低的财力状况。在目前国际经济形势下滑的大背景下，如何巩固落实 4% 的教育投入，依旧是教育财政工作的重要任务。当前，我国正处在实现"两个一百年"奋斗目标的历史交汇期，正处在加快推进教育现代化、建设教育强国的历史关键期，更加需要做好新时代教育投入工作，以巩固 4% 的成果为底线，进一步优化支出结构，提高效益，为促进各类教育高质量发展提供坚强保障。为此，要进一步完善教育投入增长的长效机制，以制度规范确保政府教育投入。第一，政府在科学测算的前提下，确定各级各类教育的生均经费标准和拨款标准，保障各级教育经费来源，满足学校办学需求。第二，实行非义务教育阶段教育成本分担机制，确定不同层次的非义务教育阶段政府财政和受教育者成本分担比例，依据培养成本和居民支付能力确定学费标准，形成国家制定原则、省级政府审定、地方政府收费的实施机制。第三，政府通过提高个税起征点等方式，让社会和个人捐赠者享受更多税收优惠，鼓励加大社会捐赠力度。

2. 更加关注学前教育和义务教育投入

OECD 成员国高度重视学前教育投入，一直对学前教育进行稳定的经费支持。2015 年，学前教育投入总量占 GDP 的比例平均为 0.83%。在 OECD 成员

国，学前教育成本主要由政府负担，丹麦、瑞士、芬兰、英国等国家将学前教育列入义务教育，德国、澳大利亚等国家家庭负担的学前教育成本比例为20%—30%。

长期以来，我国学前教育在各级各类教育中经费配置比例最低，经费严重匮乏。随着"学前教育三年行动计划"的实施，各级政府财政对学前教育的投入和支持力度史上空前。2017 年，我国学前教育经费投入总量占 GDP 的比例达到 0.39%，与 OECD 成员国的差距逐年缩小。但是，财政性教育经费投入的比例并不高，仅接近一半。而且，在非财政性教育经费投入中，学费占了很大比例。学前教育的学费收入占 GDP 的比例达到 0.18%，占学前教育投入总量的比例为 47.23%，家庭分担了近一半的学前教育成本。

发展高水平的学前教育，需要充足的经费保障。财政性教育经费投入是促进学前教育事业稳定发展的重要保障和必要条件。从长期来看，应建立以公共财政投入为主的学前教育成本分担机制，这是政府责任，也是确保学前教育公平与质量的基础条件。应持续稳定加大对学前教育的财政性投入，建立各级财政对普惠性学前教育投入的保障机制，推动各级政府落实学前教育生均财政拨款标准，加大对符合质量标准的民办园的扶持力度，加大对困难地区和处境不利家庭的补助，建立以教育成本分担为基础、与居民承受能力和经济发展水平相适应的学前教育学费动态调整机制。

从生均教育经费与人均 GDP 的相对值来看，我国幼儿园和小学的生均教育经费指数低于 OECD 成员国的平均水平，初中生均教育经费指数与 OECD 成员国的平均水平接近，高中阶段教育和高等教育的生均教育经费指数高于 OECD 成员国的平均水平。在学前教育和义务教育阶段，我国公共财政承担的比例也低于 OECD 成员国的平均水平。

从现行政策来看，学前教育和义务教育都属于公共产品，是各级教育中公共性最强、社会受益面最广的社会公共事业之一，对学生个体、家庭和社会都具有巨大的效益，学前教育和义务教育也因此成为各国教育和福利的重要组成部分，从而得到政府的财政投入和直接供给。近年来，虽然我国政府加大了对学前教育和义务教育的投入力度，但从国际比较来看，教育经费仍显不足，需要继续加大政府投入，以促进学前教育的普及和普惠以及义务教育的优质均衡发展。

我国地域广阔，不同省份之间经济发展存在明显差距，在制定生均财政拨款标准时，中央财政要充分考虑各省（自治区、直辖市）的经济发展水平以及学前教育和义务教育财政能力的不同，以人均 GDP 和生均教育经费支出占人均 GDP 的比例为重要参考因素进行衡量，通过转移支付来保证各省（自治区、直辖市）都能够按照不低于国家的最低生均教育经费支出标准执行。同时，随着经济发展水平的提高，应逐渐提高生均教育经费支出标准，并且其占人均 GDP 的比例也应逐渐提高。

3. 增加高等教育的研发投入，为创新型国家建设提供支撑

OECD 数据显示，各国高校生均研发支出总体分布在 339—13120 美元，生均研发支出占生均经费比例处于 4.0%—53.7%。其中，瑞典高等教育生均研发经费最高，生均研发经费占生均总支出的比例也最高。就 OECD 成员国的平均水平而言，高校生均研发经费平均为 4409 美元，占生均教育经费的 29.5%。对比不同经济发展水平的国家可以发现，瑞典、德国、芬兰和挪威等生均研发经费较高的国家，其经济发展水平也较高；而智利、墨西哥等生均研发经费较低的国家，其经济发展水平相对偏低。国际经验显示，高校研发经费投入与国家经济发展水平呈正相关关系。加大高校研发经费投入，是吸引、留住和激励专业技术人才投身教育科研事业的物质基础和重要保障。

2017 年，我国高等学校研发经费约为 1266 亿元，占研发总经费的 7.2%。我国正在建设创新型国家，高校是国家创新体系的中坚力量，需要加大高等教育的研发投入，重点培养服务于经济社会发展的技能型和技术型人才，增强国家核心竞争力，为建设创新型国家提供强大的人才支撑和智力支持。

（二）优化投入结构，提高经费使用效益

1. 确保中央和地方政府履行教育职责，保障教育投入比例结构合理

我国以县为主的基础教育投入机制，对相对薄弱的县级政府的财政实力要求较高，在一定程度上加剧了县级政府对公共资源的争夺，不利于整个投入结构的优化。与之相对应，省级政府有统筹教育发展的责任，但国家对省级政府的财政性教育投入责任并没有明确规定。因此，需要进一步督促省级政府履行教育投入职责，合理统筹省域内的教育经费投入，对财力不足的区县进行补助

和转移支付。同时，按照财权和事权对等的原则，调整中央与地方教育财政投入比例。需要明确各级政府的投入责任，明确承担的比例，形成中央政府、省级政府、县级政府的事权与财力相匹配的财政性教育经费投入合理分担机制。在加大中央对连片特困地区等的政府转移支付力度的同时，也要避免中央财政教育投入增加而地方政府投入相对减少的"挤出"效应，落实各级政府投入职责。

2. 调整优化经费使用结构，提高教育经费使用效益

财政性教育经费占 GDP 4% 的教育经费投入来之不易，要花好每一分钱，把教育经费用到最关键处。其核心在于优化经费结构。第一，突出重点学段，优先保障义务教育，提高义务教育办学质量，提升义务教育优质均衡水平，为劳动力受教育水平和国民素养的提升奠定坚实的基础。第二，抓好关键资源，优先保障教师队伍建设，把教师队伍建设作为教育事业改革发展的重中之重，保障教师工资收入水平不低于当地公务员工资收入水平，吸引优秀人才争相从教；做好教师培训经费保障工作，提升教师专业水平，打造高素质的教师队伍；明确要求各地严格规范教师编制管理，加快符合条件的非在编教师的入编工作，并实行同工同酬。第三，补齐教育短板，在确保义务教育的基础上，针对学前教育短缺和高中教育普及攻坚难题，积极支持扩大普惠性学前教育资源，解决学前教育入学难、质量不高的难题，加大高中阶段教育普及力度，支持中等职业学校发展现代职业教育。

（三）进一步扩大高校办学自主权，增强高校的自我筹资能力

OECD 各成员国因经济、政治环境的不同以及高等教育体制的差异，高等教育经费的来源模式各具特色。各国的高等教育经费主要是由财政拨款、学生学费、提供社会服务、经营性收入、捐赠收入等几部分构成的。其中，财政拨款依然是高等教育发展最基础、最重要的经费保障。也有很大一部分高等教育经费来自社会服务创收和社会捐赠。

我国高等教育经费多元筹资模式已初步形成，政府仍是主要承担者，国家财政性教育经费比例超过 60%，非财政性教育经费投入总量偏低。2017 年，我国非财政性教育经费投入占 GDP 的比例仅为 0.5%，美国、加拿大、澳大利亚等国的该比例则接近或远超 1%。在非财政性收入中，学费收入又占了很大比

例。2017 年，我国高校学费收入占总收入的比例达到 21%，其中地方高校学费比例高达 26.2%，而其他渠道的经费收入对高等教育的贡献很小，尤其是民办学校举办者投入和捐赠投入加起来的投入总量尚不及高等教育总投入的 1%。

1. 高校转变观念，准确定位，和企业、政府及社会组织加强合作

高等教育的发展离不开大量资金的支持，在国家财政能力有限的情况下，要大幅增加高等教育经费投入，必须充分挖掘非财政性经费投入潜力。但是，目前学费投入扩容相对困难，迫切需要进一步扩大高校办学自主权，增强高校的自我筹资能力。高校应转变观念，准确定位，和企业、政府以及社会组织加强合作。高校应努力提升知识应用能力和科研创新能力，政府要努力改善制度和政策环境，制定相应法规政策，加强宏观引导，使高校在为社会创造价值的同时，增加在技术创新、专利转让和社会服务等方面的收入，为自身发展谋求更多的资源。

2. 积极开发社会对高校捐赠的潜力

政府应通过完善高等教育捐赠税收制度和高校捐赠法律条款，对捐赠主体实施减免税优惠、建立财政配比等鼓励政策，积极鼓励社会团体、机构和个人进行教育捐赠，提高高校的社会捐赠收入。高校则要进一步加强宣传和引导，重视校友资源，通过为校友提供帮助，吸引校友捐赠，或通过合作协议吸引校友对母校投资；同时，设立负责管理捐赠工作的专门部门，保证过程公开透明，使社会和捐赠者都能看到资金落在实处并得以有效利用，增强社会对高校的信任度，从而吸引社会各界的投资捐赠。

第四章　教育机会指标

第一节　指标概述

本章主要比较和分析 OECD 成员国与中国的"教育机会、参与与过渡"指标，以了解中国在国际坐标中的位置，据此为中国教育发展提供政策建议。[①]2018 年，OECD《教育概览》将主题定为"教育对所有人的承诺"，主要关注教育公平（详见附录表 4-1）。在 2018 年《教育概览》中，涉及教育公平的指标可分为教育机会公平、教育过程公平与教育结果公平三个方面。针对教育机会公平，OECD 设置了"教育机会、参与与过渡"指标，主要包括从学前教育到高等教育的每个教育阶段的入学与毕业概况。OECD 提出，性别、父母受教育程度、移民背景、居住地理位置是影响教育公平的四个重要因素（详见附录表 4-2）。

为便于比较，本章的有些指标仅选取主要的 OECD 成员国和中国的可获得、可比较的数据，包括美国、加拿大、澳大利亚、英国、德国、法国、芬兰、日本、韩国等国家，再加上 OECD 成员国的平均数据，与中国进行对比。

---

① 如无特殊说明，本章所有数据均来自 OECD 2013—2018 年《教育概览》（相关链接：https://www.oecd.org/education/education-at-a-glance/），主要选择美国、英国、德国、法国、加拿大、澳大利亚、韩国、芬兰、日本、墨西哥等 OECD 成员国以及伙伴国俄罗斯进行比较。中国数据以同一时期中国官方发布的社会与教育统计年鉴数据为主。

另外，本章也呈现了不同国家某一指标的历时变化，以分析该指标数据的演变和趋势。

一、OECD 对学段的划分

OECD 将不同学段划分为学前教育、义务教育、高中和中等后非高等教育、高等教育。

（一）学前教育

在 OECD 的教育指标体系中，学前教育通常被称作早期教育和保育（early childhood education and care，ECEC），是广义的学前教育，即正规机构对出生至 6 岁的儿童进行的教育和保育。OECD 成员国使用 2011 版《国际教育标准分类法》，学前教育阶段课程以 ISCED 0 表示。ISCED 0 课程的目标群体是年龄小于上小学年龄的儿童，旨在开发儿童参与学校和社会生活所必需的认知、身体、社会与情感能力。课程根据教学内容的难度分为两类：早期儿童发展教育（ISCED 01）和学前教育（ISCED 02）。[①]

1. 早期儿童发展教育（ISCED 01）

在这个阶段，学习环境充满视觉刺激并有丰富的语言，要培养儿童以语言为重点的自我表达能力和能够进行有意义交流的语言使用能力。学习环境中有主动游戏的机会，以便儿童在工作人员的监护下和与工作人员的互动中锻炼其协调和运动能力。这个阶段通常针对的是 0—2 岁的低龄儿童。

2. 学前教育（ISCED 02）

在这个阶段，儿童通过与同龄人和教育者的互动，增强语言运用能力和社交技能，发展逻辑和推理分析能力，并开始探讨思维过程。同时，他们接受了字母和数字的概念，会理解、运用语言，并被鼓励探索周围的环境。他们在指导下开展的大肌肉活动（如通过游戏或其他活动进行的身体锻炼）和以游戏为基础的活动可以促进与同伴交往，提高技能以及为进入小学做好准备。这一阶

---

① OECD. What Are the Benefits of ISCED 2011 Classification for Indicators on Education? [EB/OL]. (2015-11-24) [2023-06-07]. https://www.oecd-ilibrary.org/education/what-are-the-benefits-of-isced-2011-classification-for-indicators-on-education_5jrqgdw9k1lr-en.

段通常针对的是 3—5 岁即将进入义务教育阶段的儿童。

OECD 成员国基于 2011 版《国际教育标准分类法》设定了学前教育服务标准：具有充分的、有意为之的教育属性；制度化（通常以学校为基础或者为一群儿童而制度化）；每天至少进行两小时的集中教育活动，一年至少进行 100 天的学习；具有相关国家权威部门认可的监管框架（如课程）；具有受过培训或认证的员工（例如，要求教育工作者具有教学资质）。

（二）义务教育

在 OECD 成员国中，平均而言，义务教育通常从小学开始，始于 6 岁（小学），结束于 16 岁（完成或部分完成高中教育）。在几乎所有的 OECD 成员国，4—5 岁人群的入学占比超过 90%（2017 年）；在大约三分之一的 OECD 成员国，儿童自 3 岁起入学。

（三）高中和中等后非高等教育

高中教育通常为学生进入高等教育做准备，或为学生提供进入劳动力市场的技能，或二者兼具。高中课程比初中课程更多样化、专业化，更有深度。高中学生的年龄通常在 15—19 岁。在 OECD 成员国中，高中学制为 2 年至 5 年不等。大约 42% 的高中生进入高中职业教育。中等后非高等教育建立在高中教育之上，所教授的知识、技能和能力比高等教育所教授的复杂度低。大部分学生的年龄在 18—22 岁，注册率相对较低。

（四）高等教育

接受高等教育者的年龄为 20—29 岁，包括短期高等教育、学士教育、硕士教育和博士教育。高等教育的学习具有高水平的复杂性和专业性，包含学术教育，也包含高级职业或专业教育。

不同高等教育水平的入学率和不同入学年龄的学生比例，表明不同国家具有不同的教育系统和途径。通常情况下，OECD 成员国的学生 17 岁进入短期高等教育，20 岁进入硕士阶段，25 岁进入博士阶段。短期高等教育通常教授职业性的知识、技能和能力，为学生进入职场做准备，也提供进入其他高等教育项目的渠道。OECD 成员国的短期高等教育入学率为 4%—5%，入学年龄为 18—21 岁。学士阶段的学制通常 4—5 年，学生 18 岁或 19 岁入学，大部分学生为 19—22 岁。

针对入学率，OECD 通常从不同年龄段和不同教育阶段来统计。基于 2018 年《教育概览》，OECD 成员国针对不同年龄段的入学率主要统计了三方面的数据：不同年龄群体（5—14 岁、15—19 岁、20—24 岁、25—29 岁、30—39 岁、40 岁以上）的入学率，15—20 岁群体的入学概况，中等教育入学概况。2019 年《教育概览》主要统计了以下三方面的入学率数据：不同年龄群体（6—14 岁、15—19 岁、20—24 岁、25—29 岁、30—39 岁、40—64 岁）的入学率；不同年龄段（19—20 岁、21—22 岁、23—24 岁、25—26 岁、27—28 岁）的高等教育入学率，不同高等教育层次的入学率（2017 年）；入学高等教育学生概况，其中包含不同高等教育层次的平均入学年龄、就读公立高等教育的学生比例、业余时间接受高等教育的学生比例。中国的指标通常根据不同教育阶段来统计。为了便于与中国进行比较，下文简要介绍和解释主要的指标概念和意义。

二、主要指标的内涵

（一）学前教育机会

从 20 世纪 70 年代开始，大多数 OECD 成员国的学前教育政策不断调整，愈加重视发展学前教育，确保公平而高质量的学前教育已经成为许多国家的优先政策。儿童参与学前教育的比例显著提高。大部分 OECD 成员国在小学之前为儿童提供 1—2 年免费的学前教育服务，90% 以上的 4—5 岁儿童接受学前教育。这已经达到或接近联合国教科文组织 2030 年的可持续发展目标，即到 2030 年，确保所有儿童接受高质量的学前教育以为进入小学做准备。[①] 儿童参与学前教育的持续时间是以后人生阶段取得更好学习成果的一个重要指标。为了确保儿童参与学前教育的时长，OECD 成员国通常通过立法将负担得

---

① UNITED NATIONS. Sustainable Development Goals[EB/OL]. [2023-06-08]. https://www.un.org/sustainabledevelopment/education/.

起的高质量的学前教育作为公民的合法权利。延长学前教育持续时间的另一个政策选择是降低义务教育的年龄，以确保教育公平。

纵观 1998—2019 年《教育概览》的全学段指标体系，我们可以看到近年来 OECD 越来越关注学前教育指标，且学前教育内部统计指标愈加科学、系统与细化。①2012 年前的《教育概览》仅提供了 3—4 岁儿童入学率的数据；2012 年之后，OECD 专门开辟一节来探讨和比较 OECD 成员国和其他伙伴国的学前教育，内容涉及学前教育入学率、经费支出、生师比等；2015—2017 年《教育概览》将原有的对 3—6 岁儿童入学率的统计扩展到了 2—6 岁，对不同类型的学前教育也做了详尽的统计，并采用 ISCED 0 课程的划分来衡量不同国家的学前教育课程体系；2018—2019 年《教育概览》进一步统计了 3 岁以下和 3—5 岁儿童的入学率、经费支出、师资等。

学前教育机会主要包括学前教育入学率、学前教育经费和学前教育教职工等指标。

1. 学前教育入学率

学前教育入学率是衡量学前教育普及程度的重要指标。OECD 统计了 3 岁以下和 3—5 岁儿童的入学率，以及儿童就读公立或私立机构的比例，来比较 OECD 成员国学前教育的普及程度。净入学率的计算方法是将某一特定年龄组的学生人数除以该年龄组的人口规模。学前教育机构的可就读性、费用、课程、教职工质量和问责制度会影响学前教育的扩展和儿童就读的学前教育机构类型。当公立机构不能满足家长对质量、便利程度的需要或不能匹配其经济能力时，一些家长可能会倾向于把子女送到私立机构就读。在 OECD 的界定中，私立机构可分为两类：独立机构和政府附属机构。独立的私立机构由非政府组织或非政府机构选定的理事会控制，其大部分核心资金来自非政府机构。依赖政府的私立机构也有类似的治理结构，但超过 50% 的核心资金依赖于政府机构。②

---

① OECD. What Are the Benefits from Early Childhood Education?[EB/OL]. (2016-06-16) [2023-06-08]. https://www.oecd-ilibrary.org/education/what-are-the-benefits-from-early-childhood-education_5jlwqvr76dbq-en.

② OECD. Education at a Glance: OECD Indicators[R]. Paris: OECD, 2019.

2. 学前教育经费

持续的公共资金是支持学前教育发展、确保学前教育公平与质量的关键。因为有适当的资金投入才能招聘到有资质的专业人员，设施和资料方面的适当投资也有助于建立适合儿童的学习环境，从而提升儿童的幸福感，有利于儿童的学习。若公共经费不足，则无法保证学前教育的数量和质量，会加大儿童参与学前教育的风险，也会造成学前教育质量参差不齐。①

针对学前教育经费指标，OECD 统计了生均教育经费、学前教育经费支出占 GDP 的比例，以及公共和私人经费占学前教育经费的比例。学前教育生均经费是按学前教育机构经费总额除以相应的全日制入学人数来计算的，主要受教师工资、退休金制度、师生接触的时长、教学和教学材料的成本、维修成本、学生数量的影响。学前教育经费支出占 GDP 的百分比用于衡量一个国家的财富投资于学前教育机构的相对比例，是衡量国家教育投入程度的重要指标，能体现一个国家在分配总体资源时的教育优先配置和国家经济实力。公共和私人经费比例表示公共和私人利益相关者各自发挥的作用。

3. 学前教育教职工

高质量的教职工会带来更具激励性的环境和高质量的教学，能够提升儿童的幸福感和学习成果。资格证书是衡量教师质量的最显著的指标之一，但更重要的不是证书本身，教师的资质与在初始教师教育中所包含的专业和实践培训时长、教师的专业发展类型以及教师累积的工作年限有关。② 教师的受教育程度和培训时长与学前教育质量成正比。③

生师比是衡量教育资源投入的一个重要指标，可以反映教师数量的充足程度。OECD 成员国对生师比的统计口径：生师比为特定教育阶段折合后的全日制学生总数与折合后的全日制教师总数的比例关系。中国对生师比的统计口

---

①② OECD. How Do Early Childhood Education and Care (ECEC) Policies, Systems and Quality Vary Across OECD Countries?[EB/OL]. (2013-03-01) [2023-06-08]. https://www.oecd-ilibrary.org/education/how-do-early-childhood-education-and-care-ecec-policies-systems-and-quality-vary-across-oecd-countries_5k49czkz4bq2-en.

③ MANNING M, etc. The Relationship Between Teacher Qualification and the Quality of the Early Childhood Education and Care Environment[J]. Campbell Systematic Reviews, 2017(1):1-82.

径: 生师比为某一级教育的在校生总数与该级教育专任教师总数的比例关系。由于难以建立直接的教育质量衡量指标,因此生师比也常被用来考量教育质量。因为比值越小,教师越能照顾到每位学生,儿童越容易获得教学资源,儿童在认知(数学和科学)、语言(语言、阅读和词语认知)方面的表现越好,①也越有利于发展师生关系。高质量的师生互动有助于儿童获得更好的学习成果。生师比越高,表明平均每位教师所教的学生越多。尽管生师比较低并不一定意味着每个儿童都有更好的教育支持机会,但是生师比过高无疑表明儿童获得的专业支持不足,特别是对来自贫困家庭的儿童而言。

(二)中等教育机会

过去几十年全球劳动力市场发生的深层结构变化表明,随着知识型劳动力市场的不断发展,受教育程度更高者将继续在劳动力市场中占据优势地位。成功完成中学课程对于解决教育公平问题至关重要。

中等教育包括初中教育与高中教育两个阶段。初中教育方案的设计通常以小学教育的学习成果为基础,并旨在通过继续教育为今后的终身学习和人的发展奠定基础。高中教育建立在完成初中教育的基础上,为今后的高等教育做准备,或是提供进入劳动力市场所必需的技能。因此,高中教育根据其培养目标的不同,分为普通高中教育与职业高中教育。参加何种类型的高中课程在某种程度上决定了学生一生的教育轨迹。职业高中通常可以使学生更早地进入劳动力市场,而更高的教育水平往往会带来更高的收入和更好的教育机会。尤其是在今天,劳动力市场越来越以知识和技能为基础,对中学教育提出了更高的要求。

近年来,各国高中课程的多样性、专业性、深入性增强。究其原因,一是高中教育需求日益增长,二是课程不断演变。当前的课程已经从普通课程和职业课程分离,逐渐转变为同时包含以上两种学习内容的更加综合的课

---

① OECD. How Do Early Childhood Education and Care (ECEC) Policies, Systems and Quality Vary Across OECD Countries?[EB/OL]. (2013-03-01) [2023-06-08]. https://www.oecd-ilibrary.org/education/how-do-early-childhood-education-and-care-ecec-policies-systems-and-quality-vary-across-oecd-countries_5k49czkz4bq2-en.

程，为劳动者进一步接受教育或走向劳动力市场提供了更加灵活的途径。接受高中教育成为向劳动力市场顺利过渡的最低资格要求，并且降低了失业的风险。

中等教育机会指标主要包括高中入学率、高中毕业率和完成率、高中教育中的女性比例等。

1. 高中入学率

中学入学率是指入学人数与该教育水平对应的年龄组人口的比率，是反映中等教育普及程度的主要指标。

在整个中等教育机会指标中，OECD 主要关注的是高中阶段。过去，高中教育主要是为精英阶层设计的。随着过去几十年教育的迅速扩张，绝大多数成年人如今至少已经达到高中教育水平。高中教育如今是基础教育系统的最后阶段，其主要目标是确保年轻人在离开教育系统时，至少拥有就业和继续教育与培训的最低资质。[①] 高中教育被认为是现代人踏入社会、走进职场的最基本要求，也是继续求学的前提保证。

高中教育为学生进入高等教育或劳动力市场做准备，也为学生成为一名合格公民做准备。在许多国家，高中教育不在义务教育范围之内，学制为 2 年至 5 年不等。中等后非高等教育被视为高中教育或高中后教育，在不同国家有所差异。根据 OECD 的统计方法划分，高中教育由两部分组成：普通高中教育和职业高中教育。普通高中教育更偏重基本知识，为大学及以上教育做准备；而职业高中教育则注重专业技能的培养，为职业工人等培养后备人才。

在大部分发达国家，几乎所有的初中学生都会进入高中，且大部分就读的是能够通往高等教育的项目。由于劳动力市场对技能的需求越来越高，劳动者需要逐步适应快速变化的全球经济形势，因此完成高中学业在所有国家都越来越受到重视。提供高中教育的关键在于，要提供能够满足社会和经济需求的高质量教育。

---

① OECD. What Are the Advantages Today of Having an Upper Secondary Qualification?[EB/OL]. (2015-08-01) [2023-06-08]. https://www.oecd-ilibrary.org/education/what-are-the-advantages-today-of-having-an-upper-secondary-qualification_5jrw5p4jn426-en.

2. 高中毕业率和完成率

毕业率是衡量教育机构和整个教育系统产出的一个指标，它记录了可能进入劳动力市场或继续深造的毕业生人数。在计算所有年龄段的毕业率时，毕业率代表的是某个特定年龄段预期在其一生中的某个时间点在该国毕业的人数所占的百分比。高中毕业率是根据目前的毕业模式，估计将完成高中以上教育的毕业生占该年龄段人口总数的比例。尽管毕业率能够在一定程度上反映教育系统是否能成功培养学生以达到劳动力市场最低要求，但这一指标并不能反映教育质量。

在 OECD 的数据中，高中毕业概况主要涉及四个维度的毕业率：项目类别（普通高中和职业高中）、性别、学习领域（主要针对职业高中）、年龄。OECD 对这四个维度的高中毕业情况进行了统计和分析。在中国可获得的数据中，只有不同项目类别和性别可以进行比较。职业高中学生的学习领域以及高中生毕业的年龄没有中国的统计数据。鉴于父母受教育程度以及社会经济地位或移民背景对于教育公平的重要性，尽管中国没有此方面的数据，但下文我们还是对父母受教育水平和移民背景对于高中生入学和毕业的影响做了分析和比较。

完成率描述的是在入学数年后从某一教育阶段毕业的学生占入学人数的比例。它是衡量学生在接受教育过程中学习效率的一个指标。该指标相当于我国通常意义上所说的毕业率。目前在 OECD 成员国，高中文凭是人们成功进入劳动力市场和融入社会的最低资质。尽管职业教育取得了很大成就，但针对接受过高中程度的职业教育者比受过高等教育者的基本技能水平低的情况，OECD 成员国正在努力采取措施以确保前者继续接受高等教育。

3. 高中教育中的女性比例

教育性别公平是教育公平中不可或缺的一部分。男性与女性是否能平等地分享教育资源，不但影响男性与女性个人的人生发展，也将影响未来劳动力市场与社会结构。接受教育是女性参与社会发展的基础。作为现代社会敲门砖的高中教育，其中的女性参与度可以充分表明女性的社会和经济地位。

（三）高等教育机会

在各国努力应对经济、环境和社会转型（包括技术进步、气候变化和移民）之际，知识资本已成为这个时代最宝贵的资产之一。知识资本的核心是知识以及知识的开发和转移，这也是高等教育的首要任务。因此，高等教育在帮助人们和社会应对这些深刻变化方面发挥着关键作用。接受高等教育对于人的能力发展至关重要。

在最近的几十年里，OECD 成员国的高等教育规模迅速扩大。即使在适龄人口有所下降的国家，高等教育的规模也在持续扩大。很多 OECD 成员国都制定了新的目标以提高国民的受教育程度，如美国、英国、法国和丹麦。获得中学以上的学历或证书不再是少数精英人才获得机遇的途径，更确切地说，它是新经济时代求职就业的必要条件。在美国，接受高等教育是跻身中产阶级最明晰的通道。

OECD 从多个维度收集的数据表明，高等教育扩张并未引起"膨胀"。与未受过高等教育者相比，受过高等教育者尤其是受过硕士或博士教育者的就业率更高，收入优势更明显。高等教育的总收益远高于总成本。没有任何一个 OECD 成员国，其只受过高中教育的群体能够赚取与受过高等教育的群体一样高的工资。不仅如此，在 OECD 成员国，两者的差距还在逐年拉大。在受过高等教育的群体中，有一部分人最初在找工作时比较困难，在刚毕业时起薪不高。但从长期来看，在整个职业生涯中，他们的收入优势要远高于未受过高等教育者，长期经济优势非常可观。即便在经济低迷的局势中，受过高等教育者的优势仍然非常明显。而且，除了经济效益，高等教育还有利于个人和国家福祉，具有其他社会效益。基于对高等教育力量的充分认识，政策制定者能更好地应对不同的社会挑战。①

OECD 发布的 2019 年《教育概览》指出，对高阶技能和能力的需求既有经济方面的，也有社会方面的。拥有高等教育学历的成年人的就业率比仅受过高中教育的人高出约 9 个百分点，其平均收入也高出 57%。受过高等教育的成年人也更有可能爱护环境或参与公共生活。然而，这些巨大的进步带来了更大的不确定性。例如，尽管人工智能的兴起预计会提高一些行业的生产效率，但它也正在从根本上改变一些工作的开展方式；尽管信息的广泛获取使学习变得比以往任何时候都更容易，但它也加快了变革的步伐，让很多人难以适应和跟上

① 邓莉. 高等教育真的无力吗——基于 OECD 国家调查数据的分析［J］. 湖南师范大学教育科学学报，2017（1）：114-120.

时代变化的节奏。全球化在提供许多机遇的同时，也引发了对技能的激烈竞争。

各国通过扩大教育和学习机会来应对这些挑战。从小学到大学，传统的线性学习方式正逐渐被更全面的终身学习理念取代。由于市场对技能和能力的需求之发展速度快于一些教育机构的预期，因此许多机构正在推动通过灵活的途径进入高等教育，并寻求与其他参与者建立伙伴关系，包括雇主、培训机构等。虽然这些政策有助于提高成人接受高等教育的比例，但教育机构必须在扩大招生与控制成本之间求得平衡，并保持其课程与社会实际需求的相关性，不断提高质量。

正是因为认识到了这些挑战，2019 年《教育概览》将关注点转到了高等教育，并聚焦于高阶技能和对教育途径的改进及重新界定。尽管毕业生人数不断增加，但劳动力市场对高阶技能的需求仍然强劲，受过高等教育的成年人的收入优势随着年龄和专业经验的增长而增长。

高等教育机会指标主要包括高等教育入学率、高等教育毕业率、国际学生流动率等。

1. 高等教育入学率

OECD 教育指标中的高等教育入学率是指净入学率，其计算方法是将某一特定年龄或年龄组的学生人数除以该年龄或年龄组的人数。入学率也反映了接受高等教育的机会，对高等教育价值的认识，以及人们所获得的创造和推动知识经济发展所需要的高阶技能和知识的程度。较高的高等教育入学率意味着一支受过良好教育的劳动力队伍正在发展。

为了满足人们不断增长的多样化需求，提供各种适合年轻人需求和志向的教育选择，并确保从教育到工作的平稳过渡，一些国家逐步调整其高等教育课程，以确保更大的学习灵活性，从而与学生的技能和学习能力相匹配。具体措施包括在高中和高等教育课程之间架构更多的桥梁，设置以职业为导向的课程，丰富初次接受高等教育的学生可以选择的课程类型：短期高等教育课程、学士学位课程或硕士学位的长期第一学位课程。每个教育阶段和项目在开始时都需要不同的技能，并满足特定的劳动力市场需求。灵活的入学标准可以促进终身学习，并且再次教育的项目可以为可能已经辍学的高龄学生或希望发展新技能的学生提供新的机会。

因此，随着社会经济的发展，教育因素越来越复杂，在 OECD 的统计数据中，高等教育入学率这一指标的统计内涵是不断变化的，具体表现为：研究对象更为具体细致，可供研究者分析的数据更加丰富多元。在 2013 年前，OECD 的统计将高等教育分为 A 类高等教育（ISCED 5A）和 B 类高等教育（ISCED 5B）。在 2013 年后，OECD 高等教育入学率已经细分为总体、短期高等教育、本科、硕士、博士等不同情况。

2. 高等教育毕业率

高等教育毕业率是根据目前的毕业模式，估计将完成高等教育的毕业生占该年龄段人口总数的比例。它反映了一个国家培养拥有高知识和高技能人才的能力。在 OECD 成员国中，很多人有强烈的动机获得高等教育学历，这些动机包括高工资和更好的就业前景。高等教育毕业率受到高等教育入学难易程度、高等教育课程的灵活性以及劳动力市场对高技能人才的需求等因素的影响。

从 1993 年开始，OECD《教育概览》关于毕业率的定义发生了一定的变化，对高等教育毕业率的不同划分标准体现了 OECD 教育指标更全面地分析影响高等教育毕业率的因素，更深入地研究高等教育。从高等教育不同类型毕业率的比较（A 类、B 类），到对不同学习阶段高等教育毕业率的分析，OECD《教育概览》为研究者提供了更丰富的数据。与入学率的指标相同，当前 OECD 高等教育毕业率这一指标已分为总体高等教育毕业率、短期高等教育毕业率、本科阶段高等教育毕业率、硕士阶段高等教育毕业率和博士阶段高等教育毕业率五个方面。

3. 国际学生流动率

近几十年，接受高等教育的机会已经显著增加，出现了新型高等教育机构以及不同模式和不同类型的高等教育课程。与此同时，学生在学习路径选择方面也日益多样化，越来越多的学生到国外获取高等教育学位。出国留学是现代年轻人接受高等教育的一种重要体验。近年来，国际学生人口逐年上升。"国际流动学生"是在高等教育国际化背景下出现的概念。流动学生既指国际学生（仅出于学习目的而跨越国界的学生），也指外国学生（与东道国国籍不同的学生）。

除了获得高质量教育的机会之外，出国留学也可能帮助学生学到在原籍国学不到的技能，可能比在原籍国收获更大的教育回报。对于日渐全球化的劳动力市场，出国留学也被视为提高就业能力的一种方式，如提高语言技能，特别是英语。对于学生选择的留学目的国来说，国际学生可能是一个重要的收入来源，并且对经济和创新系统具有影响。①

近年来，促使学生流动性大幅提高的因素有很多。世界范围内对高等教育需求的激增、对国外知名高等教育机构就读价值的认同，都促进了更为庞大与多元的国际学生群体的出现。这些学生群体既包括无法在本国中等后教育机构入学的学生，也包括那些在知名学校和优质专业学习的优秀学生。此外，多元化的学生群体带来的教育价值，招收更多国际学生带来的丰厚收入，加上政治与经济上的考量，促使一些政府和大学竭力吸引国外的学生来本国留学。

从短期来看，国际学生通常比国内学生支付更高的学费。在一些国家，注册费用更高。另外，这些学生的生活费用也会为当地经济作出贡献。从长远来看，受过高等教育的国际学生可能待在留学目的国就业，这也对该国的知识创造、创新和经济表现作出贡献。因此，吸引国际学生是一种利用全球人才库，支持留学目的国的创新和生产系统发展的方式。在许多国家，国际学生也能缓解人口老龄化的影响。但是，招收国际学生可能挤压到目的国本国学生的录取名额。因为这些高等教育机构会根据学生的出身来区分学费，可能倾向于通过支付更高学费的国际学生来获取更高收入。对于原生国来说，流动学生可能被视为人才流失。若流动学生在留学结束后回到他们的原生国，并且促进原生国知识吸收、技术升级和能力建设，与国内民众保持密切联系，能促进原生国更好地发展。因此，有许多国家推行留学生政策，使本国的学生能去国外接受更好的教育。为了应对人才流失的情况，许多国家也推行吸引国际学生的相关政策。流动学生可以获得隐性知识，这些知识通常通过个人互动来共享，并使他们的原生国能够融入全球知识网络。此外，学生的流动性对未来国际科学合作网络的影响极为强烈，比语言、地理位置的邻近程度影响更深远。作为其国际化战略的一部分，越来越多的机构正在创建离岸卫星校园或双学位，改变外国学生的录取规则，修改课程以鼓励外语教学，或提供在线课程和国际实习机会。例如，大规模开放在线课程（Massive Open Online Courses，简称 MOOC）扩大了现有校园的覆盖范围。

一个国家的高等教育国际学生流动率是指国际学生在接受高等教育学生总

---

① OECD. International Mobility of the Highly Skilled[EB/OL]. (2001-12-11) [2023-06-08]. https://www.oecd-ilibrary.org/employment/international-mobility-of-the-highly-skilled_9789264196087-en.

数中所占的比例。国际学生流动率这一指标也随着政策的变化与研究的深入有所发展。2004—2012 年，统计指标主要是高等教育国际学生流动率，其中包括 A 类高等教育、B 类高等教育和高级研究项目国际学生流动率（高级研究项目相当于博士水平）。到了 2013—2017 年，统计指标发生了变化，主要包括：总体高等教育国际学生流动率、短期高等教育国际学生流动率、本科高等教育国际学生流动率、硕士高等教育国际学生流动率、博士高等教育国际学生流动率。这种更为具体的划分为分析国际学生流动率提供了更为细致和深入的指标。

（四）影响教育机会的主要因素

1. 性别对教育机会的影响

在 OECD 成员国中，通常女性相对于男性有更好的学校表现，但收入较低。相比女性，男性更有可能留级、辍学，或者不接受高等教育。但是，女性通常在就业和收入上比不上男性。尽管很多领域已经作出努力来鼓励性别多样化，但是女性在高校中高收入专业领域的入学率和毕业率依然较低。例如，虽然社会对工程技术专业毕业生有很高需求，但是只有 6% 的女性毕业生能完成工程学位，而男性有 25%。男性和女性在选择学习和工作领域时会作出不同的选择，而在童年时期先入为主的角色观念和生活中的文化规范会无意识地影响这些选择。

2. 父母社会经济地位和受教育程度对子女受教育机会的影响

与性别、移民背景、家庭地理位置相比，父母社会经济地位对子女接受教育以及获得的成就影响更大。如果母亲没有受过高等教育，那么子女接受早期教育和保育的可能性较低。虽然人们已经认识到儿童的认知能力发展会早于上学的年龄，但是各国在早期教育上的投入仍不足。出生于社会经济地位不利家庭的儿童，其早期教育容易被忽视。随着儿童的成长，生活中的不公平现象逐渐加剧，儿童追赶上以继续接受更高层次教育的可能性较低。没有受过高等教育的父母的孩子更可能接受职业培训，而不是普通高中教育，这将会继续影响他们接受高等教育。接受高等教育学生的父母只有少部分没有受过高等教育。在 21 世纪，接受高等教育比以往任何时候都重要。大约有三分之一体力劳动者的子女也是体力劳动者。但是，随着时代和技术的变革，科技和创新已经大幅淘汰了很多低技能的简单工作，市场需要接受过高等教育的高阶技能人才。仅接受过高中教育的人，其平均收入仅为接受过高等教育同龄人的 65%。这种差距可能在下一代延续。但这并不代表阶层是固定的，来自低学历家庭的成年人中，有三分之二的受教育程度高于其父母，表明来自弱势家庭的孩子正在努力改变自己的现状，获得更多的技能。尽管如此，改变是相对缓慢的。

3. 移民背景对教育机会的影响

随着时代的发展，在 OECD 成员国中，人口流动的数量和速度显著增加，而移民也深刻地改变了 OECD 成员国的生活社区和教育系统。一个具有凝聚力的社会需要团结移民，要确保他们能够学习新技能，从而为劳动力市场及其社区作出贡献。在可获得数据的 OECD 成员国中，第一代和第二代移民获得学士学位或参加长期第一学历项目的可能性较小。而且，相较于本国出生的同龄成年人，外国出生的成年人在一生中接受正规或者非正规教育的可能性也较低。那些处于社会劣势地位的人更难获得高质量的学习环境和发展技能。这提醒我们，提供高质量的学习和社区环境能够帮助缩小这些机会差距。

4. 家庭地理位置对教育机会的影响

家庭地理位置会影响教育参与率、早期儿童教育的入学率和未来的学习结果。PISA 测试也表明，15 岁学生的数学成绩与社会经济地位以及地理位置（城市或农村）有密切关系。在过去数十年中，这种联系并没有减弱。

第二节　主要指标的比较

一、学前教育机会指标比较

（一）OECD 成员国三分之一的 3 岁以下儿童接受学前教育，中国 3 岁以下儿童的学前教育只在少数地区进行试点

2017 年，在 OECD 成员国，平均而言，大约三分之一的 3 岁以下儿童以全日制或非全日制形式接受学前教育，40% 的 1 岁儿童和 62% 的 2 岁儿童接受学前教育。其中，冰岛、挪威、瑞典的 2 岁儿童入学率在 90% 以上。不同国家之间的差异很大，冰岛、卢森堡、荷兰、挪威、韩国、以色列、丹麦和

新西兰的 3 岁以下儿童接受学前教育的比例都超过了 50%，而墨西哥低于 5%（见图 4-1）。尽管如此，大多数 OECD 成员国的共同趋势是，3 岁以下儿童接受学前教育的比例逐年上升，2010—2017 年平均上升了 10 个百分点（从 26% 上升至 36%），尤其是欧洲国家。①

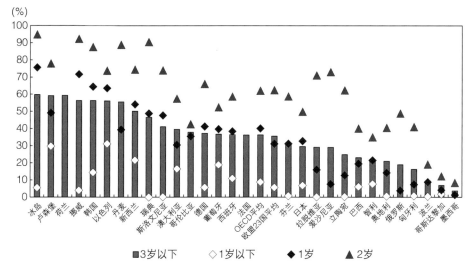

图 4-1　2017 年部分 OECD 成员国及伙伴国 3 岁以下儿童入学率

与 OECD 成员国相比，中国的学前教育通常针对 3 岁以上儿童，3 岁以下儿童的学前教育只在少数地区进行试点。

（二）中国 3—5 岁儿童入学率低于大部分 OECD 成员国

在 OECD 成员国中，从 2005 年至 2017 年，3—5 岁儿童的平均入学率从 76% 上升到 87%。法国和英国的 3—5 岁儿童的入学率最高，均达到 100%；以色列（99%）、比利时（99%）、爱尔兰（98%）、丹麦（98%）、冰岛（96%）、西班牙（98%）、挪威（97%）、德国（95%）、新西兰（95%）、韩国（95%）等国家超过了 90%（见图 4-2）。OECD 成员国的义务教育也向年幼儿童延伸。基于 2017 年可获得的数据，大约三分之一的 OECD 成员国将学前教育纳入义务教育。②

①② 　OECD. Education at a Glance: OECD Indicators[R]. Paris: OECD, 2019.

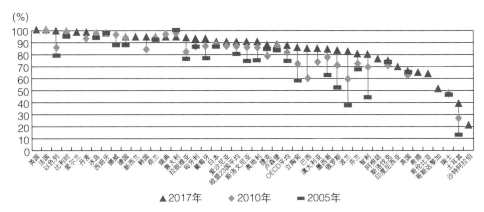

图 4-2 2005—2017 年部分 OECD 成员国及伙伴国 3—5 岁儿童入学率的变化

中华人民共和国成立以来，中国学前儿童毛入园率从 1950 年的 0.4% 增长到 2012 年的 64.5%，2017 年上升到 79.6%，2018 年上升到 81.7%（见图 4-3）。中国学前儿童入园率的提升幅度较大，但仍低于 OECD 平均水平和大部分 OECD 成员国。

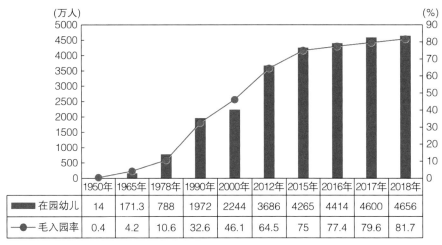

	1950年	1965年	1978年	1990年	2000年	2012年	2015年	2016年	2017年	2018年
在园幼儿	14	171.3	788	1972	2244	3686	4265	4414	4600	4656
毛入园率	0.4	4.2	10.6	32.6	46.1	64.5	75	77.4	79.6	81.7

注：毛入学率，是指某一级教育不分年龄的在校学生总数占该级教育国家规定年龄组人口数的百分比。毛入园率计算方法为：毛入园率 = 实际入园人数 ÷ 应入园幼儿人数。由于包含非正规年龄组（低龄或超龄）学生，因此毛入学率可能超过 100%。

图 4-3 1950—2018 年中国学前教育在园幼儿数和毛入园率

数据来源：中华人民共和国教育部 . 2018 年全国教育事业发展统计公报 [EB/OL]. (2019-07-24) [2023-06-09]. http://www.moe.gov.cn/jyb_sjzl/sjzl_fztjgb/201907/t20190724_392041.html.

（三）中国 3—5 岁儿童入读私立机构的比例高于大部分 OECD 成员国

在 OECD 成员国，平均 34% 的 3—5 岁儿童在私立机构接受学前教育，但各国之间的差异巨大，爱尔兰和新西兰 99% 的 3—5 岁儿童就读于私立机构，而斯洛文尼亚（4%）、立陶宛（5%）、瑞士（5%）、斯洛伐克（6%）、拉脱维亚（7%）、加拿大（7%）、希腊（9%）仅占 10% 以下（见图 4-4）。在中国，55% 的 3—5 岁儿童入读私立机构，高于 OECD 平均水平和大部分 OECD 成员国。

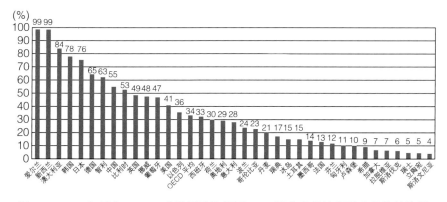

图 4-4　2017 年部分 OECD 成员国及伙伴国 3—5 岁儿童就读于私立机构的比例

（四）中国 3—5 岁儿童学前教育生均经费远低于 OECD 成员国

2016 年，OECD 成员国 3—5 岁儿童学前教育生均经费平均值（用购买力平价法折算）为 8349 美元，超过 1 万美元的国家有 8 个：卢森堡（17533 美元）、瑞典（14528 美元）、挪威（14344 美元）、冰岛（13230 美元）、瑞士（12592 美元）、芬兰（10961 美元）、德国（10101 美元）、奥地利（10028 美元）（见图 4-5）。中国学前教育生均经费 2016 年为 8626 元，2018 年增长到 10648 元。①

---

① 中华人民共和国教育部. 教育部关于 2018 年全国教育经费统计快报 [EB/OL]. (2019-04-30) [2023-06-09]. http://www.moe.gov.cn/jyb_xwfb/gzdt_gzdt/s5987/201904/t20190430_380155.html.

（用购买力平价法换算的美元）

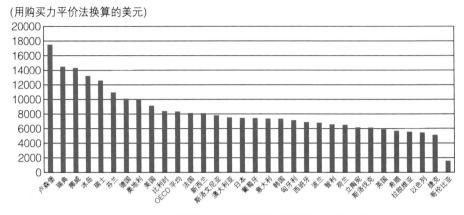

图 4-5　2016 年部分 OECD 成员国学前教育生均经费

（五）中国学前教育经费占 GDP 的比例较低

近年来，许多 OECD 成员国都增加了对学前教育的投资。根据 2016 年的数据，在 OECD 成员国中，学前教育经费（包含公立和私立机构）占 GDP 的比例平均为 0.8%，其中用于 0—2 岁儿童的占 0.2%，用于 3—5 岁儿童的占 0.6%。3—5 岁儿童学前教育经费占 GDP 比例最高的国家为瑞典（1.01%），然后是冰岛（1%）、挪威（0.99%）、智利（0.87%）、以色列（0.87%）、新西兰（0.84%）等国（见图 4-6）。不同国家之间差异较大的主要原因在于不同国家学前教育的年限不同。中国学前教育经费占 GDP 的比例从 2005 年的 0.05%

（%）

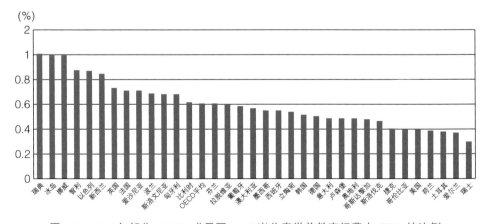

图 4-6　2016 年部分 OECD 成员国 3—5 岁儿童学前教育经费占 GDP 的比例

增加到 2016 年的 0.38%，2017 年增加到 0.39%，2018 年增加到 0.41%。① 但与 OECD 成员国的平均水平相比，中国学前教育经费占 GDP 的比例仍较低。

（六）OECD 成员国 3—5 岁儿童公共教育经费平均达 83%

在不同的国家，学前教育的经费来源不同。在许多国家，公共部门给达到特定年龄的儿童提供入学机会，许多政策把学前教育公共经费支出的责任下放给地方部门。总体上，与其他教育阶段相比，学前教育公共经费支出的权力更加分散，更加下放给地方部门。在 OECD 成员国中，近年来，学前教育的公共投资得到了大幅增长，平均而言，公共资源占 69%，而专门针对 3—5 岁儿童的则占 83%，卢森堡（98%）、拉脱维亚（97%）、比利时（97%）、瑞典（95%）、法国（93%）、匈牙利（92%）、以色列（91%）、希腊（91%）8 个国家超过了 90%（见图 4-7）。日本和英国的私人经费占比居前两位，分别占51% 和 50%。在日本，大部分的私人经费由家庭、基金会和商业部门共同承担；在英国，则主要来源于家庭。据统计，我国半数以上的学前儿童进入私立机构，幼教市场火爆，"入园难、入园贵"的现象较为普遍，由此可估算我国学前教育经费很大一部分来源于私人经费。

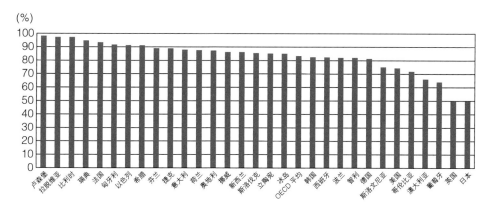

图 4-7　2016 年部分 OECD 成员国 3—5 岁儿童学前教育公共经费的相对比例

---

① 中国产业信息网.2017 年中国教育经费及学前教育经费支出情况统计分析 [EB/OL]. (2017-08-23) [2023-06-09]. http://www.chyxx.com/industry/201708/553387.html.

（七）大部分OECD成员国要求学前教育教师具备本科学历，我国学前教育教师大部分达到专科学历

在 OECD 成员国中，几乎所有学前教师都具有高等教育学历。大部分国家至少需要学士或同等学力，但也有例外，比如斯洛伐克，高中文凭也可以。目前，越来越多的学前教师具备学士或硕士学位。在德国，学前教师可以是本科层次的高等职业学院毕业的。在法国、波兰和葡萄牙，学前教师要求具备硕士或同等学力（见表4-1）。

表4-1　2017年部分OECD成员国学前教育教师所需最低学历

最低学历要求	国　　　家
高中	斯洛伐克
短期高等教育	奥地利、以色列、日本、韩国、拉脱维亚、西班牙（3 岁以下学前教育）、英国
本科	比利时、智利、丹麦、爱沙尼亚、芬兰、德国、日本、立陶宛、墨西哥、新西兰、挪威、斯洛文尼亚、西班牙（3—5 岁学前教育）、瑞士、瑞典、英国
研究生（硕士）	法国、波兰、葡萄牙

我国对于学前教师的资历并未设定严格的准入标准，学前教师通常"宽松入职"。[①]2018 年，我国专任学前教师中大部分达到了专科学历（相当于OECD 成员国的短期高等教育）及以上，城区、镇区和乡村专科及以上专任教师占比分别为87.14%、78.59%、68.3%。[②] 但由于我国学前教师缺口巨大，不少学前教师是代课教师，"无证上岗"，学历偏低或未受过正规师范教育。民办学前教育（尤其是农村地区）的师资水平更是参差不齐。

---

① 索长清，樊涛.学前师资的"宽松入职"及其消极影响［J］.当代教育论坛，2020（1）：72–79.

② 姜蓓佳，尚伟伟.学前教育倾斜政策的成效研究——基于 2010—2018 年中国教育统计数据［J］.当代教育论坛，2020（1）：52–64.

（八）中国学前教育生师比高于大部分 OECD 成员国

为了提高学前教育的质量，OECD 成员国通常的做法是控制生师比与班级规模。在 OECD 成员国中，除去助教（协助教师处理日常任务，处理儿童的特殊需求），每名学前教师平均教授 15 个学生，但不同国家存在较大差异，从哥伦比亚、墨西哥、英国、智利、法国、以色列、巴西每名教师教授 20 名儿童以上到德国、爱沙尼亚、新西兰每名教师教授 10 名以下儿童不等。中国学前教育的生师比（19∶1）较高，高于 OECD 平均值和大部分 OECD 成员国（见图 4-8）。奥地利、智利、法国、以色列、拉脱维亚、挪威、瑞典和英国等 OECD 成员国通常会充分利用助教。在大部分 OECD 成员国中，助教通常有高中学历，大多是职业高中学历。

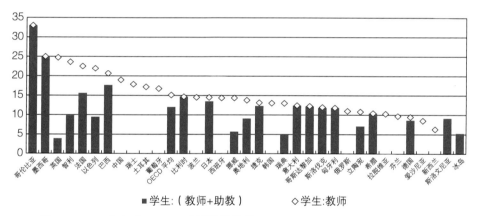

图 4-8　2016 年部分 OECD 成员国及伙伴国 3—5 岁儿童学前教育生师比比值

（九）在 OECD 成员国中，母亲受过高等教育的儿童比母亲未受过高等教育的儿童接受学前教育的比例平均高出约 10 个百分点

在 OECD 成员国中，母亲受过高等教育比母亲未受过高等教育的 3 岁以下儿童更有可能参与学前教育，前者比后者平均高出约 10 个百分点；在奥地利、比利时、爱尔兰和荷兰，则高出 20 个百分点以上（见图 4-9）。OECD 指出，其原因在于受过高等教育的女性比未受过高等教育的女性更有可能找到工作，收入也更高，因此更有可能承担子女接受学前教育的

私人成本。①

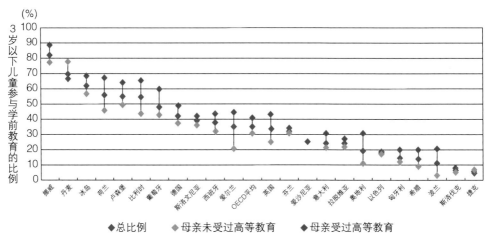

图 4-9　2014 年部分 OECD 成员国母亲受教育程度对 3 岁以下儿童参与学前教育的影响

（十）OECD 成员国社会经济地位不利儿童入学比例远低于其他儿童

　　学前教育对儿童未来的学习与成就至关重要，特别是对那些具有弱势背景的群体，比如具有移民背景的儿童或来自贫困家庭的儿童。在 OECD 成员国中，儿童在经济、社会和文化背景方面的不平等现象是较大的挑战。一方面，有些国家并未提供充足的公共资金，处于弱势背景的儿童通常在参与学前教育方面面临更大的障碍；另一方面，由于人口迁移，OECD 成员国的人口日益多样化，人口流动性的增加导致更大的多样性。从长远来看，让年轻的移民儿童融入新社区至关重要，尤其是在教育的早期阶段，需要特别努力以实现融合。因此，OECD 成员国通常鼓励和帮助移民儿童参与学前教育。然而，在大多数国家，移民儿童参与学前教育的比例远远低于没有移民背景的儿童。②

　　①　OECD. Education at a Glance: OECD Indicators[R]. Paris: OECD, 2018.

　　②　OECD. Starting Strong 2017: Key OECD Indicators on Early Childhood Education and Care[EB/OL]. (2017-06-21) [2023-06-09]. https://www.oecd-ilibrary.org/education/starting-strong-2017_9789264276116-en.

为了应对这样的挑战，各国都已开始采取措施扩大学前教育服务。例如，照顾生活在偏远地区的儿童，为经济状况不佳的儿童提供公平待遇。丹麦、芬兰、荷兰、挪威和瑞典都已执行政策，扩大移民和少数民族群体获得儿童早期教育的机会，旨在让儿童和家庭了解他们新的国家的语言和传统，并为父母提供建立社会联系和网络的机会。拥有土著居民的国家（如澳大利亚、加拿大、新西兰和美国）也采取措施保护传统语言和文化，同时设法使社会给予家庭更多的力量。尽管取得了这些进展，但在许多国家，满足早期儿童工作人员的需求以及不同种族、文化和语言家庭的需求仍然是较大的挑战。

此外，在移民或双语儿童所占比例较大的学前教育教室或游戏室中，师生互动质量较低。同样，研究表明，移民儿童或双语儿童比例较大的教室或游戏室环境可能影响儿童的发展：在贫困背景的儿童比例较高的班级中，儿童的语言和读写能力较差。教育处境不利的儿童需要更多额外的资源以提高教育的过程质量。①

二、中等教育机会指标比较

（一）中国 15—19 岁群体入学率与 OECD 成员国水平相当

由于 OECD 各成员国对不同学段规定的入学年龄并不统一，而中国可获得的数据通常是按照入学阶段划分的，所以可能无法精确地对二者的入学率进行一一对比。不过中等教育入学概况是可以相比较的。另外，从 OECD 的学段划分介绍中可以看出，其 6—14 岁大致相当于中国的小学和初中阶段，15—19 岁大致相当于中国的高中阶段。鉴于无法找到中国小学和初中合并起来的入学率，以下我们仅选择 OECD 成员国 15—19 岁群体入学率与中国的高中入学率做一个大致的对比。

从图 4-10 可看出，2018 年，中国的高中入学率是 89%。在 OECD 成员

---

① OECD. Engaging Young Children: Lessons from Research About Quality in Early Childhood Education and Care[EB/OL]. (2018-03-27) [2023-06-09]. http://dx.doi.org/10.1787/9789264085145-en.

国中，平均而言，15—19 岁人口的高中入学率是 85%。在图 4-10 所列国家的 15—19 岁人群中，澳大利亚的高中入学率最高，为 91%；最低是美国，为 83%。总体而言，中国与 OECD 成员国的高中入学率相近，中国的高中入学率高于一部分 OECD 成员国。

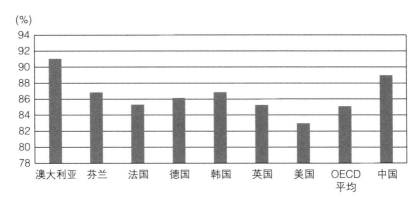

注：中国的数据来自 2018 年。

图 4-10　2017 年（2018 年）部分 OECD 成员国及中国 15—19 岁群体入学率

数据来源：

1. 中华人民共和国教育部 .2018 年全国教育事业发展统计公报 [EB/OL]. (2019-07-24) [2023-06-09]. http://www.moe.gov.cn/jyb_sjzl/sjzl_fztjgb/201907/t20190724_392041.html.

2. OECD. Education at a Glance: OECD Indicators[R]. Paris: OECD, 2018.

（二）中学生绝大部分就读于公立学校

在 OECD 成员国中，学生接受初中教育的平均年龄为 14 岁，接受高中教育的平均年龄为 19 岁。在大多数 OECD 成员国中，中学生主要就读于公立学校。2016 年，OECD 成员国平均有 85% 和 80% 的初中生和高中生就读于公立学校，我国的数据分别是 88% 和 89%，略高于 OECD 平均值。在表 4-2 所示的 10 个国家中，英国中学生就读于公立学校的比例最低，初中生仅为 28%，高中生仅为 19%，可见英国私立教育盛行。在日本和韩国，初中生主要就读于公立学校，但公立学校的高中生比例下降了超过 20 个百分点。加拿大、韩国与日本高中生就读于职业高中的比例较低，而芬兰高达 71%。中国这一数据为 41%，与 OECD 成员国的平均水平接近。

表 4-2 2016 年部分 OECD 成员国和中国的中等教育入学概况

国家 / 国际 组织	初　　中		高　　中					
	平均入 学年龄 （岁）	公立机构 学生数 占比	平均入 学年龄 （岁）	公共机构 学生数 占比	非全日制 入学占比	学生百分比		女生占职业 课程百分比 （占所有 项目）
						职业或技 术教育 课程	工学结 合课程	
澳大 利亚	m	59%	m	60%	50%	56%	x（6）	49%
加拿大	13	92%	17	93%	0	9%	x（6）	8%
芬兰	14	95%	25	80%	a	71%	9%	69%
法国	13	78%	17	71%	0	41%	10%	36%
德国	13	90%	18	92%	2%	38%	31%	38%
日本	13	93%	16	67%	5%	23%	a	20%
韩国	13	82%	16	57%	0	18%	a	15%
英国	m	28%	21	19%	34%	53%	20%	54%
美国	13	91%	16	91%	a	m	m	m
OECD 平均	14	85%	19	80%	9%	44%	11%	40%
中国	m	88%	m	89%	m	41%	m	38%

注：

1. m 表示数据缺失。

2. x（6）表示该国该列数据包含在该国的第 6 列数据中。

数据来源：

1. OECD. Education at a Glance: OECD Indicators[R]. Paris: OECD, 2018.

2. 中华人民共和国教育部发展规划司 . 中国教育统计年鉴 2017 ［M］. 北京：中国统计出版社，2018.

3. 中华人民共和国教育部 . 2018 年全国教育事业发展统计公报 [EB/OL]. (2019-07-24) [2023-06-09]. http://www.moe.gov.en/jyb_sjzl/sjzl_fztjgb/201907/t20190724_392041.html.

（三）高中教育普及化，职业高中教育呈衰退趋势

图 4-11、图 4-12 和图 4-13 分别反映了可获得数据的几个国家以及 OECD 成员国平均的高中教育（总）、普通高中教育和职业高中教育的发展情况。

图 4-11 显示, 1998—2016 年, OECD 平均高中教育毕业率保持稳定, 从 80% 左右增长到近 90%。一些发达国家的高中教育毕业率始终保持在 90% 以上, 芬兰和德国甚至达到了 100%。这说明, OECD 成员国已经实现了高中教育普及化, 几乎人人都完成了高中教育。中国的高中教育发展速度惊人, 高中教育毕业率从 1999 年的 37% 增加到 2016 年的 86%。

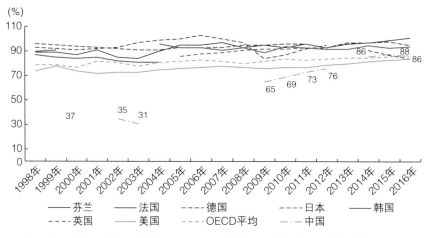

图 4-11　1998—2016 年部分 OECD 成员国和中国的高中教育毕业率（总）

图 4-12 所示国家的普通高中教育处于平稳发展态势, 1998—2018 年, OECD 平均普通高中教育毕业率从 42% 增长到 50% 多。但芬兰呈现一定的下

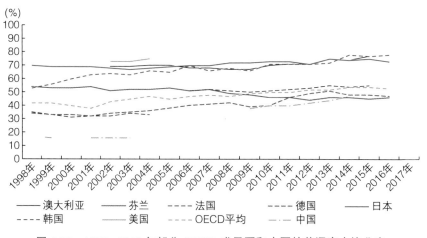

图 4-12　1998—2018 年部分 OECD 成员国和中国的普通高中毕业率

降趋势，从 54% 跌入 45%。中国的普通高中教育事业同样高速发展，从 1999 年的 17% 增长到 2014 年的 47%，这为经济社会发展提供了充足的人才储备。

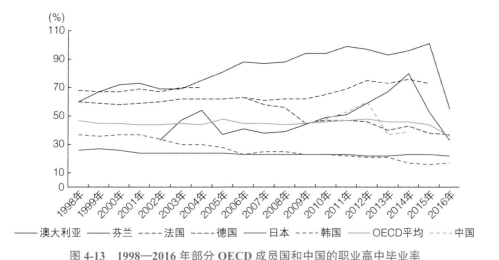

图 4-13　1998—2016 年部分 OECD 成员国和中国的职业高中毕业率

　　如图 4-13 所示，职业高中教育在近些年则表现出衰退趋势。OECD 平均职业高中教育毕业率从近 47% 跌到 36%。但也有个例，比如芬兰，1998—2015 年，其毕业率一直稳步增长，甚至达到 100%，而 2016 年则迅速回落到 50% 左右。中国的职业高中毕业率呈现出先上升后下降的状态。这与高中职业教育和培训毕业生常常面临其他的不利情况有关。PIAAC 的数据表明，基本技能（如读写和计算）具有较大价值。这些技能不仅可以增加求职者在劳动力市场获得职位的机会，还能让人们过上更好的生活。PIAAC 的证据表明，仅有高中职业教育和培训学历的人比有高等教育学历者的基本技能水平低。此外，数据显示，在一些职业教育和普通教育项目界限清晰的国家（例如，几乎没有机会在两种教育中切换，或学生很早就被分配到其中一种教育体系中），识字水平的差异往往更大。①

---

　　①　OECD. Does Upper Secondary Vocational Education and Training Improve the Prospects of Young Adults?[EB/OL]. (2013-11-01) [2023-06-09]. https://www.oecd-ilibrary.org/education/does-upper-secondary-vocational-education-and-training-improve-the-prospects-of-young-adults_5jzbb2st885l-en.

(四) 中国高中毕业率高于 OECD 成员国的平均水平

图 4-14 中"高中毕业率"的计算基于 2016 年的毕业生人数和这一群体的年龄分布。如果没有年龄细分, 则计算毛毕业率。这是指毕业生总数除以该国提供的典型年龄人口的平均队列。在本指标中, 年龄一般指学生在公历年开始时的年龄。学生在学年末毕业时的年龄可能比所显示的年龄大 1 岁。25 岁是完成中等教育的年龄上限, 因为在 OECD 成员国, 2016 年 95% 以上的高中普通课程毕业生年龄在 25 岁以下。25 岁或 25 岁以上高中毕业的人通常参加二次机会项目。在中等后非高等教育水平, 30 岁是毕业的年龄上限。本指标主要关注的是应届毕业生。

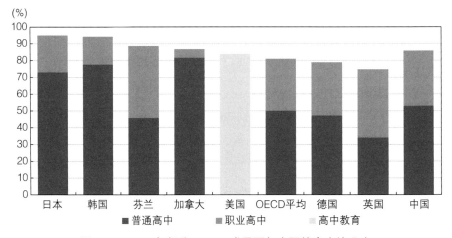

图 4-14 2016 年部分 OECD 成员国与中国的高中毕业率

高中教育通常被认为是成功进入劳动力市场的最低资格, 是继续深造的必要条件。未能按时完成高中教育的代价对个人和社会都非常大。各国高中毕业率的巨大差异能够反映各国不同的教育制度和方案, 以及目前的社会规范和经济表现等。目前的估计表明, 在 OECD 成员国中, 平均 87% 的人将在一生中完成高中教育, 81% 的人将在 25 岁之前完成高中教育。

图 4-14 显示的大多数国家首次高中毕业率 (25 岁以前) 超过 80%, 唯有德国为 79%, 英国为 75%。中国的高中毕业率为 86%, 高于 OECD 平均值, 仅次于日本、韩国和芬兰, 其中普通高中占 53%, 职业高中占 33%。如图

4-15 所示，根据《2018 年全国教育事业发展统计公报》的数据，中国高中阶段在校生规模中，普通高中占比 60%，中等职业教育占 39.5%。普通高中的较高毕业率可能反映了中高级职业课程的学生比例低于普通高中，以及职业教育的较低完成率。

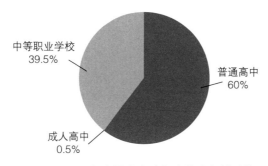

图 4-15　2018 年中国高中阶段在校生规模结构

数据来源：中华人民共和国教育部 . 2018 年全国教育事业发展统计公报 [EB/OL]. (2019-07-24) [2023-06-09]. http://www.moe.gov.en/jyb_sjzl/sjzl_fztjgb/201907/t20190724_392041.html.

（五）普通高中女性学生比例缓慢增长

从图 4-16 中可以看出，2013—2017 年，OECD 成员国普通高中教育中的女性比例总体上得到了缓慢增长。其中，芬兰普通高中的女性比例最高，从 2013 年的 57% 增长到 2017 年的 58%。韩国普通高中的女性比例虽然从 2013

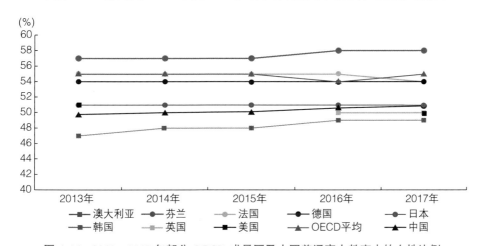

图 4-16　2013—2017 年部分 OECD 成员国及中国普通高中教育中的女性比例

年的 47% 增长到 2017 年的 49%，但仍处于最低比例。中国普通高中教育中的女性比例也呈现明显的增长趋势，从 2013 年的 49.75% 增长到 2017 年的 50.85%。

2013—2017 年，在图 4-17 所示的国家中，职业高中教育中的女性比例基本保持不变。其中，芬兰依然是女性占比最高的国家，基本保持在 53%—54%。德国职业高中教育中的女性比例是最低的，为 40%—41%。OECD 平均水平为 46%。中国则有一定的波动，维持在 42%—49%。

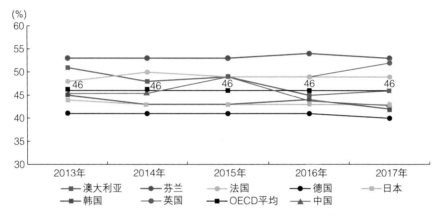

图 4-17　2013—2017 年部分 OECD 成员国及中国职业高中教育中的女性比例

我们再来重点关注一下 2017 年的数据。在普通高中教育中，女性比例往往比在职业高中教育中高得多。在 OECD 成员国中，普通高中毕业生女性所占比例平均为 55%，而在职业高中中所占比例为 46%。几乎在有数据的所有国家，女性占普通高中毕业生的约一半——从韩国的 49% 到芬兰的 58%。相比之下，在大多数国家的职业规划中，女性人数不足。职业高中的女性比例存在着较大的跨国差异，芬兰 2013—2017 年始终保持在 50% 以上，2013 年澳大利亚有 51%，2014 年法国有 50%，2017 年英国有 52%，其余国家皆不到50%。普通高中和职业高中的女性比例，各国差异不是很大。其中，中国普通高中与职业高中教育中的女性比例分别为 50.85% 和 42.67%，略低于 OECD 平均水平。

（六）父母受教育程度越低，其子女越难获得更高的教育水平

在 OECD 成员国中，越来越多的人对高中教育课程感兴趣。作为寻求获

得劳动力市场认可技能的年轻人的一种选择，职业教育除了提供技术技能外，其强有力的职业规划也为学生在工作、生活中取得成功，在不同的轨道和职业选择之间转换提供了垫脚石。① 但职业教育也引发了社会对公平问题的思考，特别是是否去职业中学读书主要取决于学生的社会经济背景。OECD 调查了父母受教育程度与子女高中入学率、高中毕业率和高等教育入学率的关系（见图 4-18）。

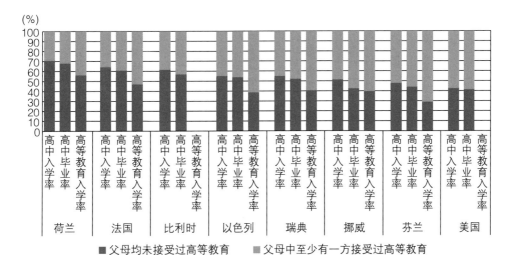

图 4-18　2015 年部分 OECD 成员国高中入学率、高中毕业率、高等教育入学率

在大多数 OECD 成员国中，如果父母均未接受过高等教育，那么其子女的高中入学率、高中毕业率和高等教育入学率持续下降，即父母受教育程度越低，其子女越难获得更高的教育水平。这一指标有助于确定高等教育中所观察到的不平等在多大程度上源于较早一代的教育水平。例如，在挪威，父母没有受过高等教育的学生从高中毕业就面临着特别的障碍。父母中至少有一人受过高等教育的毕业生更有可能继续接受高等教育。

如图 4-19 所示，在数据可循的国家，父母受教育程度较低的学生在职业

① OECD. OECD Reviews of Vocational Education and Training[EB/OL]. (2012-07-03) [2023-06-12]. https://www.oecd-ilibrary.org/education/oecd-reviews-of-vocational-education-and-training-a-learning-for-jobs-review-of-mexico-2009_9789264168688-en.

高中的人数大大超过普通高中。在几乎所有列举的国家中，父母未受过高中教育的学生选择职业高中的比例大约是选择普通高中的学生的两倍。对于父母中至少有一位受过高等教育的学生来说，这种差距可能更加明显。例如，在法国和荷兰，双亲中至少有一人受过高等教育的学生约有 50% 选择普通高中，而仅有 20% 以下的学生选择职业高中。①

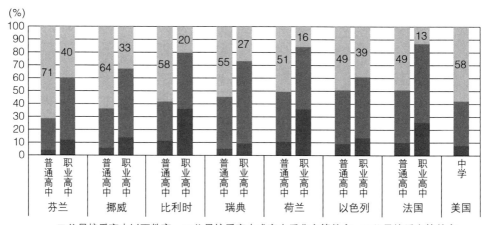

图 4-19　2015 年部分 OECD 成员国学生首次接受高中教育的比例

　　学生的社会经济背景除了影响其对高中的选择外，还会影响他们的教育成果。图 4-20 通过父母受教育程度这个可能反映弱势群体的指标来考察高中教育完成率，显示了在就读的课程的理论期限内完成高中教育的学生所占的比例。父母中至少有一人接受过高等教育的学生比父母未接受过高等教育的学生更有可能在规定时间内完成高中教育。父母中至少有一方接受过高等教育的学生与父母未接受过高等教育的学生之间的学业完成率差距从以色列的约 5 个百分点到挪威的约 10 个百分点不等。

　　在大多数国家，这两类学生在普通课程和职业课程中的差距是相似的。然而，在法国和荷兰，普通课程的差距要高于职业课程。这表明，在这两个国家，职业课程比普通课程更能减少社会经济背景对学生毕业的影响。

---

①　OECD. Education at a Glance: OECD Indicators[R]. Paris: OECD, 2018.

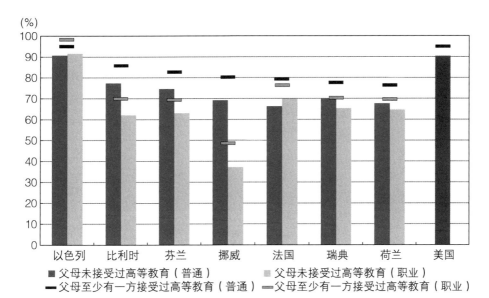

(%)

父母未接受过高等教育（普通）　　**父母未接受过高等教育（职业）**
父母至少有一方接受过高等教育（普通）　**父母至少有一方接受过高等教育（职业）**

图 4-20　2015 年部分 **OECD** 成员国学生在规定时间内完成高中教育的比例

（七）父母受教育程度低的学生和有移民背景的学生的高中完成率较低

有移民背景的学生所占比例因国家而异。根据 2015 年的调查数据，在意大利和芬兰，只有不到 6% 的高中学生有移民背景，而法国和挪威的这一比例约为 10%，以色列、荷兰、瑞典和美国的这一比例约为 15%—20%。图 4-21 显示，在大多数国家中，第一代移民（在国外出生，父母也都出生在另一个国家，不包括国际学生）的中等教育完成率或第二代移民（出生在这个国家，但是父母都出生在另一个国家）的中等教育完成率低于没有第一代或第二代移民背景的学生（非移民）。最大的差距出现在意大利，约 61.3% 的非移民按时完成中等教育，而第一代移民和第二代移民的这一比例约为 31.84% 和 36.78%。

未完成中等教育就辍学的年轻人技能水平较低，就业率和收入低于完成中等教育的同龄人。因此，父母受教育程度低的学生和有移民背景的学生的中等教育完成率较低，可能在较大程度上加剧社会不平等。

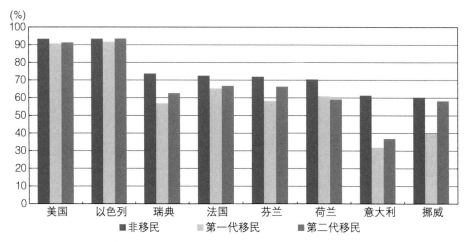

图 4-21　2015 年部分 OECD 成员国学生在规定时间内完成中等教育的比例

三、高等教育机会指标比较

(一) 高等教育入学率

1. 1995—2016 年高等教育入学率总体平稳增长

图 4-22 至图 4-24 统计数据的变化反映了中国和 OECD 成员国的高等教育在 1995—2016 年这 20 年间的发展情况。1995—2012 年，图中所有国家的

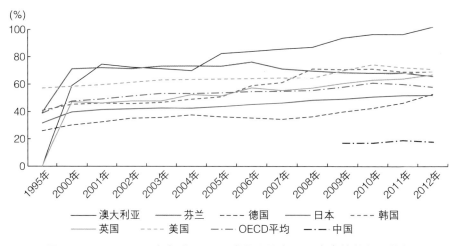

图 4-22　1995—2012 年部分 OECD 成员国及中国 A 类高等教育入学率

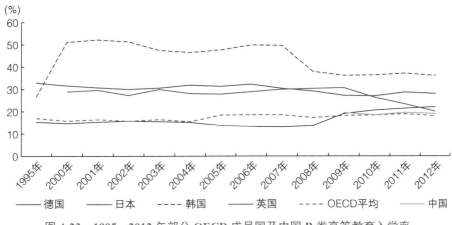

图 4-23　1995—2012 年部分 OECD 成员国及中国 B 类高等教育入学率

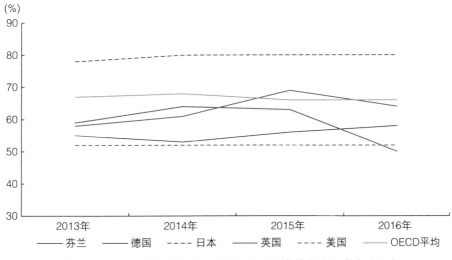

图 4-24　2013—2016 年部分 OECD 成员国高等教育入学率（总）

A 类高等教育入学率整体呈现上升趋势，OECD 平均 A 类高等教育入学率从近 40% 增长到近 60%，澳大利亚 A 类高等教育入学率甚至突破 100%。这反映了高等教育蓬勃发展，特别是科学研究方向的高等教育发展势头强劲。中国 2009—2012 年 A 类高等教育入学率呈平稳增长趋势，增长到接近 20%。B 类高等教育入学率总体呈缓慢下降趋势。OECD 平均 B 类高等教育入学率一直在 20% 以下波动。韩国 B 类高等教育入学率在早期迅速发展到 50% 以上，但之后快速回落，到 2012 年只有不到 40%。这反映了实践就业方面的高等教育呈萎缩趋势。中国 2009—2012 年 B 类高等教育入学率稳定在 17%—20%。中国 2009—2012 年 A 类、B 类高等教育入学率都呈现稳定趋势，虽然绝对数值还比较低，但发展潜力很大，进一步发展态势明显。

2013—2016 年，OECD 平均高等教育入学率较为稳定，在 67% 左右，呈平缓增长趋势。日本高等教育入学率最高，在 80% 左右。

各国短期高等教育入学率增长速度都较快，OECD 平均短期高等教育入学率向 20% 增长，反映了就业导向更为强势。本科阶段高等教育入学率、硕士阶段高等教育入学率、博士阶段高等教育入学率呈现平稳增长趋势，反映了社会发展需要更多的高素质人才，人们越来越重视高等教育，特别是往研究生阶段继续深造发展。

2. 中国 17—20 岁人群接受高等教育的比例与 OECD 平均水平趋同

有些 OECD 成员国的学生从 17 岁就开始接受高等教育或中等后非高等教育。如图 4-25 所示，在 OECD 成员国中，平均而言，17 岁进入高等教育的人数占 17—20 岁人群的 2%，18 岁上升至 18%，19 岁上升至 34%，20 岁为 39%。17—20 岁人群接受高等教育的人数占人口比例最大的国家为韩国，17—20 岁分别为 1%、61%、73%、69%。中国的这一数据为 4%、22%、35%、36%，基本达到或高于 OECD 平均水平。比例最低的国家为芬兰

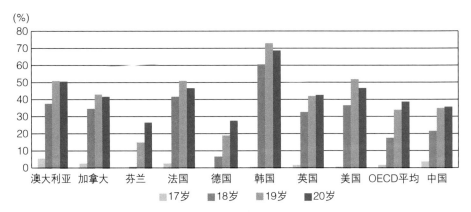

图 4-25　2017 年部分 OECD 成员国及中国 17—20 岁人群
接受高等教育的人数占人口的比例

（0、1%、15%、27%）和德国（0、7%、19%、28%）。这些差异可能与文化、教育体制和非高等教育途径的质量和种类有关。相比中国与韩国，芬兰与德国的学生在高中教育结束后更容易进入劳动力市场，可能由于这个原因，选择直接接受高等教育的人数少于中国与韩国。

3. 中国短期高等教育入学率偏高，学士、硕士、博士阶段高等教育入学率远低于 OECD 平均值

在图 4-26 所示的 OECD 成员国中，日本高等教育初次入学率（80%）最高。一些年龄较大的学生和国际学生人数较多的国家，高等教育初次入学率会较高。就 OECD 成员国的平均水平而言，短期高等教育的初次入学率为 16%，学士或同等学力的初次入学率为 58%，硕士或同等学力的初次入学率为 24%，博士或同等学力的初次入学率为 2.5%，高等教育的初次入学率为 66%。中国高等教育初次入学率为：短期高等教育 38%，学士或同等学力 34%，硕士或同等学力 4%，博士或同等学力 0.4%。除短期高等教育入学率外，中国高等教育各阶段的初次入学率均低于 OECD 平均水平。学士或同等学力初次入学率最高的国家为澳大利亚，高达 97%；硕士或同等学力初次入学率最高的国家为法国，达到 39%；博士或同等学力初次入学率最高的国家为英国，占 4%。可见，虽然中国高等教育已经进入大众化阶段，与 OECD 成员国相比，中国学生参与 2—3 年制短期高等教育的比例较高，但学士、硕士和博士教育阶段的初次入学率与 OECD 平均水平存在较大差距。可以说，中国的高等教育还有很大的发展空间。

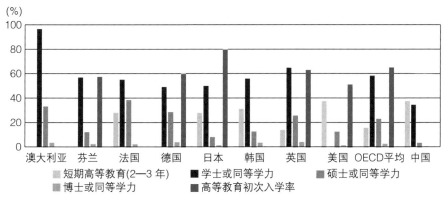

图 4-26　2016 年部分 OECD 成员国及中国高等教育初次入学率

尽管如此，中国高等教育的初次入学率在过去几十年已有了很大的提升。如图 4-27 所示，根据《2017 年全国教育事业发展统计公报》，2017 年，全国各类高等教育在学总规模达到 3779 万人，高等教育毛入学率达到 45.7%。研究生招生 80.61 万人，其中全日制 69.19 万人。招收博士生 8.39 万人，硕士生 72.22 万人。在学研究生 263.96 万人，其中在学博士生 36.2 万人，在学硕士生 227.76 万人。毕业研究生 57.80 万人，其中毕业博士生 5.8 万人，毕业硕士生 52.0 万人。普通本专科招生 761.49 万人，比上年增加 12.88 万人，增长 1.72%；在校生 2753.59 万人，比上年增加 57.74 万人，增长 2.14%；毕业生 735.83 万人，比上年增加 31.65 万人，增长 4.49%。

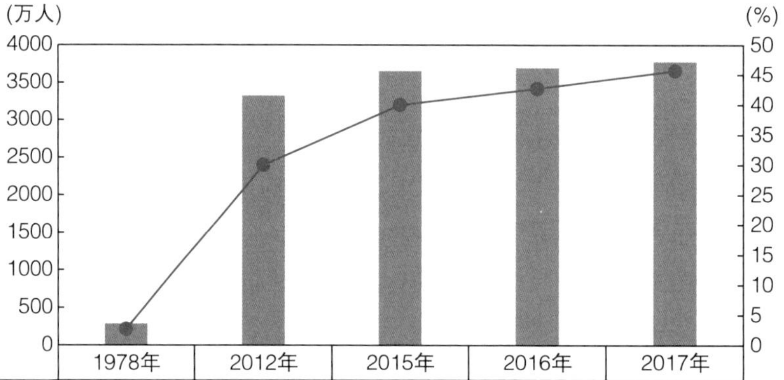

	1978年	2012年	2015年	2016年	2017年
在学总规模	288	3325	3657	3699	3779
毛入学率	2.7	30	40	42.7	45.7

图 4-27　1978—2017 年我国高等教育在学规模和毛入学率

数据来源：中华人民共和国教育部 . 2017 年全国教育事业发展统计公报 [EB/OL]. (2018-07-19) [2023-06-12]. http://www.moe.gov.cn/jyb_sjzl/sjzl_fztjgb/201807/t20180719_343508.html.

（二）高等教育毕业率平稳上升，国家间差异较大

如图 4-28 所示，1995 年、2000—2012 年，各国的 A 类高等教育毕业率总体呈平稳上升趋势。澳大利亚和芬兰的 A 类高等教育毕业率相对较高，芬兰的 A 类高等教育毕业率 2008 年达到 62.2%，澳大利亚在 2005—2006 年也达到近 60%。然而，德国的 A 类高等教育毕业率仅从 1995 年的 14% 增长到 2012 年的 31%。这可能是由于不同国家 A 类高等教育的课程设置、结业标准

和劳动力市场需求不同。如图 4-29 所示，除芬兰外，B 类高等教育毕业率基本呈平稳态势。芬兰的 B 类高等教育毕业率从 1995 年的 34% 降到 2007 年的 0.1%。日本的 B 类高等教育毕业率保持在 25%—30%，英国、法国和德国等国家的 B 类高等教育毕业率仅为 10%—20%。

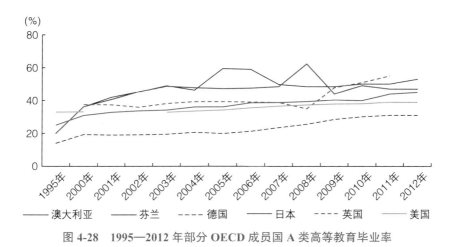

图 4-28　1995—2012 年部分 OECD 成员国 A 类高等教育毕业率

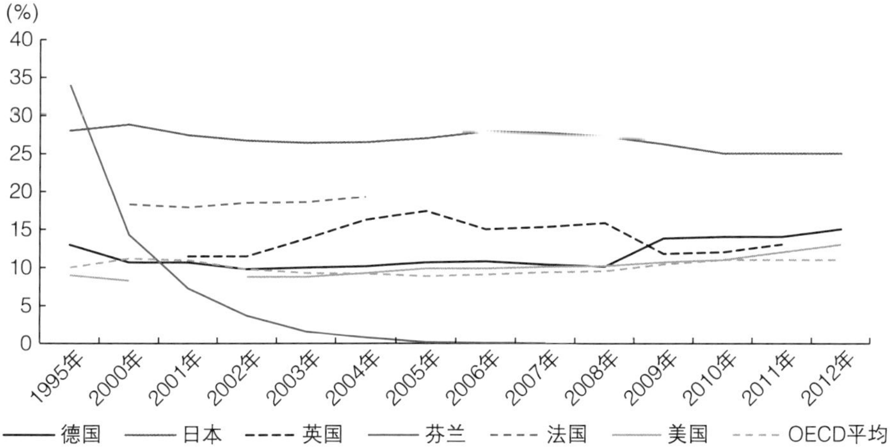

图 4-29　1995—2012 年部分 OECD 成员国 B 类高等教育毕业率

2013—2016 年，图 4-34 中各国的高等教育总毕业率总体上升，但各国之间有较大的差异。OECD 成员国的高等教育毕业率平均值约为 50%，澳大利亚和日本的毕业率超过 70%，其余国家则都在 56% 以下。德国的高等教育总毕业率最低，在 38% 左右徘徊。如图 4-30 所示，各国的短期高等教育毕业率有升有降。中国发展最快，从 2013 年的 19% 上升到 2016 年的 32%，澳大利亚则从 2013 年的 28% 下降到 2016 年的 13%。OECD 平均水平保持在 10% 左右。如图 4-31 所示，在学士阶段，各国的毕业率总体呈上升趋势，只有澳大利亚略有下降，从 2013 年的 61% 下降到 2016 年的 60%；中国从 17% 增长到 31%。这一阶段，高等教育毕业率平稳发展，OECD 平均水平维持在大约38%。如图 4-32 和图 4-33 所示，在硕士、博士阶段，高等教育毕业率波动较小。博士阶段的毕业率一直呈现较低状态，其中英国的博士毕业率最高，大约为 3%；中国的博士毕业率最低，仅为 0.2%。

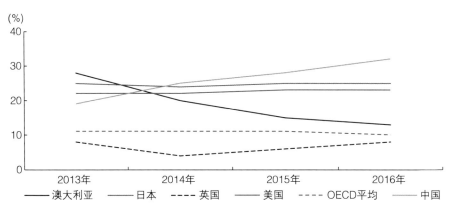

图 4-30　2013—2016 年部分 OECD 成员国及中国短期高等教育毕业率

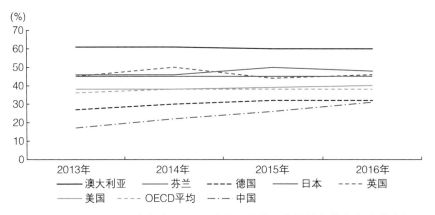

图 4-31　2013—2016 年部分 OECD 成员国及中国高等教育毕业率（学士）

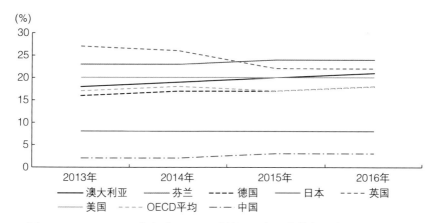

图 4-32　2013—2016 年部分 OECD 成员国及中国高等教育毕业率（硕士）

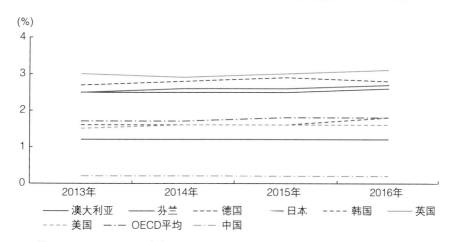

图 4-33　2013—2016 年部分 OECD 成员国及中国高等教育毕业率（博士）

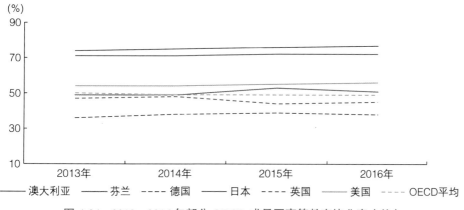

图 4-34　2013—2016 年部分 OECD 成员国高等教育毕业率（总）

对 2016 年高等教育初次毕业率的估算建立在 2016 年毕业生的人数和其年龄分布的基础上。由于毕业率是基于当前毕业模式估算的，因此它会随着教育制度的变化而改变。如引进新的课程或课程年限的变化、实施"博洛尼亚进程"等，这些因素都会引起毕业率的变化。

学士学位仍然是最普遍持有的高等教育文凭，OECD 成员国也在提升其他层次的高等教育。为了提高毕业生的就业能力，一些国家鼓励设置短期高等教育方案。提高就业能力的其他方法包括鼓励设置学士和硕士水平的专业或职业课程。

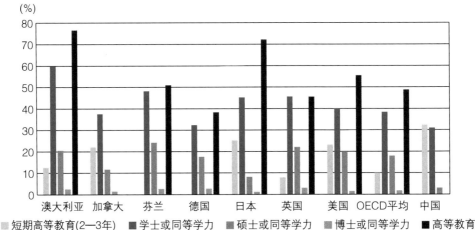

图 4-35　2016 年部分 OECD 成员国及中国高等教育初次毕业率

如图 4-35 所示，根据 2016 年的毕业模式，在 OECD 成员国中，49% 的年轻人（包括国际学生）一生中有望至少完成一次高等教育。在图 4-35 列出的国家中，高等教育初次毕业率最高的国家为澳大利亚，达到 77%；其次是日本，为 72%；接下来是美国（55.5%）、芬兰（51%）。OECD 平均水平为49%。英国与德国未达到 OECD 平均水平，分别为 45% 和 38.3%。OECD 成员国平均 38% 的年轻人将获得学士学位，预计 18% 的年轻人将获得硕士学位，10% 的人从短期高等教育项目毕业，大约 1.8% 的人获得博士学位。中国预计获得学士、硕士、博士学位的毕业生的比例分别为 31%、3%、0.2%。在中国和日本，一个人一生中完成短期高等教育课程的概率为 32% 和 25%。

如表 4-3 所示，将部分 OECD 成员国与中国的高等教育入学率与毕业率进行对比，OECD 平均短期高等教育入学率为 16%，毕业率为 10%；学士或同等学力入学率为 58%，毕业率仅为 38%，下降 20 个百分点；硕士或同等学力入学率为 24%，毕业率为 18%；博士或同等学力入学率为 2.5%，毕业率为 1.8%；高等教育入学率为 66%，毕业率仅为 49%。相较之下，中国高等教育的入学率与毕业率差异较小，短期高等教育、学士或同等学力、硕士或同等学力、博士或同等学力的入学率与毕业率依次仅相差了 6%、3%、1% 与 0.2%。

表 4-3　2016 年部分 OECD 成员国及中国高等教育入学率与毕业率

国家 / 国际组织	短期高等教育 （2—3 年）		学士 或同等学力		硕士 或同等学力		博士 或同等学力		高等教育 （总体）	
	入学率	毕业率	入学率	毕业率	入学率	毕业率	入学率	毕业率	入学率	毕业率
澳大利亚	m	13%	97%	60%	34%	21%	3.4%	2.6%	m	77%
芬兰	m	m	57%	48%	13%	24%	2.3%	2.7%	58%	51%
德国	0	0	49%	32%	29%	18%	3.8%	2.8%	60%	38%
日本	28%	25%	50%	45%	9%	8%	1.2%	1.2%	80%	72%
英国	14%	8%	65%	46%	26%	22%	4.0%	3.1%	64%	45%
美国	38%	23%	m	40%	13%	20%	1.2%	1.6%	52%	56%
OECD 平均	16%	10%	58%	38%	24%	18%	2.5%	1.8%	66%	49%
中国	38%	32%	34%	31%	4%	3%	0.4%	0.2%	46%	m

注：m 表示数据缺失。

（三）高等教育毕业生专业分布

其一，OECD 成员国高等教育毕业生获得商学、行政管理和法律专业学位的比例最大。

毕业生的专业分布与不同专业领域在学生中的相对受欢迎程度、各大学或机构提供的学习空间与机会以及各国各学科的学位结构有关。

目前，在大多数 OECD 成员国，所有高等教育方案的毕业生中，获得商学、行政管理和法律专业学位的比例最大。各国高等教育毕业生最喜欢的学习领域存在差异：韩国是工程、制造和建筑，芬兰是卫生与福利，美国是艺术人文。在大多数国家，科学、技术、工程和数学（STEM）领域不太受学生欢迎。超过一半的 OECD 成员国的自然科学、数学和统计学，工程、制造和建筑，信息与通信技术专业的毕业生比例低于商学、行政管理和法律专业的毕业生。

表 4-4　2016 年部分 OECD 成员国高等教育毕业生的分布（按专业划分）

国家 / 国际组织	教育学	艺术 人文	社会科 学、新闻 和信息	商学、 行政 管理和 法律	自然科 学、数 学和统 计学	信息与 通信 技术	工程、 制造和 建筑	农业、 林业、 渔业和 兽医	卫生 与 福利	服务
澳大利亚	9%	11%	7%	34%	6%	4%	8%	1%	18%	2%
加拿大	8%	10%	16%	26%	7%	3%	12%	2%	14%	2%
芬兰	6%	12%	7%	18%	5%	7%	18%	2%	20%	4%
法国	4%	9%	8%	33%	8%	3%	15%	1%	15%	3%
德国	10%	12%	7%	23%	9%	5%	22%	2%	7%	3%
日本	10%	15%	8%	20%	3%	m	18%	3%	16%	8%
韩国	7%	17%	6%	16%	5%	2%	22%	1%	14%	9%
英国	9%	15%	12%	22%	14%	4%	9%	1%	13%	0
美国	7%	20%	12%	19%	7%	4%	7%	1%	17%	6%
OECD 平均	10%	11%	10%	24%	6%	4%	14%	2%	15%	5%

注：m 表示数据缺失。

其二，中国 STEM 学科的毕业生比例远高于 OECD 成员国，STEM 学科每年的毕业生人数是美国的 4 倍。

中国的高等教育毕业生分布主要集中在工学、医学、管理学与理学等专业。与 OECD 成员国不同的是，STEM 领域在中国非常受欢迎，而哲学、历史学、艺术学等人文学科相对而言没有那么热门。中国和印度学习 STEM 领域课程的高等教育人口比例与 OECD 成员国相比极有可能处于领先地位。

表 4-5　2017 年中国高等教育毕业生的分布（按专业划分）

毕业生	哲学	经济学	法学	教育学	文学	历史学	理学
占比	0.64%	4.93%	6.74%	5.89%	5.27%	0.90%	9.04%
博士（人）	677	2142	2933	1063	1976	772	12821
硕士（人）	3206	27646	37807	34506	29857	4699	41790
毕业生	工学	农学	医学	军事学	管理学	艺术学	
占比	34.63%	3.44%	11.70%	0.03%	13.18%	3.26%	
博士（人）	22033	2654	9699	23	3227	586	
硕士（人）	187234	18116	61009	136	76413	19108	

数据来源：中华人民共和国教育部发展规划司.中国教育统计年鉴 2018[M].北京：中国统计出版社，2019.

2015 年，中国超过 40% 的高等教育毕业生获得了 STEM 学位，比所有 OECD 成员国的比例都要高。德国和印度超过了 30%，而 OECD 成员国平均只有 21%（见图 4-36）。到了 2016 年，在 OECD 成员国中，平均 24% 的高等教育毕业生获得了 STEM 专业的学位。中国 STEM 学科每年的毕业生人数是

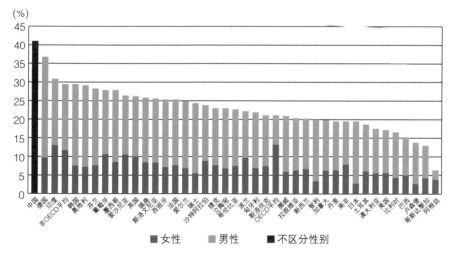

图 4-36　2015 年部分 OECD 成员国及伙伴国 STEM 领域的
高等教育毕业生比例及性别分布

美国的 4 倍，且这还不包括在美国院校注册的约 30 万名中国学生。①

如果趋势保持不变，那么这意味着中国和印度的大学毕业生前景光明。特别是随着劳动力市场变得更加全球化和灵活化，STEM 技能在劳动力市场中越来越重要，需要这些技能的工作前所未有的多。在 OECD 成员国中，STEM 专业的毕业生比其他领域的毕业生更有可能找到工作，并且就业时获得更高的报酬。②

如图 4-37 所示，平均来看，OECD 成员国的商学、行政管理和法律专业的男性和女性高等教育毕业生的平均比例分别为 25%、24%，这些专业是最受女性欢迎的学习领域；第二个受女性欢迎的领域是卫生与福利，其女性毕业生占女性毕业生总数的 20%。相比之下，其他领域，如工程、制造和建筑等，对男性更具吸引力。

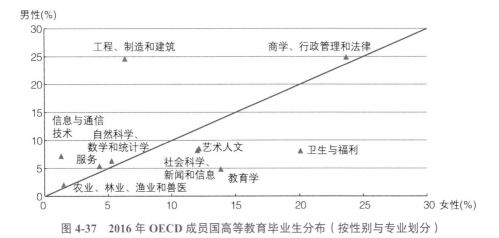

图 4-37　2016 年 OECD 成员国高等教育毕业生分布（按性别与专业划分）

2016 年，在教育学领域，女性毕业生占 14%，男性毕业生仅占 5%。20% 的女性毕业生获得了卫生与福利学位，而卫生与福利专业的男性毕业生则为 8%。教育学、卫生与福利领域的这种性别差距存在于所有 OECD 成员国中。

2016 年，接受高等教育的女性多于男性。平均而言，OECD 成员国首

①　CHEN TP, JORDAN M. Why So Many Chinese Students Come to the U.S. [EB/OL]. (2016-05-01) [2023-06-13]. http://www.wsj.com/articles/why-so-many-chinese-students-come-to-the-u-s-1462123552.

②　OECD. Education at a Glance: OECD Indicators[R]. Paris: OECD, 2017.

次接受高等教育的毕业生中，57% 为女性。此外，在几乎所有数据可得的 OECD 成员国及其伙伴国家中，女性毕业生的比例高于第一次进入高等教育的女性比例。这证实了之前的研究结果，即女性比男性更有可能完成高等教育。[①] 尽管 2016 年大多数大学毕业生是女性，但男性在劳动力市场上的表现仍然更好。平均而言，受过高等教育的男性的收入高于受过高等教育的女性，而受过高等教育的男性的就业率往往高于同等教育水平的女性。

其三，OECD 成员国女性新生平均所占比例最高的专业是教育学、卫生与福利，工程、制造和建筑专业以及信息与通信技术领域的毕业生以男性为主。

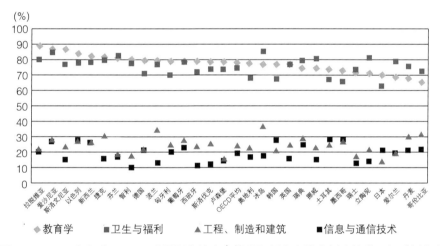

图 4-38　2015 年部分 OECD 成员国女性在高等教育新生中的比例（按学习领域划分）

虽然越来越多的女性接受高等教育，但在 STEM 领域，女性仍然是少数（见图 4-36、图 4-37、图 4-38）。2015 年，在 OECD 成员国，女性平均只占大学毕业生的 31%；而在非 OECD 成员国，这一比例为 38%。实际上，阿根廷是唯一一个女性 STEM 毕业生比例过半的国家（59%）。在大多数数据可得的国家，这一比例不超过三分之一。

在 OECD 成员国中，平均而言，在 STEM 领域学习的 25—34 岁受过高等教育者具有高就业率（85%）。然而，STEM 领域就业率方面的性别差距比所有学习领域的平均水平高出 2%。在除挪威之外的所有 OECD 成员国中，25—

① OECD. Education at a Glance: OECD Indicators[R]. Paris: OECD, 2016.

34 岁的 STEM 领域高校毕业生的男性就业率要高于女性。① 在所有可获取数据的学习领域，男性的就业率都高于女性，这一差距在男性占多数的 STEM 领域尤为明显。尽管在就业率方面所体现的性别差距可能与儿童照管责任所导致的女性（尤其是 25—34 岁年龄组）较高的赋闲在家的比例有关，但 STEM 领域比其他领域体现出更大的性别差距，这表明女性在这一领域追求职业发展时存在更多困难。

旨在缩小 STEM 领域性别差距的政策是有益的。首先，从公平的角度来看，保证个体能够选择自己感兴趣的学习和职业道路，不被社会对女性或男性职业构成的认知阻碍，至关重要。② 其次，这类政策可能带来经济效益。STEM 领域与更高的就业率和收入相关，并且在提高一个国家的生产效率方面发挥着越来越重要的作用。因此，吸引更多的女性进入，有利于促进这些领域的发展，从而提高生产力和产出。此外，研究表明，性别多样性可以提高员工在工作场所的表现。③

人们在选择学习领域时，很大程度上受到劳动力市场性别分工的影响，并倾向于复制相同的模式。在一些国家，某些学习领域的性别差距甚至大于这些领域导向的职业中的性别差距。图 4-38 显示，在 OECD 成员国中，女性新生平均所占比例最高的学习领域是教育学（78%）、卫生与福利（76%）。这两个学习领域通常导向女性主导的职业，如教学和护理。在这些学习领域，女性高度集中，这意味着劳动力市场中的性别差距不会因新毕业生的流入而减少。尤其是在爱沙尼亚、拉脱维亚和斯洛文尼亚，教育学领域的新生中 85% 以上是女性，是 OECD 成员国及伙伴国中占比最高的。在这些国家，女性在教育学领域新生中所占的比例要高于所有教育阶段女性教师的比例。这意味着教学中的性别差距可能进一步拉大。

---

① OECD. Education at a Glance: OECD Indicators[R]. Paris: OECD, 2017.

② OECD. OECD Science, Technology and Industry Scoreboard 2015: Innovation for Growth and Society[EB/OL]. (2015-10-19) [2023-06-13]. https://www.oecd-ilibrary.org/science-and-technology/oecd-science-technology-and-industry-scoreboard-2015_sti_scoreboard-2015-en.

③ HOOGENDOORN S, OOSTERBEEK H, AN PRAAG M. The Impact of Gender Diversity on the Performance of Business Teams: Evidence from a Field Experiment[J]. Management Science, 2013(7): 1514-1528.

与教育学、卫生与福利专业相反，工程、制造和建筑专业以及信息与通信技术领域都以男性为主，这也反映出职业中的性别成见和性别刻板印象。例如，在日本，工程、制造和建筑领域的新生中，女性比例不到15%，这是所有OECD成员国及伙伴国中最低的比例（OECD成员国的平均水平为24%）。在信息与通信技术领域，新生的性别差距甚至更大：OECD成员国平均只有20%的新生是女性。在智利、立陶宛、卢森堡、波兰、斯洛伐克、西班牙和瑞士等国，信息与通信技术领域女性新生的比例不到15%。

虽然图4-38所示的四个学习领域显示出较强的性别差距，但另一些领域表现出较好的性别平衡。平均而言，在OECD成员国中，51%—57%的女性新生会进入以下领域：商学、行政管理和法律，自然科学、数学和统计学，农业、林业、渔业和兽医，服务。

（四）面向2030年的高等教育人口（25—34岁）比例

1. 到2030年，OECD成员国和G20成员接受高等教育的人口（25—34岁）比例可能达到30%

技术变革在一定程度上推动了对技能型劳动力的需求的增长，[①] 各国政府一直在通过各种财政支持政策推动高等教育的发展。[②] 过去10年里，OECD和G20成员中接受高等教育的年轻人（25—34岁）的比例有所上升，预计还将持续上升。受过高等教育的人口所占的比例在2005年为17%，到2015年增长到了22%，到2030年可能达到约30%。高等教育领域的性别差异也在逐渐扩大，特别是自2010年以来。这种差距很可能在未来继续存在。2005年，OECD和G20成员中接受高等教育的年轻人里，男性和女性比例相同（约为17%）。但到了2015年，女性比例上升至23%，而男性为21%。从发展趋势来看，到2030年，预计有32%的女性接受高等教育，而男性比例则为27%。

---

① OECD. OECD Skills Outlook 2017: Skills and Global Value Chains[EB/OL]. (2017-05-04) [2023-06-13]. https://www.oecd-ilibrary.org/education/oecd-skills-outlook-2017_9789264273351-en.

② OECD. OECD Employment Outlook 2017[EB/OL]. (2017-06-13) [2023-06-13]. https://www.oecd-ilibrary.org/employment/oecd-employment-outlook-2017_empl_outlook-2017-en.

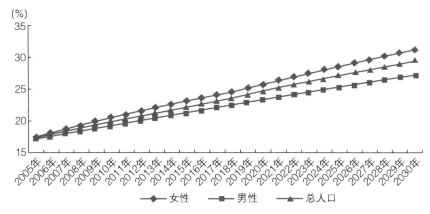

图 4-39　2005—2030 年 OECD 成员国 25—34 岁人群接受高等教育的人口比例

2. 2015—2030 年, 年轻人口接受高等教育比例的增长主要由中国和印度驱动

各个国家和地区的发展趋势反映了在 OECD 成员国和 G20 成员中受过高等教育的年轻人的比例都有增加。落后的国家增长较快甚至迎头赶上, 而那些最初受过高等教育的成年人比例较大的国家面临较慢的增长。2015 年, 中国和拉美国家受过高等教育的成年人的比例分别约为 16% 和 20%, 这些国家可能经历特别快的增长 (每年的增长率超过 2.5%)。相比之下, 北美国家和俄罗斯在 2015 年受过高等教育的人口比例分别为 48% 和 60%, 预计将见证最慢的增长 (每年的增长率低于 1.5%)。这些不同的变化趋势可能改变每个国家或地区受过高等教育的年轻人群体在 OECD 成员国和 G20 成员中的权重。

每个国家或地区 25—34 岁高等教育人口的贡献率既取决于 25—34 岁受过高等教育的人口在该国家或地区的预期比例, 也取决于预计的人口变化。如图 4-40 所示, 俄罗斯 25—34 岁人口数量预计大幅下降 (每年下降 4%), 这解释了为什么俄罗斯在 2015—2030 年对 OECD、G20 的贡献可能下降超过 4 个百分点。中国和印度 2015 年受过高等教育的总人口共占 OECD 成员国和 G20 成员 25—34 岁人口的 60%, 其中 40% 的人口拥有高学历。因此, 中国和印度应会保持它们的总体排名。2015—2030 年, 中国的贡献率可能下降 4 个百分点, 主要原因是人口减少, 而印度的贡献率将明显增加。预计到 2030 年, 仅印度受过高等教育的人口就占 OECD 成员国和 G20 成员受过高等教育人口的五分之一以上。

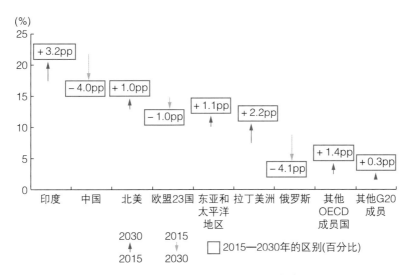

图 4-40 2015—2030 年部分国家和地区 25—34 岁高等教育人口的贡献率

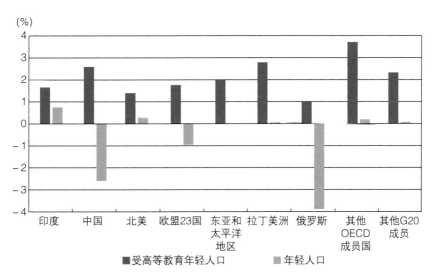

注：2015—2030 年，中国 25—34 岁接受高等教育的人口比例预计平均每年增长 2.6%，但中国对 OECD、G20 高等教育年轻人口的贡献率将从 2015 年的 22% 下降至 2030 年的 18%（见图 4-40）。中国贡献率的减少是由于年轻人口预计每年减少 2.6%（见图 4-41）。

图 4-41 部分国家和地区年轻人口和受高等教育的年轻人口所占比例的年平均变化

（五）博士研究生的数量、性别和专业

博士学位是学术界授予的最高学位。在受教育程度与经济增长紧密相关的时代，博士项目的拓展在推动创新和科学研究方面起着至关重要的作用。博士研究通过培训研究人员来促进知识进步，探索与未来经济和社会相关的新研究领域。这在未来创新的过程中发挥着重要作用。博士可以掌握一套独特的定量和定性的研究方法和统计分析方法，这在学术和行业中都非常有价值。博士在劳动力市场上很有吸引力，即使在经济不景气期间，平均就业率也很高。博士学位持有者通常享有较高的相对收入，尤其是那些进入私营部门的人。① 这促使许多国家进行改革，以发展和支持博士研究和博士后研究，并强调博士生和博士学位持有者在经济增长、创新和科学研究方面的关键作用。鉴于在个人和财务资源上的大量投资，以及博士学位持有者在探索前沿知识方面的关键作用，世界各国越来越关注如何吸引有才华的年轻人投身研究事业，确保男性和女性能平等地获得博士学位，并且为毕业生提供回报丰厚的就业机会。

博士学位级别对应 ISCED 8，直接对应高级研究资格。在 OECD 成员国中，高级研究资格证书的授予数量显著增加，从 2000 年的 158000 个新的博士学位上升到 2017 年的 276800 个，增长了 75%。② 在这些新的博士学位拥有者中，国际学生占四分之一。平均来看，比起只拥有其他高等教育文凭（学士和硕士）的人群来说，拥有高级研究资格证书的人就业率更高。企业部门为新的博士学位持有者开的工资要比高校和政府部门高，但也有例外，这主要取决于他们的研究领域。

在大多数国家，博士课程的理论学时为全日制三年（累积的全日制同等学力至少达到七午），但是实际的入学时间都会更长。《国际教育标准分类法》下这一等级的课程通常由以研究为导向的高等教育机构（如大学）提供，专门针对进阶研究和创新研究。博士课程可能同时存在于学术和专业领域。博士生是指所有获得博士学位的个人，无论其是学生还是雇员。本节所统计的博士学位

---

① European Commission. She Figures 2015, Publications Office of the European Union, Luxembourg[EB/OL]. (2016-09-02) [2023-06-13]. http://dx.doi.org/10.2777/064694.

② OECD. Education at a Glance: OECD Indicators[R]. Paris: OECD, 2019.

持有者是指具有博士学位的 25—64 岁的成年人。

1. OECD 成员国的博士人数和比例总体呈增长趋势，博士比例显著高于中国

2013—2017 年，OECD 成员国博士研究生毕业人数增长约 8%，2017 年达到约 27.68 万人。这一增长主要是由墨西哥、西班牙和美国在这段时期博士毕业生的增加推动的。美国仍然是 OECD 成员国中博士毕业生最多的国家，2017 年约有 7.1 万名博士毕业生；其次是德国和英国，均约 2.8 万名。2017 年，中国的博士人数约为 5.65 万人，可以估算，博士人数占国内人口（25—64 岁）的比例远低于 OECD 成员国（见图 4-42）。

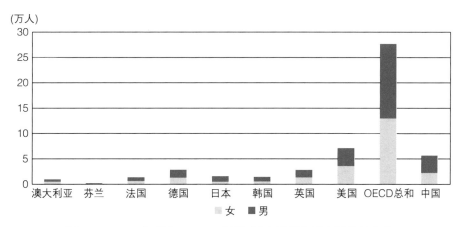

图 4-42　2017 年部分 OECD 成员国及中国拥有博士学位的人数

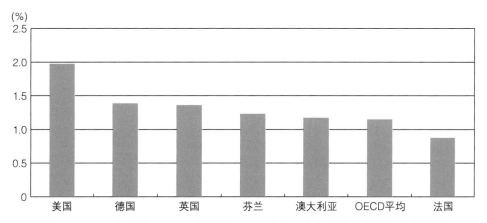

图 4-43　2018 年部分 OECD 成员国 25—64 岁人口中拥有博士学位的人数比例

在世界各国，博士学位持有者只占成年人口的一小部分。2018 年，在 OECD 成员国 25—64 岁人口中，平均有 1.1% 的人拥有博士学位。在图 4-43 中，比例最高的是美国，约为 2%；其次是德国和英国，均约为 1.4%。尽管博士学位持有者的比例较低，但各国拥有博士学位的人数一直在增加。

2. 女性硕士的比例高于男性硕士，女性博士的比例低于男性博士

在硕士阶段，大多数国家女性的比例已经超过了男性。但在博士阶段，女性的比例略低于男性。2017 年，平均而言，在 OECD 成员国中，博士研究生中女性占 47%，比 2005 年增长 4%。根据现有数据，OECD 成员国及伙伴国中只有不到三分之一的国家实现了性别平等（女性人数占所有毕业生人数的 48% 至 52%）。此外，还存在一些较为严重的性别失衡的国家，如日本和韩国的这一比例不到 40%。在中国，2017 年博士毕业生中的女性比例为 39.3%，硕士毕业生中的女性比例为 54.3%。①

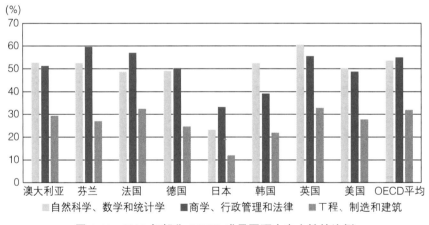

图 4-44　2017 年部分 OECD 成员国硕士中女性的比例

在不同的研究领域，性别失衡更为明显。在某些领域，女性占博士毕业总人数的比例往往较低，而占硕士毕业总人数的比例过高。如图 4-44 与图 4-45 所示，2017 年，在 OECD 成员国中，自然科学、数学和统计学硕士学位的毕

① 中华人民共和国教育部发展规划司.中国教育统计年鉴 2017 [M].北京：中国统计出版社，2018.

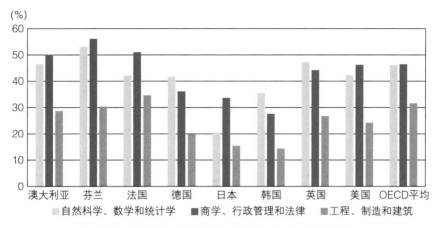

图 4-45 2017 年部分 OECD 成员国博士中女性的比例

业生中，女性占 54%；而在该领域的博士毕业生中，女性平均只占 46%。在商学、行政管理和法律领域，也存在类似的情况。在教育学，卫生与福利，社会科学、新闻和信息，艺术人文等其他领域，女性攻读硕士和博士学位的比例有所下降。但在这些领域的博士毕业生中，女性仍然占大多数。相比之下，不管是在硕士阶段还是在博士阶段，女性在工程、制造和建筑领域所占的比例均较低。在 OECD 成员国中，平均而言，女性通常倾向于选择商学、行政管理和法律专业，其次是自然科学、数学和统计学专业，再次是工程、制造和建筑专业。

3. OECD 成员国研究 STEM 领域的博士新生比例最高

在表 4-6 所示的国家中，芬兰女性参与博士项目的比例最高（52%），其次为美国（51%），澳大利亚为 50%，OECD 成员国平均比例为 48%，中国、韩国和日本则只有 40%、40% 和 31%。美国和英国作为留学大国，国际新生比例高达 50% 和 44%；澳大利亚为 39%；日本和德国的这一比例较低，分别为 15% 和 14%。

在 OECD 成员国中，与其他领域相比，博士生更有可能选择进入 STEM 领域。新生的学科分布除了能够反映各个领域博士毕业生的就业能力差异外，也能反映各国的研究方向和创新融资政策的不同。女性新生主要集中于自然科学、数学和统计学以及卫生与福利专业。男性新生则集中于自然科学、数学和统计学以及工程、制造和建筑专业。其中，法国、德国、英国、美国自然科学、数学和统计学的新生人数高于其他专业，日本新生中学习卫生与福利专业的比例最高。

表 4-6 2016 年部分 OECD 成员国及中国博士阶段新生分布（以学科分类）

国家/国际组织	女性新生比例	新生平均年龄	女性新生平均年龄	国际新生比例	女性国际新生比例	女性新生分布					男性新生分布				
						教育学	自然科学、数学和统计学	信息与通信技术	工程、制造和建筑	卫生与福利	教育学	自然科学、数学和统计学	信息与通信技术	工程、制造和建筑	卫生与福利
澳大利亚	50%	33 岁	33 岁	39%	43%	8%	20%	2%	10%	23%	4%	23%	6%	25%	13%
芬兰	52%	33 岁	34 岁	30%	40%	10%	10%	4%	8%	20%	2%	12%	10%	23%	15%
法国	45%	28 岁	28 岁	m	m	2%	36%	3%	9%	4%	1%	42%	6%	14%	3%
德国	46%	29 岁	29 岁	14%	48%	6%	25%	3%	9%	18%	4%	26%	6%	24%	13%
日本	31%	m	m	15%	43%	5%	9%	m%	9%	46%	2%	15%	m	23%	40%
韩国	40%	38 岁	38 岁	m	m	14%	10%	0	10%	22%	4%	14%	2%	34%	12%
英国	48%	29 岁	30 岁	44%	46%	7%	28%	3%	8%	18%	3%	28%	6%	20%	11%
美国	51%	28 岁	30 岁	50%	38%	24%	31%	1%	6%	11%	7%	36%	6%	18%	3%
OECD 平均	48%	31 岁	31 岁	28%	42%	8%	19%	2%	10%	19%	4%	22%	6%	22%	12%
中国	40%	m	m	m	m	m	m	m	m	m	m	m	m	m	m

注：

1. 新生指首次入读相关教育阶段的学生。

2. m 表示数据缺失。

数据来源：OECD. Education at a Glance: OECD Indicators[R]. Paris: OECD, 2018.

4. OECD 成员国自然科学、数学和统计学专业的博士毕业生比例最高，中国博士毕业比例最高的专业是工学

表 4-7　2017 年部分 OECD 成员国不同学科博士毕业生的比例

国家 / 国际组织	艺术 人文	社会科学、 新闻和信息	商学、行政 管理和法律	自然科学、数 学和统计学	信息与 通信技术	工程、制 造和建筑	卫生与 福利
澳大利亚	11%	12%	8%	23%	4%	17%	16%
芬兰	12%	12%	7%	17%	7%	18%	19%
法国	14%	9%	9%	43%	5%	14%	3%
德国	7%	6%	9%	29%	3%	13%	26%
日本	8%	3%	4%	14%	×	23%	39%
韩国	10%	5%	12%	13%	3%	24%	19%
英国	16%	9%	6%	29%	4%	15%	16%
美国	11%	14%	6%	24%	3%	15%	9%
OECD 平均	11%	10%	9%	23%	4%	17%	17%

注：× 表示日本无单列的信息与通信技术专业数据。

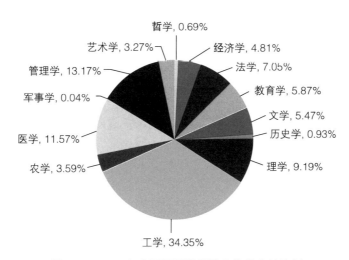

图 4-46　2017 年中国不同学科博士毕业生的比例

数据来源：中华人民共和国教育部发展规划司.中国教育统计年鉴 2017［M］.北京：中国统计出版社，2018.

　　进入博士阶段的学生承担着为扩大其研究领域内的知识基础作出贡献的使命。与较低高等教育水平的学生相比，博士生往往更侧重于与科学和技术相关的研究领域。如表 4-7 所示，自然科学、数学和统计学等领域吸引了最多的博士毕业生，OECD 成员国平均为 23%；其次是工程、制造和建筑以及卫生与福利，均为 17%。相比之下，商学、行政管理和法律专业本科毕业生所占比例最大，博士毕业生所占比例却不足 10%。

　　各国博士研究生研究领域的分布存在显著差异。尽管从 OECD 成员国的平均数据看，大多数人毕业于自然科学、数学和统计学专业，但从单个国家而言，毕业于自然科学、数学和统计学专业的博士生的比例从韩国的 13% 到法国的 43% 不等。卫生与福利是日本重要的研究领域，该专业的博士毕业生的比例达 30% 以上。

　　如图 4-46 所示，在中国，34.35% 的博士生毕业于工学，其次是管理学（13.17%）、医学（11.57%）与理学（9.19%）。相较于 OECD 成员国，中国毕业于艺术人文和社会科学专业的博士生较少，体现了中国的博士毕业生总体上向理工科倾斜，社会科学、艺术人文领域的高等人才较少。

（六）国际学生流动率

1. 国际学生流动率较稳定

　　2004—2012 年，图 4-47 中所列国家和 OECD 平均高等教育国际学生流动率整体呈现上升趋势，OECD 平均水平从 6.5% 上升至 8%。

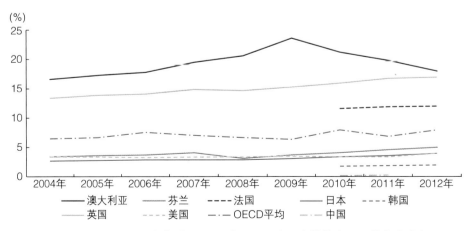

图 4-47　2004—2012 年部分 OECD 成员国及中国高等教育国际学生流动率

　　就 OECD 成员国的平均水平而言，博士阶段的国际学生流动率保持增长趋势。总体而言，在紧张的经济形势下，奖学金和助学金减少，个人预算紧张，会减缓学生流动的步伐，这主要体现在 2008—2009 年。而当经济回暖时，国际学生的流动率会随之上升，这充分体现了经济发展对教育发展的影响（见图 4-48）。

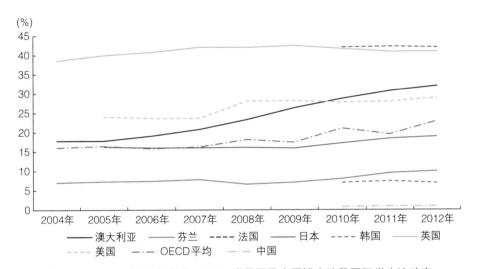

图 4-48　2004—2012 年部分 OECD 成员国及中国博士阶段国际学生流动率

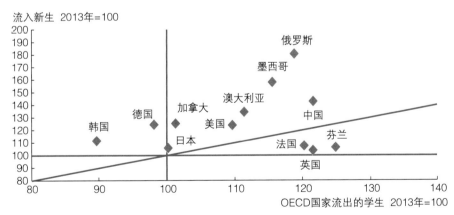

　　注：变动指数指将 2013 年作为 100，以此为标准，2016 年的流入与流出人数。例如，2013 年中国流入与流出的人数为 100 单位，2016 年流入新生约为 140 单位，流出新生约为 120 单位。两者都有所增加。

图 4-49　2013—2016 年部分 OECD 成员国及伙伴国国际学生流入与流出的变化

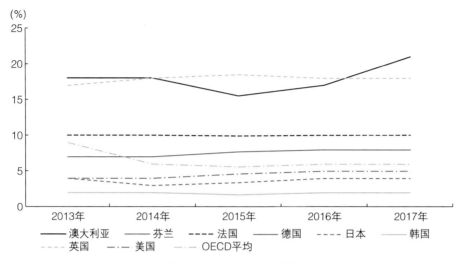

图 4-50 2013—2017 年部分 OECD 成员国高等教育国际学生流动率

2013—2017 年, 图 4-50 中所列国家总体的高等教育国际学生流动率较为稳定。2017 年, OECD 平均水平为 6%, 和 2013 年相比下降了 3%。各个国家的变化趋势不一, 澳大利亚在 2015 年下降至 15.5%, 在 2017 年又迅速回升至 21%; 法国基本维持不变; 英国略有上升; 其余国家基本保持平稳。

本科阶段国际学生流动率, OECD 平均水平从 2013 年开始一直在下降, 从 6% 下降至 4%。部分国家略有上涨, 如芬兰和德国; 法国略有下降。总体上看, 本科高等教育国际学生流动率呈下降趋势 (见图 4-51)。硕士阶段国

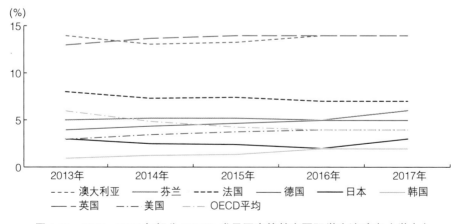

图 4-51 2013—2017 年部分 OECD 成员国高等教育国际学生流动率 (学士)

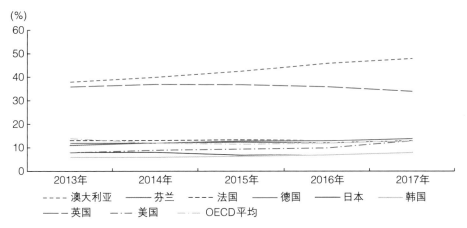

图 4-52　2013—2017 年部分 OECD 成员国高等教育国际学生流动率（硕士）

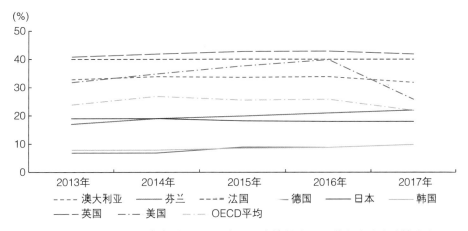

图 4-53　2013—2017 年部分 OECD 成员国高等教育国际学生流动率（博士）

际学生流动率，OECD 平均水平略有波动，在 2015 年下降至 11.5% 之后，在 2017 年又回升至 13%。图 4-52 中，大部分国家硕士阶段国际学生流动率呈上升趋势，如澳大利亚从 38% 上升至 48%。这也可以体现硕士阶段国际学生流动率的持续增长，反映了社会对更高水平、国际化人才的需求。博士阶段国际学生流动率，OECD 平均水平经历了从增长到下降的过程，在 2014 年增长至 27%，在 2017 年下降至 22%。图 4-53 中所列国家大多呈现增长趋势，而美国从 2016 年的 40% 大幅下降至 2017 年的 26%。

总体而言，日益增长的以知识为基础和以创新为驱动的经济体对技能的需求刺激了全球对高等教育的需求，特别是硕士和博士阶段的教育。大多数国家实施了旨在降低受过高等教育者的流动门槛的举措,并且实施了资助计划,这充分体现了国际社会对更高学历和更高技能人才的需求。

2. 国际学生比例随高等教育阶段的上升而增加

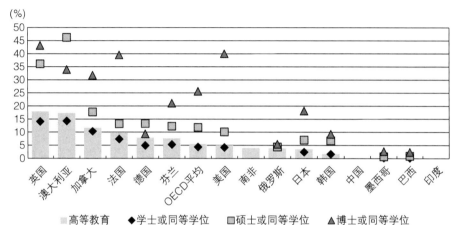

图 4-54　2016 年部分 OECD 成员国及伙伴国不同高等教育阶段国际学生的比例

除少数国家外,OECD 成员国及伙伴国的国际学生学习高等教育课程的比例随教育水平的提高而逐渐增加。[①] 图 4-54 中,OECD 成员国的国际学生平均占高等教育招生总数的 6%,却占博士学位招生总数的 26%。形成该趋势的原因主要在于:学生原生国在发展高等教育水平上的能力弱于其留学目的国;学生在原生国受到气候、经济等限制;某些国家特别重视对特定议题的研究,特别是一些知名机构有专门的研究领域,学生前往就读可获得较多的知识以及使用先进的器材。能够吸引很多学生的留学目的国大多具有强烈的动机投资于教育的后期阶段,特别是博士阶段,因为博士阶段的毕业生对研究发展和创新,以及应对未来社会经济需求能够作出更多重大贡献。

学士或同等学位课程的国际学生入学率相对较低,OECD 成员国的平均水平为 4%,而与中国同在亚洲的日本和韩国皆为 2%。一些国家学士或同等学位课程的国际学生入学率相对较高(5%—14%),这些国家大多位于欧洲及美洲,如英国(14%)、加拿大(10%)、法国(7%)、德国(5%)、芬兰(5%),

① OECD. Education at a Glance: OECD Indicators[R]. Paris: OECD, 2018.

以及位于大洋洲的澳大利亚（14%）。这些国家对于全球国际学生的吸引力较强。

在硕士阶段，国际学生比例显著增加。在 OECD 成员国中，平均每 10 名国际学生中就有 1 名以上是硕士生。[①] 图 4-54 显示，就 OECD 成员国的平均水平而言，攻读硕士或同等学位的新生比攻读学士或同等学位的新生多出约 3 倍；而在澳大利亚，攻读硕士或同等学位的新生比攻读学士或同等学位的新生多出 3 倍有余。

英国、法国、美国的博士项目吸引了大量国际学生。在澳大利亚，选择攻读硕士或同等学位的国际新生有 46%，选择攻读博士或同等学位的国际学生仅有 34%，其比例反而远远低于选择攻读硕士或同等学位的国际新生。德国也有类似情况，学生在就读硕士项目后的流出率较高。根据图 4-54，可以看出法国和美国的博士项目留学生人数是硕士项目留学生人数的 3—4 倍。

2016 年，美国的国际学生大约为 97 万人，比英国的国际学生多出了 54 万人，也比同样为英语系国家的澳大利亚的 33 万人多出了许多。位于亚洲的日本有 14 万名国际学生，韩国有 6 万名国际学生，而中国有将近 14 万名国际学生。这显示了在亚洲范围内，中国在对于国际学生的吸引力方面也占有一席之地，但与欧美国家相比差距较大。

3. 亚洲学生是赴 OECD 成员国留学的最大国际学生群体，美国是国际学生的首选目的国

2016 年，共有 350 万名国际学生在 OECD 成员国就读高等教育课程。如图 4-55 所示，来自亚洲的留学生是 OECD 各层次高等教育项目中的最大国际学生群体，2016 年约有 190 万，约占所有国际学生的 55%。其中，超过 86 万为来自中国的留学生。约三分之二的亚洲学生集中在三个国家：美国（38%）、澳大利亚（15%）和英国（11%）。国际学生的第二大来源是欧洲国家，有 84.5 万名欧洲学生跨境留学（占 OECD 成员国流动学生总数的 24%）。欧洲学生更喜欢留在欧洲，80% 的学生在另一个欧洲国家上大学，其部分原因在于"伊拉斯谟交换生计划"（Erasmus student exchange programme）在欧盟内的普

---

① OECD. Education at a Glance: OECD Indicators[R]. Paris: OECD, 2018.

及。这同时显示，距离邻近也是影响国际学生流动的重要因素，如语言差异、地理距离、双边关系和政治框架条件（如欧洲高等教育地区）等。另外，历史文化等因素也是国际学生选择留学目的国时的重要依据。例如，OECD 成员国的拉丁美洲学生中有 12% 选择在西班牙学习，这反映了两者之间文化、语言和历史的联系。北美学生倾向于选择英国（22%）就读的原因可能也是如此。OECD 成员国四分之三的非洲学生在欧洲学习，尤其是在法国（35%）、英国（12%）和德国（7%）；而北美洲和拉丁美洲学生则主要在美国（37%）和欧洲（45%）留学。

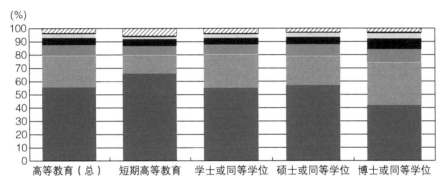

图 4-55　2016 年在 OECD 成员国学习的国际学生的分布情况（按区域与教育阶段划分）

如图 4-56 所示，在 OECD 成员国留学的国际学生，攻读学士或同等学位的比例最大，为 50%；其次为硕士或同等学位，占 37%；博士或同等学位占 7%；接受短期高等教育的比例为 6%。

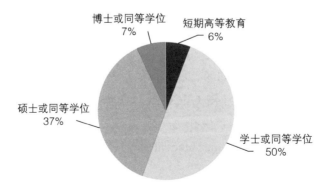

图 4-56　在 OECD 成员国注册的国际学生的比例

　　根据 2016 年的数据，美国是 OECD 成员国中高等教育国际学生的首选目的国。在 OECD 成员国的 350 万名国际学生中，有 97.1 万名在美国注册高等教育项目。英语国家容易吸引更多的国际学生，其中以下四个国家总计接收了超过一半的留学生：美国（97.1 万）、英国（43.2 万）、澳大利亚（33.6 万）、加拿大（18.9 万）。这些国家的留学生主要来自亚洲。澳大利亚留学生中有 87% 的亚洲学生，美国留学生中有 77% 的亚洲学生，加拿大和英国的留学生中有 61% 和 52% 的亚洲学生。欧盟是留学生向内流动的地理区域，有 160 万名国际学生参加欧洲留学方案。法国和德国（均为 24.5 万）是国际学生的主要接收国，远远超过意大利（9.3 万）、荷兰（9 万）和奥地利（7 万）。大多数进入法国的流动学生来自非洲（42%），德国国际学生的主要来源地为其他欧洲国家（40%）。即使如此，对于法国和德国来说，亚洲仍是其第二大移民来源国。亚洲学生在法国和德国的国际学生总数中分别占 21% 和 36%。俄罗斯有 25 万名学生来自国外，其中近三分之二来自与苏联有历史联系的邻国：阿塞拜疆（6%）、白俄罗斯（6%）、哈萨克斯坦（28%）、土库曼斯坦（7%）、乌克兰（9%）和乌兹别克斯坦（8%）。接受短期高等教育和学习硕士课程的亚洲学生占 OECD 成员国国际学生的 55%。

　　根据中国教育部发布的《2016 年度我国来华留学生情况统计》，2016 年共有来自 205 个国家和地区的 442773 名各类外国留学人员在 829 所高等学校、科研院所和其他教学机构中学习，比 2015 年增加 45138 人，增长比例为 11.35%（以上数据均不含我国的港、澳、台地区）。按国别排序的前 5 名分别是：韩国 70540 人，美国 23838 人，泰国 23044 人，巴基斯坦 18626 人，印度 18717 人。在中国留学的日本学生为 13595 人。日本在 2016 年接收留学生数量最多的前五个国家或地区为：中国大陆 98483 人、越南 53807 人、尼泊尔 19471 人、韩国 13457 人、中国台湾 8330 人。[①] 将以上数据进行对比，可以发现韩国学生选择到中国留学的比选择到日本留学的更多，这是由于日韩之间关系"降温"造成的，可见国际关系与学生选择留学目的地国也有联系。中国自 2013 年提出并推动"一带一路"倡议后，其影响也逐渐显现在来华留学生人数上。根据 2015 年全国来华留学生数据，已同中国签订共建"一带一路"

---

① 潘嘉屹 . 日本接收留学生政策的研究［D］. 上海：华东师范大学，2018.

合作文件的国家中来中国留学的人数，主要情况如下：泰国19976人，巴基斯坦15654人，哈萨克斯坦13198人，印度尼西亚12694人，越南10031人，马来西亚6650人。根据《2016年度我国来华留学生情况统计》，泰国增长至23044人，成为到中国留学人数排名第三的国家；巴基斯坦增长至18626人；印度尼西亚增长至14714人；哈萨克斯坦增长至13996人；越南增长至10639人；马来西亚增长至6880人。同中国签订共建"一带一路"合作文件的国家来华留学生人数逐年提升。由此可见，加强国家与国家之间的联系也是吸收国际学生的一项重要举措。

4. 在OECD成员国留学的国际学生选择STEM领域的比例最高，约占三分之一

表4-8　2016年部分OECD成员国高等教育学生中国际学生占比（按专业划分）

国家/国际组织	教育学	艺术人文	社会科学、新闻和信息	商学、行政管理和法律	自然科学、数学和统计学	信息与通信技术	工程、制造和建筑	卫生与福利	服务
澳大利亚	3%	10%	9%	28%	17%	37%	26%	8%	6%
加拿大	3%	10%	10%	15%	15%	20%	19%	4%	4%
芬兰	4%	7%	5%	10%	9%	15%	8%	4%	9%
法国	5%	13%	13%	10%	13%	19%	11%	4%	4%
德国	2%	10%	8%	6%	7%	10%	11%	7%	3%
日本	1% d	5% d	12% d	2% d	2% d	×	4% d	1% d	2% d
英国	6%	15%	20%	32%	13%	19%	29%	8%	0
美国	2%	4% d	5%	7%	10%	8%	12%	2% d	2%
韩国	1%	2%	4%	4%	1%	1%	1%	1%	1%
OECD平均	2%	6%	7%	6%	9%	10%	7%	3%	2%

注：

1. d代表包含其他类别的数据。

2. ×代表日本无单列的信息与通信技术专业数据。

在OECD成员国中，国际学生主要进行STEM领域的研究，商学、行政管理和法律也是学生的主要选择之一。OECD成员国所有高等教育水平的流动

学生中，约有三分之一进入 STEM 领域学习，工程、制造和建筑专业为 7%，信息与通信技术专业为 10%，自然科学、数学和统计学专业为 9%。语言因素也许可以部分解释为何较多人选择 STEM 领域。科学、工程和企业管理对于国家创新和产生社会价值的重要性，或是从这些相关学科毕业后获得的较高工资和更好的就业机会，可能是更多学生选择就读相关专业的更重要的影响因素。澳大利亚的大部分国际学生选择就读信息与通信技术专业，占国际学生总数的三分之一以上。在英国就读的国际学生更多选择学习商学、行政管理和法律。根据中国教育部提供的 2017 年的数据，大多数在中国留学的学生学习的是文科类专业，占总人数的 48.45%；学习工科、管理、理科、艺术、农学的学生数量增长明显，同比增幅均超过 20%。①

第三节　启示与建议

中华人民共和国成立七十余年来，从百废待兴、贫穷落后的国家发展成为全球第二大经济体，全球竞争力得到极大提升，教育事业进步显著：普及了九年义务教育，各阶段入学率显著提升，高等教育从精英化过渡到大众化阶段，教育经费占 GDP 的比例超过 4%，素质教育取得了一定成效，教育质量和公平得到提升……七十余年来，我国教育事业发展为服务国家战略、经济建设培养了大量人才，支持我国从人口大国发展成为人力资源大国。从入学率、毕业率等指标上看，我国基础教育的相关指标已达到甚至超过了 OECD 成员国的平均水平，显示了我国在教育发展上的巨大成就。但我国高水平高等教育阶段的发展和教育质量仍与 OECD 成员国存在一定的差距。区域之间的教育差距等问题的存在，对我国成为人力资源强国、建设教育强国、提升全球竞争力提出了挑战。

---

① 中华人民共和国教育部. 来华留学工作向高层次高质量发展 [EB/OL]. (2018-03-29) [2023-06-15]. http://www.moe.gov.cn/jyb_xwfb/gzdt_gzdt/s5987/201803/t20180329_331772.html.

教育公平意味着所有人都可以获得高质量的教育机会。教育机会不平等会阻碍学生发展新知识、新技能的潜力，影响国家总体的劳动力技能水平和整体竞争力。本章针对 OECD 成员国和中国的"教育机会、参与与过渡"指标数据进行比较分析发现，中国在一些指标上的表现在近年来不断提升，但有些指标与部分 OECD 成员国和 OECD 成员国平均水平仍存在较大差距。此外，针对有些重要指标，中国没有相关统计数据。人力资本投资收益是长期的，及早采取应对措施，对于我国提高人口素质，建设教育强国、人才强国和科技强国具有重要意义。我国未来的教育发展，更需要重视从数量到质量的转变，让人人都能享有获得优质教育的机会。

具体而言，基于前文的指标比较，以下从学前教育、高中教育、高等教育等几方面分析我国的情况，并提出相应的政策建议。

一、学前教育

世界银行的调查表明，劳动力市场越来越重视高阶认知技能和社会行为技能。这意味着除非每个人都有平等获得这类技能的机会，否则不平等的程度将会加剧。事实上，由于工作性质的持续变革，缺乏教育可能成为导致不平等代际传递最大的原因之一。新的社会契约应当谋求为技能习得创造公平的竞争环境，最直接的方式是提供支持儿童早期发展的公平机制。应当确保每一个人在儿童阶段，特别是在生命最初几年能够获得足够的营养、健康服务、教育和保护，从而确保为他们未来的技能发展奠定坚实的基础。由于技能习得是一个积累性的过程，因此早期投资的回报也最高。① 对儿童教育的早期投资是促进机会公平的重要途径，是形成未来劳动力市场所需技能的最有效的方法之一。

经济的繁荣与高就业率的保持相辅相成。随着服务型经济和知识型经济的不断发展，越来越多的女性进入劳动力市场。我国"二孩""三孩"政策的相继放开也进一步提升了社会对儿童早期教育的需求。更为重要的是，学前教育对于促进儿童的发展，提升儿童的学习能力和幸福感具有关键作用。如果儿童在早期的学习和成长过程中表现良好，有助于为进入正式的学校学习做好准

---

① 世界银行.2019 年世界发展报告：工作性质的变革［R］.世界银行集团，2018.

备，在未来能获得更好的职场优势，取得更高的成就。① 尤其是较早使儿童进入学校系统可以减少教育不平等现象，全面提升学生的学习效果。社会经济背景处于弱势地位的儿童通常在家庭环境中发展能力的机会较少。②

《中华人民共和国教育法》第九条规定："公民不分民族、种族、性别、职业、财产状况、宗教信仰等，依法享有平等的受教育机会。"实际上，在学前教育阶段，许多不平等就已存在，并且可能长期伴随着学生的学习生涯。尤其在非义务教育阶段，教育不平等现象相对更加严重。学前教育是终身学习的开端，是重要的社会公益事业。但从总体上看，学前教育仍是各级各类教育中的薄弱环节。③

与 OECD 成员国相比，我国学前教育存在以下不足。（1）3—5 岁儿童学前教育入学率偏低，且一半以上就读于私立幼儿园。3 岁以下儿童的早期教育并未引起国家的充分重视。（2）学前教育生均经费、学前教育经费占 GDP 的比例偏低。在 OECD 成员国中，平均而言，3—5 岁儿童的教育公共经费占 80% 以上，这还不算针对 3 岁以下儿童的经费。在这方面，我国与 OECD 成员国差距甚远。我国 2017 年全国教育经费总投入在学前教育、义务教育、高中阶段教育、高等教育和其他教育间的分配占比分别为 8%、45%、16%、26% 和 5%。④ 从学前教育到高等教育阶段，学前教育经费占比最低。同时，我国省际之间学前教育生均经费差距非常大。比如，2017 年，最高的北京市为 36516.4 元，最低的河南省仅为 3983.2 元，河南省学前教育生均经费仅有北京市的 10.9%。⑤（3）学前教育生师比偏高，教师的资

----

① OECD. Education at a Glance: OECD Indicators[R]. Paris: OECD, 2019.

② OECD. Starting Strong 2017: Key OECD Indicators on Early Childhood Education and Care[EB/OL]. (2017-06-21) [2023-06-15]. http://dx.doi.org/10.1787/9789264276116-en.

③ 国务院. 国务院关于当前发展学前教育的若干意见 [EB/OL]. (2010-11-21) [2023-06-15]. http://www.moe.gov.cn/jyb_xxgk/moe_1777/moe_1778/201011/t20101124_111850.html.

④ 管小红. 2018 年全国教育经费总投入及占 GDP 比例、各级教育经费投入情况、各级教育生均教育经费支出及 2019 年教育信息化建设投入方向大预测 [EB/OL]. (2019-05-08) [2023-06-15]. http://www.chyxx.com/industry/201905/736163.html.

⑤ 教育部财务司，国家统计局社会科技和文化产业统计司. 2017 中国教育经费统计年鉴 [M]. 北京：中国统计出版社，2017: 626.

质偏低，且没有严格的资质要求和准入标准。其他研究也表明，我国学前教师队伍问题尤为突出，师资缺口大、质量整体不高，培养机构师资紧缺；①职前培养与职后培训脱节、编制设置不合理、幸福感偏低、师德素养偏低或缺乏社会责任、农村学前教师数量及质量问题突出；②师资管理不规范、教师素质参差不齐、师资待遇偏低、教师队伍不稳定等。总之，学前教育是我国教育体系中的短板，我国对学前教育的投资力度不足，特别是对那些最能从中受益的贫穷、弱势儿童的投资力度不足，发展不平衡不充分的状况并未得到根本改变。针对这些问题，我国学前教育的发展可以重点关注以下几个方面。

（一）将 0—3 岁早期教育纳入教育总体规划

0—3 岁是儿童成长的关键期。OECD 成员国越来越重视 0—3 岁儿童的教育，入学率和公共经费投入逐年增加。但我国通常将 0—3 岁儿童教育当作家庭内部事务，从而忽视了其重要性。2013 年，教育部曾决定在上海、北京、青岛等 14 个地区开展 0—3 岁儿童早期教育试点。就全国而言，我国 0—3 岁早期教育由市场主导，存在主管和监管部门不明、供需矛盾严重、缺乏规范和监管等诸多问题。③在经济发达地区，早期教育机构云集，父母早教意识先进，财力丰厚；而在经济落后地区，父母早教意识淡薄。这助推了社会阶层的代际转移，加剧了社会不公。因此，政府主导应是我国学前教育发展的方向，应在全国范围内确立支持 0—3 岁学前教育服务的体系，并利用各种渠道加大科学育儿的宣传力度，使全社会形成重视早期教育、科学保育儿童的氛围。④

① 杨昊．目前全国学前教育专任教师缺口 65 万人 [EB/OL]. (2019-04-18) [2023-06-15]. https://baijiahao.baidu.com/s?id=1631104855867838293&wfr=spider&for=pc.

② 李洋洋，刘彦华．新中国成立七十年学前教育师资队伍的建设与展望 [J].教育观察，2019（22）：3-5, 65.

③ 洪秀敏，陶鑫萌．改革开放 40 年我国 0～3 岁早期教育服务的政策与实践 [J]. 学前教育研究，2019（2）：3-11.

④ 王海英．新中国 70 年我国学前教育管理变革的回顾与反思 [J].南京师范大学学报（社会科学版），2019（4）：40-52.

（二）将学前教育一年纳入义务教育，提高学前教育入学率

2015 年 PISA 的科学学科测试结果显示，在 OECD 成员国中，至少已接受一年学前教育的儿童成绩平均比接受一年以下学前教育的儿童高 36 分，在考虑了儿童的社会经济地位之后，仍然存在 25 分的显著差异。①OECD 成员国越来越认识到学前教育对提高人的学业成就和职业成就，对社会和国家经济等层面的极端重要性，把学前教育的发展纳入国家的优先政策。2021 年，全国学前教育三年毛入园率达到了 88.1%，但这一水平与 OECD 成员国还是有一定的差距，尤其是我国一半以上学前儿童就读的是私立机构。针对我国学前教育入园率不够高、儿童就读私立机构比例高、师资短缺、收费乱象的情况，将学前教育一年纳入义务教育，让儿童接受科学、系统、规范的教育，有助于提高学前教育质量。

（三）增加并均衡学前教育公共经费

投资的关键不仅在于增加受教育机会，也在于提高学前教育质量并能让所有儿童支付得起。劣质的儿童早期发展项目会对儿童的语言、认知技能和社交能力产生不良影响；教学设施质量越高，学生的学习成果越好；工作条件也会影响教师对其工作场所的满意度，影响教师与学生保持稳定关系且与学生专心交流的能力和意愿。②我国学前教育公共经费偏低，区域之间学前教育经费和生均教育经费差距较大，会加剧入学机会的不平等以及影响儿童今后持续的知识学习和技能发展。持续的、公平的学前教育系统需要充足的公共资金，因此需要采用有效分配学前教育公共资源的清晰的、持续性的战略，切实加强学前教育公共经费投入，新增公办园，制定普惠性民办园补助标准；制定生均教育

---

① OECD. Starting Strong 2017: Key OECD Indicators on Early Childhood Education and Care[EB/OL]. (2017-06-21) [2023-06-15]. http://dx.doi.org/10.1787/9789264276116-en.

② OECD. How Do Early Childhood Education and Care (ECEC) Policies, Systems and Quality Vary Across OECD Countries?[EB/OL]. (2013-03-01) [2023-06-15]. https://www.oecd-ilibrary.org/education/how-do-early-childhood-education-and-care-ecec-policies-systems-and-quality-vary-across-oecd-countries_5k49czkz4bq2-en.

经费标准，加强对薄弱地区的经费投入，缩小生均教育经费地区差异；推进学前教育经费统筹主体上移，① 推进学前教育的公益性和普惠性。

（四）提升学前教育教师的数量和质量

高质量的教学是由高质量的教师带来的。学前教育生师比过高和教师专业性不强会影响教学质量和学生的学习成果，教师的高流动率会破坏学前教育的连续性，造成专业发展努力无效，危害学前教育的整体质量，进而对学生的成就和发展产生消极影响。因此，一支充足的、高质量的、稳定的专业教师队伍对于确保学前教育的公平与质量至关重要。2020 年，我国学前教育专任教师缺口达 65 万人。② 为了弥补这个巨大的缺口，需要大力吸引毕业生从事幼儿教学和管理工作；针对乡村幼儿园生师比远高于城镇的情况，需要制定激励机制，吸引部分毕业生支援落后地区幼儿教学；完善对学前教师的编制管理办法，增加教师工资和待遇，提高教师地位，吸引和稳定师资队伍；设定学前教师最低资质标准，严格准入制度；规范和提升师范生教育质量。随着学生情况的变化，教师在其职业生涯中也需要不断更新知识和提升素养。研究表明，专业性的在职培训对学前教育质量的影响比职前培训更大，尤其是当涉及合作性工作以及对学生游戏、早期识字、数学和科学的支持时。③ 因此，需要加强教师职后培训和专业发展。这不仅要求教师具有广博的知识结构，也要求持续提升教师的能力，以帮助培养儿童的好奇心和探究能力。

（五）加强对弱势儿童的关注，提升学前教育的公益性

儿童的认知能力和学业成就受到父母社会经济地位的较大影响。这是因

---

① 叶杰，周佳民.中国生均教育经费支出的省际差异：内在结构、发展趋势与财政性原因［J］.教育发展研究，2017（23）：30–41.

② 杨昊.目前全国学前教育专任教师缺口 65 万人 [EB/OL]. (2019-04-18) [2023-06-15]. https://baijiahao.baidu.com/s?id=1631104855867838293&wfr=spider&for=pc.

③ DE HAAN A, ELBERS E, HOOFS H, LESEMAN P. Targeted Versus Mixed Preschools and Kindergartens: Effects of Class Composition and Teacher-managed Activities on Disadvantaged Children's Emergent Academic Skills[J]. School Effectiveness and School Improvement, 2013(2):177-194.

为，生命早期的营养状况和所接受的认知性刺激的丰富程度都会影响个体认知能力的发展，富裕家庭的儿童生活在比贫困家庭的儿童刺激更为丰富的环境中。① 处于社会劣势地位的儿童更难接触高质量的学习环境，更难发展技能。尽管贫困家庭的儿童非常需要高质量的学前教育，但这些家庭通常资源短缺，对参与学前教育的兴趣较低，父母缺乏知识和时间，对儿童的物质和精神投入都相对较少，致使子女认知能力发展不充分，从而加剧贫困的代际传递。② 因此，尤为重要的是，学前教育机会要优先面向贫困家庭的儿童。比如，OECD成员国为了应对这个挑战，会让具有移民背景或父母受教育程度低的儿童优先参与学前教育。

在教育公平层面，中国目前可见的最大挑战可能是区域间、城乡间的教育资源分配不均衡。我们需要重新审视中国的教育公平状况，帮助那些边缘和弱势群体摆脱教育不公平的处境，确保每个人都有自由获得公平的学习机会和丰富的学习资源。比如，通过立法保障学前教育的公益性，促进"起跑线"公平，阻断贫困的代际传递。

二、高中教育

（一）推进普及高中阶段教育，试点延长义务教育年限

国民受教育程度与国民技能水平紧密相关。OECD的调查数据表明，教育和技能是就业能力的关键。受教育程度高的人技能水平更高，教育能确保技能的持续性发展。③ 高中教育是培养学生基本技能和知识，帮助学生进入更高层次的教育或劳动力市场的重要阶段。随着我国经济的发展和对人才的需求，提升高中教育入学率与完成率、提高高中教育质量、拓宽中等教育途径十分重要。

我国25岁以上人口的受教育年限和适龄儿童的预期受教育年限低于大部分OECD成员国，其重要原因之一在于义务教育年限低于其他国家。义务教

①② 周加仙，王丹丹，章熠. 贫困代际传递的神经机制以及教育阻断策略［J］. 教育发展研究，2018（2）：71-77.

③ OECD. What Are the Advantages Today of Having an Upper Secondary Qualification?[EB/OL]. (2015-08-01) [2023-06-16]. https://www.oecd-ilibrary.org/education/what-are-the-advantages-today-of-having-an-upper-secondary-qualification_5jrw5p4jn426-en.

育年限是影响国民平均受教育年限和预期受教育年限的重要因素。我国学者基于对 2015 年 PISA 测试数据的分析发现，义务教育年限是造成学生素养成绩差异的重要因素，但并非单纯的线性关系：义务教育年限延长至 12 年对学生科学、数学及阅读素养成绩具有最大的正向效应。[1] 实际上，我国已经认识到普及高中教育的重要性。2019 年，国务院印发《中国教育现代化 2035》，明确提出 2035 年"全面普及高中阶段教育"的发展目标，将其定位为学习大国、人力资源强国和人才强国建设的重要基础，并在文件中确立了"提升高中阶段教育普及水平"，"推进中等职业教育和普通高中教育协调发展。鼓励普通高中多样化有特色发展"的战略任务。因此，应根据我国国情，试点探索，稳步推进，因地制宜，逐步提高高中教育普及率，以适应我国社会经济发展需求。

（二）提升职业教育质量

高中职业教育和培训是高中教育的重要组成部分，在培养年轻人工作技能、应对劳动力市场的需求方面发挥着核心作用。然而，在许多国家，职业教育的重要性常常被忽视，政策往往更多向普通学术教育倾斜。近年来，越来越多的国家认识到良好的职业教育可以对经济发展与国家竞争力的提升作出重大贡献。许多发达国家的高中教育的目标定位呈现出学术与职业融合，兼顾共同基础与特长发展的综合化趋势。

根据《2017 年全国教育事业发展统计公报》，2017 年，我国中等职业教育共有学校约 1.07 万所，比上年减少 222 所，下降 2.04%；中等职业教育招生582.43 万人，比上年减少 10.91 万人，下降 1.84%，占高中阶段教育招生总数的 42.13%；中等职业教育在校生 1592.50 万人，比上年减少 6.52 万人，下降0.41%，占高中阶段教育在校生总数的 40.10%；中等职业教育毕业生 496.88万人，比上年减少 36.75 万人，下降 6.89%。数量的下降可以从一个方面反映出职业教育发展减缓。

学生的社会经济地位不但会影响其对学业类型的选择，也会影响其教育完

---

① 陈纯槿，顾小清. 义务教育年限延长与基础教育发展——基于 PISA 2015 数据的实证研究 [J]. 华东师范大学学报（教育科学版），2018（5）：71-82，167-168.

成情况。根据 PISA 的调查结果，社会经济地位的劣势与较低的学习表现之间在统计学上呈显著相关。①

教育选择对年轻人很重要，尽管学生可能并不总是对劳动力市场有实际的期望，往往对一些需要教育和培训的职业知之甚少。② 学生的社会经济背景和个人情况也会影响他们的职业思维，并对他们的教育成果产生重大影响，因此在早期应该给予学生更多的职业指导，并且应该为学生提供持续的职业教育和培训以及多样化的高中课程，以实现普通教育和职业教育的连接。

21 世纪以来，全球制造业发生革命性变革。美国"再工业化"、德国"工业 4.0"、英国"工业 2050"以及"新工业法国"等战略的实施，预示着人类工业文明发展到了新的转折点。③2015 年，我国发布《中国制造 2025》，提出通过"三步走"实现制造业强国的战略目标。但我国在职业教育人才培养结构、模式和体系等方面与《中国制造 2025》的要求存在诸多不适应之处。④

在此背景下，职业教育与培训需要主动适应国家战略部署与经济社会发展的需要，围绕教育精准脱贫和培养中国制造转型升级所需的技能型劳动者进行改革，更加紧密地服务于中国制造的需求。⑤ 政府、学校、企业应通力合作，推动产学研结合，为学习者和劳动者提供更多发展机会，着力加强创新型人才和高技能人才的培养和培训。比如，政府要强化高等教育机构作为创新中心的功能，扩大研发支出，通过建设必要的地方基础设施，将大学与高素质研究人

① OECD. PISA 2015 Results (Volume Ⅰ): Excellence and Equity in Education[EB/OL]. (2016-12-06) [2023-06-16]. https://www.oecd-ilibrary.org/education/pisa-2015-results-volume-i_9789264266490-en.

② MUSSET P，KUREKOVA L M. Working It Out: Career Guidance and Employer Engagement[EB/OL]. (2018-07-06) [2023-06-16]. https://www.oecd-ilibrary.org/education/working-it-out_51c9d18d-en.

③④ 陈鹏，薛寒."中国制造 2025"与职业教育人才培养的新使命［J］.西南大学学报（社会科学版），2018（1）：77-83，190.

⑤ 庞丽娟.教育供给侧结构性改革：改什么，如何改 [EB/OL]. (2017-07-27) [2023-06-16]. http://theory.people.cn/n1/2017/0727/c40531-29431231.html.

员及私营部门的创新活动联系起来。① 针对大学生，政府要采取援助措施提升他们的职业核心能力；大学和产业界共同确定大学生职业核心能力要素，制定非教学活动职业核心能力教育训练计划。② 对于低学历的年轻人，应该鼓励他们通过二次教育机会重新接受教育或培训。

三、高等教育

在知识经济时代，高等教育是提高国家经济竞争力的主要驱动力。最近几十年来，世界各国的高等教育规模不断扩大。即使接受高等教育的人数增加，受过高等教育者的社会竞争力仍会处于有利地位，高等教育的效益仍将继续增长。而且，高等教育还具有其他社会效益。虽然我国已进入高等教育大众化阶段，但与 OECD 成员国相比，还有很大提升空间。在国际竞争日趋激烈的背景下，我国需要继续巩固高等教育坚实的发展态势，不断提高高等教育质量，促进教育领域性别平等，注重高技能高知识人才的培养，特别是进一步提高 STEM 领域人才培养的质量，提高国家竞争力。

（一）研究发现

基于前文的指标比较，我们有以下发现。

1. 我国高层次高等教育与 OECD 成员国存在较大差距

2017 年，我国高等教育毛入学率为 45.7%，已处于高等教育大众化阶段。OECD 的数据显示，2017 年，OECD 成员国 25—64 岁人群受过高等教育的比例平均为 37%，其中加拿大、俄罗斯和日本达到了 50% 以上，而我国只有 10%；2016 年，OECD 成员国的本科生、硕士研究生与博士研究生的首次毕业率分别为 38%、18%、1.8%，我国相对应的比例只有 31%、3%、0.2%；OECD 成员国的短期高等教育首次毕业率为 10%，我国为 32%。③ 可见，我国受过高等教育的人口更多集中在短期的 2—3 年的高等教育。对于长期的高等

---

① 世界银行 . 2019 年世界发展报告：工作性质的变革［R］. 世界银行集团，2018.

② 朴京玉，徐程成 . 韩国和日本大学生职业核心能力提升援助体系研究［J］. 外国教育研究，2018（11）：84–98.

③ OECD. Education at a Glance: OECD Indicators[R]. Paris: OECD, 2019.

教育以及更高学历的硕士和博士阶段的人才培养，我国与 OECD 成员国仍存在较大差距。

2. 高等教育毕业生专业分布不均，且较难体现成果

STEM 教育为推动科学、技术进步和经济增长提供了核心竞争力。中国每年 STEM 学科的毕业生比例远高于 OECD 成员国，毕业生人数是美国的 4 倍。然而，人数的优势是否真正转化成了推动经济增长与科学进步的动力还有待商榷。毕业生专业分布中的性别差异也值得重视，各国女性普遍更少参与 STEM 学科。据调查，2012 年，英国从事 STEM 学科相关职业的女性仅占总人数的 13%。[①] 女性的认知特征、职业目标取向、接受教育时教师的性别刻板印象、教科书中的性别问题及其他社会文化因素（如父母的性别角色期望以及性别角色榜样）、不利的工作环境等，均影响了女性在学科专业上的选择。

3. 社会经济地位影响高等教育参与率

学生的社会经济地位影响了他们选择的高中课程和完成学业的可能性，也会影响他们的学习成果、信念和抱负，还会影响他们接受高等教育的可能性。高等教育与劳动力市场和社会产出紧密相关。数据表明，几乎在所有国家，父母没有受过高等教育的个体进入高等教育的可能性要低得多。OECD 成员国平均有 65% 的 18—24 岁学生的父母没有接受过高等教育；而在高等教育入学的新生中，仅有 47% 的 18—24 岁学生的父母没有接受过高等教育。这反映出由社会经济地位造成的教育不公平现象。

（二）建议

基于前文对指标的比较与分析，以下针对高等教育提出建议。

1. 合理扩大高等教育规模

继续加大对高等教育的投资力度，更多地分担个人接受高等教育的直接成本，并完善助学贷款制度；提高四年制本科以及研究生尤其是博士研究生的入学比例。

---

① BOTCHERBY S, BUCKNER L. Women in Science, Technology, Engineering and Mathematics: From Classroom to Boardroom[R]. London: UK Statistics, 2012.

2. 提高高等教育质量，尤其是 STEM 领域人才培养的质量

我国高等教育在取得很大成就的同时，也面临一些问题。STEM 领域既是推动经济增长最为关键的部分，也是"第四次工业革命"的支柱。[①] 在后工业社会中，STEM 能力是高级人力资本的核心之一。因此，我国应该提高高等教育质量，尤其是 STEM 教育领域人才培养的质量，更加服务于科技创新，培养学生的高阶能力，使毕业生与劳动力市场需求匹配度更高。

3. 提高毕业门槛，建立合理的学位授予规则

OECD 成员国高校普遍实施"宽进严出"方法。我国高校实施"严进宽出"方法，最近也不断体现了"严进严出"的发展方向。因此，我国高等教育的毕业率较高。与较高的毕业率不匹配的是高校毕业生的就业率以及就业水平，体现了高校人才供给与劳动力市场需求间存在不协调。据 2017 年高校毕业生就业状况调查报告，2017 年，我国高校毕业生毕业时"已确定单位"的比例为 38.8%，"升学"与"出国 / 出境"的比例合计为 26.3%。[②] 大学在就业率和毕业率上存在的反差显示了我国在高等教育毕业生的就业与质量保障上还存在许多问题。为解决这一问题，高等院校需要对学位授予有一套行之有效、更为细化的标准，如丰富和细化不同学历与学位的要求等。高等教育需要符合教育规律，而不是盲目追求毕业率与毕业生的数量。在建设高等教育强国的背景下，更需要我们反思在现行人才培养制度中存在的不足。

4. 打破学科领域的性别刻板印象

学科领域的性别平衡越来越重要。从教育公平的角度来看，每个人都不应受社会对女性或男性刻板印象的影响，每个人都应当可以自由选择吸引自己的研究或职业道路。学科领域的性别不平衡也会造成劳动力市场的性别不平衡。在很多国家，参与博士课程的女性人数较少，部分是由于文化或性别偏见。研究发现，虽然进入 21 世纪以来我国女性科研工作者的数量和实力显著提高，但女性人才的学科分布差异透露出科研界依然存在着对女性社会角色的刻

---

① Committee on Prospering in the Global Economy of the 21st Century, National Academy of Sciences, National Academy of Engineering Institute of Medicine. Rising Above the Gathering Storm: Energizing and Employing America for a Brighter Economic Future[M]. Washington, DC: National Academies Press, 2007:35.

② 岳昌君. 2017 年高校毕业生就业状况调查出炉［N］. 光明日报，2017-11-25.

板印象。①

高校和科研机构应率先打破这种刻板印象，促进学科领域的性别平等，避免在招生时存在同等条件下某一性别优先的偏见，减少在选择学生上可能存在的性别歧视。社会与父母也应打破对性别角色的期望，通过多种方式鼓励学生进行不同领域的学习。

5. 提升吸引国际学生的能力

如今，世界各国正如火如荼地推动着高等教育国际化的发展。作为高等教育国际化的一个主要形式，我国接收留学生工作正受到高校、政府以及社会的关注。2010 年提出的《国家中长期教育改革和发展规划纲要（2010—2020年）》和同年提出的"留学中国计划"、2013 年提出的"一带一路"倡议、2017 年提出的"双一流"战略等，都表明了我国扩大留学生交流、提高高等教育国际化水平的迫切需求。

促进国际学生流动的重要因素是制定有效政策。学生选择前往其他国家就读可能是受到原籍国缺乏教育设施、在留学目的国能获取的教育回报大于在原籍国等因素的影响。其中，经济因素包括：留学目的国的经济效益较高；留学目的国能够降低教育成本，如降低学费或给予高等教育补贴。另外，出国留学的决定可能是由其他因素决定的，如留学目的国的政治稳定性，或是原籍国和留学目的国之间的文化和宗教接近性等。随着大学排行榜和其他国际大学排名的广泛传播，世界各地的学生越来越意识到高等教育体系之间的质量差异。与此同时，吸引国际学生的能力成为评估机构绩效和质量的一个标准。所以，各国政府鼓励高等教育国际化，也将国际学生的流入作为评估大学（给大家提供更多经费）的一项指标。除了大学排名影响学生对留学目的国的选择外，教学语言也是学生选择留学目的国的重要影响因素，使用英语、法语、德语、俄语和西班牙语教学的国家对国际学生特别有吸引力。英语是全球化世界的通用语，全球约四分之一的人使用英语。② 所以，官方语言为英语的国家，如澳大利亚、

---

① 赵媛，杨孝丽，郝丽莎.中国女性社会科学研究人才的学科及空间分异研究——基于 2000—2015 年国家社科基金项目［J］.干旱区地理，2016（6）：1350–1357.

② SHARIFIAN F. Globalisation and Developing Metacultural Competence in Learning English as an International Language[J]. Multilingual Education, 2013(1):1-11.

加拿大、新西兰、英国和美国等，是 OECD 成员国中国际学生的热门选择。为了能吸引更多学生，越来越多的非英语国家的学校提供用英语教学的高等教育方案。

因应国际学生流动的趋势，为推动来华留学工作进一步发展，我国于 2010 年制定了"留学中国计划"，期望在 2020 年成为亚洲最大的留学目的国。如今，我国已顺利实现了此目标。

我国为留学生制定了奖学金政策，开设英语授课学位课程，为来华留学生举办各类文体活动等。在"一带一路"倡议背景下，我国可以再多增设一些相应的语种班，造就熟知共建"一带一路"国家特点的高素质专业人才，帮助来华留学生解决学业或是生活上遇到的困难，或是使用相应语种开设专业科目，使国际学生能够有更多选择，增加学生来华留学的意愿，真正打造亚洲教育中心。

6. 加强对弱势群体的关注，并考虑增设家庭社会经济地位与学生受教育机会的指标

OECD 成员国的数据表明，家庭社会经济地位、父母受教育程度、家庭地理位置会极大影响子女的受教育机会和教育结果。家庭社会经济地位对教育公平的影响往往会在人的一生中不断加剧。尽管我国并无与此相关的详细数据，但 OECD 成员国的数据也有很大的参考价值。我国应该加强对贫困地区教育经费、师资力量的投入，加强对弱势群体的关注，以促进受教育机会和教育结果的公平。为了真实了解我国家庭社会经济地位与学生受教育情况之间的关系，可以增设关于家庭社会经济地位、父母受教育程度与学生受教育机会、受教育程度的调查指标，为我国的相关决策提供数据支撑和参考。

7. 拓展终身学习路径

劳动力资源是经济增长的基石。根据 OECD 的调查，如果不继续接受教育或不使用技能，技能水平就会退化。[①] 在 21 世纪，知识更新速度持续加快，

---

① OECD. Transition from School to Work: How Hard Is It Across Different Age Groups?[EB/OL]. (2017-08-03) [2023-06-16]. https://www.oecd-ilibrary.org/education/transition-from-school-to-work_1e604198-en.

市场对劳动力的技能水平需求提升，工作性质的演变和多样化发展要求人们持续更新技能。终身学习力是在 21 世纪生存和成功的关键。[①] 随着"第四次工业革命"的发展，学习与获取信息的方式变得多样，教育系统需要通过多种机制激励个人参与主动学习，培养自主学习能力。政府、教育机构和私营部门应展开合作，为各年龄段劳动力丰富参加校内外学习的途径，增加发展所需的基础设施（如世界银行的调查显示，通过移动应用程序提供的短期性模块培训计划前景可观），[②] 为劳动力在职业生涯的各个阶段提供高质量的学习和培训机会，并合理开发利用老年人力资源。

　　我国是人口老龄化发展进程较快的国家之一，人口红利在逐渐消失。2017 年末，我国 60 周岁及以上人口占全国总人口的 17.3%，其中 65 周岁及以上人口占全国总人口的 11.4%，[③] 且该比例还将继续增长。尽管我国对年轻一代的教育投资取得了很大进展，但相对忽视对在职劳动力、失业人口和老年一代的继续教育与培训投资。其中，农村的中老年人往往不具备农业以外的知识、技能和技术，且不少人赋闲在家。因此，拓展终身学习的机会和路径，对于提升我国的人力资源水平和全球竞争力已经刻不容缓。

---

　　① 邓莉，彭正梅.全球学习战略 2030 与中国教育的回应 [J].开放教育研究，2017（3）：18–28.

　　② 世界银行.2019 年世界发展报告：工作性质的变革 [R].世界银行集团，2018.

　　③ 国家统计局.中华人民共和国 2017 年国民经济和社会发展统计公报 [EB/OL].(2018-02-28) [2023-06-16]. https://www.gov.cn/xinwen/2018-02/28/content_5269506.htm.

第五章　教育过程指标

本章主要聚焦 OECD 指标体系中的过程指标，即"学习环境与学校的组织"指标，包括学校教育过程中学生学习、教师教学以及学校领导管理等过程性活动要素，注重对于学生、教师以及校长等不同学校主体实践活动的评估测量。[①] 从层次来看，"学习环境与学校的组织"指标域包括两个层次：一是个体层面的学习或教学过程活动，有学生和教师两类主体；二是学校层面的组织要素，主要是指学校的校长或管理者。从要素内容来看，主要涉及学生、教师与学校领导者三类主体的时间、经费以及人力等因素指标。

第一节　指标概述

虽然在 OECD《教育概览》指标设计的早期阶段就明确将 CIPP 作为理论基础，但是在"十年树木，百年树人"的教育事业中，设计学校教育的过程性

[①]　如无特殊说明，本章所有数据均来自 OECD 2013—2018 年《教育概览》(相关链接：https://www.oecd.org/education/education-at-a-glance/)，主要选择美国、英国、德国、法国、加拿大、澳大利亚、韩国、芬兰、日本、墨西哥等 OECD 成员国以及伙伴国俄罗斯进行比较。中国数据以同一时期中国官方发布的社会与教育统计年鉴数据为主。

指标从一开始就是教育评估中的一个棘手问题。对于学校教育过程来说，将哪些指标纳入评估范围，如何评测这些指标，存在诸多争议。因此，在 OECD《教育概览》的早期阶段，"学习环境与学校的组织"并未成为一个独立的指标域。

OECD 教育指标研发之初，虽然在理论上为"学习环境与学校的组织"指标域预留了空间，但是在实践中却因为指标的难以测量以及存在争议而未独立设置。一直到 1996 年，OECD《教育概览》的一级指标域中才独立出现这一指标，并在后续的发展中不断调整拓展。《教育概览》中"学习环境与学校的组织"过程指标内容的变化可以分为三个阶段。

一、过程指标的非独立阶段：1992—1995 年

1992 年，OECD 首次发布《教育概览》，其中指标框架分为 3 个一级指标，分别是"教育背景""成本、资源与学校过程""教育产出"。其中，"成本、资源与学校过程"指标包括"教育参与与学生流动"和"决策特征"两个二级指标。

"教育参与与学生流动"指标包括 5 个三级指标，分别为："正规教育之参与""学前教育之参与""后期中等教育之参与""各类第三级教育之参与"以及"高等教育之参与"。"决策特征"指标包括 5 个三级指标，分别为："前期中等教育决定层级""初等与中等教育阶段之决定""公立前期中等学校决策领域""前期中等学校做决定之模式"以及"前期中等学校做决定之自主权"。

在 1992 年之后的 3 年内，一级指标名称一直为"成本、资源与学校过程"，但是其中的二级指标与三级指标名称却在不断变化，变化内容既涉及财政资源，也涉及人力资源，还涉及教育参与、学校环境、教学时间、生师比、教师工资、教育研发等多项指标（详见附录表 5-1）。

二、过程指标的独立阶段：1996—2001 年

1996 年，OECD 发布了年度报告《以知识为基础的经济》，率先提出了"知识经济"概念，强调在研究和发展、教育和训练方面的投资和新的管理经营结构是知识经济发展的关键。该报告还指出，信息技术正在改变知识的类型

与边界，对于正在出现的信息社会，未来的劳动者迫切需要掌握信息技能和能力。这一年度报告的发布表明 OECD 更加注重知识和信息的生产、分配及使用。在此过程中，教育成为知识型经济的核心。

在此重要背景下，OECD 结合前三次教育监测中存在的问题，对教育指标体系框架进行了重要调整，过程指标域开始独立出来。1996 年，"学习环境与学校过程"正式成为一级指标领域，首次独立设置。这表明，OECD 对于教育的理解更加深入，突破了前一阶段对于教育实践的静态指标评估，开始重视教育的过程性特征。教育的过程性特征成为《教育概览》中评估的基本内容之一。

从具体指标内容来看，过程指标域主要涉及三类主体：一是学生，二是教师，三是学校领导或校长。与 1995 年相比，1996 年《教育概览》对相关指标领域中的项目指标进行了调整，纳入"学习环境与学校过程"这一指标域，同时新增了一个全新的指标项目"初等教育阶段的家长参与"。1997 年，一级指标名称为"学习环境与学校的组织"，除了教师的法定工资、教学班平均规模等指标外，新增了"初等教育班级规模与学生/学校人员之比率"，即后来的"班额与生师比"这一指标项目。

此外，1998 年，为了回应知识经济对信息技术发展的需要，OECD 增加了一个全新的指标项目"学校中电脑之配置和使用"。2000 年之后，这一领域的指标项目基本稳定，除了新增"新进教师的职前培训"指标外，基本上包括公立中小学教师的法定薪资、教学时数、初中学生法定上课时数、学生缺席以及学校中电脑的配置和使用等内容。2001 年的指标内容进一步细化，出现了"信息与通信技术在学校的使用情况、可获得性及教学过程"以及"针对信息与通信技术的教师培训"。

从这一阶段来看，将"学习环境与学校的组织"这一指标域独立设置，表明 OECD 针对各国教育监测的概念框架进一步关注学校教育的动态性质与过程特征，明确了学校教育过程在整个教育活动监测中的核心地位，重视学生的学时、课时与学科，重视教师群体的结构特征以及教学时间的评估，反映了自 20 世纪 80 年代以来西方教育改革中决策权力下放的趋势，注重学校这一基层教育组织的主体性与主动性，关注教师在整个学校教育教学过程中的主体地位（详见附录表 5-2）。

三、过程指标的稳定阶段：2002 年至今

进入 21 世纪以来，在进一步总结前期教育指标监测经验的基础上，OECD 对《教育概览》的指标概念框架进行了较大的调整，"学习环境与学校的组织"基本指标域的地位得到进一步巩固拓展，同时指标项目逐步聚焦。2002 年以来，过程指标的数量保持在 5—8 个，分别从学生、教师和学校三个层面建构过程指标体系。其中，学生层面的指标项目主要包括学生学习时间、学科课时分布、生师比与班额，教师层面的指标项目主要包括教学时间、工资、有哪些人想做教师以及教师专业发展，学校层面的指标项目包括学校领导者、信息与通信技术在教学中的运用以及教育评价体系等。学生有多少时间用于课堂学习、生师比与班额、教师工资、教师教学时间指标作为基本指标，出现频次较高。

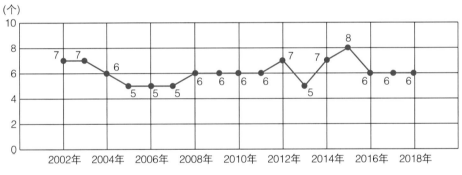

图 5-1　2002—2018 年 OECD《教育概览》教育过程领域指标数量

从具体指标项目设置来看，教师作为参与者的受关注度显著提升，主要集中于教师的教学时间、教师工资、教师专业发展，尤其是新教师的培训、有哪些人选择从事教师职业、进入高校的师范专业的基本要求等。在不同年度，为了监测需要，除了上述学生、教师、学校层面的监测指标外，OECD 还专门设计了反映时代需要的一些特色指标。比如，2011 年设计了指标以展现教育成果与机会的公平程度，2015 年度设计了指标以展现信息与通信技术在教学中的应用程度以及建立了什么样的教育评价机制等。这些特色过程指标的设计与监测，既反映了 OECD 成员国教育改革与发展的共性趋势，也反映了各国的个性特征（详见附录表 5-3）。

第二节　主要指标的比较

一、学生课堂学习时间

　　学习活动需要一定的时间投入，学生学习效果的好坏和质量的高低与学习活动投入时间长短直接相关。伴随着教育的不断普及，经济与社会发展对于人才质量的要求不断提升，各国政府高度重视学生在校内学习的时间。因此，加强对学生学习时间的监测，了解学生在不同学段、学科上的课时安排，对于进一步了解各国对于学生学习活动的重视、投入，比较各国学生学业成绩与质量，有着重要意义。

（一）产生背景

　　学习时间既是教育投入的重要资源，也是个体学习活动的重要变量，对于个体学习成效与学业成绩有着重要影响。因此，该指标是学习环境中的关键指标之一。

　　学生学习活动类型多样，且具有个性化特征。因此，对于学生个体学习活动时间的监测不易于操作。OECD 1992 年、1993 年《教育概览》中均没有设置相关指标。直到 1995 年，OECD 首次在《教育概览》的"成本、资源与学校过程"指标域中新设二级指标"教学时间"，包括两个指标项目：每位学生的教学时数和各科教学时数。1996 年《教育概览》保留了上述两个指标的设置。此后，这一指标不断变化，直到 2004 年《教育概览》中，进一步明确为"中小学生的总预期教学时数"。2010 年以后，这一指标又进一步确定为学生的学习时间，主要表现在"学生有多少时间用于课堂学习？"这一指标子领域。

（二）指标内涵

课时是衡量与比较学校教育教学时间投入与安排的重要指标。课堂学习要求学生在学习过程中能够集中注意力并保持较长一段时间。中国义务教育年限为 9 年，而 OECD 成员国义务教育年限在 8—10 年。因此，各个国家义务教育必修课时存在较大差距。

一般来说，课时是指一所公立学校每学年要为学生提供的包括必修和非必修课程在内的所有课程的教学总时间，也包括在校内开展的属于必修课程组成部分的课前或课后活动时间，但不包括课间休息或其他形式的间歇时间、节假日学习时间、家庭作业时间、个别辅导或私人学习时间。因此，课时反映了各个国家在规定教学时数以及必修课程设置方面的不同选择，也反映了不同国家对各学段教学内容安排的重视程度和偏好。

通常来说，各个国家对授课时数都有法定或规定性要求，规定学校必须提供最低课时数。所依据的基本理念是，充足的教学时间是有效学习的前提，依据学生的需要配置资源并优化时间利用是教育政策的核心。①

学生的学习课时与其在不同学段的课程密切相关。课程包括必修课程与非必修课程。必修课程，是指公立学校必须提供，学生必须参加的课程。必修课程可以是弹性的，地方政府、学校、教师或学生对于选择课程或分配必修课时有不同程度的自主权。非必修课程，是每所公立学校自行决定，不要求每个学生都必须参与的课程。不同的学校、地区提供的此类课程差别很大，选修的方式也各不相同。公立学校要提供可供选修的课程，但不要求学生必须选择其中的哪一门。

基于课时与课程的关系，在 OECD《教育概览》中，学生的学习课时又具体细化为必修课时、计划课时、学科课时、非必修课时等。以下对最为常见的必修课时与学科课时进行解释。

1. 必修课时

必修课时，是指公立学校必须提供的、公立学校学生必须接受的教学课

---

① 经济合作与发展组织. 教育概览 2015：OECD 指标［M］. 中国教育科学研究院，组织翻译. 北京：教育科学出版社，2017：443.

时总量及其课时分配，是学校必须遵守的基本规定。2015 年，OECD 成员国小学必修课时平均为 4614 学时，初中平均为 2957 学时。OECD 成员国小学和初中必修课总课时平均为 7571 学时。需要指出的是，必修课时是学生在正式课堂中接受教学的时数，与实际教学时数相差较大。因为在课堂或学校之外也会有教学，比如学生参加校外补习班、提高班或者个别辅导等。该指标反映的是国家规定的公立学校的计划课时，是一种正式教学环境下的学习测量。它无法显示学生接受的所有的实际课时，也不包括正式的教学环境之外的学习时间。

2. 学科课时

学科课时，是指学校安排给各个学科，如语文、数学、外语、艺术等课程的教学时数。在 OECD 成员国，2015 年，小学阶段平均 46% 的必修课时分配给了三个学科：语文为 22%，数学为 15%，艺术为 9%。上述三个学科和体育与健康（8%）、自然科学（7%）、社会研究（6%）一并构成了 OECD 成员国课程教学时数的主要部分。

（三）主要指标比较

1. 义务教育阶段小学和初中必修课时的比较

必修课时的具体监测包括两个指标项目：年度必修课时总量和学段必修课时总量。

其一，OECD 成员国小学必修课时存在较大差异，中国小学必修课时数较低。

2015 年，OECD 成员国小学年均必修课课时为 804 课时，小学阶段必修课总课时平均为 4614 课时。

如图 5-2 所示，在 OECD 成员国中，小学的年必修课时高 ① 的国家有澳大利亚（1000 课时）、美国（967 课时）、加拿大（919 课时）和墨西哥（900 课时），处于中间的国家是法国（864 课时），较低的国家有日本（763 课时）、德

---

① 可以将年必修课时数高于 900 小时的国家定义为高必修课时国家，800—900 小时的国家定义为中必修课时国家，而低于 800 小时的国家则为低必修课时国家。

国（703 课时）、韩国（648 课时）、芬兰（632 课时）。

与小学年必修课时数相对应，从小学阶段的必修课总课时来看，在 OECD 成员国中，最高的是澳大利亚，为 6000 课时；最低的是德国，仅为 2814 课时。各国小学年必修课时与小学阶段必修课总课时有所差异，这既与各个国家对于小学学段的年限规定有关，也与各个国家对于课程的重视程度和课时分配相关。

2014 年，中国小学的年必修课时为 612 课时，远低于同年度 OECD 成员国的平均水平 794 课时。年必修课时少了 182 课时，这是一个不小的数量，从另外一个方面表明中国小学生在校的必修课学习时间少于 OECD 成员国的平均水平。

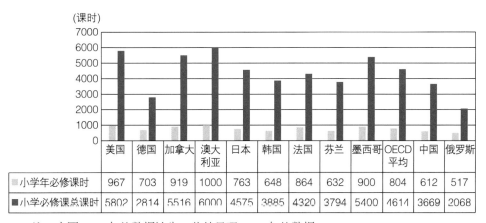

注：中国 2015 年的数据缺失，此处呈现 2014 年的数据。

图 5-2　2015 年部分 OECD 成员国及伙伴国小学年必修课时与小学必修课总课时

其二，OECD 成员国小学年必修课时略有增加，中国小学年必修课时低于 OECD 成员国的平均水平，但总课时数较高。

2013—2018 年，OECD 成员国小学年必修课时与小学必修课总课时基本稳定且略有增加，但幅度不大。

如表 5-1 所示，2013—2018 年，美国小学年必修课时从 2014 年的 967 课时增长为 2018 年的 971 课时，仅增长了 4 课时。从 OECD 成员国的平均水平来看，2013 年，小学年必修课时为 791 课时，2018 年为 799 课时，仅增长了 8 课时。这表明，各个国家的课程与教学安排是稳定的，基本保持不变。

表 5-1　2013—2018 年部分 OECD 成员国及伙伴国小学年必修课时

单位：课时

国家 / 国际组织	2013 年	2014 年	2015 年	2016 年	2017 年	2018 年
美国	m	967	967	967	970	971
英国	861	861	m	m	m	m
德国	702	683	703	703	705	701
加拿大	919	919	919	919	920	920
澳大利亚	953	1010	1000	1000	1000	1000
日本	754	762	763	763	763	763
韩国	632	648	648	648	655	655
法国	864	864	864	864	864	864
芬兰	626	632	632	632	651	651
墨西哥	800	800	900	800	800	800
OECD 平均	791	794	804	799	800	799
中国	m	612	m	m	m	m
俄罗斯	470	m	517	517	517	598

注：m 表示数据缺失。

从小学必修课总课时来看，2014 年，OECD 成员国平均小学必修课总课时为 4553 课时，2018 年增长为 4620 课时，增加了 67 课时。从具体国家来看，小学必修课总课时最多的国家是澳大利亚，2014 年为 6060 课时，2018 年增长为 7000 课时；而美国 2014 年为 5802 课时，2018 年为 5824 课时。唯一出现负增长的国家是日本，小学必修课总课时 2014 年为 4573 课时，而 2018 年则为 4455 课时。

2014 年，中国小学必修课总课时为 3669 课时，远低于同年 OECD 成员国的平均水平 4553 课时。

但如表 5-3 所示，从 2001 年中国教育部规定的小学阶段课时量（包括必修课时，但不限于必修课时）来看，中国小学阶段的总课时量为 6020 课时，远超过 OECD 成员国的平均水平。

表 5-2　2014—2018 年部分 OECD 成员国及伙伴国小学必修课总课时

单位：课时

国家 / 国际组织	2014 年	2015 年	2016 年	2017 年	2018 年
美国	5802	5802	5802	5820	5824
英国	5168	m	m	m	m
德国	2732	2814	2812	2822	2804
加拿大	5515	5516	5517	5521	5518
澳大利亚	6060	6000	7000	7000	7000
日本	4573	4575	4575	4576	4455
韩国	3885	3885	3885	3928	3928
法国	4320	4320	4320	4320	4320
芬兰	3794	3794	3794	3905	3905
墨西哥	4800	5400	4800	4800	4800
OECD 平均	4553	4614	4621	4626	4620
中国	3669	m	m	m	m
俄罗斯	m	2068	2068	2068	2393

注：m 表示数据缺失。

表 5-3　2001 年中国小学阶段周总课时与学年总课时

单位：课时

课时类别	一年级	二年级	三年级	四年级	五年级	六年级	小学阶段总和
周总课时	26	26	30	30	30	30	172
学年总课时	910	910	1050	1050	1050	1050	6020

其三，OECD 成员国初中年必修课时存在差异，近年来总量略微下降；中国初中年必修课学习时间短，但总课时数高于 OECD 平均水平。

2015 年，OECD 成员国初中年均必修课时为 916 课时，初中必修课总课时为 2957 课时。如图 5-3 所示，在初中年必修课时方面，最少的为韩国（842 课时），其次为芬兰（844 课时），最多的为墨西哥（1167 课时）。此外，美国为 1011 课时，澳大利亚为 1000 课时。

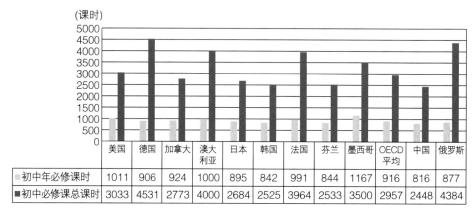

注: 中国 2015 年的数据缺失, 此处呈现 2014 年的数据。

图 5-3　2015 年部分 OECD 成员国及伙伴国初中年必修课时与初中必修课总课时数

如表 5-4 所示, 2013—2018 年, OECD 成员国初中年必修课时从 2013 年的 907 课时增长为 2018 年的 913 课时, 增长了 6 课时, 变化幅度不大。2013 年, 初中年必修课时最高的国家墨西哥为 1167 课时, 其次的澳大利亚为 1009 课时。2018 年, 初中年必修课时最高的墨西哥为 1167 课时, 其次的美国为 1020 课时; 课时最少的俄罗斯为 803 课时。

比较而言, 中国 2014 年初中年必修课时为 816 课时, 远低于同年度 OECD 成员国的平均水平 905 课时, 中国比 OECD 成员国平均低 89 课时。

表 5-4　2013—2018 年部分 OECD 成员国及伙伴国初中年必修课时

单位: 课时

国家 / 国际组织	2013 年	2014 年	2015 年	2016 年	2017 年	2018 年
美国	m	1011	1011	1011	1019	1020
英国	912	912	m	m	m	m
德国	890	866	906	907	909	916
加拿大	923	921	924	924	924	924
澳大利亚	1009	1015	1000	1000	1000	1000
日本	866	895	895	895	893	893
韩国	850	842	842	842	842	842
法国	982	991	991	991	946	946

续 表

国家/国际组织	2013 年	2014 年	2015 年	2016 年	2017 年	2018 年
芬兰	856	844	844	844	808	808
墨西哥	1167	1167	1167	1167	1167	1167
OECD 平均	907	905	916	915	913	913
中国	m	816	m	m	m	m
俄罗斯	877	m	877	724	798	803

注：m 表示数据缺失。

如表 5-5 所示，从初中必修课总课时来看，2014 年，德国最高（4331 课时），其次是澳大利亚（4060 课时）；最少的是韩国和芬兰，2014 年分别为 2525 课时和 2533 课时。

从变化趋势来看，2014—2018 年，OECD 成员国平均初中必修课总课时从 2922 课时减少为 2913 课时，减少了 9 课时，减少幅度微乎其微。有些国家初中必修课总课时略有增加，比如美国、德国、加拿大。有些国家保持不变，如墨西哥和韩国。墨西哥一直保持在 3500 课时，韩国则稳定在 2525 课时。还有些国家略微减少，比如澳大利亚，从 2014 年的 4060 课时减少为 2018 年的 4000 课时。法国减少的幅度略大，从 2014 年的 3964 课时减少到 2018 年的 3784 课时，减少了 180 课时。芬兰从 2014 年的 2533 课时减少到 2018 年的 2423 课时，减少了 110 课时。

表 5-5 2014—2018 年部分 OECD 成员国及伙伴国初中必修课总课时

单位：课时

国家/国际组织	2014 年	2015 年	2016 年	2017 年	2018 年
美国	3033	3033	3033	3057	3059
英国	2736	m	m	m	m
德国	4331	4531	4536	4544	4582
加拿大	2764	2773	2773	2772	2771
澳大利亚	4060	4000	4000	4000	4000
日本	2686	2684	2684	2680	2680
韩国	2525	2525	2525	2525	2525

续 表

国家 / 国际组织	2014 年	2015 年	2016 年	2017 年	2018 年
法国	3964	3964	3964	3784	3784
芬兰	2533	2533	2533	2423	2423
墨西哥	3500	3500	3500	3500	3500
OECD 平均	2922	2957	2919	2911	2913
中国	2448	m	m	m	m
俄罗斯	m	4384	3990	3990	4016

注：m 表示数据缺失。

比较而言，2014 年中国初中必修课总课时为 2448 课时，低于 OECD 成员国的平均水平 2922 课时。如表 5-6 所示，从 2001 年中国教育部对于初中阶段的课时设置（包括但不限于必修课时）来看，整个初中阶段的课时总量为 3502 课时，超过 OECD 成员国的平均水平。

表 5-6　2001 年中国初中阶段周总课时与学年总课时

单位：课时

课时类别	七年级	八年级	九年级	初中阶段总和
周总课时	34	34	34	102
学年总课时	1190	1190	1122	3502

其四，OECD 成员国小学和初中阶段必修课总课时存在较大差异，2014—2018 年略有增加；中国义务教育阶段必修课总课时较低，课时总量高于 OECD 平均水平。

OECD 各国教育制度不同，各个国家小学和初中学段的教育年限设置不一。年限设置影响小学与初中年必修课时与学段必修课时总量的安排。为了进一步明晰各个国家学生学习时间的分布，《教育概览》设置了义务教育阶段（含小学和初中）必修课总课时指标。

2015 年，OECD 成员国义务教育阶段必修课总课时平均为 7570 课时。必修课总课时最高的国家澳大利亚为 10000 课时，但是其义务教育时间也是最长的，为 10 年。在义务教育年限为 9 年的国家里，义务教育阶段必修课总课时最高的国家墨西哥为 8900 课时，其次为美国（8835 课时），再次为加拿大（8289 课时）。义务教育阶段必修课总课时最低的芬兰为 6327 课时，其次为韩国（6410 课时）。

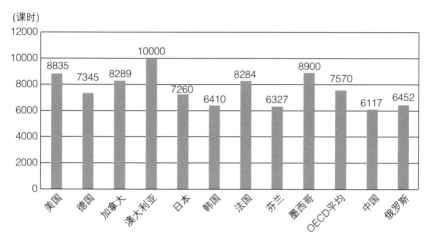

注：

1. 中国 2015 年的数据缺失，此处呈现 2014 年的数据。

2. 除澳大利亚的义务教育时间为 10 年外，其余国家均为 9 年。

图 5-4　2015 年部分 OECD 成员国及伙伴国小学和初中必修课总课时

从近年来的变化看，各个国家小学和初中阶段必修课总课时略有增加，但增加幅度不大。如图 5 5 所示，2014—2018 年，OECD 成员国平均小学和初中阶段必修课总课时从 7475 课时增长到 7533 课时，增长了 58 课时。从变化来看，有些国家增长了，如美国、德国、加拿大、澳大利亚，其中增长幅度最大的为澳大利亚，从 2014 年的 10120 课时增长到 2018 年的 11000 课时，增长了 880 课时；芬兰保持不变；日本和法国不增反减，其中法国减幅最大，从 2014 年的 8284 课时减少到 2018 年的 8104 课时，减少了 180 课时。

如表 5-7 所示，比较而言，2014 年，中国小学和初中必修课总课时为 6117 课时，低于同年 OECD 成员国的平均水平 7475 课时，这是一个值得注意的现象。同年，只有韩国与芬兰义务教育阶段必修课总课时与中国相差不多，韩国为 6410 课时，芬兰为 6327 课时。中国的必修课总课时低于这两个国家。2001 年中国教育部设置的义务教育学段的课时总量为 9522 课时（包括但不限于必修课时），远远超过 OECD 成员国的平均水平 7533 课时（2018 年）。

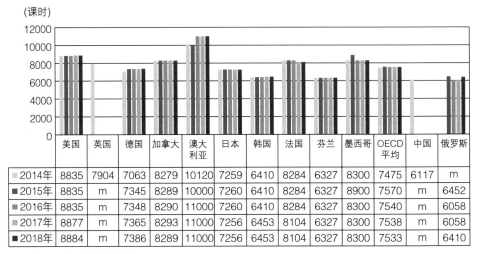

注：m 表示数据缺失。

图 5-5　2014—2018 年 OECD 成员国及伙伴国小学和初中阶段必修课总课时

表 5-7　2014—2018 年部分 OECD 成员国及伙伴国小学和初中阶段必修课总课时

单位：课时

国家 / 国际组织	2014 年	2015 年	2016 年	2017 年	2018 年
美国	8835	8835	8835	8877	8884
英国	7904	m	m	m	m
德国	7063	7345	7348	7365	7386
加拿大	8279	8289	8290	8293	8289
澳大利亚	10120	10000	11000	11000	11000
日本	7259	7260	7260	7256	7256
韩国	6410	6410	6410	6453	6453
法国	8284	8284	8284	8104	8104
芬兰	6327	6327	6327	6327	6327
墨西哥	8300	8900	8300	8300	8300
OECD 平均	7475	7570	7540	7538	7533
中国	6117	m	m	m	m
俄罗斯	m	6452	6058	6058	6410

注：m 表示数据缺失。

其五，不同国家间学生校外学习时间存在较大差异，中国上海学生校外完成教师布置作业时间最长，参加校外辅导机构的补习时间排名第二。

虽然中国学生在小学和初中阶段的必修课总课时数较低，但是中国学生的课外学习时间却远远超过 OECD 成员国的平均水平。

2012 年的 PISA 数据显示，不同国家间学生的校外学习时间存在较大差异。如表 5-8 所示，在学生校外学习时间涉及的四个指标中，中国上海学生完成教师布置的家庭作业或其他任务的时间最长，周平均时数达到 13.85 小时；参加课外辅导机构或补习班的周平均时数达到 2.08 小时，仅次于韩国的 3.62 小时。俄罗斯学生进行私人指导的时间最多，为 1.78 小时。同时，俄罗斯学生与父母或其他家庭成员一起学习的时间也最长，达 2.24 小时。

中国上海学生校外学习时间在多个方面都超过 OECD 平均水平。在完成教师布置的家庭作业或其他任务的时间指标中，中国上海学生的数据为 13.85 小时，超过 OECD 平均水平 4.88 小时；中国上海学生接受私人指导的周平均时数为 1.15 小时，超过 OECD 平均水平 0.65 小时；在参加课外辅导机构或辅导班的时间指标中，中国上海的数据为 2.08 小时，仅低于韩国的 3.62 小时，超过 OECD 平均水平 0.62 小时。

表 5-8　2012 年部分 OECD 成员国及伙伴国学生校外学习时间（周平均时数）

单位：小时

国家 / 国际组织 / 地区	完成教师布置的家庭作业或其他任务的时间	进行私人指导的时间（无论是否付费）	参加课外辅导机构或补习班的时间	与父母或其他家庭成员一起学习的时间
美国	6.08	0.43	0.32	1.22
英国	4.86	0.38	0.3	0.91
德国	4.67	0.54	0.61	1.02
加拿大	5.48	0.43	0.3	0.87
澳大利亚	6.04	0.46	0.36	1.03
日本	3.84	0.07	0.6	0.28
韩国	2.87	1.39	3.62	0.41
法国	5.06	0.43	0.25	0.88
芬兰	2.78	0.1	0.09	0.44

国家/国际组织/地区	完成教师布置的家庭作业或其他任务的时间	进行私人指导的时间（无论是否付费）	参加课外辅导机构或补习班的时间	与父母或其他家庭成员一起学习的时间
墨西哥	5.24	1.09	0.67	1.72
OECD 平均	4.88	0.65	0.62	0.99
中国上海	13.85	1.15	2.08	0.76
俄罗斯	9.75	1.78	1.49	2.24

2. 小学和初中阶段各学科课时的比较

第一，小学语文、数学、艺术是 OECD 成员国课时占比最高的三门学科，不同国家主要学科必修课时占比存在差异。

一般来说，进入小学以后，要分学科学习各类知识。在小学阶段，各国开设了语文、数学、艺术、自然科学、体育与健康、社会研究等多门学科。各个国家对于学科的重视程度以及对各学科的课时分配各不相同。

以 2015 年为例，OECD 成员国平均将 46% 的必修课时主要分配给了三个学科：语文（22%）、数学（15%）和艺术（9%）。此外，体育与健康（8%）、自然科学（7%）、社会研究（6%）一并构成了 OECD 成员国课程教学时数的主要组成部分。第二语言和其他语言、宗教、信息与通信技术、技术、实践和职业技能及其他学科构成了小学生非弹性必修课程的其他部分，约占 15%。为了便于比较，我们选取了语文、数学、自然科学、第二语言、社会研究、体育与健康以及艺术等七个学科进行分析比较。

从图 5-6 可以看出，2015 年，OECD 成员国小学主要学科课时占必修课时的比例存在差异。语文课时比例最高的是法国，占比 37%；其次是加拿大和墨西哥，占比 31%；最低的是韩国，占比 22%。OECD 成员国小学语文课时占必修课时的比例平均为 22%。OECD 成员国小学数学课时占必修课时的比例平均为 15%，其中占比最高的墨西哥为 24%；其次为法国，占比 21%；最低的是韩国，占比 14%。OECD 成员国小学自然科学课时占必修课时的比例平均为 7%。其中，占比最高的是墨西哥，为 12%；其次为芬兰，为 11%；最低的是德国，为 4%。

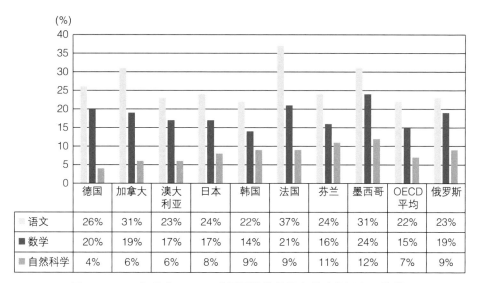

图 5-6　2015 年部分 OECD 成员国及伙伴国小学阶段语文、数学、
自然科学课时占必修课时的比例

从纵向阶段来看，如表 5-9 所示，2014—2018 年，OECD 成员国小学语文、数学、自然科学课时占小学阶段必修课总课时的平均比例不断变化。其中，语文从 2014 年的 22% 上升为 2018 年的 25%；数学从 2014 年的 15% 上升为 2018 年的 17%；自然科学保持不变，为 7%。

表 5-9　2014—2018 年部分 OECD 成员国及伙伴国小学阶段语文、
数学、自然科学课时占必修课时的比例

国家 / 国际组织	语文			数学			自然科学		
	2014 年	2016 年	2018 年	2014 年	2016 年	2018 年	2014 年	2016 年	2018 年
英国	14%	14%	14%	14%	14%	14%	14%	14%	14%
德国	20%	26%	26%	16%	20%	21%	3%	4%	4%
加拿大	27%	31%	31%	18%	19%	19%	8%	6%	6%
澳大利亚	14%	24%	24%	14%	17%	17%	14%	6%	6%
日本	24%	24%	24%	17%	17%	17%	8%	8%	7%
韩国	22%	22%	21%	14%	14%	14%	9%	9%	9%
法国	37%	37%	38%	21%	21%	21%	9%	9%	7%
芬兰	24%	24%	23%	16%	16%	15%	11%	11%	10%

续　表

国家 /	语文			数学			自然科学		
国际组织	2014 年	2016 年	2018 年	2014 年	2016 年	2018 年	2014 年	2016 年	2018 年
墨西哥	35%	35%	35%	27%	27%	27%	13%	13%	13%
OECD平均	22%	22%	25%	15%	15%	17%	7%	7%	7%
俄罗斯	m	39%	36%	m	19%	16%	m	9%	6%

注：m 表示数据缺失。

第二，在小学阶段，OECD 成员国重视社会研究、艺术、体育与健康课程，第二语言课程占比不断提升。

如图 5-7 所示，2015 年，OECD 成员国社会研究、第二语言、体育与健康、艺术四门课程必修课时的平均比例分别为 6%、5%、8%、9%。这表明，OECD 成员国非常重视德、体、艺课程，注重学生的全面发展。

此外，在全球化背景下，OECD 成员国非常重视学生第二语言的学习，第二语言课程课时占必修课时的比例达 5%。就各具体学科而言，各国又存在差别。其中，社会研究学科占比最高的三个国家是澳大利亚、韩国与墨西哥，这

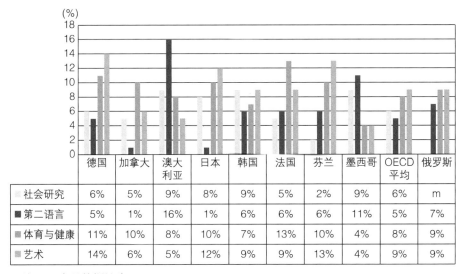

	德国	加拿大	澳大利亚	日本	韩国	法国	芬兰	墨西哥	OECD平均	俄罗斯
社会研究	6%	5%	9%	8%	9%	5%	2%	9%	6%	m
第二语言	5%	1%	16%	1%	6%	6%	6%	11%	5%	7%
体育与健康	11%	10%	8%	10%	7%	13%	10%	4%	8%	9%
艺术	14%	6%	5%	12%	9%	9%	13%	4%	9%	9%

注：m 表示数据缺失。

**图 5-7　2015 年部分 OECD 成员国及伙伴国小学阶段社会研究、
第二语言、体育与健康、艺术课程课时占必修课时的比例**

一学科课程课时占比达 9%；而最低的是芬兰，占比仅为 2%。就第二语言课程课时而言，各国差距更大。其中，占比最高的澳大利亚达 16%；其次是墨西哥，占比 11%；占比最低的有加拿大和日本，仅为 1%。各国体育与健康课程课时的占比也有不少差异。其中，法国占比最高，为 13%；其次为德国，占比 11%；占比最低的为墨西哥，仅 4%。艺术课程课时占比最高的德国为 14%；其次是芬兰，占比 13%；日本占比 12%；占比最低的墨西哥为 4%；澳大利亚的占比也较低，为 5%。

纵向比较，如表 5-10 所示，2014—2018 年，OECD 成员国社会研究、第二语言、体育与健康、艺术等课程课时占小学阶段必修课总课时比例的平均值也在不断变化。其中，社会研究课程课时占必修课总课时的比例保持不变，平均为 6%；第二语言课程课时的占比不断增长，从 2014 年的 4% 增长到 2016 年的 5%，再到 2018 年的 6%。这表明，OECD 成员国对于第二语言的重视程度不断增强。体育与健康课程课时的占比从 2014 年的 8% 增长到 2018 年的 9%。艺术课程课时的占比从 2014 年的 9% 增长到 2018 年的 10%。

表 5-10　2014—2018 年部分 OECD 成员国及伙伴国小学阶段社会研究、第二语言、体育与健康、艺术课程课时占必修课时的比例

国家 / 国际组织	社会研究			第二语言			体育与健康			艺　术		
	2014 年	2016 年	2018 年	2014 年	2016 年	2018 年	2014 年	2016 年	2018 年	2014 年	2016 年	2018 年
英国	14%	14%	14%	m	14%	14%	14%	14%	14%	14%	14%	14%
德国	4%	6%	6%	6%	5%	5%	12%	11%	11%	15%	14%	14%
加拿大	7%	5%	5%	2%	1%	1%	10%	10%	9%	7%	6%	5%
澳大利亚	14%	6%	8%	14%	16%	16%	14%	8%	8%	14%	5%	5%
日本	8%	8%	6%	1%	1%	1%	10%	10%	10%	12%	12%	12%
韩国	9%	9%	9%	6%	6%	6%	7%	7%	7%	9%	9%	9%
法国	5%	5%	3%	6%	6%	6%	13%	13%	13%	9%	9%	8%
芬兰	2%	2%	4%	6%	6%	7%	10%	10%	9%	13%	13%	16%
墨西哥	10%	10%	10%	m	m	m	5%	5%	5%	5%	5%	5%
OECD 平均	6%	6%	6%	4%	5%	6%	8%	8%	9%	9%	9%	10%
俄罗斯	m	m	m	m	7%	6%	m	9%	12%	m	9%	8%

注：m 表示数据缺失。

　　第三, 初中阶段, 语文、第二语言、数学、自然科学和社会研究是 OECD 成员国课时占比最高的五门学科, 占比约 60%, 各国初中阶段主要学科必修课时占比存在差异。

　　进入初中阶段, 知识学习更为重要。如图 5-8 所示, 2015 年, OECD 成员国平均把 37% 的课时分配给了三个学科: 语文为 14%, 自然科学为 11%, 数学为 12%。此外, 如图 5-9 所示, 第二语言为 9%, 社会研究为 10%, 体育与健康为 7%, 艺术为 6%。上述七个学科构成了 OECD 成员国初中学生课程教学时数的主要组成部分。

　　就具体学科而言, 各个国家存在差异。2015 年, 初中阶段语文学科占比最高的是加拿大, 达到 20%; 最低的是芬兰、澳大利亚和日本, 均占 12%。在数学学科中, OECD 成员国的平均占比为 12%, 占比最高的是加拿大, 为 15%; 最低的是韩国, 占比 11%。在自然科学学科中, OECD 成员国的平均水平是 11%, 占比最高的是韩国, 为 19%; 最低的是加拿大, 为 9%。

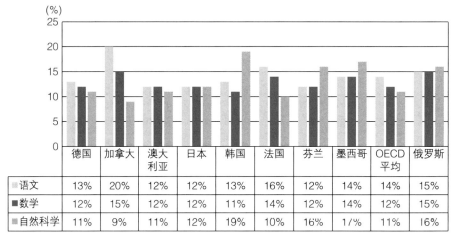

图 5-8　2015 年部分 OECD 成员国及伙伴国初中阶段语文、
数学、自然科学课时占必修课时的比例

　　如图 5-9 所示, 2015 年, 初中阶段社会研究课程课时占必修课时比例最高的是韩国, 为 15%; 其次是加拿大, 占比 13%; 最低的是芬兰和俄罗斯, 占比均为 8%; OECD 成员国的平均水平为 10%。第二语言课程课时占必修课时比例最高的是澳大利亚, 为 16%; 最低的是加拿大, 占比 6%; OECD 成员国的平均水平为 9%。体育与健康课程课时占必修课时比例最高的是法国, 为

12%；最低的是墨西哥，占比 6%；OECD 成员国的平均水平为 7%。艺术课程课时占必修课时比例，OECD 成员国的平均水平是 6%；占比最高的是德国和芬兰，均为 9%；最低的是澳大利亚，占比 4%。

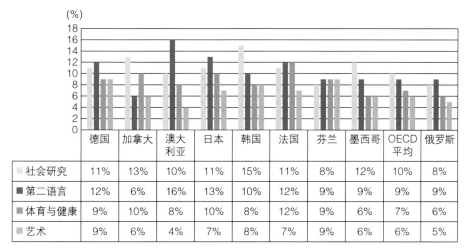

	德国	加拿大	澳大利亚	日本	韩国	法国	芬兰	墨西哥	OECD平均	俄罗斯
社会研究	11%	13%	10%	11%	15%	11%	8%	12%	10%	8%
第二语言	12%	6%	16%	13%	10%	12%	9%	9%	9%	9%
体育与健康	9%	10%	8%	10%	8%	12%	9%	6%	7%	6%
艺术	9%	6%	4%	7%	8%	7%	9%	6%	6%	5%

图 5-9 2015 年部分 OECD 成员国及伙伴国初中阶段社会研究、
第二语言、体育与健康、艺术课程课时占必修课时的比例

第四，近年来，初中阶段 OECD 成员国语文、数学、自然科学学科课时占必修课时的比例基本不变，社会研究、第二语言、体育与健康、艺术等课程课时占必修课时的比例不断变化。

如表 5-11 所示，2014—2018 年，初中阶段，OECD 成员国语文、数学、自然科学学科课时占必修课时的比例基本不变。其中，语文和数学学科的占比保持不变，分别为 14% 和 12%；自然科学学科的占比略有变化，从 2014 年的 11% 增长到 2018 年的 12%。

表 5-11 2014—2018 年部分 OECD 成员国及伙伴国初中阶段语文、
数学、自然科学课时占必修课时的比例

国家 / 国际组织	语文			数学			自然科学		
	2014 年	2016 年	2018 年	2014 年	2016 年	2018 年	2014 年	2016 年	2018 年
英国	14%	14%	14%	13%	14%	14%	12%	14%	14%
德国	14%	13%	13%	13%	13%	12%	12%	13%	11%
加拿大	19%	20%	19%	15%	15%	15%	10%	9%	9%

国家 / 国际组织	语文			数学			自然科学		
	2014 年	2016 年	2018 年	2014 年	2016 年	2018 年	2014 年	2016 年	2018 年
澳大利亚	14%	12%	12%	14%	12%	12%	14%	11%	11%
日本	12%	12%	12%	12%	12%	12%	12%	12%	12%
韩国	13%	13%	13%	11%	11%	11%	19%	19%	20%
法国	15%	15%	17%	14%	14%	14%	10%	10%	12%
芬兰	12%	12%	12%	12%	12%	13%	16%	16%	16%
墨西哥	14%	14%	14%	14%	14%	14%	17%	17%	17%
OECD 平均	14%	14%	14%	12%	12%	12%	11%	11%	12%
俄罗斯	m	21%	22%	m	16%	16%	m	17%	17%

注：m 表示数据缺失。

如表 5-12 所示，2014—2018 年间，初中阶段，OECD 成员国社会研究、第二语言、体育与健康、艺术课程课时占必修课时的比例不断变化。其中，社会研究课程课时占必修课时的比例，2014 年为 10%，2016 年减少为 6%，2018 年又恢复到 10%；第二语言课程课时占必修课时的比例，2014 年为 10%，2016 年为 5%，2018 年又调整为 9%；体育与健康课程课时占必修课时的比例，2014 年为 7%，2018 年增长为 8%；艺术课程课时占必修课时的比例，2014 年为 7%，2016 年为 9%，2018 年又调整为 7%。

表 5-12　2014—2018 年部分 OECD 成员国及伙伴国初中阶段社会研究、第二语言、体育与健康、艺术课程课时占必修课时的比例

国家 / 国际组织	社会研究			第二语言			体育与健康			艺　术		
	2014 年	2016 年	2018 年	2014 年	2016 年	2018 年	2014 年	2016 年	2018 年	2014 年	2016 年	2018 年
英国	14%	14%	14%	5%	14%	14%	9%	14%	14%	11%	14%	14%
德国	11%	6%	10%	19%	5%	12%	9%	11%	8%	10%	14%	9%
加拿大	13%	5%	13%	7%	1%	7%	10%	10%	10%	8%	6%	7%
澳大利亚	14%	6%	10%	14%	16%	16%	14%	8%	8%	14%	5%	4%
日本	11%	8%	11%	13%	1%	13%	10%	10%	10%	7%	12%	7%

国家 / 国际组织	社会研究			第二语言			体育与健康			艺 术		
	2014年	2016年	2018年	2014年	2016年	2018年	2014年	2016年	2018年	2014年	2016年	2018年
韩国	15%	9%	15%	10%	6%	10%	8%	7%	8%	8%	9%	8%
法国	11%	5%	12%	12%	6%	12%	12%	13%	12%	7%	9%	8%
芬兰	8%	2%	8%	9%	6%	8%	9%	10%	12%	9%	13%	7%
墨西哥	12%	10%	12%	9%	m	9%	6%	5%	6%	6%	5%	6%
OECD 平均	10%	6%	10%	10%	5%	9%	7%	8%	8%	7%	9%	7%
俄罗斯	m	m	9%	m	7%	10%	m	9%	7%	m	9%	5%

注：m 表示数据缺失。

第五，小学阶段，中国的语文、数学课时占必修课时的比例低于 OECD 成员国的平均水平，体育与健康课程课时占必修课时的比例高于 OECD 成员国平均水平，外语与艺术课程课时占必修课时的比例与 OECD 成员国平均水平持平；初中阶段，中国的语文、数学、体育与健康、艺术课程课时占必修课时的比例高于 OECD 成员国平均水平，外语课程课时占必修课时的比例则低于 OECD 成员国平均水平。

2001 年中国实施基础教育课程改革，既对基础教育阶段的课程结构与目标、内容进行了调整，也重新设置了义务教育阶段各学科的课时。如表 5-13 所示，中国语文学科课时占必修课时的比例为 20%—22%，低于 OECD 成员国小学阶段的语文学科课时的平均比例 25%（2018 年），但是远高于 OECD 成员国初中阶段语文学科课时的平均比例 14%（2018 年）。在数学学科课时上，中国占比为 13%—15%，低于 2018 年 OECD 成员国小学数学课时的平均占比 17%，但高于初中阶段的平均占比 12%。在第二语言即外语学科上，中国课时占比为 6%—8%，与 2018 年 OECD 成员国小学阶段的平均水平 6% 持平，但是低于 OECD 成员国初中阶段的平均比例 9%。在体育课时的设置上，中国课时占比为 10%—11%，高于 2018 年 OECD 成员国小学与初中阶段体育与健康课时比例的设置，后者分别为 9% 和 8%。在艺术课时上，中国课时占比为 9%—11%，2018 年 OECD 成员国小学和初中阶段艺术课程课时占必修课时的比例平均分别为 10% 和 7%。可见，中国略高于 OECD 成员国的平均水平。

表 5-13　2001 年中国教育部义务教育阶段课时设置

年级	项目	必修科目								综合实践课	选修科目
		语文	数学	外语	品德	科学	历史与社会	体育	艺术		地方与学校课程
	周课时占比	20%—22%	13%—15%	6%—8%	7%—9%	7%—9%	3%—4%	10%—11%	9%—11%	16%—20%	
一 二	周课时（总数26课时）	5.2—5.72	3.38—3.9	0	1.82—2.34	0	0	2.6—2.86	2.34—2.86	0	4.16—5.2
三 四 五 六	周课时（总数30课时）	6—6.6	3.9—4.5	1.8—2.4	2.1—2.7	2.1—2.7	0	3—3.3	2.7—3.3	4.8—6	
七 八 九	周课时（总数34课时）	6.8—7.48	4.42—5.1	2.04—2.72	2.3—3.06	2.3—3.06	1.02—1.36	3.4—3.74	3.06—3.74	4.44—6.8	

注：每学年上课时间为 35 周。

二、生师比与班额

生师比、班额影响教师在教学和其他任务上的时间安排，同时也体现教育资源的分配情况，还是影响教师需求的重要因素之一，是教育过程性指标的重要内容之一。

（一）产生背景

生师比、班额可以比较直观地表明教育资源投入与落实到学生个体层面的量。因此，OECD《教育概览》一开始就重视并将其纳入监测指标。但是，在早期阶段，生师比与班额，尤其是生师比，作为人力资源的投入指标而被纳入成本与学校过程指标。在 1992 年的教育指标中，生师比与公立教育部门人员占总劳动力人口的比率一并作为人力资源指标出现。1996 年，过程指标"学习环境与学校过程"开始独立出来。2001 年，生师比这一指标首次出现在"学习环境与学校的组织"指标中。2002 年，生师比这一指标拓展为班额与生师比，此后一直保持下来。

（二）指标内涵

1. 生师比

生师比，是根据某一教育阶段或某类教育机构中的学生数和教师数计算而来的。一般来说，教师或者教学人员类型多样，可以分为两类：一类是教学辅助人员和教学 / 研究助理，另一类是教职工。前者主要是协助教师教学的非专业人员或学生；而后者指的是直接参与教学的专业人员，包括课堂教师、特殊教育教师、在教室协助学生工作的教师、实验室教师以及在常规课堂内外进行一对一教学的其他教师。在 OECD 的生师比计算中，常将这些教学人员折合成全职教师数量进行计算。

2. 班额

班额，是指一个班级中的学生数量。由于班级中学生人数多少有差异，因此班额是通过学生数量除以班级数量计算得到的。

（三）主要指标比较

1. 公立学校班额

其一，OECD 成员国公立小学和初中班额较小，各国差距不大；中国公立小学和初中班额远高于 OECD 成员国平均水平。

如图 5-10 所示，2013 年，OECD 成员国小学阶段的平均班额为 21 个学生；到了初中阶段，增加到了 24 个学生。各个国家的公立小学和初中的班额规模大小不一。在 OECD 成员国中，公立小学班额最大的是英国和日本，均为 27 人；其次是韩国，为 24 人；班额最小的是芬兰，只有 19 人；美国的公立小学班额为 22 人。

比较而言，2013 年的调查数据显示，中国公立小学班额远远超过 OECD 成员国的平均水平，达到了 37 人，两者之间的差距有 16 人之多。中国公立初中班额达到 50 人，超过 OECD 成员国的平均水平——24 人，超出 26 人。

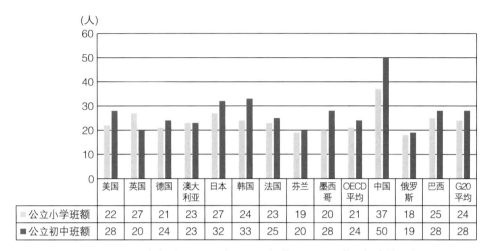

图 5-10　2013 年部分 OECD 成员国及伙伴国公立小学和初中的班额

其二，近年来，OECD 成员国公立小学班额略有下降；中国公立小学班额先升后降，变化幅度不大。

从阶段变化来看，如图 5-11 所示，2013—2018 年，OECD 成员国公立小学平均班额略有下降，从 2013 年的 21.3 人减少为 2018 年的 21 人。相对来说，变化幅度较大的是韩国，2013 年公立小学班额为 26.3 人，到 2018 年减少为 23 人。墨西哥则从 2013 年的 19.9 人增长为 2018 年的 24 人。

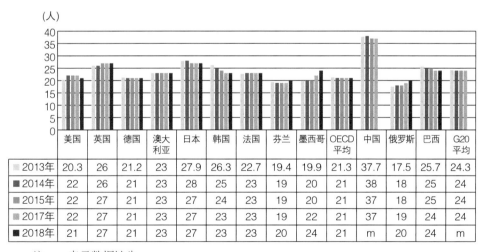

注：m 表示数据缺失。

图 5-11　2013—2018 年部分 OECD 成员国及伙伴国公立小学班额

　　比较而言，中国公立小学班额较大，2013 年为 37.7 人，2014 年增长为 38 人，其后则减少为 37 人。

　　其三，近年来，平均而言，OECD 成员国公立初中班额略有下降，但不同国家变化有增有减；中国公立初中班额虽呈下降趋势，但依旧是 OECD 成员国平均水平的 1 倍有余。

　　2015 年《教育概览》显示，OECD 成员国公立初中阶段平均班额为 24 人。就图 5-12 来看，公立初中班额最大的是韩国，2015 年为 33 人；其次是日本，为 32 人。最少的为英国和芬兰，仅为 20 人；其次是澳大利亚，为 23 人。美国的公立初中班额为 28 人。

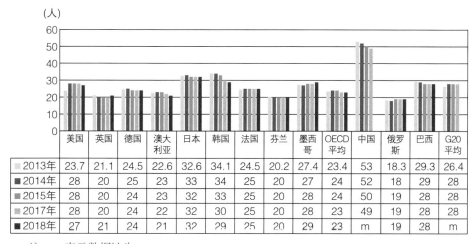

(人)	美国	英国	德国	澳大利亚	日本	韩国	法国	芬兰	墨西哥	OECD平均	中国	俄罗斯	巴西	G20平均
2013年	23.7	21.1	24.5	22.6	32.6	34.1	24.5	20.2	27.4	23.4	53	18.3	29.3	26.4
2014年	28	20	25	23	33	34	25	20	27	24	52	18	29	28
2015年	28	20	24	23	32	33	25	20	28	24	50	19	28	28
2017年	28	20	24	22	32	30	25	20	28	23	49	19	28	28
2018年	27	21	24	21	32	29	25	20	29	23	m	19	28	m

　　注：m 表示数据缺失。

图 5-12　2013—2018 年部分 OECD 成员国及伙伴国公立初中班额

　　从阶段来看，如图 5-12 所示，2013—2018 年，公立初中班额基本保持不变。OECD 成员国公立初中平均班额 2013 年为 23.4 人，到 2018 年为 23 人。公立初中班额变化幅度较大的是韩国，2013 年为 34.1 人，到 2018 年则减少为 29 人。美国公立初中 2013 年平均班额为 23.7 人，至 2018 年增长为 27 人。

　　比较而言，中国公立初中班额在这一阶段不断缩小。从可获得的数据来看，2013 年，中国公立初中平均班额为 53 人，2015 年减少为 50 人，2017 年进一步减少为 49 人。与同期 OECD 成员国公立初中班额平均水平相比，中国的公立初中班额过大，是 OECD 成员国平均水平的 1 倍多。

其四，中国平均班额逐步减少，大班额和超大班额问题逐步解决。

与 OECD 成员国相比，近些年来，中国中小学校的班额不断下降，但是班级规模仍然较大。2017 年，中国小学平均班额为 37.6 人，比 2002 年增加 3.1 人；初中平均班额为 46.8 人，比 2002 年减少 9.9 人，但是仍然远高于 OECD 平均水平，也远高于同为东亚国家的日本和韩国。

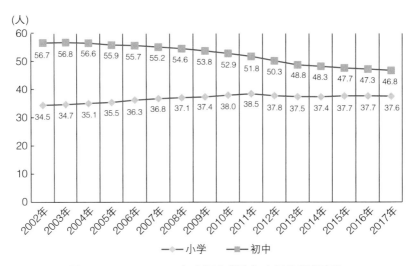

图 5-13　2002—2017 年中国小学和初中平均班额变化

改革开放以来，特别是进入 21 世纪以来，随着城镇化进程的加快，大量农村人口流入城市，城乡的教育生态发生重大变化，农村学校数和学龄儿童数不断减少，城市特别是城郊接合地区的学生数不断增加，导致教育资源供给不足，"大规模学校"和"大班额"矛盾突出。较高比例的大班额①和超大班额②长期存在，使得中国实际的生均教师工资成本可能更低。2002 年，中国小学 56 人及以上班额比例为 10.8%，初中大班额比例为 51.0%，初中超大班额比例达到 23.5%。过大的班额既不利于教师提升教学效果，也不利于学生获得良好的学习效果，还会给教师工作带来过重负担。

2. 公立学校生师比

其一，OECD 成员国公立小学、初中和高中的生师比较低，但各国之间的

---

① 大班额比例指班级人数为 56 人及以上班级数占总班级数的比例。

② 超大班额比例指班级人数为 66 人及以上班级数占总班级数的比例。

差异较大；中国公立小学、初中和高中的生师比较高，超过 OECD 成员国的平均水平。

如图 5-14 所示，2013 年，OECD 成员国公立小学生师比的平均水平为 15。公立小学生师比最高的墨西哥为 28:1，其次的英国为 21:1；生师比最低的芬兰为 13:1，其次的加拿大为 14:1；美国公立小学生师比为 15:1。在同一年，OECD 成员国公立初中生师比平均为 13:1，低于小学的平均水平。OECD 成员国中，公立初中生师比最高的墨西哥达到 32:1，其次的英国为 21:1；生师比最低的芬兰仅为 9:1，其次的澳大利亚为 12:1；美国公立初中生师比为 15:1。在公立高中的生师比指标上，OECD 成员国的平均水平为 13:1；生师比最高的墨西哥为 27:1，其次的英国为 19:1；生师比最低的法国为 10:1，其次是澳大利亚和日本，均为 12:1；美国公立高中的生师比为 15:1。

比较而言，中国公办小学、初中与高中的生师比均高于 OECD 成员国的平均水平。按照教育阶段划分，2013 年，中国公办小学、初中和高中的生师比分别为 17:1、27:1 和 17:1，而 OECD 成员国的平均水平为 15:1、13:1 和 13:1。中国公办初中生师比与 OECD 成员国的平均水平差距最大，超过 OECD 成员国平均水平 1 倍有余。

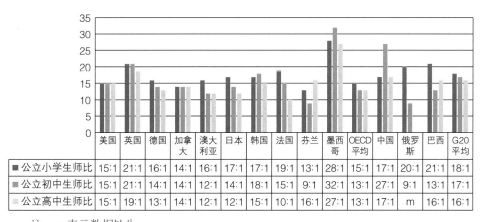

	美国	英国	德国	加拿大	澳大利亚	日本	韩国	法国	芬兰	墨西哥	OECD平均	中国	俄罗斯	巴西	G20平均
■公立小学生师比	15:1	21:1	16:1	14:1	16:1	17:1	17:1	19:1	13:1	28:1	15:1	17:1	20:1	21:1	18:1
■公立初中生师比	15:1	21:1	14:1	14:1	12:1	14:1	18:1	15:1	9:1	32:1	13:1	27:1	9:1	13:1	17:1
□公立高中生师比	15:1	19:1	13:1	14:1	12:1	12:1	15:1	10:1	16:1	27:1	13:1	17:1	m	16:1	16:1

注：m 表示数据缺失。

图 5-14 2013 年部分 OECD 成员国及伙伴国公立小学、初中与高中的生师比

其二，OECD 成员国公立小学生师比略微下降；中国公办小学生师比先降再升，依然高于 OECD 成员国的平均水平。

如图 5-15 所示，2013—2018 年 OECD 成员国公立小学的生师比基本保持不变。就平均水平而言，OECD 成员国公立小学生师比指标，2013 年为 15.4∶1，2018 年为 15∶1。可以看出，美国、英国、德国、澳大利亚、日本、韩国、墨西哥等国公立小学生师比都是略有下降，唯有法国略有上升，2013 年为 18.4∶1，2018 年上升到 19∶1。

这一阶段，中国公办小学生师比略有下降，从 2013 年的 17.1∶1 下降为 2018 年的 17∶1。这一趋势与 OECD 成员国平均水平的变化趋势一致。比较而言，中国公办小学生师比高于 OECD 成员国的平均水平。2018 年，OECD 成员国的生师比平均水平为 15∶1，中国为 17∶1。

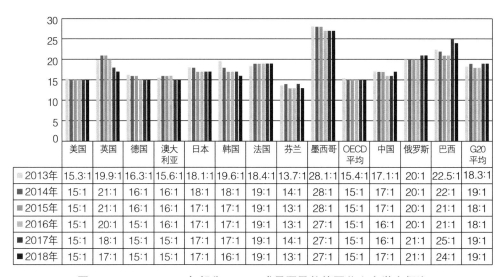

	美国	英国	德国	澳大利亚	日本	韩国	法国	芬兰	墨西哥	OECD平均	中国	俄罗斯	巴西	G20平均
2013年	15.3∶1	19.9∶1	16.3∶1	15.6∶1	18.1∶1	19.6∶1	18.4∶1	13.7∶1	28.1∶1	15.4∶1	17.1∶1	20∶1	22.5∶1	18.3∶1
2014年	15∶1	21∶1	16∶1	16∶1	18∶1	18∶1	19∶1	14∶1	28∶1	15∶1	17∶1	20∶1	22∶1	19∶1
2015年	15∶1	21∶1	16∶1	16∶1	17∶1	17∶1	19∶1	13∶1	28∶1	15∶1	16∶1	20∶1	21∶1	18∶1
2016年	15∶1	20∶1	15∶1	16∶1	17∶1	17∶1	19∶1	13∶1	27∶1	15∶1	16∶1	20∶1	21∶1	18∶1
2017年	15∶1	18∶1	15∶1	16∶1	17∶1	17∶1	19∶1	13∶1	27∶1	15∶1	16∶1	21∶1	25∶1	19∶1
2018年	15∶1	17∶1	15∶1	15∶1	17∶1	16∶1	19∶1	13∶1	27∶1	15∶1	17∶1	21∶1	24∶1	19∶1

图 5-15　2013—2018 年部分 OECD 成员国及伙伴国公立小学生师比

其三，OECD 成员国公立初中生师比略有下降；中国公办初中生师比降幅更大，自 2017 年以来已低于 OECD 成员国的平均水平。

如图 5-16 所示，2013—2018 年，公立初中生师比基本保持不变。OECD 成员国公立初中生师比指标，2013 年为 13.3∶1，2018 年为 13∶1，略微下降。可以看出，美国、英国、德国、日本、韩国与芬兰等国家的生师比都是略有下降。唯有法国与墨西哥，略有增长：法国 2013 年的公立初中生师比为 14.8∶1，2018 年上升到 15∶1；墨西哥 2013 年的公立初中生师比为 31.9∶1，2018 年上升到 34∶1。

在这一阶段，中国公办初中生师比与 OECD 成员国的平均水平保持一致趋势，也是略有下降。中国公办初中生师比 2013 年为 14.6∶1，2018 年为 12∶1，与 OECD 成员国的平均水平基本相同。

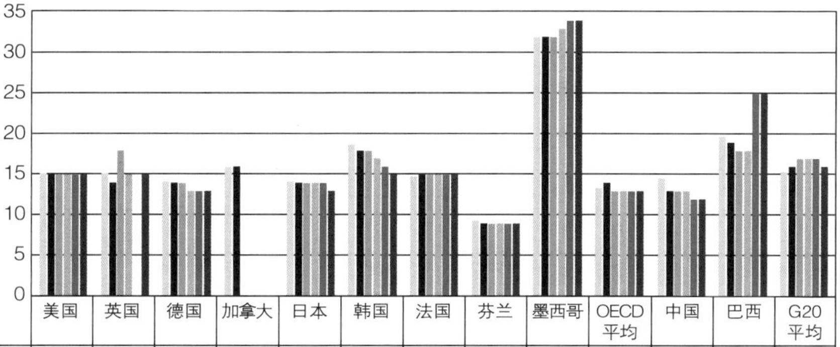

	美国	英国	德国	加拿大	日本	韩国	法国	芬兰	墨西哥	OECD 平均	中国	巴西	G20 平均
2013年	15.2∶1	15.2∶1	14.2∶1	15.9∶1	14.2∶1	18.8∶1	14.8∶1	9.3∶1	31.9∶1	13.3∶1	14.6∶1	19.8∶1	15.3∶1
2014年	15∶1	14∶1	14∶1	16∶1	14∶1	18∶1	15∶1	9∶1	32∶1	14∶1	13∶1	19∶1	16∶1
2015年	15∶1	18∶1	14∶1	m	14∶1	18∶1	15∶1	9∶1	32∶1	13∶1	13∶1	18∶1	17∶1
2016年	15∶1	15∶1	13∶1	m	14∶1	17∶1	15∶1	9∶1	33∶1	13∶1	13∶1	18∶1	17∶1
2017年	15∶1	m	13∶1	m	14∶1	16∶1	15∶1	9∶1	34∶1	13∶1	12∶1	25∶1	17∶1
2018年	15∶1	15∶1	13∶1	m	13∶1	15∶1	15∶1	9∶1	34∶1	13∶1	12∶1	25∶1	16∶1

注：m 表示数据缺失。

图 5-16　2013—2018 年部分 OECD 成员国及伙伴国公立初中生师比

其四，OECD 成员国公立高中生师比呈下降趋势；中国公办高中生师比下降幅度较大，与 OECD 成员国平均水平的差距渐趋缩小。

如图 5-17 所示，2013—2018 年，OECD 成员国平均公立高中生师比基本保持不变，略有下降。OECD 成员国公立高中的生师比指标，2013 年为 13.9∶1，2018 年为 13∶1，下降了 0.9。美国、英国、德国、日本、芬兰、韩国等国家的生师比都是略有下降。唯有法国与墨西哥略有上升：法国 2013 年的公立高中生师比为 10∶1，2018 年上升为 13∶1，增长了 3，升幅最大；墨西哥 2013 年的公立高中生师比为 26.8∶1，2015 年上升为 27∶1。

在这一阶段，中国公办高中生师比与 OECD 成员国的平均水平一样，保持下行趋势，2013 年为 18.4∶1，2016 年为 15∶1，稍高于同年 OECD 成员国的平均水平。2013 年，中国公办高中的生师比为 18.4∶1，高于 OECD 成员国的平均水平 13.9∶1。到了 2016 年，中国公办高中生师比为 15∶1，又略高于 OECD 成员国的平均水平 13∶1。由此可见，中国公办高中生师比在不断降低，同时也在不断缩小与 OECD 成员国平均水平的差距。

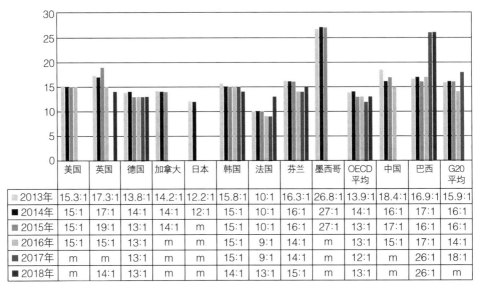

	美国	英国	德国	加拿大	日本	韩国	法国	芬兰	墨西哥	OECD平均	中国	巴西	G20平均
■2013年	15.3:1	17.3:1	13.8:1	14.2:1	12.2:1	15.8:1	10:1	16.3:1	26.8:1	13.9:1	18.4:1	16.9:1	15.9:1
■2014年	15:1	17:1	14:1	14:1	12:1	15:1	10:1	16:1	27:1	14:1	16:1	17:1	16:1
■2015年	15:1	19:1	13:1	14:1	m	15:1	10:1	16:1	27:1	13:1	17:1	16:1	16:1
■2016年	15:1	15:1	13:1	m	m	15:1	9:1	14:1	m	13:1	15:1	17:1	14:1
■2017年	m	m	13:1	m	m	15:1	9:1	14:1	m	12:1	m	26:1	18:1
■2018年	m	14:1	13:1	m	m	14:1	13:1	15:1	m	13:1	m	26:1	m

注: m 表示数据缺失。

图 5-17　2013—2018 年部分 OECD 成员国及伙伴国公立高中生师比

三、教师工资

教师工资, 是教学人员从事教育教学工作应得的薪资报酬。获取工资是教师的基本权利之一, 也是保持教师职业吸引力的重要因素之一。

(一) 产生背景

在现代国家, 教师工资是正规教育经费支出中所占比例最大的部分, 既体现着教师人力资源的价值, 也影响着教师这一职业的社会地位与吸引力。

在 OECD 早期的教育指标中, 就有对于教育财政资源投入的监测。比如, 1992 年, 在教育支出指标域中, 有多项指标涉及对于教育经费的监督, 但是没有设计针对教师工资的指标。到了 1996 年, 在"学习环境与学校过程"指标中首次出现了"公立中小学教师的法定薪资"这一指标项。从 1997 年至 2001 年, 在"学习环境与学校的组织"这一指标领域中, 公立中小学教师的法定薪资成为基本的指标监测项。

在各国政府应对经济危机的过程中, 国家债务增长加剧, 其结果是决策者面临着越来越大的减少政府支出的压力, 特别是面临着减少公共部门薪酬支出的压力。在此背景下，教师工资受到了巨大影响。

（二）指标内涵

教师工资指标是多样的，常用的指标包括法定工资和实际工资两大类。

1. 法定工资

法定工资是教师全部薪酬的一部分，是指根据官方薪级确定的计划工资。各国提供的工资是根据目前的工资等级，用总数（雇主支付的总数）减去雇主缴纳的社会保障和养老金而获得的。该工资为税前工资，也就是扣除所得税之前的工资额。教师的法定工资指标主要包括起点工资、15 年教龄工资等。

起点工资，是指入职时接受过成为一名完全合格的教师所必需的最低程度培训的、合格的专职教师每年的计划平均总工资。工资对教师职业吸引力有着重要影响。教师工资对毕业生是否从事教师职业有重要影响。2012 年，OECD 成员国学历最低的新入职教师起点工资平均为 30735 美元。在巴西、爱沙尼亚、匈牙利、波兰和斯洛伐克，学历最低的新入职教师起点工资平均不到 1.5 万美元，而在丹麦、德国、卢森堡和瑞士则为 4 万美元以上。

最高工资，是指具有最高学历的专职教师的最高年度工资。教育系统面临着招聘高素质毕业生任教的挑战。在爱沙尼亚、斯洛伐克，持有最高学历的教师最高等级工资平均不到 2 万美元，在奥地利、韩国和瑞士则为 7.5 万美元或以上，而在卢森堡则超过了 13 万美元。

在不同国家，15 年教龄工资差距很大。2012 年，爱沙尼亚、匈牙利、印度尼西亚和斯洛伐克 15 年教龄的初中教师工资不到 1.5 万美元，德国、荷兰和瑞士 15 年教龄的初中教师工资在 6 万美元或者以上，而卢森堡则超过了 10 万美元。一般来说，教师工资随着教师任教时间的增加而不断增长。在比利时、丹麦、荷兰、波兰，15 年教龄的高中教师工资比相同教龄的学前教育教师至少高出 25%。[1]

2. 实际工资

实际工资，是指 25—64 岁全职教师税前的年平均收入，包括与工作相关的薪酬，如年度奖金、与绩效相关的奖金、假期额外补贴和病休薪金等。[2]

---

[1][2]　经济合作与发展组织.教育概览 2014：OECD 指标［M］.中国教育科学研究院，组织翻译.北京：教育科学出版社，2015：518–519.

（三）主要指标比较

1. 法定工资

（1）学前教育阶段教师法定工资

第一，大部分 OECD 成员国学前教育教师起点工资逐年增长，但各个国家之间有较大差距。

如图 5-18 所示，在学前教育阶段，2018 年教师起点工资最高的国家是澳大利亚，达到 41798 美元；最低的国家是巴西，仅有 13971 美元，两者相差约 3 倍。

2013—2018 年，大部分国家学前教师起点工资总体呈增长趋势。首先，OECD 成员国学前教师平均起点工资从 2013 年的 28057 美元提高到 2018 年的 30817 美元，增加了 2760 美元，总体呈增长态势。其次，各个国家的发展变化有所差异。有的增加较为明显，比如澳大利亚、韩国、法国、芬兰和墨西哥。其中，提高幅度最大的是澳大利亚，从 2013 年的 34477 美元到 2018 年的 41798 美元，增加了 7321 美元；美国波动幅度较小，2013—2018 年有增有减，总体增加 918 美元；英国不增反减，从 2013 年的 30289 美元到 2018 年的 28011 美元，减少了 2278 美元。

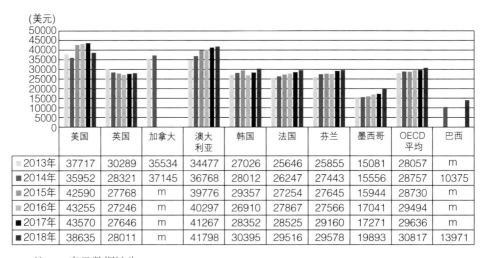

	美国	英国	加拿大	澳大利亚	韩国	法国	芬兰	墨西哥	OECD平均	巴西
2013年	37717	30289	35534	34477	27026	25646	25855	15081	28057	m
2014年	35952	28321	37145	36768	28012	26247	27443	15556	28757	10375
2015年	42590	27768	m	39776	29357	27254	27645	15944	28730	m
2016年	43255	27246	m	40297	26910	27867	27566	17041	29494	m
2017年	43570	27646	m	41267	28352	28525	29160	17271	29636	m
2018年	38635	28011	m	41798	30395	29516	29578	19893	30817	13971

注：m 表示数据缺失。

图 5-18　2013—2018 年部分 OECD 成员国及伙伴国学前教师起点工资

第二，OECD 各国学前教师 15 年教龄工资总体呈增长趋势，其中美国增幅最大，但各个国家之间的增长水平存在较大差距。

如图 5-19 所示，在学前教育阶段，2018 年，15 年教龄工资最高的国家是美国，达到 64279 美元；最低的国家是墨西哥，为 31686 美元。

2013—2018 年，各个国家学前教师 15 年教龄工资总体呈增长趋势。首先，OECD 成员国学前教师平均 15 年教龄工资从 2013 年的 36135 美元提高到 2018 年的 41386 美元，增加了 5251 美元，总体呈增长态势。其次，各个国家的发展变化有所差异。有的增加较为明显，比如美国、澳大利亚、韩国和墨西哥。其中，增幅最大的是美国，从 2014 年的 45300 美元到 2018 年的 64279 美元，增加了 18979 美元；法国和芬兰增幅较小，增加了约 2800 美元。

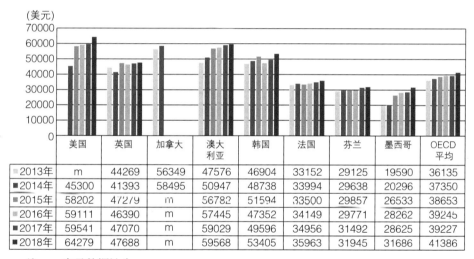

(美元)	美国	英国	加拿大	澳大利亚	韩国	法国	芬兰	墨西哥	OECD平均
2013年	m	44269	56349	47576	46904	33152	29125	19590	36135
2014年	45300	41393	58495	50947	48738	33994	29638	20296	37350
2015年	58202	47279	m	56782	51594	33500	29857	26533	38653
2016年	59111	46390	m	57445	47352	34149	29771	28262	39245
2017年	59541	47070	m	59029	49596	34956	31492	28625	39227
2018年	64279	47688	m	59568	53405	35963	31945	31686	41386

注：m 表示数据缺失。

图 5-19 2013—2018 年部分 OECD 成员国学前教师 15 年教龄工资

第三，OECD 各国学前教师最高工资呈逐年增长趋势，其中澳大利亚增幅最大。

如图 5-20 所示，在学前教育阶段，2018 年，教师最高工资最高的国家是韩国，达到 84842 美元；最低的国家是芬兰，为 31945 美元。

2013—2018 年各个国家学前教师最高工资总体呈增长趋势。首先，OECD 成员国学前教师平均最高工资从 2013 年的 43448 美元提高到 2018 年的 50486 美元，增加了 7038 美元，呈逐年递增态势。其次，各个国家的发展变化有所差异。比如，澳大利亚一直处于增长趋势，从 2013 年的 47576 美元增加到 2018 年的 59568 美元，增加了 11992 美元；美国 2014—2017 年逐年递增，2018 年有所回落；韩国总体处于增长趋势，2013—2018 年有增有减，比如 2015 年为 82002 美元，2016 年下降到 75297 美元，直接下降 6705 美元，但到 2018 年又增加到 84842 美元。

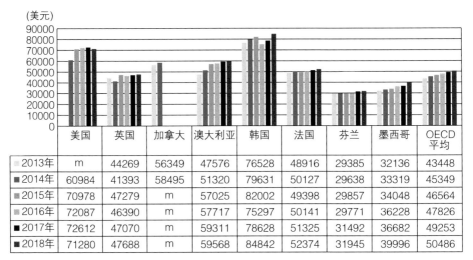

（美元）

	美国	英国	加拿大	澳大利亚	韩国	法国	芬兰	墨西哥	OECD 平均
2013年	m	44269	56349	47576	76528	48916	29385	32136	43448
2014年	60984	41393	58495	51320	79631	50127	29638	33319	45349
2015年	70978	47279	m	57025	82002	49398	29857	34048	46564
2016年	72087	46390	m	57717	75297	50141	29771	36228	47826
2017年	72612	47070	m	59311	78628	51325	31492	36682	49253
2018年	71280	47688	m	59568	84842	52374	31945	39996	50486

注：m 表示数据缺失。

图 5-20　2013—2018 年部分 OECD 成员国学前教师最高工资

（2）小学阶段教师法定工资

第一，大部分 OECD 成员国小学教师起点工资不断增长，但各个国家的起点工资与增长水平有所差异。

如图 5-21 所示，在小学阶段，2018 年，教师起点工资最高的国家是德国，达到 56535 美元；最低的国家是墨西哥，为 19893 美元。

2013—2018 年，各个国家小学教师起点工资总体呈增长趋势。首先，OECD 成员国小学教师平均起点工资从 2013 年的 28854 美元提高到 2018 年的 32258 美元，增加了 3404 美元，总体呈增长态势。其次，各个国家的发展变化有所差异。有的国家增加较为明显，比如德国、澳大利亚、日本、法国和墨西哥。其中，提高幅度最大的是德国，从 2013 年的 47488 美元到 2018 年的 56535 美元，增加了 9047 美元。美国的变化幅度较大，2013—2018 年有增有减，2014—2017 年逐年递增，2018 年下降了 3380 美元。英国 2013—2016 年逐年下降，2017 年开始回升，但增幅较小。

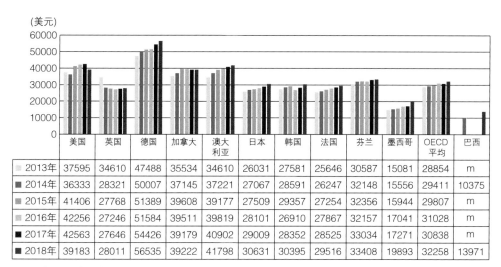

注：m 表示数据缺失。

图 5-21 2013—2018 年部分 OECD 成员国及伙伴国小学教师起点工资

	美国	英国	德国	加拿大	澳大利亚	日本	韩国	法国	芬兰	墨西哥	OECD平均	巴西
2013年	37595	34610	47488	35534	34610	26031	27581	25646	30587	15081	28854	m
2014年	36333	28321	50007	37145	37221	27067	28591	26247	32148	15556	29411	10375
2015年	41406	27768	51389	39608	39177	27509	29357	27254	32356	15944	29807	m
2016年	42256	27246	51584	39511	39819	28101	26910	27867	32157	17041	31028	m
2017年	42563	27646	54426	39179	40902	29009	28352	28525	33034	17271	30838	m
2018年	39183	28011	56535	39222	41798	30631	30395	29516	33408	19893	32258	13971

第二，多数 OECD 成员国小学教师 15 年教龄工资呈增长趋势，但各个国家的差距较大，德国小学教师 15 年教龄工资最高。

如图 5-22 所示，在小学阶段，2018 年，15 年教龄工资最高的国家是德国，达到 70693 美元；最低的国家是墨西哥，为 31686 美元。

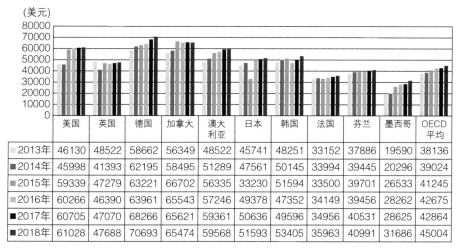

	美国	英国	德国	加拿大	澳大利亚	日本	韩国	法国	芬兰	墨西哥	OECD平均
2013年	46130	48522	58662	56349	48522	45741	48251	33152	37886	19590	38136
2014年	45998	41393	62195	58495	51289	47561	50145	33994	39445	20296	39024
2015年	59339	47279	63221	66702	56335	33230	51594	33500	39701	26533	41245
2016年	60266	46390	63961	65543	57246	49378	47352	34149	39456	28262	42675
2017年	60705	47070	68266	65621	59361	50636	49596	34956	40531	28625	42864
2018年	61028	47688	70693	65474	59568	51593	53405	35963	40991	31686	45004

图 5-22 2013—2018 年部分 OECD 成员国小学教师 15 年教龄工资

2013—2018 年，各个国家小学教师 15 年教龄工资总体呈增长趋势。首先，OECD 成员国小学教师平均 15 年教龄工资从 2013 年的 38136 美元提高到 2018 年的 45004 美元，增加了 6868 美元，呈逐年递增态势。其次，各个国家的发展变化有所差异。有的国家增加较为明显，比如美国、德国、澳大利亚和墨西哥。其中，提高幅度较大的是美国，从 2013 年的 46130 美元到 2018 年的 61028 美元，增加了 14898 美元；德国和墨西哥紧随其后，增加了 12000 美元左右。有的国家增加幅度较小，比如法国和芬兰。英国不增反减，2013—2018 年总的来说呈下降趋势，减少了 834 美元。其中，相比 2013 年，2014 年骤降 7129 美元。

第三，多数 OECD 成员国小学教师最高工资呈不断增长趋势，其中韩国小学教师最高工资居首。

如图 5-23 所示，在小学阶段，2018 年，教师最高工资最高的国家是韩国，达到 84842 美元；最低的国家是墨西哥，为 39996 美元。

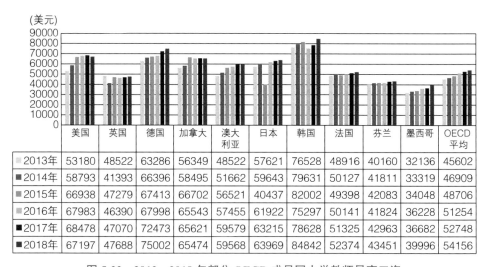

	美国	英国	德国	加拿大	澳大利亚	日本	韩国	法国	芬兰	墨西哥	OECD平均
2013年	53180	48522	63286	56349	48522	57621	76528	48916	40160	32136	45602
2014年	58793	41393	66396	58495	51662	59643	79631	50127	41811	33319	46909
2015年	66938	47279	67413	66702	56521	40437	82002	49398	42083	34048	48706
2016年	67983	46390	67998	65543	57455	61922	75297	50141	41824	36228	51254
2017年	68478	47070	72473	65621	59579	63215	78628	51325	42963	36682	52748
2018年	67197	47688	75002	65474	59568	63969	84842	52374	43451	39996	54156

图 5-23　2013—2018 年部分 OECD 成员国小学教师最高工资

2013—2018 年，各个国家小学教师最高工资总体呈增长趋势。首先，OECD 成员国小学教师平均最高工资从 2013 年的 45602 美元提高到 2018 年的 54156 美元，增加了 8554 美元，呈逐年递增态势。其次，各个国家的发展变化有所差异。有的增加较为明显，比如美国、德国和澳大利亚。其中，提高幅度较大的是美国，从 2013 年的 53180 美元到 2018 年的 67197 美元，增加了 14017 美元；德国、澳大利亚紧随其后，增加了 11500 美元左右。有的增加幅度较小，比如法国和芬兰，增加了 3300 美元左右。英国不增反减，2013—2018 年总的来说呈下降趋势，减少了 834 美元。其中，相比 2013 年，2014 年骤降 7129 美元。

（3）初中阶段教师法定工资

第一，OECD 各成员国初中教师起点工资呈增长趋势，但各个国家的发展水平差距较大，其中德国初中教师起点工资最高。

如图 5-24 所示，在初中阶段，2018 年，教师起点工资最高的国家是德国，达到 63555 美元；最低的国家是墨西哥，为 25401 美元。

2013—2018 年，各个国家初中教师起点工资总体呈增长趋势。首先，OECD 成员国初中教师平均起点工资从 2013 年的 30216 美元提高到 2018 年的 33498 美元，增加了 3282 美元，总体呈增长态势。其次，各个国家的发展变化有所差异。有的国家增加较为明显，比如德国，从 2013 年的 53026 美元到 2018 年的 63555 美元，增加了 10529 美元。有的国家增加幅度较小，比如韩国、法国和芬兰。美国的变化幅度较大，有增有减，2013—2014 年减少，2014—2017 年增加，2017—2018 年再次减少。

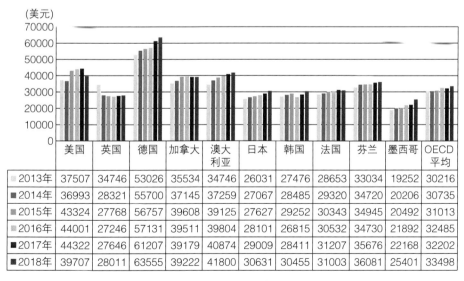

（美元）	美国	英国	德国	加拿大	澳大利亚	日本	韩国	法国	芬兰	墨西哥	OECD平均
2013年	37507	34746	53026	35534	34746	26031	27476	28653	33034	19252	30216
2014年	36993	28321	55700	37145	37259	27067	28485	29320	34720	20206	30735
2015年	43324	27768	56757	39608	39125	27627	29252	30343	34945	20492	31013
2016年	44001	27246	57131	39511	39804	28101	26815	30532	34730	21892	32485
2017年	44322	27646	61207	39179	40874	29009	28411	31207	35676	22168	32202
2018年	39707	28011	63555	39222	41800	30631	30455	31003	36081	25401	33498

图 5-24　2013—2018 年部分 OECD 成员国初中教师起点工资

第二，多数 OECD 成员国初中教师 15 年教龄工资不断增长，但各个国家的增长水平参差不齐，其中德国初中教师 15 年教龄工资最高。

如图 5-25 所示，在初中阶段，2018 年，15 年教龄工资最高的国家是德国，达到 76838 美元；最低的国家是法国，为 37450 美元。

2013—2018 年，各个国家初中教师 15 年教龄工资总体呈增长趋势。首先，OECD 成员国初中教师平均 15 年教龄工资从 2013 年的 39934 美元提高到 2018 年的 46780 美元，增加了 6846 美元，呈逐年递增态势。其次，各个国家的发展变化有所差异。有的国家增加较为明显，比如美国、墨西哥、德国和加拿大。其中，美国增幅最大，从 2013 年的 45950 美元到 2018 年的 63046 美元，增加了 17096 美元。有的国家增加幅度较小，比如法国，从 2013 年的 36159 美元到 2018 年的 37450 美元，增加了 1291 美元。英国有增有减，总的来说处于下降趋势，2013—2018 年下降了 1456 美元。

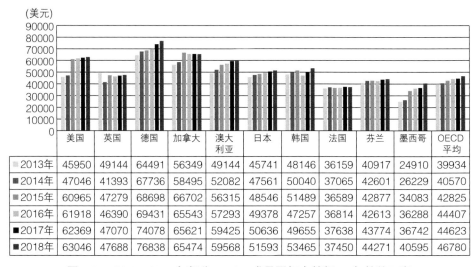

(美元)	美国	英国	德国	加拿大	澳大利亚	日本	韩国	法国	芬兰	墨西哥	OECD平均
2013年	45950	49144	64491	56349	49144	45741	48146	36159	40917	24910	39934
2014年	47046	41393	67736	58495	52082	47561	50040	37065	42601	26229	40570
2015年	60965	47279	68698	66702	56315	48546	51489	36589	42877	34083	42825
2016年	61918	46390	69431	65543	57293	49378	47257	36814	42613	36288	44407
2017年	62369	47070	74078	65621	59425	50636	49655	37638	43774	36742	44623
2018年	63046	47688	76838	65474	59568	51593	53465	37450	44271	40595	46780

图 5-25　2013—2018 年部分 OECD 成员国初中教师 15 年教龄工资

第三，多数 OECD 成员国初中教师最高工资处于增长趋势，各个国家的发展水平有差异，其中韩国初中教师最高工资名列前茅。

如图 5-26 所示，在初中阶段，2018 年，教师最高工资最高的国家是韩国，达到 84902 美元；最低的国家是芬兰，为 46927 美元。

2013—2018 年，各个国家初中教师最高工资总体呈增长趋势。首先，

OECD 成员国初中教师平均最高工资从 2013 年的 48177 美元提高到 2018 年的 56874 美元,增加了 8697 美元,呈逐年递增态势。其次,各个国家的发展变化有所差异。有的国家增加较为明显,比如美国、墨西哥、德国和澳大利亚。其中,德国增幅最大,从 2013 年的 70332 美元到 2018 年的 83451 美元,增加了 13119 美元。有的国家增加幅度较小,比如法国,从 2013 年的 52090 美元到 2018 年的 54010 美元,增加了 1920 美元。英国有增有减,总体处于下降趋势,2013—2018 年下降了 1456 美元。

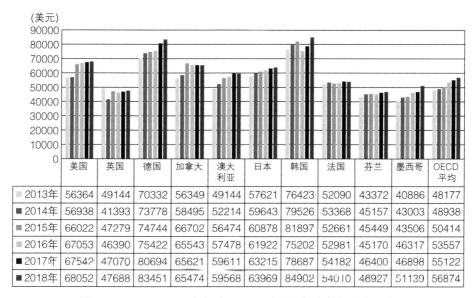

(美元)	美国	英国	德国	加拿大	澳大利亚	日本	韩国	法国	芬兰	墨西哥	OECD平均
2013年	56364	49144	70332	56349	49144	57621	76423	52090	43372	40886	48177
2014年	56938	41393	73778	58495	52214	59643	79526	53368	45157	43003	48938
2015年	66022	47279	74744	66702	56474	60878	81897	52661	45449	43506	50414
2016年	67053	46390	75422	65543	57478	61922	75202	52981	45170	46317	53557
2017年	67542	47070	80694	65621	59611	63215	78687	54182	46400	46898	55122
2018年	68052	47688	83451	65474	59568	63969	84902	54010	46927	51139	56874

图 5-26 2013—2018 年部分 OECD 成员国初中教师最高工资

(4)高中阶段教师法定工资

第一,OECD 成员国高中教师起点工资呈增长趋势,其中德国高中教师起点工资最高。

如图 5-27 所示,在高中阶段,2018 年,教师起点工资最高的国家是德国,达到 63886 美元;最低的国家是英国,为 28011 美元。

2013—2018 年,各个国家高中教师起点工资总体呈增长趋势。首先,OECD 成员国高中教师平均起点工资从 2013 年的 31348 美元提高到 2018 年的 34943 美元,增加了 3595 美元,总体呈增长态势。其次,各个国家的发展变化有所差异。有的国家增加较为明显,比如墨西哥、德国和澳大利亚。其中，墨西哥增幅最大，从 2016 年的 40950 美元到 2018 年的 49286 美元，增加了 8336 美元。有的国家增加幅度较小，比如法国，从 2013 年的 28892 美元到 2018 年的 31003 美元，增加了 2111 美元。美国、英国有增有减。

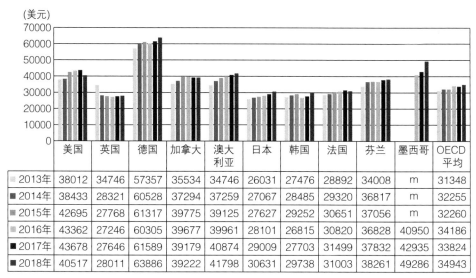

(美元)	美国	英国	德国	加拿大	澳大利亚	日本	韩国	法国	芬兰	墨西哥	OECD平均
▨ 2013年	38012	34746	57357	35534	34746	26031	27476	28892	34008	m	31348
■ 2014年	38433	28321	60528	37294	37259	27067	28485	29320	36817	m	32255
▨ 2015年	42695	27768	61317	39775	39125	27627	29252	30651	37056	m	32260
▨ 2016年	43362	27246	60305	39677	39961	28101	26815	30820	36828	40950	34186
■ 2017年	43678	27646	61589	39179	40874	29009	27703	31499	37832	42935	33824
■ 2018年	40517	28011	63886	39222	41798	30631	29738	31003	38261	49286	34943

注：m 表示数据缺失。

图 5-27　2013—2018 年部分 OECD 成员国高中教师起点工资

第二，OECD 成员国高中教师 15 年教龄工资总体呈增长趋势，其中德国高中教师 15 年教龄工资水平最高。

如图 5-28 所示，在高中阶段，2018 年，教师 15 年教龄工资最高的国家是德国，达到 81260 美元；最低的国家是法国，为 37450 美元。

2013—2018 年，各个国家高中教师 15 年教龄工资总体呈增长趋势。首先，OECD 成员国高中教师平均 15 年教龄工资从 2013 年的 41665 美元提高到 2018 年的 48697 美元，增加了 7032 美元，呈逐年递增态势。其次，各个国家的发展变化有所差异。有的国家增加较为明显，比如美国、德国和加拿大。其中，美国增幅最大，从 2013 年的 49414 美元到 2018 年的 63006 美元，增加了 13592 美元。有的国家增加幅度较小，比如法国，从 2013 年的 36398 美元到 2018 年的 37450 美元，增加了 1052 美元。英国和韩国有增有减。

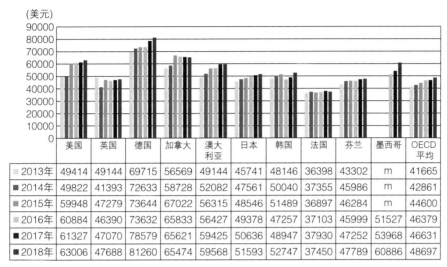

	美国	英国	德国	加拿大	澳大利亚	日本	韩国	法国	芬兰	墨西哥	OECD平均
2013年	49414	49144	69715	56569	49144	45741	48146	36398	43302	m	41665
2014年	49822	41393	72633	58728	52082	47561	50040	37355	45986	m	42861
2015年	59948	47279	73644	67022	56315	48546	51489	36897	46284	m	44600
2016年	60884	46390	73632	65833	56427	49378	47257	37103	45999	51527	46379
2017年	61327	47070	78579	65621	59425	50636	48947	37930	47252	53968	46631
2018年	63006	47688	81260	65474	59568	51593	52747	37450	47789	60886	48697

注：m 表示数据缺失。

图 5-28　2013—2018 年部分 OECD 成员国高中教师 15 年教龄工资

第三，OECD 成员国高中教师最高工资近年来不断增长，其中德国高中教师最高工资水平居首。

如图 5-29 所示，在高中阶段，2018 年，教师最高工资最高的国家是德国，达到 92386 美元；最低的国家是英国，为 47688 美元。

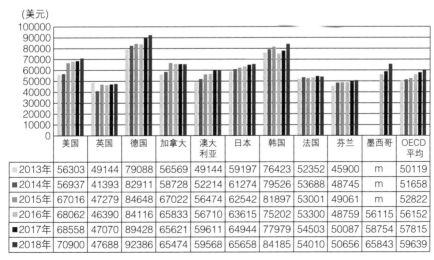

	美国	英国	德国	加拿大	澳大利亚	日本	韩国	法国	芬兰	墨西哥	OECD平均
2013年	56303	49144	79088	56569	49144	59197	76423	52352	45900	m	50119
2014年	56937	41393	82911	58728	52214	61274	79526	53688	48745	m	51658
2015年	67016	47279	84648	67022	56474	62542	81897	53001	49061	m	52822
2016年	68062	46390	84116	65833	56710	63615	75202	53300	48759	56115	56152
2017年	68558	47070	89428	65621	59611	64944	77979	54503	50087	58754	57815
2018年	70900	47688	92386	65474	59568	65658	84185	54010	50656	65843	59639

注：m 表示数据缺失。

图 5-29　2013—2018 年部分 OECD 成员国高中教师最高工资

2013—2018 年，各个国家高中教师最高工资总体呈增长趋势。首先，OECD 成员国高中教师平均最高工资从 2013 年的 50119 美元提高到 2018 年的 59639 美元，增加了 9520 美元，呈逐年递增态势。其次，各个国家的发展变化有所差异。有的国家增加较为明显，比如美国、德国和澳大利亚。其中，美国增幅最大，从 2013 年的 56303 美元到 2018 年的 70900 美元，增加了 14597 美元。有的国家增加幅度较小，比如法国，从 2013 年的 52352 美元到 2018 年的 54010 美元，增加了 1658 美元。英国和韩国有增有减。

2. 实际工资

其一，在学前教育阶段，OECD 各成员国教师实际工资有增有减，差异较大，其中美国和澳大利亚教师实际工资水平最高。

2013—2018 年，各个国家学前教师实际工资大多呈增长趋势，部分呈下降趋势（如图 5-30 所示）。首先，OECD 成员国学前教师平均实际工资从 2013 年的 39569 美元降低到 2018 年的 37440 美元，减少了 2129 美元。其次，各个国家的发展变化有所差异。有的国家增加较为明显，比如法国和澳大利亚。其中，澳大利亚增幅较大，从 2013 年的 48138 美元到 2018 年的 54654 美元，增加了 6516 美元。有的国家增加幅度较小，比如美国，从 2013 年的

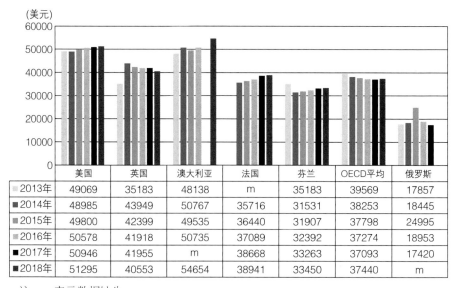

（美元）	美国	英国	澳大利亚	法国	芬兰	OECD平均	俄罗斯
▨ 2013年	49069	35183	48138	m	35183	39569	17857
■ 2014年	48985	43949	50767	35716	31531	38253	18445
▨ 2015年	49800	42399	49535	36440	31907	37798	24995
▨ 2016年	50578	41918	50735	37089	32392	37274	18953
■ 2017年	50946	41955	m	38668	33263	37093	17420
■ 2018年	51295	40553	54654	38941	33450	37440	m

注：m 表示数据缺失。

图 5-30　2013—2018 年部分 OECD 成员国及伙伴国学前教师实际工资

49069 美元到 2018 年的 51295 美元，增加了 2226 美元。芬兰不增反减，从 2013 年的 35183 美元降低到 2018 年的 33450 美元，减少了 1733 美元。

其二，多数 OECD 成员国小学教师实际工资呈增长趋势，各个国家的变化差异较大，其中德国小学教师实际工资水平最高。

如图 5-31 所示，2013—2018 年，各个国家小学教师实际工资大多数呈增长趋势，部分呈下降趋势。首先，OECD 成员国小学教师平均实际工资从 2013 年的 40121 美元增加到 2018 年的 41244 美元，增加了 1123 美元，其间有增有减，略有变化。其次，各个国家的发展变化有所差异。有的国家增加较为明显，比如德国、澳大利亚和芬兰。其中，德国增幅较大，从 2014 年的 59598 美元到 2018 年的 65716 美元，增加了 6118 美元。有的国家增加幅度较小，比如美国，从 2013 年的 50120 美元到 2018 年的 52197 美元，增加了 2077 美元。英国不增反减，从 2013 年的 47002 美元降低到 2018 年的 40553 美元，减少了 6449 美元。在小学阶段，2018 年教师实际工资最高的国家是德国，达到 65716 美元。

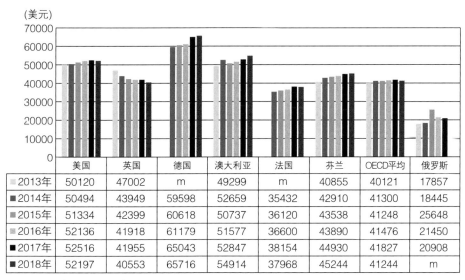

（美元）

	美国	英国	德国	澳大利亚	法国	芬兰	OECD平均	俄罗斯
2013年	50120	47002	m	49299	m	40855	40121	17857
2014年	50494	43949	59598	52659	35432	42910	41300	18445
2015年	51334	42399	60618	50737	36120	43538	41248	25648
2016年	52136	41918	61179	51577	36600	43890	41476	21450
2017年	52516	41955	65043	52847	38154	44930	41827	20908
2018年	52197	40553	65716	54914	37968	45244	41244	m

注：m 表示数据缺失。

图 5-31　2013—2018 年部分 OECD 成员国及伙伴国小学教师实际工资

其三，OECD 多数成员国初中教师实际工资增长幅度较小，其中德国初中教师实际工资水平最高。

如图 5-32 所示，2013—2018 年，各个国家初中教师实际工资大多数呈增长趋势，部分呈下降趋势。首先，OECD成员国初中教师平均实际工资从2013年的41915美元增加到2018年的43546美元，增加了1631美元。其次，各个国家的发展变化有所差异。有的国家增加较为明显，比如德国、澳大利亚和芬兰。其中，德国增幅较大，从2014年的65545美元到2018年的72593美元，增加了7048美元。有的国家增加幅度较小，比如法国，从2014年的42217美元到2018年的44294美元，增加了2077美元。英国不增反减，从2013年的51913美元降低到2018年的45343美元，减少了6570美元，减幅较大。在初中阶段，2018年教师实际工资最高的国家是德国，达到72593美元。

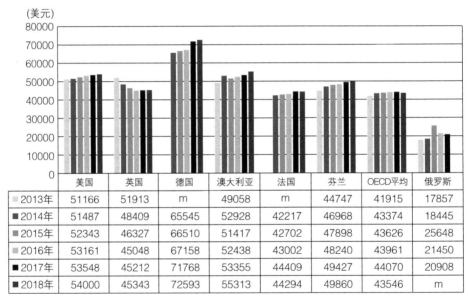

(美元)	美国	英国	德国	澳大利亚	法国	芬兰	OECD平均	俄罗斯
2013年	51166	51913	m	49058	m	44747	41915	17857
2014年	51487	48409	65545	52928	42217	46968	43374	18445
2015年	52343	46327	66510	51417	42702	47898	43626	25648
2016年	53161	45048	67158	52438	43002	48240	43961	21450
2017年	53548	45212	71768	53355	44409	49427	44070	20908
2018年	54000	45343	72593	55313	44294	49860	43546	m

注：m表示数据缺失。

图5-32　2013—2018年部分OECD成员国及伙伴国初中教师实际工资

其四，在高中阶段，多数OECD成员国教师实际工资增幅较小，其中德国教师实际工资水平最高。

如图5-33所示，2013—2018年，各个国家高中教师实际工资大多数呈增长趋势，部分呈下降趋势。首先，OECD成员国高中教师平均实际工资从2013年的45478美元增加到2018年的46713美元，增加了1235美元。其次，各个国家的发展变化有所差异。有的国家增加较为明显，比如德国、澳大利

亚和芬兰。其中，澳大利亚增幅较大，从 2013 年的 49060 美元到 2018 年的
55313 美元，增加了 6253 美元。有的国家增加幅度较小，比如美国，从 2013
年的 53235 美元到 2018 年的 55992 美元，增加了 2757 美元。英国不增反减，
从 2013 年的 51913 美元降低到 2018 年的 45343 美元，减少了 6570 美元，减
幅较大。在高中阶段，2018 年教师实际工资最高的国家是德国，达到 76823
美元。

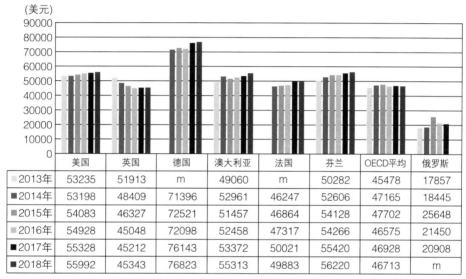

（美元）

	美国	英国	德国	澳大利亚	法国	芬兰	OECD平均	俄罗斯
2013年	53235	51913	m	49060	m	50282	45478	17857
2014年	53198	48409	71396	52961	46247	52606	47165	18445
2015年	54083	46327	72521	51457	46864	54128	47702	25648
2016年	54928	45048	72098	52458	47317	54266	46575	21450
2017年	55328	45212	76143	53372	50021	55420	46928	20908
2018年	55992	45343	76823	55313	49883	56220	46713	m

注：m 表示数据缺失。

图 5-33　2013—2018 年部分 OECD 成员国及伙伴国高中教师实际工资

其五，中国教师在各个学段的实际工资不断增长，增长幅度超过 OECD
成员国的平均水平，但是实际工资量远低于 OECD 成员国的平均水平。

相比较而言，在纵向上，中国教师实际工资处于上升趋势，根据国家统计
局数据[1]，如图 5-34 所示，中国教育行业整体实际工资逐年增长：2013—2017
年，总体增长 5638 美元，增幅达 67.2%。同期，OECD 成员国平均学前、小
学、初中和高中阶段教师实际工资增长分别为：-5%、3%、4% 和 3%。中国
教师工资增幅远超过 OECD 成员国的平均水平。

---

① 国家统计局 . 中国统计年鉴 2018[EB/OL].（2018-11-04）[2023-06-30]. http://www.
stats.gov.cn/sj/ndsj/2018/indexch.htm.

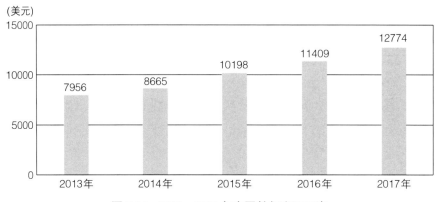

图 5-34　2013—2017 年中国教师实际工资

表 5-14　2013—2017 年中国教师实际工资

币种	2013 年	2014 年	2015 年	2016 年	2017 年
人民币	51950 元	56580 元	66592 元	74498 元	83412 元
美元	7956 美元	8665 美元	10198 美元	11409 美元	12774 美元

注：按 2017 年 12 月 29 日人民币兑美元汇率，1 美元兑人民币 6.53 元。

但是，从实际工资总量来看，中国教师实际工资总量与 OECD 成员国存在较大差距。2018 年，OECD 成员国学前、小学、初中、高中的教师平均实际工资分别是 37440 美元、41244 美元、43546 美元、46713 美元。中国 2017 年教师实际工资为 14026 美元。虽然中国教师工资水平不断增长，且增长幅度高于 OECD 成员国各学段，但是从实际工资收入水平来看，还远远低于 OECD 成员国的平均水平。

3. 教师工资与受高等教育劳动者收入的比较

其一，在学前教育阶段，OECD 成员国教师实际工资整体低于受高等教育劳动者收入，其中仅有韩国和加拿大学前教师实际工资高于受高等教育劳动者收入。

如图 5-35 所示，2013—2018 年，各个国家学前教师实际工资与受高等教育劳动者收入比率呈不断变化趋势，有增有减。OECD 成员国学前教师平均实际工资与受高等教育劳动者收入比率从 2013 年的 0.82 降低到 2018 年的 0.81，略有降低。澳大利亚 2013—2015 年的比率持续降低，之后开始回升，并高于其他国家。美国 2013—2016 年的比率保持不变，总值较低，之后开始逐年下降。加拿大和韩国虽然只有 2013—2014 年的数据，但比率均超过了 1，且处于增长趋势。在学前教育阶段，2013 年，教师实际工资与受高等教育劳动者收入比率最高的国家是韩国和加拿大，分别为 1.31 和 1.04；2018 年，最低的国家是美国，为 0.62。

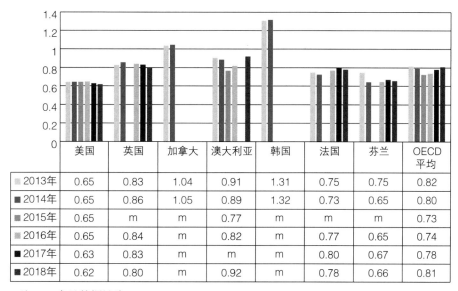

	美国	英国	加拿大	澳大利亚	韩国	法国	芬兰	OECD平均
2013年	0.65	0.83	1.04	0.91	1.31	0.75	0.75	0.82
2014年	0.65	0.86	1.05	0.89	1.32	0.73	0.65	0.80
2015年	0.65	m	m	0.77	m	m	m	0.73
2016年	0.65	0.84	m	0.82	m	0.77	0.65	0.74
2017年	0.63	0.83	m	m	m	0.80	0.67	0.78
2018年	0.62	0.80	m	0.92	m	0.78	0.66	0.81

注：m 表示数据缺失。

图 5-35 2013—2018 年部分 OECD 成员国学前教师实际工资
与受高等教育劳动者收入比率

其二，在小学阶段，OECD 成员国教师实际工资整体上低于受高等教育劳动者收入，仅有韩国和加拿大小学教师实际工资高于受高等教育劳动者收入。

如图 5-36 所示，2013—2018 年，各个国家小学教师实际工资与受高等教育劳动者收入比率呈不断变化趋势，有增有减。OECD 成员国小学教师平均实际工资与受高等教育劳动者收入比率从 2013 年的 0.82 提高到 2018 年的 0.86，虽然其间也有降低，但总体呈增长趋势。澳大利亚 2014—2015 年比率骤降，之后开始回升，并超过其他国家。美国 2013—2016 年比率持续增长，之后开始回落，总值较低。加拿大和韩国虽然只有 2013—2014 年的数据，但其比率均超过了 1，且呈增长趋势。在小学阶段，2018 年，教师实际工资与受高等教育劳动者收入比率最高的国家是澳大利亚，为 0.93；最低的国家是美国，为 0.63。

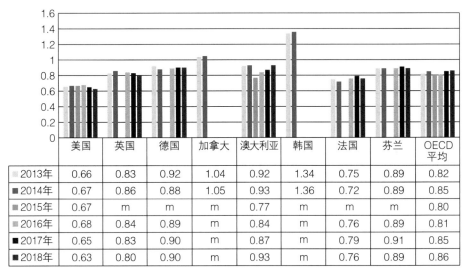

	美国	英国	德国	加拿大	澳大利亚	韩国	法国	芬兰	OECD平均
▨2013年	0.66	0.83	0.92	1.04	0.92	1.34	0.75	0.89	0.82
■2014年	0.67	0.86	0.88	1.05	0.93	1.36	0.72	0.89	0.85
▨2015年	0.67	m	m	m	0.77	m	m	m	0.80
▨2016年	0.68	0.84	0.89		0.84	m	0.76	0.89	0.81
■2017年	0.65	0.83	0.90		0.87	m	0.79	0.91	0.85
■2018年	0.63	0.80	0.90	m	0.93	m	0.76	0.89	0.86

注：m 表示数据缺失。

图 5-36 2013—2018 年部分 OECD 成员国小学教师实际工资
与受高等教育劳动者收入比率

其三，在初中阶段，OECD 成员国教师实际工资整体略低于受高等教育劳动者收入，其中韩国、加拿大、德国和芬兰初中教师实际工资高于或接近受高等教育劳动者收入。

如图 5-37 所示，2013—2018 年，各个国家初中教师实际工资与受高等教育劳动者收入比率呈不断变化趋势，有增有减。OECD 成员国初中教师平均实际工资与受高等教育劳动者收入比率从 2013 年的 0.85 提高到 2018 年的 0.91，虽然其间也有降低，但总体呈增长趋势。德国和芬兰不分伯仲。美国 2013—2016 年的比率有所增长，之后开始回落，总值较低。加拿大和韩国虽然只有 2013—2014 年的数据，但比率均超过了 1，且呈增长趋势。在初中阶段，2018 年，教师实际工资与受高等教育劳动者收入比率最高的国家是德国和芬兰，为 0.99；最低的国家是美国，为 0.65。

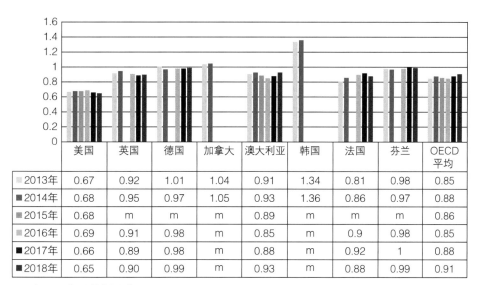

	美国	英国	德国	加拿大	澳大利亚	韩国	法国	芬兰	OECD 平均
2013年	0.67	0.92	1.01	1.04	0.91	1.34	0.81	0.98	0.85
2014年	0.68	0.95	0.97	1.05	0.93	1.36	0.86	0.97	0.88
2015年	0.68	m	m	m	0.89	m	m	m	0.86
2016年	0.69	0.91	0.98	m	0.85	m	0.9	0.98	0.85
2017年	0.66	0.89	0.98	m	0.88	m	0.92	1	0.88
2018年	0.65	0.90	0.99	m	0.93	m	0.88	0.99	0.91

注：m 表示数据缺失。

图 5-37 2013—2018 年部分 OECD 成员国初中教师实际工资
与受高等教育劳动者收入比率

其四，在高中阶段，OECD 成员国教师实际工资与受高等教育劳动者收入接近，其中韩国、加拿大、芬兰和德国高中教师实际工资高于受高等教育劳动者收入。

如图 5-38 所示，2013—2018 年，各个国家高中教师实际工资与受高等教育劳动者收入比率呈不断变化趋势，有增有减。OECD 成员国高中教师平均实际工资与受高等教育劳动者收入比率从 2013 年的 0.89 提高到 2018 年的 0.96，虽然其间也有降低，但总体呈增长趋势。芬兰高中教师的实际工资水平较高，各个年份的比率均高于 1。美国 2013—2016 年的比率略有提高，之后开始回落，总值较低。在高中阶段，2018 年，教师实际工资与受高等教育劳动者收入比率最高的国家是芬兰，为 1.11；最低的国家是美国，为 0.68。

从各个学段来看，高中教师实际工资与受高等教育劳动者收入比率高于学前、小学和初中教师；除了美国，其他国家比率均在 1 左右。对比各个国家，美国总体水平较低，德国和芬兰等国家总体水平较高。可见，各个国家教师实际工资与受高等教育劳动者收入比率差异较大。

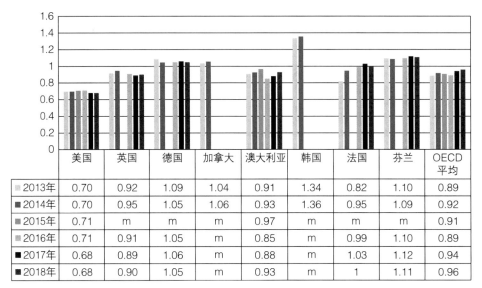

	美国	英国	德国	加拿大	澳大利亚	韩国	法国	芬兰	OECD平均
2013年	0.70	0.92	1.09	1.04	0.91	1.34	0.82	1.10	0.89
2014年	0.70	0.95	1.05	1.06	0.93	1.36	0.95	1.09	0.92
2015年	0.71	m	m	m	0.97	m	m	m	0.91
2016年	0.71	0.91	1.05	m	0.85	m	0.99	1.10	0.89
2017年	0.68	0.89	1.06	m	0.88	m	1.03	1.12	0.94
2018年	0.68	0.90	1.05	m	0.93	m	1	1.11	0.96

注：m 表示数据缺失。

图 5-38　2013—2018 年部分 OECD 成员国高中教师实际工资与受高等教育劳动者收入比率

其五，中国教师平均工资水平近年来增长幅度较快，教师收入处于社会行业收入的中高位置。

中国初等教育和中等教育教师年均工资收入增长幅度远超大部分 OECD 成员国及其平均水平。根据《中国劳动统计年鉴 2006》的数据，2005 年，中国初等教育教师年均工资收入为 5421 美元（用购买力平价法换算的美元），中等教育教师年均工资收入为 6492 美元（用购买力平价法换算的美元）。[①] 以 2005 年为基准，将当年中国初等教育与中等教育教师的平均工资指数计为 100，则 2017 年中国初等教育教师年均工资收入为 21703 美元（用购买力平价法换算的美元），指数为 400；中等教育教师年均工资收入为 23263 美元（用购买力平价法换算的美元），指数为 358。2000—2017 年，中国初等教育和中等教育教师工资收入的年均增长率分别为 12.6% 和 12.0%。事实上，中国教师工资收入在历史上长期处于低水平的状况，这与当时的经济发展水平、教育发展水平以及教师政策等有很大的关系。这种低水平的状态直到 20 世纪 90 年代才开始逐步改善。

① 国家统计局人口和就业统计司，劳动和社会保障部规划财务司.中国劳动统计年鉴 2006[M].北京：中国统计出版社，2006：172.

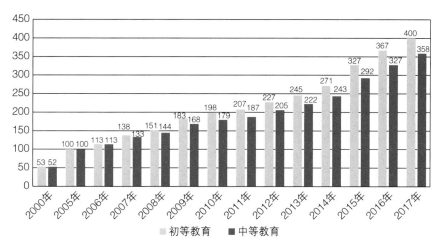

图 5-39 2000—2017 年中国初等教育和中等教育教师
年均工资收入指数变化（2005 年 =100）

2010 年以来，国家高度重视教师地位和工资待遇的提高，陆续出台《国家中长期教育改革和发展规划纲要（2010—2020 年）》《中共中央国务院关于全面深化新时代教师队伍建设改革的意见》《乡村教师支持计划（2015—2020 年）》《国务院办公厅关于全面加强乡村小规模学校和乡镇寄宿制学校建设的指导意见》等重大政策文件，强调要保障中小学教师平均工资不低于或高于当地公务员平均工资，并在此基础上不断提高。从政策实施效果来看，我国中小学教师平均工资有了快速的增长。《中国劳动统计年鉴》的数据显示，自 2009 年实行教师绩效工资改革以来，中国初等教育和中等教育教师年均工资收入分别从 2009 年的31036 元和 34169 元提高到 2018 年的 77046 元和 82853 元，年均增长率分别为10.6% 和 10.3%。2000—2017 年，中国初等教育和中等教育教师工资占人均 GDP的比例分别从 0.97% 和 1.15% 提高到 2017 年的 1.29% 和 1.38%，反映出随着经济水平的提高，教师工资在不断增长，政府财政的努力程度也在不断提升。

这一时期，中国政府还在工资和职务（职称）等方面加强对长期在农村基层和艰苦边远地区工作的教师的政策倾斜，不断提高边远艰苦地区教师的福利待遇，完善津补贴标准。面对农村人口基数庞大且乡村教育发展相对滞后的现实，为保障每一个乡村孩子都能公平地接受有质量的义务教育，国家先后出台了一系列政策，旨在培育一支"下得去、留得住、教得好、有发展"的乡村教师队伍。例如，2010 年以来开始实施边远艰苦地区农村学校教师周转宿舍项目建设，满足农村教师的住房需求；2013 年，教育部和财政部联合发文落实针对在连片特困地区工作的乡村教师的生活补助政策，按照"地方自主实施、中央综合奖补"的原则，各地加大资金投入力度，多数地方制定了差别化补助标准，重点向艰苦边远学校和村小、教学点倾斜，"越往基层，越是艰苦，待遇越高"的激励机制初步形成。截至 2018 年底，中西部 22 个省份 725 个集中连片特困地区县，有 724 个县实施了乡村教师生活补助政策，覆盖 8.21 万所乡村学校，受益教师 127.21 万人。

1993 年，《中华人民共和国教师法》首次以法律形式明确教师的平均工资水平应当不低于或者高于国家公务员的平均工资水平。2019 年 9 月 3 日，中华人民共和国教育部为迎接第 35 个教师节，举行教育金秋系列发布会，介绍党的十八大以来，教师队伍规模得到大幅增长，教师薪资显著提升，教师工资由 20 世纪 80 年代之前在国民经济各行业排倒数后三位，提升到在全国十九大行业排名第七位。①可见，中国教师的社会地位越来越高，教师的收入水平也得到更多保障（详见图 5-40）。

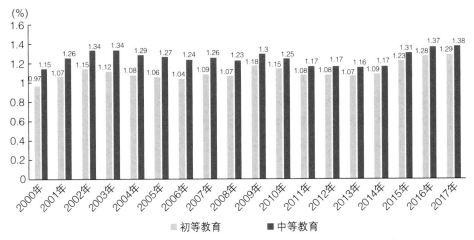

图 5-40　2000—2017 年中国初等教育和中等教育教师的工资指数②变化

---

① 中华人民共和国教育部. 教师收入在全国 19 大行业排名第 7，教师工资提高还将得到多重保障 [EB/OL].（2019-09-04）[2023-07-03]. http://www.moe.gov.cn/fbh/live/2019/51106/mtbd/201909/t20190909_398320.html.

② 工资指数是指教师年均工资收入与年人均 GDP 的比例。

尽管中国中小学教师年均工资收入增长很快，但是教师的工资水平仍然不高，国际竞争力有待加强。以小学阶段为例，2015 年中国教师年均工资为 17747 美元，不到 OECD 平均水平和欧盟平均水平的一半，与澳大利亚、德国和美国的差距更大（见表 5-15）。

表 5-15　2015—2016 年部分 OECD 成员国 ① 及伙伴国教师 ② 年平均工资比较

单位：美元

国家 / 国际组织	2015 年			2016 年		
	小学阶段	初中阶段	高中阶段	小学阶段	初中阶段	高中阶段
澳大利亚	52847	53355	53372	54914	55313	55313
英国	41955	45212	45212	40553	45343	45343
法国	38154	44409	50021	37968	44294	49883
德国	65043	71768	76143	65716	72593	76823
美国	52516	53548	55328	52197	54000	55992
OECD 平均	41827	44070	46928	41244	43546	46713
欧盟平均	41308	43893	47153	41402	44246	47466
中国	17747	m	m	19876	m	m

注：m 表示数据缺失。

通过前面的分析，我们可以看到，目前中国教师的工资水平呈现以下特征。一是与 OECD 成员国相比，中国教师的工资收入虽有极大的增长，但是我们起步晚，水平低，历史欠债较多，近十多年来教师工资刚恢复正常的增长水平。二是与 OECD 成员国相比，中国教师的工资水平仍然较低，竞争力不强。相对于中国教师专业发展水平和中国教育质量来说，中国教师的工资水平有待进一步提高。根据 OECD2019 年公布的 TALIS 项目调查结果，上海教师的专业化发展水平较高，上海有 83.1% 的教师报告参加过正式入职培训，为所有国家或地区中比例最高；上海的初中学校 100% 提供带教活动，这在所

① OECD 成员国教师年平均工资是指公立机构教师的年均工资（包括奖金和津贴）。

② 中国教师年平均工资是指教师在一定时期内平均每人所得的货币工资总额。

有国家或地区中属于唯一；上海教师 2018 年专业发展活动参与率达 99.3%，也是比例最高的。中国学生在 PISA 项目中的学业成绩表现也是很优秀的。在 PISA2012 测试结果中，上海在数学、阅读、科学三门课程的测试上分别以 40 分、28 分、29 分的成绩领先新加坡。在 PISA2015 年的测试中，北京、上海、江苏、广东组成的中国部分地区联合体（B-S-J-G，China）位居总分第十。

四、教师教学时数

教学是学校教育的中心工作。教师在传授知识、促进学生发展的过程中需要一定的时间保障。教学时间既表明了教师的教学时间投入量，也表明了一个国家或地区的教育时间安排与制度规定。

（一）产生背景

教学时间是衡量一个国家或地区教师实际工作量的重要指标。在 OECD 早期《教育概览》指标中，并没有明确针对教学时间的指标设计。1995 年，首次出现了"教师年平均教学时数"指标，不过被放置在"人力资源"二级指标域中。1996 年，这一指标名称被调整为"教学时数"，并被整合纳入"学习环境与学校过程"指标域中，并在后续的《教育概览》指标设置中一直被保留下来。

（二）指标内涵

教学时间是衡量教师工作量的重要内容。一般来说，多数国家要求教师每周或每年完成一定小时数的工作量，才能获得相应的工资报酬。在实际监测中，教师教学时数包括如下指标项目。

1. 实际教学时间

实际教学时间，是指全职教师教授一个班或一个组学生的年度平均教学时数（包括额外的教学时间，如加班时间）。

2. 法定教学时间

法定教学时间，是指根据政策规定，一位全职教师一年教一个班或一个组学生的小时数。大多数国家报告的法定教学时间与实际教学时间存在区别，因为实际教学时间包括加班时间、额外工作时间等。法定教学时间虽然只能部分体现教师的实际工作量，但是有助于理解不同国家对教师的不同制度要求。

3. 工作时间

工作时间，是指全职教师的常规工作时数，不包括带薪加班时间。根据政策，工作时间包括与教学直接相关的时间以及用于其他教学相关活动的时间，如备课、辅导学生、批改作业、阅卷、专业发展、家长会、教职工会议和日常事务等。

净教学时间，主要指教师用于课堂教学的时间。

净教学时间占工作时间的比例，表明了教师可用于诸如备课、批改作业、在职培训和教职工会议等非教学活动的时间量。净教学时间占工作时间的比例高，意味着教师用于学生评价和备课的时间相对较少。

非教学时间也是教师工作量的一个重要组成部分，各国教师用于诸如学生评价、备课、批改作业、在职培训和教职工会议等活动的时间也被纳入考虑范围。各国教师用于这些非教学活动的时数很不一样。

2012 年，OECD 成员国公立幼儿园平均教学时数为每年 1001 个小时，变化范围从墨西哥的 532 个小时，到冰岛、挪威和瑞典的超过 1500 个小时。公立小学平均教学时数为每年 782 个小时，变化范围从希腊、俄罗斯的低于 570 个小时，到智利、印度尼西亚和美国的高于 1000 个小时。公立初中平均教学时数为每年 694 个小时，变化范围从希腊的 415 个小时，到阿根廷、智利、墨西哥和美国的高于 1000 个小时。公立高中教师平均教学时数为每年 655 个小时，变化范围从丹麦的 369 个小时，到阿根廷、智利和美国的高于 1000 个小时。

（三）主要指标比较

1. 教学周数比较

2012 年，OECD 成员国学前教育阶段平均教学周数为 40 周，小学和初中阶段均为 38 周，高中阶段为 37 周（如图 5-41 所示）。

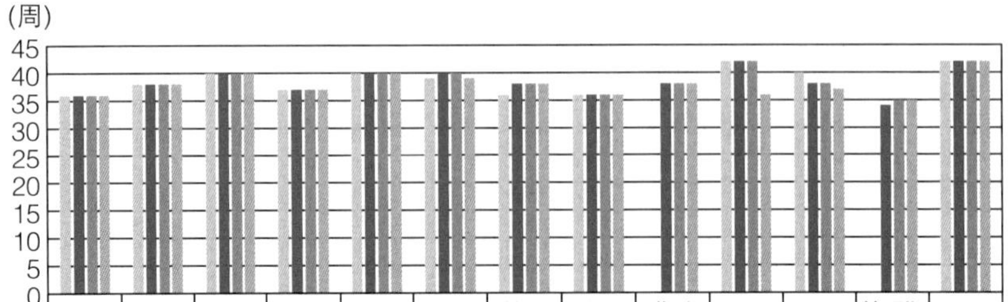

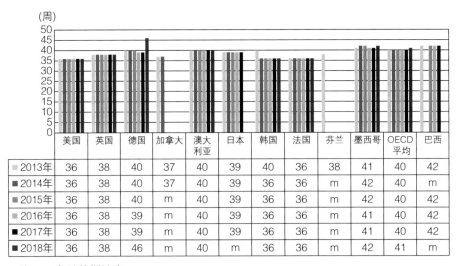

(周)	美国	英国	德国	加拿大	澳大利亚	日本	韩国	法国	芬兰	墨西哥	OECD平均	俄罗斯	巴西
■ 幼儿园	36	38	40	37	40	39	36	36	m	42	40	m	42
■ 小学	36	38	40	37	40	40	38	36	38	42	38	34	42
■ 初中	36	38	40	37	40	40	38	36	38	42	38	35	42
■ 高中	36	38	40	37	40	39	36	36	38	36	37	35	42

注: m 表示数据缺失。

图 5-41　2012 年部分 OECD 成员国及伙伴国教学周数

其一, 学前教育阶段, OECD 成员国平均教学周数为 40 周, 其中最少的美国、韩国和法国为 36 周。

图 5-41 中, 各个国家幼儿园的教学周数不相同。其中, 幼儿园教学周数最多的是墨西哥和巴西, 均为 42 周; 其次是德国和澳大利亚, 均为 40 周; 最少的是美国、韩国和法国, 只有 36 周。

(周)	美国	英国	德国	加拿大	澳大利亚	日本	韩国	法国	芬兰	墨西哥	OECD平均	巴西
■ 2013年	36	38	40	37	40	39	40	36	38	41	40	42
■ 2014年	36	38	40	37	40	39	36	36	m	42	40	m
■ 2015年	36	38	40	m	40	39	36	36	m	42	40	42
■ 2016年	36	38	39	m	40	39	36	36	m	41	40	42
■ 2017年	36	38	39	m	40	39	36	36	m	41	40	42
■ 2018年	36	38	46	m	40	m	36	36	m	42	41	m

注: m 表示数据缺失。

图 5-42　2013—2018 年部分 OECD 成员国及伙伴国学前教育阶段教学周数

纵向比较，各个国家在不同年份学前教育阶段教学周数有所变化，变化幅度不大。2013—2018 年，如图 5-42 所示，美国学前教育阶段教学周数基本维持不变，均为 36 周。从 OECD 成员国的平均水平来看，2013 年，学前教育阶段平均教学周数为 40 周；2018 年，平均教学周数为 41 周，增加了 1 周。其中，美国、韩国和法国的平均教学周数最少，为 36 周。

其二，小学阶段，OECD 成员国平均教学周数为 38 周，其中最多的墨西哥为 42 周，最少的美国和法国为 36 周。

2012 年，OECD 成员国小学阶段平均教学周数为 38 周（如图 5-41 所示）。小学阶段教学周数最多的是墨西哥，为 42 周；其次是德国、澳大利亚和日本，均为 40 周；最少的是美国和法国，为 36 周。

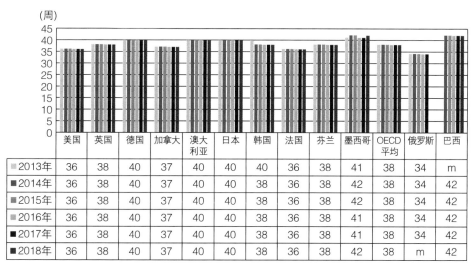

(周)	美国	英国	德国	加拿大	澳大利亚	日本	韩国	法国	芬兰	墨西哥	OECD平均	俄罗斯	巴西
■2013年	36	38	40	37	40	40	40	36	38	41	38	34	m
■2014年	36	38	40	37	40	40	38	36	38	42	38	34	42
■2015年	36	38	40	37	40	40	38	36	38	42	38	34	42
■2016年	36	38	40	37	40	40	38	36	38	41	38	34	42
■2017年	36	38	40	37	40	40	38	36	38	41	38	34	42
■2018年	36	38	40	37	40	40	38	36	38	42	38	m	42

注：m 表示数据缺失。

图 5-43　2013—2018 年部分 OECD 成员国及伙伴国小学阶段教学周数

2013—2018 年，部分 OECD 成员国与伙伴国小学阶段教学周数基本保持不变（如图 5-43 所示）。OECD 成员国小学阶段平均教学周数均为 38 周。变化幅度较大的如墨西哥：2013 年为 41 周，2018 年增长为 42 周。美国小学阶段教学周数维持在 36 周不变。

与同期 OECD 成员国的平均水平相比，俄罗斯的教学周数较短。2013 年，俄罗斯小学阶段教学周数为 34 周，而 OECD 成员国的平均水平为 38 周，它们之间的差距为 4 周。

其三，初中阶段，OECD 成员国的平均教学周数约为 38 周，其中最多的墨西哥为 42 周，最少的美国和法国为 36 周。

2012 年，OECD 成员国初中阶段平均教学周数约为 38 周（如图 5-41 所示）。初中阶段教学周数最多的是墨西哥，为 42 周；其次是德国、澳大利亚和日本，为 40 周；最少的美国和法国为 36 周。

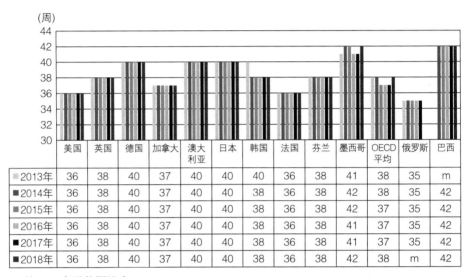

	美国	英国	德国	加拿大	澳大利亚	日本	韩国	法国	芬兰	墨西哥	OECD平均	俄罗斯	巴西
2013年	36	38	40	37	40	40	40	36	38	41	38	35	m
2014年	36	38	40	37	40	40	38	36	38	42	38	35	42
2015年	36	38	40	37	40	40	38	36	38	42	37	35	42
2016年	36	38	40	37	40	40	38	36	38	41	37	35	42
2017年	36	38	40	37	40	40	38	36	38	41	37	35	42
2018年	36	38	40	37	40	40	38	36	38	42	38	m	42

注：m 表示数据缺失。

图 5-44　2013—2018 年部分 OECD 成员国及伙伴国初中阶段教学周数

2013—2018 年，部分 OECD 成员国与伙伴国初中阶段教学周数基本维持不变。如图 5-44 所示，2013—2014 年，OECD 成员国初中阶段平均教学周数为 38 周，2015—2017 年为 37 周，2018 年为 38 周。变化幅度较大的如墨西哥，2013 年为 41 周，到 2018 年增长为 42 周。2013—2018 年，美国初中阶段教学周数维持在 36 周不变。比较而言，德国、澳大利亚和日本初中阶段教学周数均为 40 周，多于同期 OECD 成员国的平均水平。

其四，高中阶段，OECD 成员国的平均教学周数为 37 周，其中最多的德国和澳大利亚为 40 周，最少的美国、法国和墨西哥为 36 周。

2012 年，OECD 成员国高中阶段平均教学周数为 37 周（如图 5-41 所示）。部分 OECD 成员国与伙伴国中，高中阶段教学周数最多的是巴西，为 42

周；其次是德国和澳大利亚，均为 40 周；最少的是俄罗斯，仅为 35 周。美国高中阶段教学周数为 36 周。

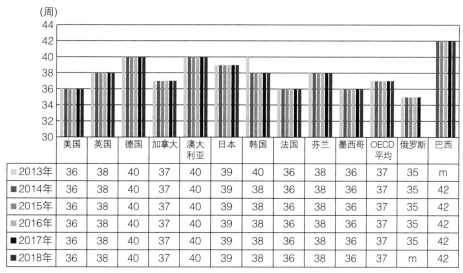

注：m 表示数据缺失。

图 5-45　2013—2018 年部分 OECD 成员国及伙伴国高中阶段教学周数

2013—2018 年，部分 OECD 成员国与伙伴国高中阶段教学周数基本维持不变（如图 5-45 所示）。OECD 成员国高中阶段平均教学周数为 37 周。变化幅度较大的如韩国，2013 年为 40 周，2018 年降低为 38 周。美国高中阶段教学周数维持在 36 周不变。比较而言，2014 年，德国和澳大利亚高中阶段教学周数均为 40 周，多于同期 OECD 成员国的平均水平 37 周，它们之间的差距为 3 周。

2. 教学天数比较

2012 年的调查数据显示，OECD 成员国平均教学天数在学前教育阶段为 191 天，在小学阶段为 183 天，在初中阶段为 182 天，在高中阶段为 180 天。

其一，OECD 成员国学前教育阶段平均教学天数略有增长，其中法国最少。

部分 OECD 成员国及伙伴国中，学前教育阶段教学天数最多的国家是巴西，为 203 天；其次是墨西哥，为 200 天；最少的是法国，为 144 天。美国和韩国均为 180 天（如图 5-46 所示）。

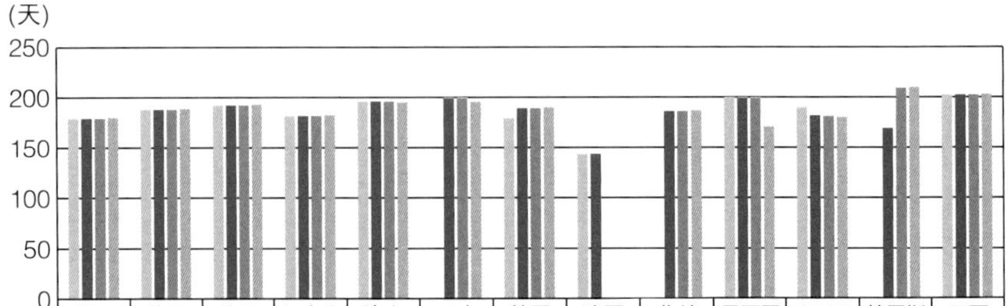

(天)

	美国	英国	德国	加拿大	澳大利亚	日本	韩国	法国	芬兰	墨西哥	OECD平均	俄罗斯	巴西
幼儿园	180	189	193	183	197	m	180	144	m	200	191	m	203
小学	180	189	193	183	197	200	190	144	187	200	183	170	203
初中	180	189	193	183	197	200	190	m	187	200	182	210	203
高中	180	189	193	183	195	196	190	m	187	171	180	210	203

注：m 表示数据缺失。

图 5-46　2012 年部分 OECD 成员国及伙伴国教学天数

2013—2018 年，部分 OECD 成员国与伙伴国学前教育阶段教学天数基本保持不变（如图 5-47 所示）。就 OECD 成员国的平均水平而言，2013 年为 193 天，2018 年为 196 天，略微增长。德国、澳大利亚和法国等国家的教学天数整体略有增长。韩国和巴西略有下降。其中，韩国 2013 年的教学天数为 220 天，2018 年下降为 180 天；巴西 2013 年的教学天数为 203 天，2017 年下降为 201 天。美国学前教育阶段教学天数维持在 180 天。

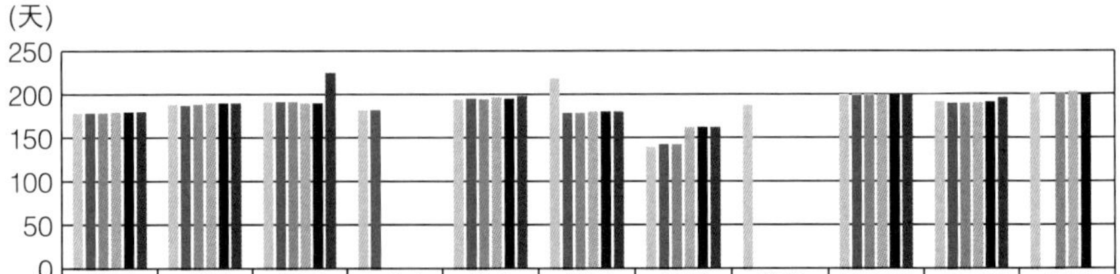

(天)

	美国	英国	德国	加拿大	澳大利亚	韩国	法国	芬兰	墨西哥	OECD平均	巴西
2013年	180	190	193	183	196	220	141	189	200	193	203
2014年	180	189	193	183	197	180	144	m	200	191	m
2015年	180	190	193	m	196	180	144	m	200	191	203
2016年	180	190	190	m	197	180	162	m	200	190	203
2017年	180	190	190	m	195	180	162	m	200	191	201
2018年	180	190	225	m	198	180	162	m	200	196	m

注：m 表示数据缺失。

图 5-47　2013—2018 年部分 OECD 成员国及伙伴国学前教育阶段教学天数

　　比较而言，法国、美国、加拿大、芬兰的教学天数少于同年 OECD 成员国的平均水平。

　　其二，小学阶段，OECD 成员国的教学天数平均约为 183 天，其中韩国最多，法国最少。

　　2013—2018 年，部分 OECD 成员国与伙伴国小学阶段教学天数基本保持不变（如图 5-48 所示）。就 OECD 成员国的平均水平而言，2013 年为 185 天，2018 年为 183 天，略微下降。韩国、澳大利亚和芬兰等国家的教学天数略有下降。日本和法国略有增长。其中，日本 2013 年的教学天数为 200 天，2018 年增长为 201 天；法国 2013 年的教学天数为 141 天，2018 年增长为 162 天。美国小学阶段教学天数维持在 180 天。

　　比较而言，美国、法国的教学天数少于同年 OECD 成员国的平均水平。

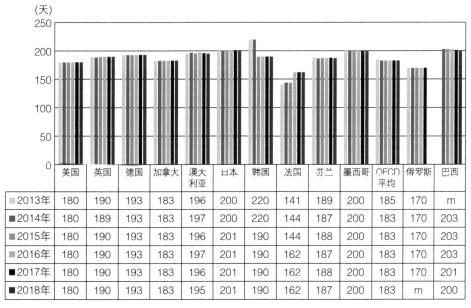

	美国	英国	德国	加拿大	澳大利亚	日本	韩国	法国	芬兰	墨西哥	OECD平均	俄罗斯	巴西
2013年	180	190	193	183	196	200	220	141	189	200	185	170	m
2014年	180	189	193	183	197	200	220	144	187	200	183	170	203
2015年	180	190	193	183	196	201	190	144	188	200	183	170	203
2016年	180	190	193	183	197	201	190	162	187	200	183	170	203
2017年	180	190	193	183	196	201	190	162	188	200	183	170	201
2018年	180	190	193	183	195	201	190	162	187	200	183	m	200

注：m 表示数据缺失。

图 5-48　2013—2018 年部分 OECD 成员国及伙伴国小学阶段教学天数

　　其三，初中阶段，OECD 成员国的平均教学天数呈下降趋势，其中日本和墨西哥最多，每年超过 200 天。

　　2013—2018 年，部分 OECD 成员国与伙伴国初中阶段教学天数基本保持不变（如图 5-49 所示）。就 OECD 成员国的平均水平而言，2013 年为 185 天，2018 年为 181 天，略微下降。韩国、澳大利亚和芬兰等国家初中阶段教学天数略有下降。唯有日本略有增长，2013 年为 200 天，2018 年增长为 201 天。美国初中阶段教学天数维持在 180 天。

比较而言，美国的教学天数少于同年 OECD 成员国的平均水平。

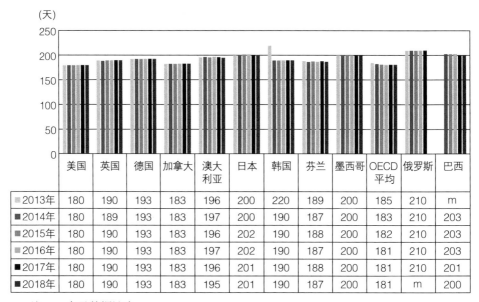

	美国	英国	德国	加拿大	澳大利亚	日本	韩国	芬兰	墨西哥	OECD平均	俄罗斯	巴西
2013年	180	190	193	183	196	200	220	189	200	185	210	m
2014年	180	189	193	183	197	200	190	187	200	183	210	203
2015年	180	190	193	183	196	202	190	188	200	182	210	203
2016年	180	190	193	183	197	202	190	187	200	181	210	203
2017年	180	190	193	183	196	201	190	188	200	181	210	201
2018年	180	190	193	183	195	201	190	187	200	181	m	200

注：m 表示数据缺失。

图 5-49 2013—2018 年部分 OECD 成员国及伙伴国初中阶段教学天数

其四，高中阶段，OECD 成员国的平均教学天数略有下降，其中日本和澳大利亚等国高于同期 OECD 成员国平均水平。

2013—2018 年，部分 OECD 成员国与伙伴国高中阶段教学天数基本保持不变。就 OECD 成员国的平均水平而言，2013 年为 183 天，2018 年为 180 天，略微下降。韩国、墨西哥和芬兰等国家的教学天数都是略有下降。其中，韩国 2013 年的教学天数为 220 天，2018 年下降为 190 天；芬兰 2013 年的教学天数为 189 天，2018 年下降为 187 天；墨西哥 2013 年的教学天数为 173 天，2018 年下降为 171 天。美国高中阶段教学天数维持在 180 天。

比较而言，墨西哥的教学天数少于同年 OECD 成员国的平均水平。

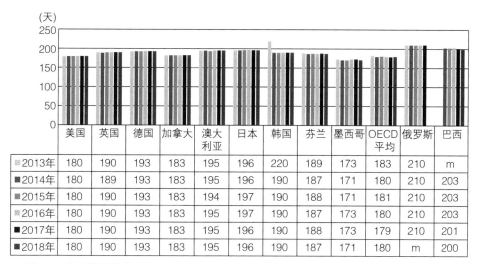

(天)	美国	英国	德国	加拿大	澳大利亚	日本	韩国	芬兰	墨西哥	OECD平均	俄罗斯	巴西
2013年	180	190	193	183	195	196	220	189	173	183	210	m
2014年	180	189	193	183	195	196	190	187	171	180	210	203
2015年	180	190	193	183	194	197	190	188	171	181	210	203
2016年	180	190	193	183	195	197	190	187	173	180	210	203
2017年	180	190	193	183	195	196	190	188	173	179	210	201
2018年	180	190	193	183	195	196	190	187	171	180	m	200

注：m 表示数据缺失。

图 5-50 2013—2018 年部分 OECD 成员国及伙伴国高中阶段教学天数

3. 净教学时数比较

如图 5-51 所示，2012 年 OECD 成员国学前教育阶段平均净教学时数为 1001 小时。学前教育阶段净教学时数最高的是美国，为 1080 小时；韩国为 583 小时；墨西哥最少，仅为 532 小时。

2012 年，OECD 成员国小学阶段平均净教学时数为 782 小时。小学阶段净教学时数最多的是法国，为 924 小时；其次是澳大利亚，为 871 小时。小学阶段净教学时数最少的是俄罗斯，仅为 561 小时；其次是芬兰，为 673 小时。

2012 年，OECD 成员国初中阶段平均净教学时数为 694 小时。初中阶段净教学时数最多的是墨西哥，为 1047 小时；其次是澳大利亚，为 809 小时。初中阶段净教学时数最少的是俄罗斯，仅为 483 小时；其次是美国，为 504 小时。

2012 年，OECD 成员国高中阶段平均净教学时数为 655 小时。高中阶段净教学时数最多的是墨西哥，为 838 小时；其次是澳大利亚，为 801 小时。高中阶段净教学时数最少的是俄罗斯，仅为 483 小时；其次是日本，为 510 小时。

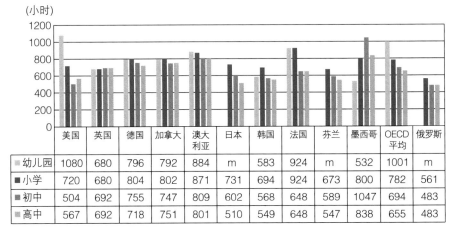

注：m表示数据缺失。

图5-51 2012年部分OECD成员国及伙伴国净教学时数

其一，学前教育阶段，OECD成员国年净教学时数呈缓慢增长趋势；2018年，德国最多，墨西哥最少，前者约是后者的3倍。

从变化趋势来看，如图5-52所示，2013—2018年，OECD成员国平均学前教育阶段净教学时数从994小时增加为1044小时，增加了50小时。有的国家学前教育阶段净教学时数略有增加，比如英国、德国、加拿大和澳大利亚；

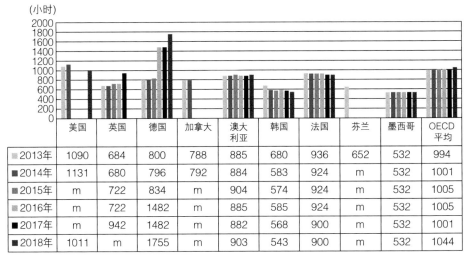

注：m表示数据缺失。

图5-52 2013—2018年部分OECD成员国学前教育阶段净教学时数

有的国家保持不变，比如墨西哥，一直保持在 532 小时；有的国家则略微下降，比如法国，从 2013 年的 936 小时下降为 2018 年的 900 小时；韩国下降幅度略大，从 2013 年的 680 小时下降到 2018 年的 543 小时，下降了 137 小时。

比较而言，英国、加拿大、澳大利亚、韩国、法国、芬兰、墨西哥学前教育阶段净教学时数少于同期 OECD 成员国的平均水平。

其二，小学阶段，OECD 成员国的平均净教学时数呈下降趋势；2018 年，美国最多，韩国最少，前者约是后者的 1.5 倍。

如图 5-53 所示，2013 年，OECD 成员国小学阶段平均净教学时数为 790 小时，2018 年为 784 小时，略微下降。2013 年，小学阶段净教学时数最多的是美国，为 1097 小时；其次是法国，为 936 小时。2013 年，小学阶段净教学时数最少的是英国，为 468 小时；其次是俄罗斯，为 561 小时。2018 年，小学阶段净教学时数最多的是美国，为 1004 小时；其次是法国，为 900 小时。2018 年，小学净教学时数最少的是韩国，为 671 小时；其次是芬兰，为 673 小时。

比较而言，美国、德国、加拿大、澳大利亚、法国、墨西哥小学阶段净教学时数多于同期 OECD 成员国的平均水平。

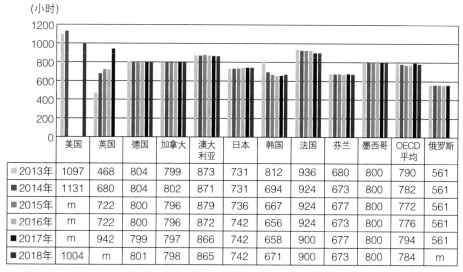

(小时)

	美国	英国	德国	加拿大	澳大利亚	日本	韩国	法国	芬兰	墨西哥	OECD平均	俄罗斯
2013年	1097	468	804	799	873	731	812	936	680	800	790	561
2014年	1131	680	804	802	871	731	694	924	673	800	782	561
2015年	m	722	800	796	879	736	667	924	677	800	772	561
2016年	m	722	800	796	872	742	656	924	673	800	776	561
2017年	m	942	799	797	866	742	658	900	677	800	794	561
2018年	1004	m	801	798	865	742	671	900	673	800	784	m

注：m 表示数据缺失。

图 5-53　2013—2018 年部分 OECD 成员国及伙伴国小学阶段净教学时数

其三，初中阶段，OECD 成员国的平均净教学时数基本保持不变；2018年，墨西哥最多，韩国最少，前者是后者的 1.96 倍。

2012 年，OECD 成员国初中阶段平均净教学时数为 694 小时（如图 5-51所示）。初中阶段净教学时数最多的是墨西哥，为 1047 小时；其次是澳大利亚，为 809 小时。初中阶段净教学时数最少的是俄罗斯，仅为 483 小时；其次是美国，为 504 小时。

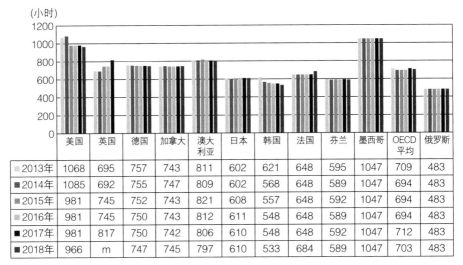

（小时）

	美国	英国	德国	加拿大	澳大利亚	日本	韩国	法国	芬兰	墨西哥	OECD平均	俄罗斯
2013年	1068	695	757	743	811	602	621	648	595	1047	709	483
2014年	1085	692	755	747	809	602	568	648	589	1047	694	483
2015年	981	745	752	743	821	608	557	648	592	1047	694	483
2016年	981	745	750	743	812	611	548	648	589	1047	694	483
2017年	981	817	750	742	806	610	548	648	592	1047	712	483
2018年	966	m	747	745	797	610	533	684	589	1047	703	483

注：m 表示数据缺失。

图 5-54 2013—2018 年部分 OECD 成员国及伙伴国初中阶段净教学时数

2013—2018 年，OECD 成员国初中阶段平均净教学时数从 709 小时减少为 703 小时，减少了 6 小时，减少幅度微乎其微（如图 5-54 所示）。有些国家初中阶段净教学时数略有增加，比如英国、日本、法国。有些国家保持不变，如墨西哥和俄罗斯，其中墨西哥一直保持在 1047 小时，俄罗斯则稳定在483 小时。有的国家则略微下降，比如澳大利亚，从 2013 年的 811 小时下降到 2018 年的 797 小时。美国的下降幅度略大，从 2013 年的 1068 小时下降到2018 年的 966 小时，下降了 102 小时。韩国从 2013 年的 621 小时下降到 2018年的 533 小时，下降了 88 小时。

其四，高中阶段，OECD 成员国的净教学时数基本保持不变；2018 年，美国最高，日本最低，前者是后者的 1.89 倍。

如图 5-55 所示，OECD 成员国高中阶段平均净教学时数 2013 年为 664 小时，2018 年为 657 小时，略微下降。2013 年，高中阶段净教学时数最高的是美国，为 1051 小时；其次是墨西哥，为 848 小时。2013 年，高中阶段净教学时数最低的俄罗斯为 483 小时。2018 年，高中阶段净教学时数最高的是美国，为 966 小时；其次是墨西哥，为 838 小时。2018 年，高中阶段净教学时数最低的国家是日本，为 511 小时；其次是芬兰，为 547 小时。

比较而言，日本、韩国、芬兰高中阶段净教学时数低于同期 OECD 成员国的平均水平。

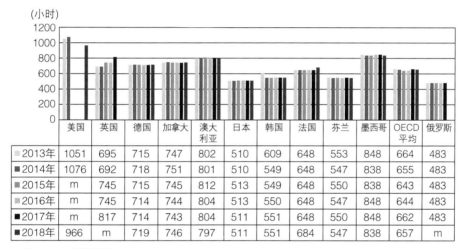

（小时）	美国	英国	德国	加拿大	澳大利亚	日本	韩国	法国	芬兰	墨西哥	OECD平均	俄罗斯
■2013年	1051	695	715	747	802	510	609	648	553	848	664	483
■2014年	1076	692	718	751	801	510	549	648	547	838	655	483
■2015年	m	745	715	745	812	513	549	648	550	838	643	483
■2016年	m	745	714	744	804	513	550	648	547	848	644	483
■2017年	m	817	714	743	804	511	551	648	550	848	662	483
■2018年	966	m	719	746	797	511	551	684	547	838	657	m

注：m 表示数据缺失。

图 5-55　2013—2018 年部分 OECD 成员国及伙伴国高中阶段净教学时数

其五，中国小学、初中和高中教师的年净教学时数较少，占年教学时数的三分之一左右，且仅为 OECD 成员国同学段教师净教学时数的一半左右。

2011 年，中国小学教师的周净教学工作量为 13.0 节，初中教师的周净教学工作量为 12.1 节，高中教师的周净教学工作量为 13.2 节（见表 5-16）。小学教师的周总教学时数是 26.01 小时，初中教师和高中教师分别是 27.24 小时和 29.70 小时。小学教师的年教学时数为 910.35 小时，初中教师和高中教师分别是 953.4 小时和 1188 小时。中国小学、初中和高中教师的年净教学时数与年教学时数之比约为 1:3。

表 5-16　2011 年中国中小学教师净教学时数

阶段	周净教学工作量（节）	周净教学时数（小时）	年净教学时数（小时）	周总教学时数（小时）	年教学时数（小时）
小学	13.0	8.67	303.45	26.01	910.35
初中	12.1	9.07	317.45	27.24	953.4
高中	13.2	9.9	396	29.70	1188

数据来源：“全国中小学教师专业发展状况调查”项目组 . 中国中小学教师专业发展状况调查与政策分析报告 [J]. 教育研究，2011（3）：3-12.

中国小学、初中与高中教师的年净教学时数分别为 303.45 小时、317.45 小时和 396 小时。比较而言，中国小学、初中与高中教师的年净教学时数均少于 OECD 成员国的平均水平，仅为其一半左右。

五、哪些人从事教师职业

在经济高速发展和社会急剧变迁的时代背景下，我们比以往任何时候都更需要高质量的学校教育。学校教育质量取决于教师队伍的素质。就此而言，各国不仅需要数量充足的师资队伍，更需要高素质的师资。因此，有哪些人从事教师职业，成为 OECD 教育监测的重要内容之一。

（一）指标产生背景

教师作为学校教育的核心参与者之一，从 OECD 进行《教育概览》指标研究与监测开始就受到了重视。但是，早期并没有专门针对“哪些人从事教师职业？”这一指标进行监测，指标设置更多针对的是教师作为人力资源的投入，比如学生与教师的生师比、教师教学时间等。直到 2012 年，《教育概览》的指标设置中才首次出现了“哪些人从事教师职业？”，并一直延续至今。

教育系统对于教师的需求取决于一系列因素，包括学龄人口的年龄结构，平均班额，教师工作量，教学时数，教学助理及非教学人员的使用，不同教育阶段的入学率、巩固率，以及义务教育的起始与结束年龄等。众所周知，教师质量是决定学生成长与发展至关重要的因素，因此必须下大力气吸引高水平的人才从事教学工作，并为他们提供高水平的培训。

加强对“哪些人从事教师职业？”这一指标的设置与监测，表明了 OECD 对于教师选拔与教师教育工作的重视，它期望通过对这一指标的监测，引导各成员国积极吸引优秀生源从事教育事业。

（二）指标内涵

"哪些人从事教师职业?"这一指标的内容较为丰富,主要涉及对现有存量师资的结构分析,包括年龄与性别结构。

就 OECD 成员国的平均水平而言,2012 年有 36% 的中学教师年龄在 50 岁以上。2002—2012 年,50 岁及以上中学教师的比例年平均增长率为 1.3%。2012 年,就 OECD 成员国的平均水平而言,三分之二的教职工是女性,但女教师的比例随着教育阶段的升高而降低:学前教育阶段女教师占 97%,小学阶段女教师占 82%,初中阶段女教师占 67%,高中阶段女教师占 57%,高等教育阶段女教师占 42%。[①]

（三）主要指标比较

1. 教师的性别结构

其一,小学阶段,OECD 成员国女性教师的比例平均超过 80%,其中美国、德国、英国均超过 85%;中国小学阶段女性教师的比例明显低于 OECD 成员国平均水平。

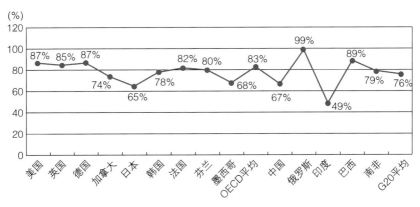

注: m 表示数据缺失。

图 5-56　2017 年部分 OECD 成员国及伙伴国小学阶段女性教师占比

---

① 经济合作与发展组织.教育概览 2014：OECD 指标 [M].中国教育科学研究院,组织翻译.北京：教育科学出版社,2015：552.

2017 年，OECD 成员国小学阶段的女性教师平均占比 83%（如图 5-56 所示）。小学阶段，女性教师比例最高的俄罗斯为 99%，最低的印度为 49%。日本为 65%，美国为 87%。几乎所有国家小学阶段女性教师的比例都超过了50%。不同国家女性教师的比例存在差异。

从纵向来看，各个国家小学阶段女性教师的占比有细微变化，但总体上变化幅度不大。如图 5-57 所示，从 2013 年到 2018 年，美国小学阶段女性教师占比始终为 87%。印度由 2017 年的 49% 增长到 2018 年的 51%，增长了 2%。从 OECD 成员国的平均水平来看，小学阶段女性教师的占比 2013 年为 82%，到 2018 年增长到 83%，增长了 1%。

比较而言，2018 年，中国小学阶段女性专任教师占专任教师的比例约为 69%，[①] 低于同年 OECD 成员国的平均水平 83%。而且，中国小学女性教师占比低于图 5-57 中的大部分国家。从另一个角度看，中国小学男性教师的比例要高于图 5-57 中的大部分国家。中国小学阶段男女教师的性别比例更平衡。

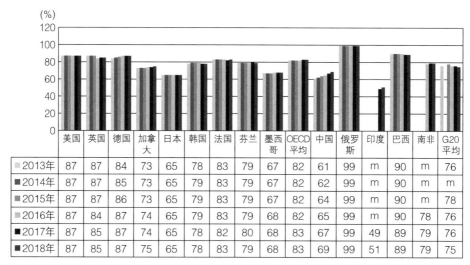

(%)	美国	英国	德国	加拿大	日本	韩国	法国	芬兰	墨西哥	OECD平均	中国	俄罗斯	印度	巴西	南非	G20平均
2013年	87	87	84	73	65	78	83	79	67	82	61	99	m	90	m	76
2014年	87	87	85	73	65	79	83	79	67	82	62	99	m	90	m	m
2015年	87	87	86	73	65	79	83	79	67	82	64	99	m	90	m	78
2016年	87	84	87	74	65	79	83	79	68	82	65	99	m	90	78	76
2017年	87	85	87	74	65	78	82	80	68	83	67	99	49	89	79	76
2018年	87	85	87	75	65	78	78	68	68	83	69	99	51	89	79	75

注：m 表示数据缺失。

图 5-57 2013—2018 年 OECD 成员国及伙伴国小学阶段女性教师占比

① 中华人民共和国教育部.各级各类学校女教师、女教职工数 [EB/OL].（2019-08-12）[2023-07-05]. http://www.moe.gov.cn/jyb_sjzl/moe_560/jytjsj_2018/qg/201908/t20190812_394229.html.

其二，初中阶段，OECD 成员国女性教师的比例平均近 70%，其中日本女性初中教师的比例最低（42%），芬兰最高（73%）；中国女性教师的比例低于 OECD 成员国平均水平。

2017 年，就 OECD 成员国的平均水平而言，初中阶段女性教师占 69%（如图 5-58 所示）。初中阶段，女性教师占比最高的是俄罗斯，为 83%；最低的是日本，为 42%。此外，印度为 44%，G20 平均为 62%，美国为 67%。西欧国家与美国在总体上差异较小。

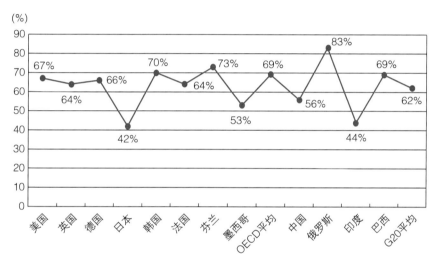

图 5-58　2017 年部分 OECD 成员国及伙伴国初中阶段女性教师占比

从纵向来看，各个国家初中阶段女性教师的比例有一定变化，总体上呈上升趋势。如图 5-59 所示，2013—2018 年，美国初中阶段女性教师占比由 66% 上升至 76%，增加了 10%。法国和巴西的女性教师占比呈下降趋势，其中法国由 65% 下降至 60%，巴西由 71% 下降至 68%。从 OECD 成员国的平均水平来看，初中女性教师的比例有所浮动，总体呈平稳缓慢上升趋势，2013 年占比为 68%，2018 年占比为 69%，增长了 1%。

比较而言，2018 年，中国初中女性教师占比为 57%，低于同年 OECD 成员国的平均水平 69%。中国女性初中教师比例呈平稳上升趋势，由 2013 年的 52% 上升至 2018 年的 57%，增幅为 5%。

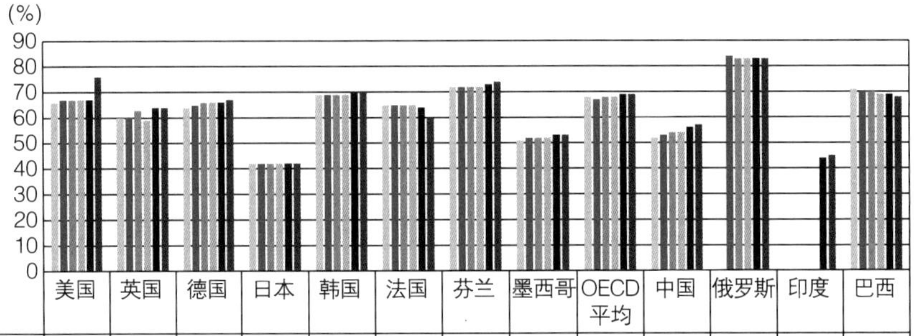

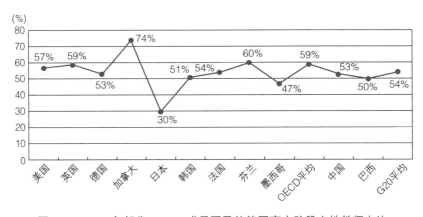

	美国	英国	德国	日本	韩国	法国	芬兰	墨西哥	OECD平均	中国	俄罗斯	印度	巴西
2013年	66	60	64	42	69	65	72	51	68	52	m	m	71
2014年	67	60	65	42	69	65	72	52	67	53	84	m	70
2015年	67	63	66	42	69	65	72	52	68	54	83	m	70
2016年	67	59	66	42	69	65	72	52	68	54	83	m	69
2017年	67	64	66	42	70	64	73	53	69	56	83	44	69
2018年	76	64	67	42	70	60	74	53	69	57	83	45	68

注：m 表示数据缺失。

图 5-59　2013—2018 年部分 OECD 成员国及伙伴国初中阶段女性教师占比

其三，高中阶段，OECD 成员国女性教师平均占比进一步降低（约为60%），其中日本高中女性教师比例最低（30%）；中国高中女性教师比例略低于 OECD 成员国平均水平。

如图 5-60 所示，2017 年，OECD 成员国高中阶段女性教师平均占 59%。高中女性教师比例最高的国家是加拿大，为 74%；最低的是日本，为 30%；G20 平均为 54%；美国为 57%。除日本与加拿大之外，其他国家差距不大，女性教师占比都在 50% 左右。

图 5-60　2017 年部分 OECD 成员国及伙伴国高中阶段女性教师占比

从纵向来看，各个国家高中阶段女性教师占比有所浮动，但变化不大，呈稳定趋势（如图 5-61 所示）。美国高中女性教师占比在 2013 年至 2017 年间一直保持在 57%，到 2018 年上升至 58%。日本由 2013 年的 28% 上升至 2018 年的 30%，增加了 2%。从 OECD 成员国的平均水平来看，2013 年为 57%，2018 年为 59%，增加了 2%。

比较而言，2018 年，中国高中女性教师占比 54%，低于同年 OECD 成员国的平均水平 59%。从图 5-61 可以看出，中国高中女教师的比例略低于欧美国家，显著高于日本。

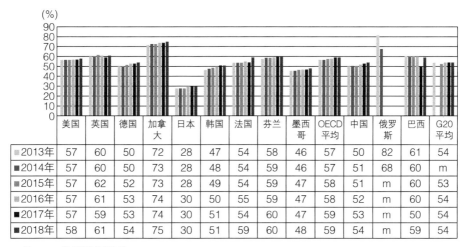

	美国	英国	德国	加拿大	日本	韩国	法国	芬兰	墨西哥	OECD平均	中国	俄罗斯	巴西	G20平均
■2013年	57	60	50	72	28	47	54	58	46	57	50	82	61	54
■2014年	57	60	50	73	28	48	54	59	46	57	51	68	60	m
■2015年	57	62	52	73	28	49	54	59	47	58	51	m	60	53
■2016年	57	61	53	74	30	50	55	59	47	58	52	m	60	54
■2017年	57	59	53	74	30	51	54	60	47	59	53	m	50	54
■2018年	58	61	54	75	30	51	59	60	48	59	54	m	59	54

注：m 表示数据缺失。

图 5-61　2013—2018 年部分 OECD 成员国及伙伴国高中阶段女性教师占比

其四，随着学段提升，女性教师的比例呈不断下降趋势；在所有学段，中国女性教师的比例均低于 OECD 成员国平均水平。

如图 5-62 所示，随着教育阶段的升高，女性教师的比例越来越低。从纵向来看，各个国家在不同时期、不同教育阶段的性别结构变化不显著，呈现稳定状态。

比较而言，中国小学、初中阶段女性教师的比例远低于 OECD 成员国的平均水平。到了高中阶段，中国女性教师的比例与 OECD 成员国平均水平的差距缩小，但仍低于 OECD 成员国的平均水平。相比 OECD 成员国的平均水平，中国教师的性别结构更平衡，男性教师与女性教师的比例更接近。

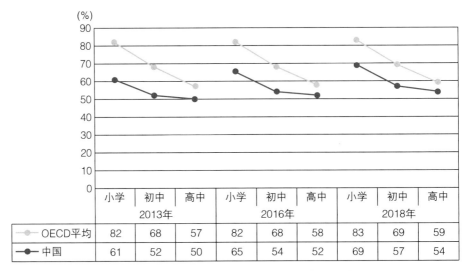

	小学	初中	高中	小学	初中	高中	小学	初中	高中
		2013年			2016年			2018年	
OECD平均	82	68	57	82	68	58	83	69	59
中国	61	52	50	65	54	52	69	57	54

图 5-62　2013—2018 年中国与 OECD 女性教师所占比例

2. 教师的年龄结构

其一，小学阶段，OECD 成员国教师的年龄比例呈橄榄型；2018 年，小于30 岁的比例最低（12%），30—49 岁的比例最高（56%），大于 50 岁的比例为31%。

如图 5-63 所示，2016 年，OECD 成员国小学教师小于 30 岁的比例为13%，30—49 岁的比例为 57%，50 岁及以上的比例为 31%。各个国家 30—49 岁的教师占比最大，比例最高的是巴西，为 69%；最低的是德国，为 49%；美国为 54%；G20 平均为 58%。几乎所有国家 30—49 岁的教师均超过了总数的一半。30 岁以下的教师占比最小，比例最高的是英国，为 27%；比例最低的是法国，为 7%；美国为 15%；G20 平均为 16%。

从纵向看，各个国家小学教师的年龄结构呈稳定状态，略有变化（见表 5-17）。其中，30—49 岁的中年教师一直是小学教师中比例最大的群体。从 2013 年到 2018 年，美国小学教师中小于 30 岁的群体占比由 18% 下降至16%，30—49 岁的群体占比由 49% 上升至 55%，50 岁及以上的群体占比由32% 下降至 29%。从 OECD 成员国的平均水平来看，年龄结构变化很小。从2013 年到 2018 年，30 岁以下的群体占比在 13% 上下浮动，30—49 岁的群体占比一直保持在 56%，50 岁及以上的群体占比也保持在 31% 左右。

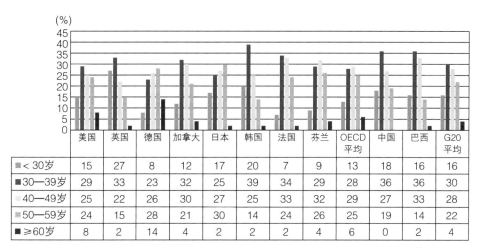

	美国	英国	德国	加拿大	日本	韩国	法国	芬兰	OECD 平均	中国	巴西	G20 平均
■ < 30 岁	15	27	8	12	17	20	7	9	13	18	16	16
■ 30—39 岁	29	33	23	32	25	39	34	29	28	36	36	30
40—49 岁	25	22	26	30	27	25	33	32	29	27	33	28
50—59 岁	24	15	28	21	30	14	24	26	25	19	14	22
■ ≥60 岁	8	2	14	4	2	2	2	4	6	0	2	4

图 5-63 2016 年部分 OECD 成员国及伙伴国小学阶段教师年龄结构 ①

比较而言，2015 年，中国小学教师中小于 30 岁的群体占比 19%，30—49 岁的群体占比 62%，50 岁及以上的群体占比 18%。与 OECD 成员国的平均水平相比，中国小学教师小于 30 岁的群体占比与 30—49 岁的群体占比略高，而 50 岁及以上的群体占比略低。总体来看，中国小学教师的年龄结构与其他国家类似，30—49 岁的中年教师占据最大比例，其他两个年龄段教师的比例相对而言较小。

表 5-17 2013—2018 年部分 OECD 成员国及伙伴国小学教师年龄结构

国家 / 国际组织	2013 年			2015 年			2018 年		
	< 30 岁	30—49 岁	≥ 50 岁	< 30 岁	30—49 岁	≥ 50 岁	< 30 岁	30—49 岁	≥ 50 岁
美国	18%	49%	32%	15%	54%	32%	16%	55%	29%
英国	31%	49%	21%	29%	55%	16%	31%	54%	15%
德国	7%	45%	48%	7%	48%	45%	8%	53%	39%
加拿大	14%	60%	26%	13%	61%	27%	11%	63%	26%
日本	15%	53%	31%	15%	53%	31%	17%	52%	31%
韩国	22%	61%	16%	21%	63%	15%	19%	66%	15%

---

① 不同年龄阶段会有一些教师的流入与流出，因此，各年龄段教师的比例相加不一定等于 100%，下同。

续　表

国家 / 国际组织	2013 年			2015 年			2018 年		
	< 30 岁	30— 49 岁	≥ 50 岁	< 30 岁	30— 49 岁	≥ 50 岁	< 30 岁	30— 49 岁	≥ 50 岁
法国	11%	66%	23%	8%	68%	24%	12%	67%	21%
芬兰	9%	62%	29%	9%	61%	30%	8%	61%	31%
OECD 平均	13%	56%	31%	13%	56%	30%	12%	56%	31%
中国	18%	63%	19%	19%	62%	18%	22%	62%	16%
巴西	16%	69%	15%	17%	69%	15%	13%	68%	18%
G20 平均	m	m	m	16%	57%	27%	m	m	m

注：m 表示数据缺失。

其二，初中阶段，OECD 成员国 50 岁以上教师占比平均超过三分之一，年龄低于 30 岁的年轻教师平均仅有约十分之一。

如图 5-64 所示，2016 年，就 OECD 成员国的平均水平而言，初中教师中小于 30 岁的群体占比 11%，30—49 岁的群体占比 55%，50 岁及以上的群体占比 34%。大部分国家还是 30—49 岁的中年教师人数最多，占比最高的是中国，为 72%；最低的是德国，为 43%。与其他国家不同，德国 50 岁及以上教师的比例最高，为 50%。

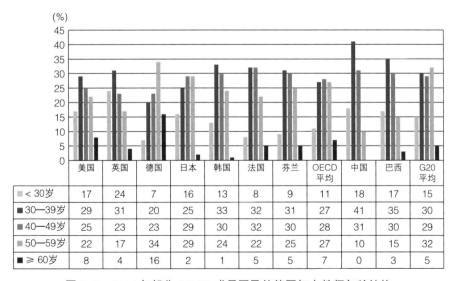

图 5-64　2016 年部分 OECD 成员国及伙伴国初中教师年龄结构

从纵向来看，各个国家初中教师的年龄结构变化不显著（见表 5-18）。除德国以外，其他国家 30—49 岁的中年教师比例都超过了 50%。德国 30—49 岁中年教师的比例呈上升趋势。从 2013 年到 2018 年，美国小于 30 岁的初中教师比例由 18% 下降至 16%，30—49 岁的初中教师比例由 50% 上升至 56%，50 岁及以上的初中教师比例由 32% 下降至 29%。OECD 成员国的平均水平几乎没有变化，小于 30 岁的比例在 11% 左右，30—49 岁的比例在 55% 左右，50 岁及以上的比例在 34% 左右。

比较而言，2015 年，中国初中教师中小于 30 岁的群体占比 16%，30—49 岁的群体占比 72%，均高于 OECD 成员国的平均水平。中国 50 岁及以上的初中教师群体占比 12%，低于 OECD 成员国的平均水平。总体来看，中国初中教师年龄分布趋势与其他国家类似，在数值上略有差异。

表 5-18　2013—2018 年部分 OECD 成员国及伙伴国初中教师年龄结构

国家 / 国际组织	2013 年			2015 年			2018 年		
	< 30 岁	30—49 岁	≥ 50 岁	< 30 岁	30—49 岁	≥ 50 岁	< 30 岁	30—49 岁	≥ 50 岁
美国	18%	50%	32%	17%	54%	30%	16%	56%	29%
英国	23%	52%	25%	22%	57%	22%	24%	58%	18%
德国	5%	43%	51%	7%	42%	50%	7%	46%	47%
日本	13%	60%	27%	13%	59%	27%	16%	54%	31%
韩国	14%	68%	19%	13%	65%	23%	12%	60%	38%
法国	10%	62%	29%	9%	64%	28%	9%	60%	31%
芬兰	10%	59%	30%	9%	62%	30%	8%	60%	32%
OECD 平均	11%	55%	34%	11%	55%	34%	10%	54%	35%
中国	18%	72%	10%	16%	72%	12%	17%	67%	16%
巴西	17%	65%	18%	18%	65%	18%	15%	65%	20%
G20 平均	m	m	m	16%	58%	27%	m	m	m

注：m 表示数据缺失。

其三，高中阶段，2018 年 OECD 成员国 50 岁及以上教师群体占比 38%，而 30 岁以下教师群体占比仅 8%。

如图 5-65 所示，2016 年，OECD 成员国小于 30 岁的教师占比 8%，30—49 岁的教师占比 54%，50 岁及以上的教师占比 38%。从 2016 年高中教师年龄分布的整体情况看，各个国家都是 30—49 岁的教师比例最高，其中最高的是中国，为 71%；最低的是日本、英国和芬兰，为 51%，均超过了一半。

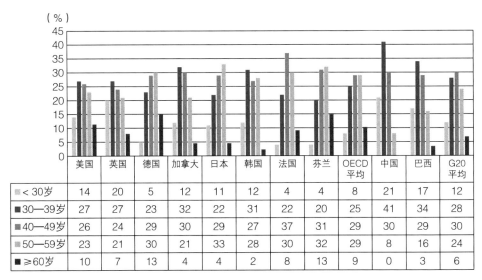

（%）	美国	英国	德国	加拿大	日本	韩国	法国	芬兰	OECD 平均	中国	巴西	G20 平均
■ < 30岁	14	20	5	12	11	12	4	4	8	21	17	12
■ 30—39岁	27	27	23	32	22	31	22	20	25	41	34	28
■ 40—49岁	26	24	29	30	29	27	37	31	29	30	29	30
■ 50—59岁	23	21	30	21	33	28	30	32	29	8	16	24
■ ≥60岁	10	7	13	4	4	2	8	13	9	0	3	6

图 5-65　2016 年部分 OECD 成员国及伙伴国高中教师年龄结构

从纵向看，从 2013 年到 2018 年，各个国家高中教师的年龄分布没有出现较为显著的变化，依然是 30—49 岁的教师比例最高，30 岁以下的教师比例最低（见表 5-19）。美国 30 岁以下高中教师的比例由 16% 下降至 12%，30—49 岁高中教师的比例由 49% 上升至 54%，50 岁及以上高中教师的比例由 36% 下降至 33%。从 OECD 成员国的平均水平来看，30 岁以下的教师群体占比基本保持在 8% 左右，30—49 岁的教师群体占比保持在 54% 左右，50 岁及以上的教师群体占比保持在 38% 左右。

比较而言，2015 年，中国 30—49 岁高中教师的比例略高于其他国家，而 30 岁以下的比例则显著高于大部分国家，50 岁及以上的比例显著低于其他国家。可见，中国年轻高中教师的比例高于 OECD 成员国。

表 5-19　2013—2018 年部分 OECD 成员国及伙伴国高中教师年龄结构

国家 / 国际组织	2013 年			2015 年			2018 年		
	< 30 岁	30—49 岁	≥ 50 岁	< 30 岁	30—49 岁	≥ 50 岁	< 30 岁	30—49 岁	≥ 50 岁
美国	16%	49%	36%	14%	53%	33%	12%	54%	33%
英国	19%	52%	29%	17%	54%	28%	20%	56%	25%
德国	4%	50%	46%	4%	51%	45%	5%	54%	41%
加拿大	14%	60%	26%	13%	61%	27%	11%	63%	26%
日本	9%	57%	34%	9%	57%	34%	11%	52%	37%
韩国	13%	63%	24%	12%	60%	28%	11%	59%	31%
法国	5%	60%	35%	4%	58%	37%	9%	60%	31%
芬兰	5%	53%	42%	5%	52%	43%	3%	49%	47%
OECD 平均	9%	54%	37%	8%	54%	38%	8%	53%	38%
中国	22%	71%	7%	19%	71%	10%	18%	67%	15%
巴西	17%	64%	19%	18%	64%	19%	14%	64%	22%
G20 平均	m	m	m	12%	57%	31%	m	m	m

注：m 表示数据缺失。

其四，在所有学段，中国 30 岁以下、30—49 岁年龄段的教师比例高于 OECD 成员国平均水平，50 岁及以上教师的比例远低于 OECD 成员国的平均水平。

从纵向来看，各个国家的教师年龄结构较为稳定，变化不显著（详见附录表 5-4、附录表 5-5、附录表 5-6）。美国 30 岁以下的教师比例，小学与高中的差异由 2013 年的 2% 上升至 2018 年 4%，增长了 2%；30—49 岁的教师比例，差异由 2013 年的 0 上升至 2018 年的 1%，增长了 1%；50 岁及以上的教师比例，小学与高中的差异为 4%。从 OECD 成员国的平均水平来看，2013—2018 年，30 岁以下小学与高中教师的比例差异在 4% 左右；30—49 岁小学与高中教师的比例差异由 2% 上升至 3%，增长了 1%；50 岁及以上小学与高中教师的比例差异由 6% 上升至 7%，增长了 1%。可见，不同教育阶段的教师年龄分布较为稳定。

与 OECD 成员国的平均水平相比，中国 30 岁以下的教师比例较高，30—49 岁的教师比例略高，50 岁及以上的教师比例则较低。可见，相比其他国家，中国教师结构总体较为年轻（详见附录表 5-4、附录表 5-5、附录表 5-6）。

六、教师专业发展的普遍性

专业化是教师发展的必然趋势。虽然职前教师教育为提升教师专业素养奠定了基础，但是教育发展与教学变革对于教师的要求、挑战也在不断提升。因此，重视教师专业发展的持续性，重视教师专业发展活动的更新、开发，对于提升教师的专业素养，加深其对教学的理解，提高其工作技能与教学水平，有着重要的实践价值与意义。

（一）指标产生背景

教师专业发展的重要性毋庸置疑。2000 年，《教育概览》中就设置了关于"新进教师的职前训练"的指标项目。为了进一步应对教育信息化对学校教育教学的影响，2003 年，《教育概览》首次设置了"教师培训与教师专业发展"的指标项目。此后，这一指标项目的名称不断调整变化。2014 年，《教育概览》中设置了"教师专业发展活动有多普遍？"这一指标项目，监测教师专业发展的内容及其方式。

（二）指标内涵

1. 教师专业发展活动

教师专业发展活动，是指发展教师个人技能与专业知识的活动。此类活动通常比较正式，涉及诸如课程及培训班等不同的形式，同时也规范教师在专业网络中的协作与参与。

在教师专业发展活动的指标领域中，具体指标项目包括：强制性的教师专业发展要求，强制性专业发展的最短期限，专业发展计划，专业发展活动的内容，决定教师需要开展哪些专业发展培训活动，教师专业发展活动的经费和支持措施，教师专业发展活动的举办方，等等。

在大多数 OECD 成员国，规定性的教师专业发展活动被作为每个学校的发展重点来规划。2014 年，在初中教育阶段，有 20 个国家专门或非专门性地规划了专业发展活动。各国为强制性的教师专业发展提供资金及相关保障。在初中教育阶段，14 个 OECD 成员国及伙伴国的专业发展费用由政府全额资助或分担，有 8 个国家的政府给予部分补贴。初中教师的专业发展活动通常由高等教育机构、师范教育机构、学校和私营公司提供支持。①

2. 教师教育

在教师教育一体化的全球趋势下，除了关注教师职后的专业发展活动外，各国还无一例外地重视教师教育。

教师教育，是指个体要成为一名公立教育机构的教师必须接受的正规教育和实践培训，进而获取相应的学历文凭或学位证书。教师教育既包括学生就未来所教授学科在高等教育阶段的专业学习，也包括相应学科的教学方法和实习培训。

教师教育有不同的组织方式，常见的有两种：同步模式和序列模式。同步模式，是指关于学科内容的课程与教学方法和实践培训同步进行。序列模式，是指关于学科内容的课程与教学方法和实践培训先后进行。在该模式下，学生通常先获得一门或多门学科的高等教育学位，然后再开始学习教育理论与实践。

选拔性考试，是指由国家或地方教育机构通过组织考试，选择成绩优秀的求职者补充到名额有限的实习教师或正式教师岗位。

入职培训，是指对新入职教师开展一系列结构性、重复性的专业培训活动，使其适应教师职业。该项活动可由经验丰富的教师指导，可与新入职的同事一起开展。入职培训不同于教学实习，后者属于教师教育的范围。

2013 年，在 36 个 OECD 成员国及伙伴国中，有 4 个国家要求学前教育的教师有硕士学位，有 22 个国家要求教授普通学科的高中教师有硕士学位，有 27 个国家对教师教育入学或教师教育进阶有遴选标准，有 20 个国家对能够教学或者成为一名完全合格的教师有除了接受教师教育外的其他要求。

---

① 经济合作与发展组织. 教育概览 2014：OECD 指标 [M]. 中国教育科学研究院，组织翻译. 北京：教育科学出版社，2015：593.

（三）主要指标比较

1. 教师专业发展要求

（1）多数 OECD 成员国开展强制性的教师专业发展活动

专业发展活动包括多种方式：正式课程、研讨会、培训班、在线培训以及指导和监督等。2013 年，在 OECD 监测的 33 个国家中，有 25 个国家各教育阶段的教师必须参加专业发展培训。在这 25 个国家中，有 16 个国家的所有教师都必须参加专业发展培训。

在表 5-20 所列的国家中，包括英国、德国、日本等在内的一半国家对初中所有科目教师的专业发展提出强制性要求且在全国范围内实施；韩国和墨西哥初中教师的专业发展为非强制性要求，仅针对晋升或加薪，并且墨西哥针对的是普通科目教师。

（2）强制性教师专业发展活动的最短期限在不同 OECD 成员国之间差异很大

英国、德国等国家没有设定教师参加专业发展活动的最短期限，但日本、芬兰、韩国等国家却有着明确要求。2013 年的教育监测显示，在所有教师每年必须参加专业发展培训的最短期限中，卢森堡最短，为每年 8 小时；冰岛最长，为每年 150 小时。日本则要求所有具有 10 年教龄的教师完成一个专业发展培训项目。平均而言，日本要求具有 10 年教龄的学前教育教师每年参加 123 个小时的专业发展培训活动，小学和中学教师每年参加 231 个小时的专业发展培训活动。此外，日本还要求教师每 10 年完成 30 个小时的专业发展培训以换发新的教师资格证书。①

日本和韩国对初中所有科目教师每年参加专业发展活动的最短期限作出总的规定，分别为 231 小时和 90 小时；芬兰和墨西哥规定了初中教师每年参加专业发展活动的最短时间，分别为 30 小时和 78 小时，其中墨西哥针对的是晋升或加薪的普通科目教师（见表 5-20）。

---

① 经济合作与发展组织.教育概览 2014：OECD 指标 [M].中国教育科学研究院，组织翻译.北京：教育科学出版社，2015：594.

表 5-20　2013 年部分 OECD 成员国对初中教师参加专业发展活动的要求

国家	科目类型	参加专业发展活动要求	生效时间	实施范围	参加专业发展活动的最短期限
美国	所有科目				
英国	所有科目	强制性要求	1998 年	全国	
德国	所有科目	强制性要求		全国	
加拿大	所有科目				
澳大利亚	所有科目	强制性要求			
日本	所有科目	强制性要求	2002 年	全国	231 个小时
韩国	所有科目	仅针对晋升或加薪	1972 年	全国	90 个小时
法国	所有科目				
芬兰	所有科目	强制性要求		全国	每年 30 个小时
墨西哥	普通科目	仅针对晋升或加薪	1993 年	全国	每年 78 个小时

注：空白处为数据不可得。

（3）不同国家教师专业发展培训活动的主体及其权责存在差异

教师专业发展活动由谁决定？2013 年，在初中教育阶段实行强制性专业发展的国家中，有三分之二的国家由教师对专业发展培训活动提出建议，有 7 个国家的教师可以决定需要开展的专业发展活动。在日本，由教师和学校管理层对专业发展活动提出建议，最终由教育主管部门批准。在韩国，教师可对强制性专业发展活动内容提出建议，但最终由教育主管部门对教师的专业发展活动作出决策。

如表 5-21 所示，总体来说，初中教师专业发展活动的决策与 6 个主体相关，行政权力自高到低分别为：中央 / 国家教育主管部门、区域 / 次区域教育主管部门、地方 / 市教育主管部门、督导部门、学校管理层和教师。大部分国家涉及 2 个或 3 个主体，日本涉及 5 个主体。在英国，教师、学校管理层和督导部门均可对强制性教师专业发展活动发出提议，教育主管部门对此无任何职责（区域 / 次区域教育主管部门数据不可得）。在芬兰，由教师对强制性专业发展活动提出建议，学校管理层批准教师是否参与这些活动。在墨西哥，教师和中央 / 国家教育主管部门对非强制性专业发展活动均享有充分自主权，意味着他们都能作出最终的决策。德国的情况与芬兰有些相似，其专业发展活动都仅涉及教师和学校管理层两个主体，不同之处在于德国的教师对其专业发展活动享有充分自主权，学校管理层只需要对教师的意见进行确认即可。

表 5-21　2013 年部分 OECD 成员国初中教师专业发展活动的决策主体

国家	教师	学校管理层	督导部门	地方 / 市教育主管部门	区域 / 次区域教育主管部门	中央 / 国家教育主管部门
英国	提议	提议	提议	无职责		无职责
德国	充分自主权	批准提议	无职责	无职责	无职责	无职责
日本	提议	提议		批准提议	批准提议	批准提议
韩国	提议	无职责	无职责	无职责	充分自主权	充分自主权
芬兰	提议	批准提议			无职责	无职责
墨西哥	充分自主权	无职责	无职责	无职责	无职责	充分自主权

注：空白单元格表示有些国家不存在这一决策层级或数据不可得。

（4）各国对教师专业发展活动均有经费支持措施

教师专业发展活动可以由政府、学校或个人单独出资，也可由多方共同出资。政府可以实行一定的经费支持措施，以补贴或分担相关的专业发展活动费用，从而鼓励教师参与专业发展培训活动。这些措施包括提供资金、培训费用、离岗薪资以及代课教师的费用等。2013 年，在 OECD 所有要求实行强制性教师专业发展活动的国家中，都有相应的活动经费和支持措施。①

一般来说，在所有要求实行强制性教师专业发展活动的国家中，教师参与专业发展培训的费用均会得到全额或部分补贴。在德国，教师培训期间的离岗薪资和代课教师的费用也会得到补助。但是，在日本，教师参加专业发展培训

---

① 经济合作与发展组织 . 教育概览 2014：OECD 指标 [M]. 中国教育科学研究院，组织翻译 . 北京：教育科学出版社，2015：598.

却得不到资助。

如表 5-22 所示，德国、日本、韩国、芬兰、墨西哥的教师参与专业发展活动能够得到政府全额或部分的资金支持。除日本外，其余 4 个国家的教师参与专业发展活动的费用得到全额补贴。在离岗薪资方面，德国教师一直得到政府支付，美国和韩国教师偶尔得到政府支付，日本教师从未得到政府支付。在代课教师费用的支付方面，德国和韩国政府始终支付代课教师的费用，墨西哥政府时常支付代课教师的费用，美国和日本政府间或支付代课教师的费用。在为学校分配独立预算方面，德国和日本政府为学校分配了独立预算，韩国和墨西哥政府没有。可以看出，各国对教师专业发展都有着比较积极的态度，或多或少均给予经费支持。

表 5-22　2013 年部分 OECD 成员国初中教师专业发展活动的经费支持措施

国家	政府资助或补贴	政府支付教师参与专业发展活动费用的情况	政府支付教师培训期间离岗薪资的情况	政府支付代课教师费用的情况	政府是否为学校分配独立预算
美国			间或	间或	
德国	全额补贴	全额补贴	始终	始终	是
日本	部分补贴	部分补贴	从不	间或	是
韩国	部分补贴	全额补贴	间或	始终	否
芬兰	全额补贴	全额补贴			
墨西哥	全额补贴	全额补贴		时常	否

注：空白处表示数据不可得。

2. 教师教育与入职培训

其一，多数 OECD 成员国学前和小学教师的教师教育年限相当，初中和高中教师的教师教育年限相同或相近。

在 OECD 成员国中，针对学前教育的教师教育年限变化幅度较大：日本为 2—4 年，奥地利、智利、法国、冰岛、意大利等为 5 年。

在 OECD 成员国中，如美国、英国、澳大利亚、法国、墨西哥等，针对学前教育的教师教育年限和针对小学教师的教师教育年限相当。也有部分成员国，针对小学教师的教师教育年限比针对学前教育的教师教育年限多出 0.5 年至 2 年不等。在德国，两者的差距竟然增加到 3.5 年。① 只有在奥地利，针对小学教育的教师教育年限（3 年）要短于针对学前教育的教师教育年限（5 年）（参见表 5-23 ）。

针对普通初中教师的教师教育年限在各国间变化幅度很大：奥地利（初中和新建中学）和比利时为 3 年，德国、意大利和卢森堡为 6—6.5 年。

大多数 OECD 成员国针对初中教师和高中教师的教师教育年限相同或相近（如前述的美国、英国、澳大利亚、法国、墨西哥）。在智利、匈牙利、瑞典、瑞士和土耳其，针对高中教师的教师教育年限要比针对初中教师的教师教育年限多出 0.5—1 年；在比利时、丹麦和荷兰，前者要比后者多出 1.5—2 年。德国和卢森堡针对普通高中的教师教育年限为 6.5 年。②

如表 5-23 和表 5-24 所示，美国、英国、澳大利亚、法国等国家针对学前教育和小学教育的教师教育年限相当；美国、英国、澳大利亚、日本、韩国、法国、芬兰、墨西哥等国家针对初中教师和高中教师的教师教育年限相同或相近。

其二，多数 OECD 成员国针对学前和小学教师的教师教育采取同步模式，针对初中和高中教师的教师教育则存在差异。

教师教育大体上可分为两种模式，即同步模式和序列模式。

部分 OECD 成员国及伙伴国通常为将要从事学前教育和小学教育的师范生提供同步模式的培训课程，即教学方法和实践培训与相关学科课程同时开展。在数据可得的 OECD 成员国中，大多数国家针对学前教育的教师教育和针对小学教育的教师教育为同步模式。只有在巴西、英国和法国，针对学前教育和初等教育的教师教育采取序列模式安排课程。

在数据可得的 36 个国家中，有约三分之一的国家针对初中普通学科的教师教育采取同步模式，另外还有约三分之一的国家同时采取同步模式和序列模式。

---

①② 经济合作与发展组织. 教育概览 2014：OECD 指标 [M]. 中国教育科学研究院，组织翻译. 北京：教育科学出版社，2015：566-567.

表 5-23 2013 年部分 OECD 成员国学前和小学教师的教师教育与入职培训情况

国家	2013 年学前教师的教师教育和入职培训情况						2013 年小学教师的教师教育和入职培训情况					
	教师教育总年限	教师教育模式	对应 ISCED 5A 的学位水平	是否有教师教育选拔标准	是否有教师进阶选拔标准		教师教育总年限	教师教育模式	对应 ISCED 5A 的学位水平	是否有教师教育选拔标准	是否有教师进阶选拔标准	
美国	4 年	混合模式	学士	是	是		4 年	混合模式	学士	是	是	
英国	4 年	序列模式	硕士	是	否		4 年	序列模式	硕士	是	否	
德国	3 年	混合模式		是			6.5 年	序列模式	硕士	否	否	
澳大利亚	4 年	同步模式	学士	是	否		4 年	混合模式	学士	是	否	
日本	2—4 年	同步模式		是			4 年	同步模式	学士	是		
韩国	2—4 年	混合模式		是			4 年	同步模式	学士	是		
法国	5 年	序列模式	硕士	否	否		5 年	序列模式	硕士	否	否	
芬兰	3 年	同步模式	学士	是			5 年	同步模式	硕士	是	否	
墨西哥	4 年	同步模式	学士	否	否		4 年	同步模式	学士	否	否	

注：空白处表示数据不可得。

表 5-24　2013 年部分 OECD 成员国初中和高中教师的教师教育与入职培训情况

国家	2013 年初中教师的教师教育和入职培训情况					2013 年高中教师的教师教育和入职培训情况				
	教师教育总年限	教师教育模式	对应 ISCED 5A 的学位水平	是否有教师教育选拔标准	是否有教师教育进阶选拔标准	教师教育总年限	教师教育模式	对应 ISCED 5A 的学位水平	是否有教师教育选拔标准	是否有教师教育进阶选拔标准
美国	4 年	混合模式	学士	是	是	4 年	混合模式	学士	是	是
英国	4 年	序列模式	硕士	是	否	4 年	序列模式	硕士	是	否
德国	6.5 年	序列模式	硕士	否	否	6.5 年	混合模式		否	
澳大利亚	4 年	混合模式	学士	是	否	4 年	混合模式	学士	是	否
日本	4 年	同步模式	学士	是		4 年	同步模式	学士	是	
韩国	4 年	混合模式	学士	是	否	4 年	混合模式	学士	是	否
法国	5 年	序列模式	硕士	否		5 年	序列模式	硕士	否	否
芬兰	5 年	同步模式	硕士	是		5 年	同步模式	硕士	是	
墨西哥	4 年	同步模式	学士	否	否	4 年		学士	否	否

注：空白处表示数据不可得。

在数据可得的国家中，只有芬兰、希腊、日本、波兰和斯洛伐克等国针对高中普通学科的教师教育采取同步模式。在数据可得的 36 个国家中，有近一半的国家既采取同步模式又采取序列模式，有约三分之一的国家采取的是序列模式。

如表 5-23 和表 5-24 所示，尽管存在上述差异，也有一些国家针对学前教育、小学教育、初中教育和高中教育的教师教育采取相同模式，如美国的混合模式，英国和法国的序列模式，日本和芬兰的同步模式。

其三，多数国家采取综合性的教师教育选拔与进阶选拔标准。

在设置师范生选拔标准的大部分 OECD 成员国及伙伴国中，师范生的遴选往往采取综合性的方式。各国学历要求的差异不是很大，其中的最低要求是必须获得高中毕业文凭。除学历要求外，师范生选拔还有一些其他要求，各国之间存在明显差异。约有二分之一的 OECD 成员国在教师教育项目中有招生名额的限制。在大多数国家，这类政策适用于各级各类教师培训项目。[①]

在三分之二的 OECD 成员国，除学历要求外，对所有层次的职前教师教育均有相关规定。在 32 个数据可得的国家中，有 19 个国家依据中学阶段学业平均绩点来选拔；有 9 个国家的师范生选拔需要通过相应的面试；有 9 个国家的师范生选拔需要通过相应的选拔考试；有 5 个国家的师范类考生还需要参加相应的标准化考试，以确定他们是否符合相应的职前教师教育的最低资格标准。

如表 5-23 和表 5-24 所示，2013 年，美国、英国、澳大利亚、日本等 6 个国家有初中教师的教师教育选拔标准，德国、法国、墨西哥无初中教师的教师教育选拔标准。总体看来，有教师教育选拔标准的国家占多数，各国对教师教育的入学资格比较重视。

在教师教育进阶选拔标准方面，在数据可得的国家中，学前教师、小学教

---

① 经济合作与发展组织 . 教育概览 2014：OECD 指标 [M]. 中国教育科学研究院，组织翻译 . 北京：教育科学出版社，2015：566.

师、初中教师、高中教师的情况也基本相同。同样是 2013 年，在 6 个数据可得的国家中，仅有美国的初中教师有教师教育进阶选拔标准，而法国和墨西哥均没有教师教育选拔标准与进阶选拔标准。

其四，大多数 OECD 成员国教师教育的必修内容包括理论课、教学研究或教学论、教育科学研究、儿童与青少年发展研究、研究技能发展和教学实习等。

在绝大多数 OECD 成员国及伙伴国，未来从事初中普通学科教学的师范生必须学习的课程主要包括：理论课、教学研究或教学论、教育科学研究以及教学实习等。这些课程在约 80% 的国家被列为必修课；在约三分之二的国家，儿童与青少年发展也被列为必修课；在约二分之一的国家，研究技能发展也是必修课。在数据可得的 32 个 OECD 成员国中，有 14 个国家的教师教育机构自行决定是否将研究技能发展列入必修课程。[①] 在智利、法国和美国，教师教育课程的设置完全由教师教育机构自行决定。但从 2013—2014 学年开始，法国对教师教育实施了改革，将某些课程确定为必修课。

概括起来，初中教师的教师教育必修内容主要有 6 门课，包括：理论课、教学研究或教学论、教育科学研究、儿童与青少年发展研究、研究技能发展、教学实习。如表 5-25 所示，针对上述 6 门课程，2013 年，除美国和法国公立初中教师的教师教育必修内容由师范教育机构确定外，其余国家多数已将其列为必修科目。在师范生研究技能发展上，美国、英国、德国、澳大利亚、韩国、法国、墨西哥等国家由教师教育机构确定；在儿童与青少年发展研究上，美国、英国、韩国、法国和芬兰也由教师教育机构确定。

在实习天数方面，数据可得的国家中，德国最多，为 282—604 天；日本最少，为 20 天。比较而言，各国差距较大。

---

① 经济合作与发展组织．教育概览 2014：OECD 指标 [M]．中国教育科学研究院，组织翻译．北京：教育科学出版社，2015：568．

表 5-25 2013 年部分 OECD 成员国公立初中教师的教师教育必修内容

国家	理论课	教学研究或教学论	教育科学研究	儿童与青少年发展研究	研究技能发展	教学实习	实习总天数
美国	由教师教育机构确定	由教师教育机构确定	由教师教育机构确定	由教师教育机构确定	由教师教育机构确定	由教师教育机构确定	
英国	必修科目	必修科目	由教师教育机构确定	由教师教育机构确定	由教师教育机构确定	必修科目	120 天
德国	必修科目	必修科目	必修科目	必修科目	由教师教育机构确定	必修科目	282—604 天
澳大利亚	必修科目	必修科目	必修科目	必修科目	由教师教育机构确定	必修科目	80 天
日本	必修科目	必修科目	必修科目	必修科目	依学生情况确定	必修科目	20 天
韩国	必修科目	必修科目	必修科目	由教师教育机构确定	由教师教育机构确定	必修科目	40 天
法国	由教师教育机构确定	由教师教育机构确定	由教师教育机构确定	由教师教育机构确定	由教师教育机构确定	由教师教育机构确定	
芬兰	必修科目	必修科目	必修科目	由教师教育机构确定	必修科目	必修科目	
墨西哥	必修科目	必修科目	必修科目	必修科目	由教师教育机构确定	必修科目	

注：空白处表示数据不可得。

3. 中国教师专业发展活动

考虑到上海于 2013 年和 2018 年公布了 TALIS 的数据，具有国际可比较性，这里取上海作为案例进行对比研究。

其一，上海初中教师专业发展活动的参与率高于国际平均水平。

2013 年，上海初中教师参与专业发展活动的比例较高，达到 97.7%；而国际平均水平为 88.7%。如图 5-66 所示，上海教师参与较多的专业活动类型是课程 / 工作坊。带教、相互观摩和指导，教育会议或研讨会的参与率在 80% 以上。

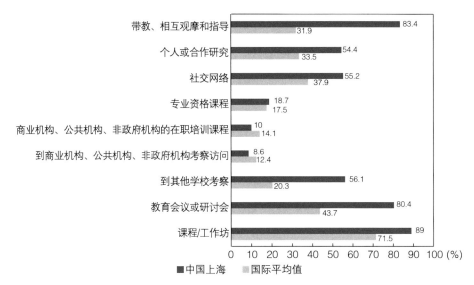

图 5-66 2013 年教师参与各类专业发展活动的比例

其二,上海教师专业发展活动的强度高于国际平均水平。

2013 年,上海教师参与各项专业发展活动的天数达到 62.8 天,而国际均值仅为 27.6 天。具体来说,如图 5-67 所示,上海教师在课程 / 工作坊上平均花费 28.7 天,在教育会议或研讨会上平均花费 11.8 天,在商业机构、公共机构、非政府机构的在职培训课程上平均花费 12.6 天。这表明上海教师专业发展活动的强度高于国际平均水平。

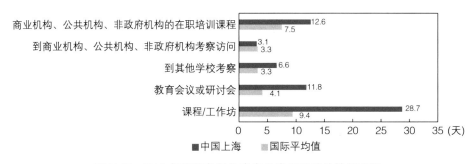

图 5-67 2013 年教师参与各类专业发展活动的持续天数

其三,与所教学科领域的知识和理解、所教学科的教学能力相关的活动是上海教师参与最多的专业发展活动。

2013 年,上海教师参与最多的专业发展活动关于所教学科领域的知识和理解，占比 95.9%。有 95.2% 的教师参与了关于所教学科的教学能力的专业发展活动。有 88.9% 的教师参与了关于课程的知识的专业发展活动。上海教师参与这三类专业发展活动的比例远高于国际平均值。

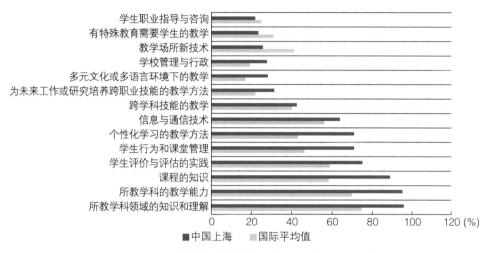

图 5-68　2013 年教师参与的专业发展活动主题分布情况

其四，上海教师更重视个性化学习的教学方法。

2013 年，有 70.9% 的上海教师使用个性化学习的教学方法，高于国际平均值。关于需要的专业发展活动，上海教师选择个性化学习的教学方法也高于国际平均值，达到 75.1%。值得注意的是，上海教师参加较少的专业发展活动有三项：学生职业指导与咨询，为 21.9%；有特殊教育需要学生的教学，为 23.6%；教学场所新技术，为 25.7%。这三项的国际平均值分别为 25.0%、31.1% 和 41.1%。

七、信息与通信技术在教学中的应用程度

信息与通信技术在所有 OECD 成员国都是经济增长的重要组成部分。在信息时代，社会成员需要具备良好的信息技能素养才能充分地参与经济、社会和公民生活。青少年学生作为未来社会成员，迫切需要在信息时代掌握一定的信息技能素养。就此而言，学校需要充足的信息与通信技术资源，以帮助学生更好地获取新知识与技能，应对信息时代的新要求和新挑战。对于教师和学校管理者而言，迎接信息时代的挑战，变革自身，已成为学校改革发展的重要内容。

（一）指标产生背景

自 20 世纪 80 年代以来，信息技术对学校变革发展、教育教学质量改进产生了重要影响。尤其是 20 世纪 90 年代，OECD 提出了"知识经济"，更加重视信息技术在知识生产与使用中的基础性作用。OECD《教育概览》从 1998 年开始首次设置了"学校中电脑之配置和使用"指标。2001 年，《教育概览》新增了关于教师在信息与通信技术方面培训情况的指标。2002 年，这一指标进行调整，指向电脑在学校和家庭中的用途及其有效性。2006 年，指标被调整到关注信息与通信技术的获取和使用。2015 年，该指标再次出现，项目名称被改为"信息与通信技术在教学中的应用程度如何？"。可见，OECD 在《教育概览》中高度关注信息与通信技术在教学中的应用。

（二）指标内涵

信息与通信技术正在改变着社会生活的联系方式与活动内容。在此背景下，学校教育不应该回避，而应该在自身发展中加强信息与通信技术的应用。2015 年，OECD《教育概览》单独设置了针对信息与通信技术在教学中的应用程度的指标，主要包括如下项目。

1. 学生及信息与通信技术

作为未来信息社会的成员，学生同信息与通信技术的关系较为复杂。身处信息时代，信息与通信技术对于学生个体的影响是多方面的。

在具体指标监测中，主要考虑如下方面。一是学校每台计算机对应的学生数，指 15 岁学生的数量除以 15 岁学生可获得的用于教育的计算机数。拥有计算机，是学生接触与使用信息与通信技术的前提条件。学校拥有计算机的数量直接影响着信息与通信技术在教学中的应用状况。上述指标数据越大，表明越难以便利地获取计算机；数据越小，则表明越能够便利地获取计算机。二是学生接触互联网以及在学校使用互联网的程度。三是学生计算机阅读测试与纸笔阅读测试成绩的性别差异。前者可以表明学生接触计算机的初始年龄以及在学校使用互联网的程度，监测学生了解计算机、互联网的情况。但是，学生接触、熟悉信息与通信技术并不意味着他们有能力使用这些设备。后者可以进一步弥补前一个指标项目的不足，监测学生在信息与通信技术环境中使用信息设备的技能，以及批判性分析收集到的信息的能力。

2. 教师及信息与通信技术

伴随着信息技术的快速发展，关于教育教学中信息与通信技术的研发活动越来越多，对于新技术的投入力度也越来越大。教师的教学实践需要认真面对信息与通信技术。教师及信息与通信技术的关系主要涉及两种调查：一是教师在学科教学中指导学生运用信息与通信技术做项目或做作业的情况；二是教师在专业发展中对于信息与通信技术教学能力是否有较强的需求，以及教师是否在近期参与了专业发展活动以提高自身的信息与通信技术教学能力。

（三）主要指标的比较

1. 学生及信息与通信技术

获得信息与通信技术资源的一个重要指标就是每台计算机对应的学生数，这直接影响学生使用计算机的机会。2012 年，在 OECD 成员国中，15 岁学生所在的学校至少拥有一台计算机供他们使用。平均而言，每台计算机对应4—5 名学生。数据显示，在巴西和墨西哥，每台计算机对应的学生数较多，至少 15 名学生；而在澳大利亚、新西兰、英国和美国，每台计算机对应的学生数较少，少于 2 名。

其一，OECD 成员国每台计算机对应学生数平均为4—5 名。中国上海每台计算机对应学生数降幅较快，2012 年已少于 OECD 成员国平均数。表明中国上海学生获得信息与通信技术资源的便利程度已超过 OECD 成员国的平均水平。

中国上海 2009 年每台计算机对应学生数为 4.8 名，2012 年下降为 2.9 名，远远低于 OECD 成员国的平均值。但是，如图 5-69 所示，相比 2012 年的美国、英国，中国上海与它们还有较大差距。

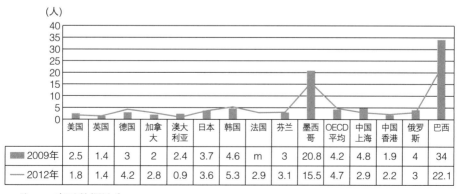

(人)	美国	英国	德国	加拿大	澳大利亚	日本	韩国	法国	芬兰	墨西哥	OECD平均	中国上海	中国香港	俄罗斯	巴西
2009年	2.5	1.4	3	2	2.4	3.7	4.6	m	3	20.8	4.2	4.8	1.9	4	34
2012年	1.8	1.4	4.2	2.8	0.9	3.6	5.3	2.9	3.1	15.5	4.7	2.9	2.2	3	22.1

注：m 表示数据缺失。

图 5-69　2009 年、2012 年 15 岁学生与可用计算机比例平均值（基于学生自我报告）

其二，2012 年，OECD 成员国中约 56.7% 的学生在 9 岁之前接触过互联网，而中国上海仅有约 43.3% 的学生在 9 岁之前接触过互联网。

衡量学生使用信息与通信技术及其熟练程度的最基本方法就是确定他们是否使用过计算机。2012 年，几乎所有参与 PISA 测试的国家或地区的 15 岁学生，在参与 PISA 时都已接触过互联网。如表 5-26 所示，2012 年，OECD 成员国平均只有 0.5% 的学生从未使用过计算机或接触过互联网。墨西哥学生从未接触过互联网的比例最高，为 5.1%。同年，中国上海仅有 1.8% 的学生从未接触过互联网。

2012 年，OECD 成员国平均有 14.6% 的学生首次接触互联网时只有 6 岁或不到 6 岁；42.1% 的学生报告称，他们第一次接触互联网的年龄在 7—9 岁；有 33.5% 的学生在 10—12 岁首次接触或使用互联网；而到 15 岁仍未接触或使用过互联网的学生比例为 0.5%。

中国上海仅 8.3% 的学生在 6 岁或不到 6 岁时首次接触互联网，有 35% 的学生报告首次接触互联网的年龄在 7—9 岁，有 38.4% 的学生在 10—12 岁时首次接触互联网，而到 15 岁时仍未接触过互联网的学生比例依然有 1.8%。与OECD 成员国相比，上海学生在 6 岁或不到 6 岁以及 7—9 岁首次接触互联网的比例明显低于 OECD 成员国的平均水平；而到了 15 岁仍未接触过互联网的学生比例，上海超过 OECD 成员国的平均水平。

表 5-26　2012 年 15 岁学生首次接触互联网时的年龄及其比例（基于学生自我报告）

国家 / 国际 组织 / 地区	6 岁或以下	7—9 岁	10—12 岁	13 岁或以上	从未接触过互联网
德国	7%	35.2%	46.4%	11.2%	0.2%
澳大利亚	19.3%	48.1%	27.4%	5.1%	0.1%
日本	6.5%	38.8%	43.8%	10.3%	0.7%
韩国	11.8%	58.3%	26.5%	3.3%	0.1%
芬兰	20.9%	60.2%	17.8%	1.1%	0
墨西哥	6.1%	26.9%	37.5%	24.4%	5.1%
OECD 平均	14.6%	42.1%	33.5%	9.3%	0.5%
中国上海	8.3%	35%	38.4%	16.5%	1.8%
中国香港	24.5%	51%	21.6%	2.3%	0.5%
俄罗斯	2.3%	14.8%	39%	42.7%	1.3%

其三，2012 年，OECD 成员国学生平均每天在校使用互联网 25 分钟，中国上海学生在校使用互联网的时间为 10 分钟，仅为 OECD 成员国平均水平的 40%。

以分钟或小时为单位来测量课堂中计算机的使用，是确定信息与通信技术在课堂活动中使用程度的一种方法。

2012 年，OECD 成员国平均有 16.8% 的学生报告，在学校每天使用互联网的时间达到或超过 1 小时；而超过 36% 的学生报告，在学校根本不使用互联网。

如表 5-27 所示，2012 年，OECD 成员国学生在学校平均每天的上网时间是 25 分钟。澳大利亚学生在学校平均每天的上网时间最长，为 58 分钟；墨西哥是 26 分钟，芬兰是 18 分钟，德国是 14 分钟，而中国上海的学生在学校平均每天的上网时间只有 10 分钟。PISA 测试的结果表明，在学校有限度地使用计算机要比根本不使用计算机好。然而，当在校使用计算机的强度超过 OECD 成员国的平均水平时，计算机的使用时间往往与学生较差的成绩呈显著相关。①

虽然计算机已成为当前学校教室中常见的设施设备，但是大多数 15 岁的学生常常是在校外时间，尤其是周末使用计算机。报告显示，OECD 成员国男生每周平均使用计算机的时间为 144 分钟，女生为 130 分钟。②

中国上海学生一天中使用计算机上网的时间约为 10 分钟，仅为 OECD 成员国平均水平的 44%。上海学生中，有 75% 的学生报告根本没有时间接触与使用计算机，而 OECD 成员国在这一项目上的平均比例仅为 36.2%。此外，从调查涉及的不同时间长度来看，上海学生报告的比例均明显低于 OECD 成员国的平均水平。这表明，虽然上海学校拥有计算机的数量超过了 OECD 成员国的平均水平（2012 年，每台计算机对应的学生数量，中国上海与 OECD 成员国的平均水平分别为 2.9 和 4.7），但是上海学生使用这些计算机设备上网的时间远远低于 OECD 成员国的平均水平，这是一个值得注意的现象。

---

①② 经济合作与发展组织.教育概览 2015：OECD 指标 [M].中国教育科学研究院，组织翻译.北京：教育科学出版社，2017：586.

表 5-27　2012 年 15 岁学生每天在校使用互联网的时间（基于学生自我报告）

国家 / 国际组织 / 地区	没有时间	1—60分钟	1—2小时	2—4小时	4—6小时	6小时以上	每日在学校使用互联网的平均时间（下限）
德国	51.4%	40.2%	4.5%	2.2%	0.8%	0.9%	14 分钟
澳大利亚	6.7%	48.6%	23.4%	14.7%	4.9%	1.7%	58 分钟
日本	62%	30.5%	5.7%	1.3%	0.3%	0.3%	13 分钟
韩国	68.3%	24.7%	4.4%	2.3%	0.2%	0.1%	9 分钟
芬兰	32.8%	55.7%	6.9%	2.8%	1%	0.7%	18 分钟
墨西哥	42.6%	38.5%	12.1%	4%	1.4%	1.5%	26 分钟
OECD 平均	36.2%	47%	9.3%	4.4%	1.7%	1.4%	25 分钟
中国上海	75%	18%	4%	1.7%	0.6%	0.7%	10 分钟
中国香港	49.6%	43.3%	4%	1.7%	1%	0.4%	11 分钟
俄罗斯	38.5%	41.2%	8.6%	6%	2.4%	3.3%	34 分钟

其四，2012 年，就 OECD 成员国的平均水平而言，男生的计算机阅读测试成绩优于纸笔阅读测试成绩，但女生的计算机阅读测试成绩低于纸笔阅读测试成绩；无论性别，中国上海学生的纸笔阅读测试成绩均优于计算机阅读测试成绩。

学生熟悉计算机，并不意味着他们有能力用好计算机。从一定程度上讲，与数字技术有关的学习成绩取决于学生如何使用这些技术及其运用程度。

2012 年，PISA 不仅对 15 岁学生收集和处理纸笔阅读测试信息的技能进行了评价，而且还对他们阅读数字材料的熟练程度进行了评价。调查结果显示，在帮助学生使用数字化技术方面，国家之间存在差距。例如，在澳大利亚、巴西、韩国、新加坡、瑞典和美国，15 岁男生和女生的计算机阅读测试成绩要好于纸笔阅读测试成绩；而在德国、匈牙利、以色列、波兰、西班牙等国家，情况则刚好相反。

PISA 测试表明，15 岁男生的计算机阅读测试成绩平均比纸笔阅读测试成绩高 4 分。与之相反，15 岁女生的计算机阅读测试成绩平均比纸笔阅读测试成绩低 8 分。在参与了两种阅读测试的国家和地区中，女生的纸笔阅读测试成绩平均比男生高 38 分，女生的计算机阅读测试成绩平均比男生高 26 分。但是，国家和地区间的性别差异变化与阅读成绩并不相关。①

　　OECD 的报告《教育中的性别平等：天资、行为、信心》表明，男生参加计算机阅读测试时得分较高，在很大程度上是因为他们对计算机更为熟悉，这与他们花较多的时间玩计算机游戏有关。学生玩个人计算机游戏和联合网络游戏越频繁，他们相应的纸笔阅读成绩就越差。男生玩计算机游戏的人数和频率均高于女生。这是因为玩计算机游戏过于频繁将会挤占学生写作业的时间，不利于学生提高阅读和计算技能。在计算机阅读测试中，玩计算机游戏对于学生阅读的负面影响也许会和对学生计算机阅读的正面影响相抵消。经常玩计算机游戏的学生对于计算机阅读测试感到更自如，可能更愿意进行计算机阅读。②

　　如表 5-28 所示，中国上海初中学生 PISA 阅读测试的平均分为 570 分，远远高于 OECD 成员国的平均分 496 分。上海初中生纸笔阅读测试中男生与女生的平均分差为 −24 分，远低于 OECD 成员国的男生与女生的平均分差 −38分。这表明，中国上海男生与女生在纸笔阅读测试的学业成就上的差距远远小于 OECD 成员国男生与女生差距的平均水平。此外，整体而言，上海男生的计算机阅读测试分数低于纸笔阅读测试的分数，平均分差为 31 分，表明上海男生更擅长纸笔阅读测试。OECD 成员国的平均水平则恰恰相反，男生纸笔阅读测试分数低于计算机阅读测试分数，两者的分差为 4 分。就女生而言，上海女生的纸笔阅读测试分数高于计算机阅读测试分数，两者之间的差为 45 分；而 OECD 成员国女生这一项的分差仅为 8 分。

表 5-28　2012 年 15 岁学生 PISA 阅读测试得分和纸笔阅读测试
与计算机阅读测试的平均分差（按性别）

国家 / 国际组织 / 地区	纸笔阅读测试的平均分和性别差异				纸笔阅读测试与计算机阅读测试的平均分差		
	男生和女生	男生	女生	差值（男生 − 女生）	男生	女生	差值（男生 − 女生）
	平均分	平均分	平均分	分差	分差	分差	分差
美国	498	482	513	−31	−15	−12	−2
德国	508	486	530	−44	7	22	−15

①②　经济合作与发展组织 . 教育概览 2015：OECD 指标 [M]. 中国教育科学研究院，组织翻译 . 北京：教育科学出版社，2017：583.

续　表

国家 / 国际组织 / 地区	纸笔阅读测试的平均分和性别差异				纸笔阅读测试与计算机阅读测试的平均分差		
	男生和女生	男生	女生	差值（男生－女生）	男生	女生	差值（男生－女生）
	平均分	平均分	平均分	分差	分差	分差	分差
澳大利亚	512	495	530	−34	−10	−7	−4
日本	538	527	551	−24	−11	−2	−8
韩国	536	525	548	−23	−27	−11	−16
法国	505	483	527	−44	−16	5	−21
OECD 平均	496	478	515	−38	−4	8	−12
中国上海	570	557	581	−24	31	45	−14
中国香港	545	533	558	−25	−8	−2	−7
俄罗斯	475	455	495	−40	−2	21	−22
巴西	410	394	425	−31	−26	−18	−8

2. 教师及信息与通信技术

2013 年，TALIS 对初中教师进行调查，其中涉及初中教师和信息与通信技术的关系，包括两个方面：一是课堂教学使用信息与通信技术的情况，二是教师专业发展中利用信息与通信技术的情况。

其一，OECD 成员国平均有 40% 的初中教师"经常"或"在所有或几乎所有课程中指导学生使用信息与通信技术做项目或完成课堂作业"，而上海初中教师的这一比例为 15%。

在课堂教学实践中，如图 5-70 所示，OECD 成员国平均有 40% 的初中教师报告称，他们"经常"或"在所有或几乎所有课程中指导学生使用信息与通信技术做项目或完成课堂作业"。但是，这一平均值并不能掩盖国家之间的巨大差距。例如，澳大利亚有 67% 的初中教师经常如此，但日本只有 10%，远远低于 OECD 成员国的平均水平。上述调查数据表明，尽管用于教学的信息与通信技术开发越来越多，但是教师在教学中系统使用信息与通信技术的普遍性在国家或地区之间依然存在较大差距。

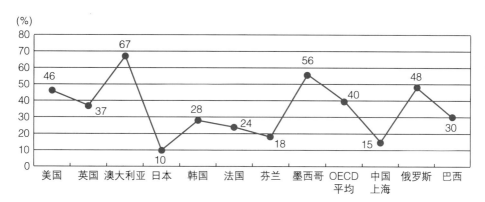

图 5-70　2013 年"经常"或"在所有或几乎所有课程中指导学生使用
信息与通信技术做项目或完成课堂作业"的初中教师

其二，OECD 成员国的初中教师在专业发展过程中，对于教学中信息与通信技术的需求与工作场所中新技术培训的需求较高。

2013 年的 TALIS 对教师专业发展的需求进行了排序调查，其中，为有特殊教育需求的学生授课排名第一；采用信息与通信技术教学和在工作场所使用新技术排名第二和第三，分别为 18% 和 15%。如图 5-71 所示，2013 年在教学中使用信息与通信技术的教师比例比较大的国家有巴西、日本、韩国、法国等，在工作场所中使用新技术的教师比例比较大的国家有巴西、俄罗斯、墨西哥、法国、韩国等。比较而言，上海的初中教师对于两者的需求均高于 OECD 成员国的平均水平。

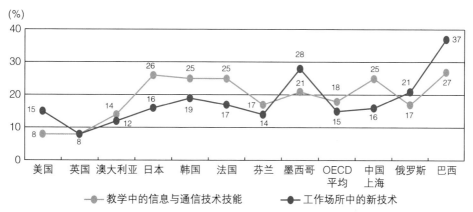

图 5-71　2013 年在教学与工作场所中有较强信息与通信技术发展需求的初中教师比例

其三，与 OECD 成员国的初中教师相比，中国上海的初中教师更重视参与教学中的信息与通信技术的培训活动，而不太重视工作场所中新技术的培训活动。

TALIS 调查了最近 12 个月内参与过至少一项专业发展活动以提高用于教学的信息与通信技术的教师比例。尽管国家间的差距较大，但教师普遍指出，专业发展活动在他们的教学中具有一定或较大的积极影响。如图 5-72 所示，OECD 成员国平均 51% 的教师在参与调查前 12 个月内至少参与过一项专业发展活动以提高用于教学的信息与通信技术；平均有 80% 的教师报告称，提高教学中的信息与通信技术技能的专业发展活动对他们有积极的影响。OECD 平均有 36% 的教师至少参与过一项提高工作场所中的新技术的专业发展活动，79% 的初中教师报告这些专业发展活动对他们有中等或较大的积极影响。

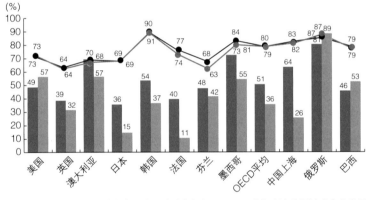

图 5-72　2013 年参与调查前 12 个月内参与教学与工作场所中专业发展活动的初中教师比例及获得积极影响的教师比例

TALIS 的调查显示，2013 年，中国上海有 15% 的初中教师"经常"或"在所有或几乎所有课程中指导学生使用信息与通信技术做项目或完成课堂作业"，这一比例远远低于 OECD 成员国的平均水平 40%。这表明，中国上海的教师在课堂教学中使用信息与通信技术的频率并不高。

在对信息与通信技术的需求方面，2013 年，上海初中教师对教学中的信息与通信技术、对工作场所中的新技术有专业发展需求的比例分别为 25%、

16%，均高于 OECD 成员国的平均水平。这表明，上海初中教师在专业发展中对信息与通信技术的需求处于较为紧迫的状态。在参与调查前的 12 个月内，参与教学中的信息与通信技术和工作场所中的新技术的专业发展活动的教师比例分别为 64% 和 26%，前者高于 OECD 成员国的平均水平（51%），而后者则低于 OECD 成员国的平均水平（36%）。这表明，相对于工作场所中新技术的应用，上海初中教师更偏重教学工作中对信息与通信技术的运用。

八、学校领导的角色和任务

校长是教师、学生、家长、教育系统以及更广泛社区之间的核心纽带。校长要协调教师、学生家长或监护人对教育体系、学校所处社区的预期与要求，并不断推进学校优质发展。伴随着经济社会的发展，人们对教育的需求日益提升，教育改革的决策权也不断下放到学校。在此背景下，校长需要应对各种需求与挑战，在越来越多样化的社会，为有特殊教育需求的学生提供更好的教育，帮助有困难的学生完成学业等，以确保学生拥有参与日益激烈的社会竞争所必备的技能和知识。

（一）指标产生背景

为满足学校发展的更高要求，校长需要管理人力和物力资源，与不同人群沟通互动进而决策，为教师提供教学指导，帮助学生取得成绩。因此，学校领导越来越成为现代国家教育政策重点关注的对象，以不断提高学生的学业成就和改善表现不佳或濒临关闭的学校。许多国家认为，校长可以通过变革学校组织和营造氛围，尤其是通过影响教师和教学，成为学生学业成就的主要贡献者。在 2016 年 OECD《教育概览》的指标中，设置了"学校领导的角色和任务是什么？"这一指标项目，其下包括校长的年龄和性别、校长的职责状况、校长的领导活动等具体指标。

（二）指标内涵

现代学校领导的角色和任务日益多样化。因此，监测什么以及如何监测学校领导的角色和任务，是操作中必须考虑的基本问题。2016 年 OECD《教育概览》主要包括以下相关的指标项目。

1. 校长的年龄和性别

校长通常由教师晋升而来，校长工作的起始年龄一般要远高于教师工作的起始年龄。此外，校长的性别结构也与教师的性别结构存在差异。

2. 校长的职责状况

校长受聘于学校，承担多种职责。校长受聘包括两种基本类型：全职和兼职。区分两者的一个操作性标准是：在受聘期间有多少时间用于学校的管理与发展。全职校长，是指受聘期间将其 90% 及以上的时间用于学校管理与发展；兼职校长，则指受聘期间少于 90% 的时间用于学校管理与发展。

根据职责内容，校长可以划分为两种基本类型：承担教学任务的校长和不承担教学任务的校长。在具体分类中，又可分为承担教学任务的全职校长、不承担教学任务的全职校长、承担教学任务的兼职校长、不承担教学任务的兼职校长四种类型。

3. 校长的领导活动

校长的领导活动，是指校长工作中包含的各种各样的活动，如帮助教师解决课堂纪律问题、深入课堂听课、为教师提供教学反馈等。

（三）主要指标比较 [①]

1. 校长的年龄和性别

（1）OECD 成员国校长的平均年龄比中国高

2016 年《教育概览》的数据显示，担任校长往往建立在多年教学经验的基础之上，校长平均拥有 21 年教龄。在校长通常由教师晋升而来的情况下，大多数国家 40 岁以下校长的比例较小也就不足为奇了。如表 5-29 所示，OECD 成员国初中校长的平均年龄为 52.2 岁，其中 50—59 岁的比例最高，达47.8%。但也有例外，如巴西，40 岁以下的校长占比约 30%。在日本和韩国，有 90% 以上的校长年龄在 50 岁以上，韩国更是有将近一半的校长年龄在 60 岁以上。

在中国上海，初中校长的平均年龄为 49.2 岁，有 89.9% 的校长年龄处于

---

① 该指标主要是 OECD 于 2013 年开展的教师教学国际调查（TALIS）数据，校长数据主要为初中阶段的。

40—59 岁之间。与 OECD 成员国的平均水平相比，中国上海的校长年龄整体偏小一些。

（2）女性校长比例总体上低于男性校长

校长的性别结构也不同于教师的性别结构，女性校长的比例总体上低于男性校长。但也有例外，如俄罗斯和巴西女性校长的比例更高，分别高达 77.6% 和 74.5%。日本和韩国男性校长的比例则分别高达 94% 和 86.7%。

在性别结构方面，如表 5-29 所示，中国上海女性初中校长比例为 41.1%，略低于 OECD 成员国的平均水平 45.1%。

表 5-29　初中校长的性别和年龄结构

国家 / 国际 组织 / 地区	女性	平均年龄 （岁）	30 岁 以下	30—39 岁	40—49 岁	50—59 岁	60 岁及 以上
美国	48.6%	48.3	1.1%	19.2%	32.9%	36.1%	10.7%
英国	38.1%	49.6	0	7.8%	43.7%	45.7%	2.8%
澳大利亚	38.6%	53.2	0	4.7%	21.8%	55.2%	18.3%
日本	6%	57	0	0	1.6%	80.4%	18%
韩国	13.3%	58.8	0	0	0	54.4%	45.6%
芬兰	40.6%	51.2	0.6%	8%	33%	45.6%	12.8%
墨西哥	40.8%	51.9	0	8.7%	28.2%	46.7%	16.3%
OECD 平均	45.1%	52.2	0.1%	6.3%	28.4%	47.8%	17.4%
中国上海	41.1%	49.2	0	3.4%	51.7%	38.2%	6.8%
俄罗斯	77.6%	50.4	0.7%	3.9%	43%	40.9%	11.6%
巴西	74.5%	45	2%	27.8%	39.7%	24.3%	6.2%

2. 校长的职责状况

（1）OECD 成员国不承担教学任务的全职校长比例最高

如图 5-73 所示，美国、日本、韩国没有教学任务的全职校长占比在 90% 以上。在美国、英国、澳大利亚、日本、韩国、墨西哥等国家，没有教学任务的全职校长占了大部分比例；而在芬兰、俄罗斯和中国上海，多数全职校长会承担一部分教学任务。

在上述所有国家中，兼职校长均占极少数。有些校长既要履行校长职责，也要履行教师职责，需要承担课堂教学工作的校长毫无疑问要完成许多额外工作。让校长保留教学责任，也能够让校长更紧密地接触学校的核心工作。

（2）中国上海承担教学任务的全职校长的比例为 66.7%

中国上海全职校长和兼职校长的比例分别为 96.6% 和 2.8%。在全职校长中，承担教学任务的全职校长比例为 66.7%。上海兼职校长的状况与 OECD 成员国的平均水平相差无几。但是，在有教学任务的全职校长比例上，中国上海是 OECD 成员国平均水平的 1 倍。

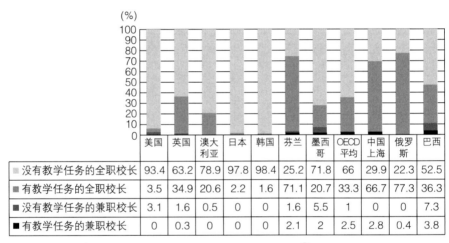

	美国	英国	澳大利亚	日本	韩国	芬兰	墨西哥	OECD平均	中国上海	俄罗斯	巴西
没有教学任务的全职校长	93.4	63.2	78.9	97.8	98.4	25.2	71.8	66	29.9	22.3	52.5
有教学任务的全职校长	3.5	34.9	20.6	2.2	1.6	71.1	20.7	33.3	66.7	77.3	36.3
没有教学任务的兼职校长	3.1	1.6	0.5	0	0	1.6	5.5	1	0	0	7.3
有教学任务的兼职校长	0	0.3	0	0	0	2.1	2	2.5	2.8	0.4	3.8

图 5-73　初中校长的职责状况 ①

3. 校长的领导力

其一，与 OECD 成员国相比，中国上海校长的教学领导力更加突出。

如图 5-74 所示，校长领导活动主要包括五项基本内容。其中，校长与教师合作解决课堂教学纪律问题的情况在不同国家和地区之间差异很大。在美国、韩国和巴西，有八成左右的校长表示会经常与教师合作解决纪律问题；而在中国上海和俄罗斯，仅有两成左右的校长表示会经常与教师合作解决纪律问题。需要指出的是，该调查所反映出的差异是各国纪律问题本身的差异，而不是校长对纪律问题关注情况的差异。

---

① 因为涉及人员的流入与流出，所以不同类型校长比例之和不一定等于 100%。

　　除了帮助教师解决课堂教学纪律问题之外，校长还要深入课堂听课，以便采取更多行动提高教师教学技能以及帮助改善学生学习成果等。在观摩听课方面，多数参与调查国家的校长有 50% 以上的参与比例，而法国校长参与观摩听课比例最低，仅为 7.7%。同时，法国也是唯一一个校长观摩听课参与比例低于 30% 的国家。中国上海校长参与观摩听课的比例最高，达到 91.1%。

　　与 OECD 成员国的平均水平相比，在观摩听课、支持教师合作开展教学实践创新、支持教师不断提高教学技能、确保教师对学生的学习成果负责四个方面，中国上海校长的参与比例分别为 91.1%、91%、90%、88%，全部高于OECD 成员国的平均水平。这表明，中国上海的校长对学校中与教师及学生相关的事务有着更高的关注度和参与度。

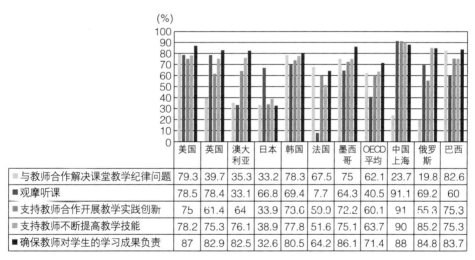

(%)	美国	英国	澳大利亚	日本	韩国	法国	墨西哥	OECD平均	中国上海	俄罗斯	巴西
■ 与教师合作解决课堂教学纪律问题	79.3	39.7	35.3	33.2	78.3	67.5	75	62.1	23.7	19.8	82.6
■ 观摩听课	78.5	78.4	33.1	66.8	69.4	7.7	64.3	40.5	91.1	69.2	60
■ 支持教师合作开展教学实践创新	75	61.4	64	33.9	73.0	59.0	72.2	60.1	91	55.3	75.3
■ 支持教师不断提高教学技能	78.2	75.3	76.1	38.9	77.8	51.6	75.1	63.7	90	85.2	75.3
■ 确保教师对学生的学习成果负责	87	82.9	82.5	32.6	80.5	64.2	86.1	71.4	88	84.8	83.7

图 5-74　初中校长的领导力

　　其二，OECD 成员国校长普遍基于学生发展设置学校教育目标和课程，并为学校制订专业发展规划；中国上海的校长更加重视为学校制订专业发展规划。

　　自 21 世纪以来，校长掌握了越来越多的数据，这也意味着从依据校长个人知识进行决策向依据可用数据进行决策的转型正在发生。和过去任何时候相比，如今的校长对学校的教育目标和课程的发展，以及利用学生表现与学生评价结果来制订目标和配置课程负有更多责任。如图 5-75 所示，整体而言，有近90% 的校长表示应该基于学生表现和学生评价结果设置学校教育目标和课程。该比例最低的国家是芬兰，为 73.7%，其余国家均在 85% 以上。中国上海为

87%。可见，校长基于学生表现设置学校教育目标和课程的情况非常普遍。

除了设置学校教育目标和课程，校长对制订学校专业发展规划也负有越来越多的责任。虽然这一规划是校长工作的重要方面，但能够制订这种规划的校长比例比起基于学生表现和学生评价结果设置学校教育目标和课程的校长比例平均低了近 10 个百分点。如图 5-76 所示，法国有 46% 的初中校长为学校制订专业发展规划，芬兰的这一比例为 39.7%，两者均低于 50%。在美国、英国、韩国、中国上海、俄罗斯等国家和地区，制订学校专业发展规划的初中校长比例较高。

中国上海的初中校长基于学生表现和学生评价结果设置学校教育目标和课程的比例为 87%，与 OECD 成员国 89.3% 的平均水平基本持平。在为学校制订专业发展规划方面，中国上海的初中校长比例为 93.5%，超过 OECD 成员国的平均水平。

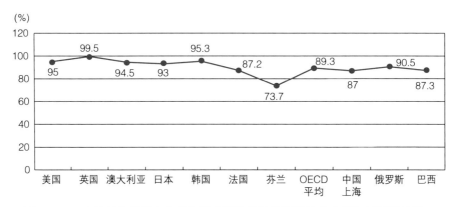

图 5-75　初中校长基于学生表现和学生评价结果设置学校教育目标及课程的情况

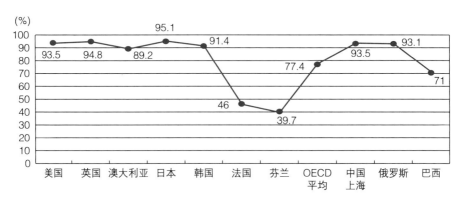

图 5-76　初中校长为学校制订专业发展规划的情况

其三，OECD 成员国校长职责内容丰富，主要包括聘任教师、确定学校预算、制订学生纪律政策、确定课程与选择教学材料等；中国上海校长的职责主要集中于聘任教师、教师停职或解聘以及确定教师薪资等。

学校工作的复杂性，使人们逐渐认识到学校工作，尤其是校长的工作应由更多人来分担。如表 5-30 所示，校长对不同任务的职责分担程度在国家间差异较大。例如，在美国和澳大利亚，分担任命或聘任教师职责的校长比例分别是 43% 和 50.9%，而日本和韩国仅占 7% 和 12%。又如，在制订学生纪律政策和程序方面，俄罗斯校长分担职责的比例高达 79.5%，澳大利亚为 62.5%，而韩国仅占比 20.8%，中国上海占比 32%。

与 OECD 成员国的平均水平相比，中国上海校长除了在使教师停职或解聘、确定教师的起薪（包括设定薪级）这两方面的比例略高之外，在其余几种领导活动中，占比均低于 OECD 成员国的平均水平。

表 5-30 初中校长领导活动的职责分担情况

国家 / 国际 组织 / 地区	任命或聘任教师	使教师停职或解聘教师	确定教师的起薪（包括设定薪级）	确定教师加薪	确定学校预算的分配	制订学生纪律政策和程序	批准学生入学	选择使用的学习材料	确定提供的课程
美国	43%	41.2%	0	0.6%	33.8%	51.9%	35.4%	51.2%	67.2%
澳大利亚	50.9%	26.2%	15.3%	18.5%	55.4%	62.5%	39.9%	34.5%	75.8%
日本	7%	9.1%	1.5%	9.2%	26.2%	43.6%	17.5%	23%	23.6%
韩国	12%	7.9%	1.3%	0	20.1%	20.8%	11.6%	18.5%	13.8%
法国	15.1%	11%	0.9%	1.6%	52.1%	59%	29.3%	62.5%	35.4%
芬兰	39.5%	23.3%	6.4%	14.3%	36.9%	58.3%	26%	47.6%	59.9%
OECD 平均	41.5%	31%	15.6%	20.1%	49%	63%	37.3%	47.5%	59.3%
中国上海	39.9%	33.2%	17.4%	18.4%	32.9%	32%	26.6%	27.8%	46.4%
俄罗斯	13.4%	22.6%	32.9%	41.7%	71%	79.5%	31.1%	57.1%	64.2%
巴西	24.1%	22.4%	4.8%	4.8%	32.5%	53.1%	39.5%	52.1%	27.4%

其四，OECD 成员国与中国上海均高度重视校长的专业发展，上海校长参与专业发展活动的比例与时间均超过 OECD 成员国的平均水平。

学校领导需要参与专业发展活动以提升素养，更好地服务学校发展。如图 5-77 所示，没有参与任何专业发展活动的校长在参与调查的几个国家中均占比较低，仅法国占比 24.1%，其他国家均低于 15%。这表明，大多数国家和地区的大多数校长均在不同程度上参与了专业发展活动。

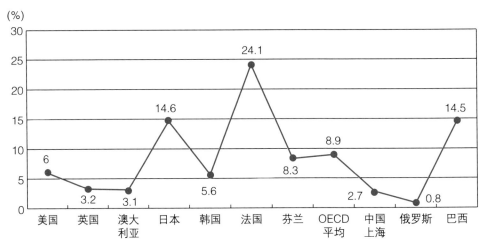

图 5-77　未参与任何专业发展活动的校长比例

如表 5-31 所示，在数据可得的不同国家和地区，校长参与专业发展活动的情况各不相同。在表中列出的所有国家和地区中，参与课程、会议或外出考察的校长比例均明显高于参与专业网络、指导或研究活动的校长比例。在美国、英国、澳大利亚、中国上海以及俄罗斯，参与课程、会议或外出考察的校长均超过 90%。

在调查涉及的所有专业发展活动中，中国上海校长的参与比例均超过 OECD 成员国的平均水平，且中国上海校长参与两项主要的专业发展活动的比例均超过 90%。这表明，中国上海校长正在为进一步提高自己的专业能力作出积极的努力。

表 5-31 初中校长参与各类专业发展活动的比例 ①

国家 / 国际组织 / 地区	参与专业网络、指导或研究活动的校长		参与课程、会议或外出考察的校长		参与其他类型专业发展活动的校长	
	百分比	参与活动的平均天数（天）	百分比	参与活动的平均天数（天）	百分比	参与活动的平均天数（天）
美国	68.2%	23.6	91%	18.4	42.3%	21.8
英国	78.7%	6.4	94.4%	5.3	26.1%	4.1
澳大利亚	84.2%	7.6	93.4%	8.1	36.4%	4.5
日本	56.9%	6.1	83.1%	9.5	17.7%	3.8
韩国	65.6%	11.9	86.6%	14.1	48.8%	7.6
法国	46.2%	7.2	54.5%	3.8	21.8%	8.5
芬兰	48.1%	4.4	87.7%	5.8	36.2%	3.7
OECD 平均	52.6%	15.3	85.2%	11.1	32.5%	10.2
中国上海	92.4%	39.1	94.9%	39.5	51.9%	23
俄罗斯	48.8%	23.3	99.1%	20.1	51.2%	21.4
巴西	39.1%	50.5	71%	37.4	36.8%	29.2

第三节 启示与建议

　　本节基于前两节，在比较"学习环境与学校的组织"这一指标域中具体指标项目的历史变革、主要指标项目纵向年度数据变化以及中国与 OECD 主要教育指标数据的基础上，提出对中国教育过程指标建设和教育发展的建议。

---

　　① 表中统计的是参与调查对象在参加调查时的最近 12 个月以内参加各级各类发展活动的情况。

一、增设教育过程指标，加强教育过程监测

我国也重视对教育事业发展的监测工作，并从 20 世纪 80 年代开始进行教育指标的研究工作。但是，从现有的教育统计与评价监测指标体系来看，我国的教育指标监测多侧重于工作统计，侧重于教育现状的数量描述，主要包括投入与产出两大部分。前者包括多少教育机构、教育对象、教师队伍、教育经费等，后者则包括多少学生毕业、毕业率是多少等。上述指标更多停留于一般性描述层面，缺乏理论基础与概念框架，很难基于上述相关指标监测深化对我国教育事业发展的研究与探索，难以参照国际教育发展的相关指标进行比较。

为此，需要突破现有教育工作统计的结构框架与指标设计，进一步优化我国教育指标的理论基础与指标框架研究，加强对教育过程性指标的研究与项目设计。借鉴 OECD 的经验，建议从学生、教师和学校三个层面建设中国的过程指标。学生层面指标的重点是学生的学习时间、学习负担、学生幸福感等，教师层面指标的重点是教学时间、工作负担、教师专业发展、信息与通信技术的使用等，学校层面指标的重点是校长的教学领导力和课程领导力、学校规划力等。同时，要根据时代的发展变化与教育现实的变革需要，及时更新教育指标，突出指标的时代性和政策性。比如，20 世纪 90 年代以来，信息技术对全社会发展产生的影响日益深刻，同时也深远地影响学校的发展变化。OECD 及时调整教育指标项目设计，重视学校内的电脑配置，重视信息与通信技术在教学与教师专业发展中的运用等。

二、加大学生必修课时总数，增加语文与数学课时，真正落实艺体类课时

必修课时是政府规定学校教育中学生必须接受的课时，直接体现了学生的课堂学习时间。从数据比较来看，中国的小学与初中的年度必修课时量均少于 OECD 成员国的平均水平。此外，从小学阶段各学科课程的课时占必修课时的比例来看，我国语文与数学学科的课时比例偏低。

建议调整学科课时结构，在小学阶段提升语文学科课时比例，在初中阶段提升科学类与社会类学科课时比例。就具体学科课时结构调整来看，要统筹考虑。在新时代五育并举，全面发展素质教育的改革中，要基于小学和初中

阶段学生身心发展、认知思维与素养提升规律，科学调整不同学段的学科课时比例。

从学生发展与未来知识学习的角度考虑，参照 OECD 成员国的相关数据，建议在小学阶段提升语文学科必修课时的比例，在初中阶段提升自然科学类和社会研究类学科必修课时的比例。

此外，要切实保证艺术和体育健康类学科课时的比例，不得随意占用或挪用艺术和体育健康类学科课时，切实提升义务教育阶段学生的身心健康与艺术素养；适当增加与保障劳动课时量，切实加强义务教育阶段学生的劳动教育。

三、进一步缩小班级规模，提高教育教学质量

班级规模过大不仅会增加教师负担，对学生的学习也会产生不利的影响。因此，缩小班级规模是各国为提升教育质量采取的一般措施。虽然降低学校规模和班级规模对教育质量的提升有一定的帮助，但是最佳的学校规模和班级规模是多少，目前学界还没有一致的结论。对于班级规模小是否就一定能提升教育质量，也是存有争议的。2018 年 PISA 测试的结果显示，OECD 成员国中，所在班级规模越大的学生在科学方面的平均得分越高。其他研究发现，在某些情况下，小班授课可能是有益的。比如弱势背景的学生可能需要更多的个性化关注。国内有学者 ① 也利用 2015 年 PISA 的科学测评数据，通过泛精确匹配基础上的多层线性回归模型，估计了班级规模与学生成绩之间的关系。研究发现，个人和家庭特征与学生的班级选择显著相关，优势家庭更排斥"大班"，但是"小班"的学生成绩优势并不明显。初中阶段的班级规模与学生成绩呈现非线性关系，"大班"的学生成绩显著更低。高中阶段的班级规模与学生成绩呈正相关关系，"大班"的学生成绩更好。

对于我国而言，要在短期内普遍缩小班级规模是十分困难的。基于我国的国情以及相关的研究结论，我们建议各地政府严格执行教育部编制的《城市普通中小学校校舍建设标准》和《农村普通中小学校建设标准》，将小学班级规模控制在 45 人以内，将初中班级规模控制在 50 人以内。同时，继续统筹推进

① 郑琦，杨钋. 班级规模与学生学业成绩——基于 2015 年 PISA 数据的研究 [J]. 北京大学教育评论，2018（4）：105-127，186-187.

城乡义务教育一体化，切实解决城市中小学大班额和超大班额问题，解决农村小规模学校的问题，推动城乡义务教育均衡发展。

应当强化课堂的主阵地作用，优化教学方式，提升单位课时效率。课时是影响教师教学效果与学生学业成就的重要变量。在调整义务教育阶段各学科课时结构比例的基础上，还要进一步强化课堂的主阵地作用，优化教学时间配置与教学方式方法，不断提升单位课时效率。"双减"背景下，可以在校内安排一定的学生自习或作业时间，用于辅导学生完成作业，真正从时间与内容上减轻学生校外学业负担过重的问题，缓解家长对学生校外作业与辅导的焦虑，办好人民满意的教育。

四、减少教师的非教学任务，为教师减负

TALIS 报告结果显示，上海教师每周用于课堂教学的时间为 13.8 小时，约占工作时间的三分之一；而教师每周教学时间的国际均值为 19.2 小时，约占工作时间的二分之一。上海教师每周在课堂外的工作时间，如批改学生作业（7.9 小时）、辅导学生（5.1 小时）、参与学校管理（3.3 小时）和与本校同事合作交流（4.1 小时）超出大多数国家和地区的教师，尤其是前两项的时间远超国际平均值。我们在对教师的访谈中也发现，教师在平常的教学之外，还需要完成很多应付上级检查的工作，占用较多的时间，工作负担较重，也影响教学积极性。此外，中国学生的课业负担较重。中国学生的上课时间不仅超过OECD 成员国的平均水平，也超过学业压力同样很大的日本和韩国。

2018 年，中共中央办公厅印发《关于统筹规范督查检查考核工作的通知》，对一段时间以来基层反应强烈的上级督查检查考核过多过滥的问题进行规范治理。各级教育管理部门应当根据文件精神，结合学校办学实际，切实减轻学校和教师应付上级部门督查检查考核的压力，为教师留有更多的时间用于学校的教育教学。同时，切实减轻学生的学习负担，提高教育教学效率。

五、进一步完善教师工资制度，确立教师薪酬增长机制和有效激励机制

当前，中国义务教育的发展已经从基本均衡向优质均衡迈进。在优质均衡发展中，最重要的是教师。吸引优秀的教师长期从事教育事业，提高教育教学

质量，培养更多优秀的人才，非常重要。与 OECD 成员国相比，尽管中国中小学教师年工资收入增幅很高，但是工资水平仍然很低，仅为 OECD 成员国平均水平的一半。教师行业整体收入不高，难以吸引优秀人才从事教育行业，愿意投身乡村教育的优秀人才更少。此外，中小学教师工资在当地劳动力市场上的相对水平也是吸引并留住优秀的人才从事教育行业的重要指标。OECD 相关数据显示，就 OECD 成员国的平均水平而言，小学教师的工资为 25—64 岁受过高等教育的全职全年劳动者工资的 85% 左右，初中教师为 88% 左右。2017 年，中国中小学教师平均工资约相当于其他行业（主要为信息传输、软件和信息技术服务业、金融业、科学研究和技术服务业等）的 60%—77%。从中可以看到，中国中小学教师的工资收入不仅在国内竞争力较弱，在国际上的竞争力也不强。

　　基于上述情况，我们要继续依法落实教师平均工资收入水平不低于公务员平均工资收入水平并不断增长。教师工资水平的高低不仅关系到吸引人才的数量，也关系到吸引人才的质量，而人才的质量更是决定教育质量的关键。农村中小学不仅需要配齐教师，而且需要素质好、水平高的教师，如此才能真正实现城乡教育一体化。这也是国家推动义务教育均衡发展的内涵所在。同时，我们要建立有效的激励机制，包括改革现有的教师绩效制度，大力提高对农村地区尤其是边远贫困地区教师的资助标准。目前实施的绩效工资制度在实践中并未能很好地起到激励教师的作用，一些学校的分配依然实行"平均主义"，不利于调动教师工作的积极性。乡村教师补助政策虽然有一定成效，但是补助标准低，补助政策不灵活，对于吸引教师长期从事农村教育仍然不够。虽然提高教师工资水平会增加生均教师工资成本，但是从中国教育发展的长远来看，这一成本的支出是十分必要的。

第六章　中国与 OECD 教育指标的比较

　　本章共分为三节。第一节概述中国教育发展指标的来源与演变，相关数据主要来自国家教育发展重要文件和《中国教育统计年鉴》。第二节比较中国与OECD 的教育发展指标，具体从如下几方面展开：教育机构的产出及学习的影响，教育中的财政与人力资源投入；教育机会、参与与过渡，学习环境与学校的组织，在文中简述为产出指标、投入指标、机会指标和过程指标。第三节反思中国教育发展指标的问题。本章试图通过中国教育发展指标与 OECD 教育发展指标的比较，发现中国教育发展指标与 OECD 教育发展指标的共同之处和差异性，进而反思中国教育发展指标的问题，为下一章的结论与建议做铺垫。

第一节　中国教育发展指标的来源与演变

　　中国教育发展指标主要来源于国家教育发展重要文件和《中国教育统计年鉴》。国家教育发展重要文件包括《中国教育现代化 2035》《国家中长期教育改革和发展规划纲要（2010—2020 年）》《国家教育事业发展"十一五"规划纲要》《国家教育事业发展第十二个五年规划》《国家教育事业发展"十三五"规划》。《中国教育统计年鉴》中的数据类目选取其中指标最多的 2004 年版本。

一、国家教育发展重要文件中的教育发展指标

为便于与 OECD 进行比较，我们将《中国教育现代化 2035》《国家中长期教育改革和发展规划纲要（2010—2020 年）》，以及"十一五""十二五""十三五"国家教育事业发展规划的政策文件，按照 OECD 框架进行归纳分析。无法纳入 OECD 框架的指标有区域教育均衡指标、教育治理指标和教育公平指标。因此，可以将国家教育发展重要文件中的指标大致分为七类，包括四个 OECD 框架中的指标（产出指标、投入指标、机会指标、过程指标），以及三个具有中国特色的指标。为更好地进行国际比较，在关注具有中国特色指标的同时，更要关注全球教育共同的问题与挑战。虽然国家教育发展重要文件中包括 OECD 框架中四个方面的二级指标的类别，但是缺乏具体的条目参数，可比性较差。而且，《中国教育统计年鉴》中的统计口径和 OECD 指标体系中的数据成分存在较大差异，甚至虽有相同的统计指标概念，但存在含义上的差别。OECD《教育概览》中的许多指标在中国统计口径中没有涉及。

（一）教育产出指标

教育产出指标主要涉及 OECD 教育指标体系中的 A1（成年人学历水平如何？）、A2（预计有多少学生完成高中教育？）、A3（预计有多少学生完成高等教育？）和 A8（教育的社会效益如何？），还包括除了高中教育之外的学前教育、职业教育以及义务教育的入学率和巩固率等。中国尤其关注特殊群体教育（农村）和教育薄弱学校（职业学校专业实训基地）的达标率。

表 6-1　中国教育发展重要文件中的教育产出指标与 OECD 指标对照

OECD 教育产出指标	中国教育发展重要文件中的教育产出指标
A1 成年人学历水平如何？	劳动年龄人口平均受教育年限
	具有高等教育文化程度的人口数达 15000 万人
	新增劳动力中受过高中及高等教育的比例、高等教育毛入学率达到 40%
	九年义务教育巩固率
A2 预计有多少学生完成高中教育？	高中阶段教育毛入学率

续　表

OECD 教育产出指标	中国教育发展重要文件中的教育产出指标
A3 预计有多少学生完成高等教育？	高等教育毛入学率
办学达标率（中国特有）	农村义务教育阶段学校标准化率达到 50% 以上
	职业学校专业实训基地达标率达到 80%
A8 教育的社会效益如何？	毕业生就业率

数据来源：

1. 中华人民共和国中央人民政府 . 中共中央、国务院印发《中国教育现代化 2035》[EB/OL]. (2019-02-23) [2023-07-12]. http://www.gov.cn/xinwen/2019-02/23/content_5367987.htm.

2. 中华人民共和国教育部 . 国家中长期教育改革和发展规划纲要（2010—2020 年）[EB/OL]. (2011-10-29) [2023-07-12]. http://www.moe.gov.cn/srcsite/A01/s7048/201007/t20100729_171904.html.

3. 中华人民共和国教育部 . 国家教育事业发展"十一五"规划纲要 [EB/OL]. (2007-05-31) [2023-07-12]. http://www.moe.gov.cn/jyb_xwfb/gzdt_gzdt/moe_1485/tnull_22875.html.

4. 中华人民共和国教育部 . 教育部关于印发《国家教育事业发展第十二个五年规划》的通知 [EB/OL]. (2012-06-14) [2023-07-12]. http://www.moe.gov.cn/srcsite/A03/moe_1892/moe_630/201206/t20120614_139702.html.

5. 中华人民共和国教育部 . 国务院关于印发国家教育事业发展"十三五"规划的通知 [EB/OL]. (2017-01-10) [2023-07-12]. http://www.moe.gov.cn/jyb_xxgk/moe_1777/moe_1778/201701/t20170119_295319.html.

6. 经济合作与发展组织 . 教育概览 2014：OECD 指标 [M]. 中国教育科学研究院，组织翻译 . 北京：教育科学出版社，2015.

（二）教育投入指标

教育投入指标主要包括 OECD 教育指标体系中的 B3（教育的公共投入和私人投入是多少？）和 B6（教育经费用于哪些资源和服务？）。由于从具体详细的指标类型可以看出经费主要用于扩大各级各类及社会的教育资源、学校建设支持、加大特殊学生群体的资助力度以及优化教师队伍等方面，且 OECD 教育投入指标归纳较为简洁，无法直接对应中国教育投入指标，所以这里采用进一步归纳中国教育投入指标的方式进行比较。

表 6-2　中国教育发展重要文件中的教育投入指标

中国指标归纳	中国教育发展重要文件中的教育投入指标
扩大资源	扩大社区教育资源供给
	扩大中西部地区优质高等教育资源
	实现常住人口基本公共教育服务全覆盖
	丰富公办学前教育资源
	丰富普惠性学前教育资源
经费财政投入	逐步使财政性教育经费占国内生产总值的比例达到 4%
	落实区域内各级教育生均财政拨款基本标准
	补足公办普通高中取消"三限生"政策后的经费缺口
学生资助	保证经济困难学生的资助
	资助 150 万名符合入学条件的农民工接受本、专科学历继续教育
学校建设	安排资金 100 亿元，推动未纳入"两基"攻坚计划实施范围的中西部地区农村初中校舍改造，改善办学条件
	投入 100 亿元，加强职业教育基础能力建设
	支持 100 所左右高等职业学校和 1000 所左右中等职业学校建设
师资队伍	加强普通高中办学条件和师资配置
	义务教育阶段新增教师具备高一级学历的比例达到 85% 以上
	提升教师队伍整体素质，完善农村中小学教师工资经费保障机制

数据来源：

1. 中华人民共和国中央人民政府 . 中共中央、国务院印发《中国教育现代化 2035》[EB/OL]. (2019-02-23) [2023-07-12]. http://www.gov.cn/xinwen/2019-02/23/content_5367987.htm.

2. 中华人民共和国教育部 . 国家中长期教育改革和发展规划纲要（2010—2020 年）[EB/OL]. (2011-10-29) [2023-07-12]. http://www.moe.gov.cn/srcsite/A01/s7048/201007/t20100729_171904.html.

3. 中华人民共和国教育部 . 国家教育事业发展"十一五"规划纲要 [EB/OL]. (2007-05-31) [2023-07-12]. http://www.moe.gov.cn/jyb_xwfb/gzdt_gzdt/moe_1485/tnull_22875.html.

4. 中华人民共和国教育部 . 教育部关于印发《国家教育事业发展第十二个五年规划》的通知 [EB/OL]. (2012-06-14) [2023-07-12]. http://www.moe.gov.cn/srcsite/A03/moe_1892/moe_630/201206/t20120614_139702.html.

5. 中华人民共和国教育部 . 国务院关于印发国家教育事业发展"十三五"规划的通知 [EB/OL]. (2017-01-10) [2023-07-12]. http://www.moe.gov.cn/jyb_xxgk/moe_1777/moe_1778/201701/t20170119_295319.html.

（三）教育机会指标

教育机会指标包括 OECD 教育指标体系中的 C1（哪些人接受教育？）、C3

（预期多少学生升入大学？）、C4（谁在国外学习？在哪些国家学习？）、C6（多少成人参与教育和学习？）以及具有中国特色的各级教育的招生规模和机会指标。

表 6-3　中国教育发展重要文件中的教育机会指标与 OECD 指标对照

OECD 教育机会指标	中国教育发展重要文件中的教育机会指标
多少成人参与教育和学习？	从业人员的继续教育参与率达到 40% 左右
预期多少学生升入大学？	高等教育要适当控制招生增长幅度
	高等教育在学总规模达 3350 万人
哪些人接受教育？	基本普及学前一年教育，农村学前一年毛入园率达到 80% 左右
	各级各类学校国家通用语言文字普及率达到 95%
	鼓励在民族地区的中央企业和对口援建项目吸纳当地普通高校、职业学校少数民族毕业生就业
	扩大农村贫困地区学生接受优质高等教育机会
	适当提高东中部省市职业学校招收民族地区学生的比例
	支持建档立卡贫困家庭初中毕业生到省（区、市）外经济较发达地区接受中等职业教育
接受教育的人数规模（中国特有）	幼儿在园人数达到 3700 万人
	扩大优质中等职业学校招生的区域范围和招生规模
	高中阶段教育在校生规模达 4500 万人
	鼓励支持民族地区和东中部省市双向扩大高校招生规模
	保持普通高中和中等职业教育招生规模大体相当，高中阶段教育在校生达 4130 万人
谁在国外学习？在哪些国家学习？	不断扩大教育对外开放的广度和深度

数据来源：

1. 中华人民共和国中央人民政府 . 中共中央、国务院印发《中国教育现代化 2035》[EB/OL]. (2019-02-23) [2023-07-12]. http://www.gov.cn/xinwen/2019-02/23/content_5367987.htm.

2. 中华人民共和国教育部 . 国家中长期教育改革和发展规划纲要（2010—2020 年）[EB/OL]. (2011-10-29) [2023-07-12]. http://www.moe.gov.cn/srcsite/A01/s7048/201007/t20100729_171904.html.

3. 中华人民共和国教育部 . 国家教育事业发展"十一五"规划纲要 [EB/OL]. (2007-05-31) [2023-07-12]. http://www.moe.gov.cn/jyb_xwfb/gzdt_gzdt/moe_1485/tnull_22875.html.

4. 中华人民共和国教育部 . 教育部关于印发《国家教育事业发展第十二个五年规划》的通知 [EB/OL]. (2012-06-14) [2023-07-12]. http://www.moe.gov.cn/srcsite/A03/moe_1892/moe_630/201206/t20120614_139702.html.

5. 中华人民共和国教育部 . 国务院关于印发国家教育事业发展"十三五"规划的通知 [EB/OL]. (2017-01-10) [2023-07-12]. http://www.moe.gov.cn/jyb_xxgk/moe_1777/moe_1778/201701/t20170119_295319.html.

（四）教育过程指标

教育过程指标主要涉及 OECD 教育指标体系中的 D2（生师比是多少？班额是多大？）、D6（如何才能成为一名教师？）和 D7（教师专业发展活动有多普遍？）。另外，中国的政策文件还包括关于成人教育和普通学生的教育过程指标。

表 6-4 中国教育发展重要文件中的教育过程指标

中国指标归纳	中国教育发展重要文件中的教育过程指标
成人教育	年培训城乡劳动者达到上亿人次
	从业人员继续教育的人次
	进城务工人员通过多种方式受到基本职业技能培训
教师培训	完成新一轮教师全员培训
班额	基本消除 56 人以上的"大班额"
学生教育过程	确保开齐、开足、开好相关课程
	促进农村初中普职教育融合

数据来源：

1. 中华人民共和国中央人民政府. 中共中央、国务院印发《中国教育现代化 2035》[EB/OL]. (2019-02-23) [2023-07-12]. http://www.gov.cn/xinwen/2019-02/23/content_5367987.htm.

2. 中华人民共和国教育部. 国家中长期教育改革和发展规划纲要（2010—2020 年）[EB/OL]. (2011-10-29) [2023-07-12]. http://www.moe.gov.cn/srcsite/A01/s7048/201007/t20100729_171904.html.

3. 中华人民共和国教育部. 国家教育事业发展"十一五"规划纲要 [EB/OL]. (2007-05-31) [2023-07-12]. http://www.moe.gov.cn/jyb_xwfb/gzdt_gzdt/moe_1485/tnull_22875.html.

4. 中华人民共和国教育部. 教育部关于印发《国家教育事业发展第十二个五年规划》的通知 [EB/OL]. (2012-06-14) [2023-07-12]. http://www.moe.gov.cn/srcsite/A03/moe_1892/moe_630/201206/t20120614_139702.html.

5. 中华人民共和国教育部. 国务院关于印发国家教育事业发展"十三五"规划的通知 [EB/OL]. (2017-01-10) [2023-07-12]. http://www.moe.gov.cn/jyb_xxgk/moe_1777/moe_1778/201701/t20170119_295319.html.

（五）区域教育均衡指标

中国特色指标中，区域教育均衡指标主要关注的是义务教育阶段的均衡，以及地区间和区域内的教育均衡程度。义务教育阶段的均衡主要是指义务教育均等化水平、特殊地区义务教育水平以及实现基本均衡的比例。除了关注地区间的均衡，现在还更加关注区域内的均衡。地区间的差距缩小主要表现在东中西部、城乡、发达地区和欠发达地区差距的缩小。区域内的均衡主要体现在校际资源配置上。

表 6-5　中国教育发展重要文件中的区域均衡指标

中国指标归纳	中国教育发展重要文件中的区域均衡指标
义务教育阶段的均衡	域内义务教育均衡县（市、区）的比例
	义务教育均等化水平
	着力提高民族地区义务教育均衡化水平
	义务教育实现基本均衡的县（市、区）比例达到 95%
地区间的均衡	欠发达地区与全国教育平均水平的差距逐步缩小
	重点改善贫困地区和薄弱中等职业学校基本办学条件
	城乡之间和东中西部之间教育发展差距显著缩小
区域内的均衡	推动有条件的地区实现市域内均衡发展
	基本实现县域内校际资源均衡配置
	缩小省域内义务教育发展水平差距

数据来源：

1. 中华人民共和国中央人民政府 . 中共中央、国务院印发《中国教育现代化 2035》[EB/OL]. (2019-02-23) [2023-07-12]. http://www.gov.cn/xinwen/2019-02/23/content_5367987.htm.

2. 中华人民共和国教育部 . 国家中长期教育改革和发展规划纲要（2010—2020 年）[EB/OL]. (2011-10-29) [2023-07-12]. http://www.moe.gov.cn/srcsite/A01/s7048/201007/t20100729_171904.html.

3. 中华人民共和国教育部 . 国家教育事业发展"十一五"规划纲要 [EB/OL]. (2007-05-31) [2023-07-12]. http://www.moe.gov.cn/jyb_xwfb/gzdt_gzdt/moe_1485/tnull_22875.html.

4. 中华人民共和国教育部 . 教育部关于印发《国家教育事业发展第十二个五年规划》的通知 [EB/OL]. (2012-06-14) [2023-07-12]. http://www.moe.gov.cn/srcsite/A03/moe_1892/moe_630/201206/t20120614_139702.html.

5. 中华人民共和国教育部 . 国务院关于印发国家教育事业发展"十三五"规划的通知 [EB/OL]. (2017-01-10) [2023-07-12]. http://www.moe.gov.cn/jyb_xxgk/moe_1777/moe_1778/201701/t20170119_295319.html.

（六）教育治理指标

教育治理指标主要涉及各阶段教育体制、经费投入与管理、办学体制、招生机制等方面。这里面有能够量化的指标，也有难以量化的指标，这些指标共同在教育事业发展中发挥综合作用。例如，终身学习制度是建立学习化社会的必要保障，但是很难用量化标准衡量。

表 6-6　中国教育发展重要文件中的教育治理指标

中国指标归纳	中国教育发展重要文件中的教育治理指标
各阶段教育体制	终身学习的制度及各级各类教育衔接程度
	继续教育制度
	幼儿园办园体制，完善普惠性民办幼儿园扶持政策，鼓励地方政府购买服务、补贴租金、培训教师等
	建立义务教育巩固率监测系统
经费投入与管理	建立起较为完善的保障教育优先发展的投入体制
	健全教育经费统计体系，推动地方建立教育经费统计监测公告制度
	完善非义务教育阶段成本分担机制
	加强经费使用管理和国有资产管理
办学体制	强化管理服务，探索推进混班教学、混合住宿，在内地民族班开展"走班制"等多种教学管理模式试点
	完善校长教师轮岗交流机制和保障机制，推进城乡校长教师交流轮岗制度化、常态化
	推广集团化办学、强校带弱校、委托管理、学区制管理、学校联盟、九年一贯制学校等办学形式
	建立完善义务教育学校建设基本标准
招生机制	招生入学、弹性学习机制
	建立中等职业学校与普通高中统筹招生制度和统一招生平台

数据来源：

1. 中华人民共和国中央人民政府 . 中共中央、国务院印发《中国教育现代化 2035》[EB/OL]. (2019-02-23) [2023-07-12]. http://www.gov.cn/xinwen/2019-02/23/content_5367987.htm.

2. 中华人民共和国教育部 . 国家中长期教育改革和发展规划纲要（2010—2020 年）[EB/OL]. (2011-10-29)[2023-07-12]. http://www.moe.gov.cn/srcsite/A01/s7048/201007/t20100729_171904.html.

3. 中华人民共和国教育部 . 国家教育事业发展"十一五"规划纲要 [EB/OL]. (2007-05-31) [2023-07-12]. http://www.moe.gov.cn/jyb_xwfb/gzdt_gzdt/moe_1485/tnull_22875.html.

4. 中华人民共和国教育部 . 教育部关于印发《国家教育事业发展第十二个五年规划》的通知 [EB/OL]. (2012-06-14) [2023-07-12]. http://www.moe.gov.cn/srcsite/A03/moe_1892/moe_630/201206/t20120614_139702.html.

5. 中华人民共和国教育部 . 国务院关于印发国家教育事业发展"十三五"规划的通知 [EB/OL]. (2017-01-10) [2023-07-12]. http://www.moe.gov.cn/jyb_xxgk/moe_1777/moe_1778/201701/t20170119_295319.html.

（七）教育公平指标

教育公平指标主要涉及特殊地区（如农村地区、贫困地区等）、特殊学校（如薄弱中等职业学校等）、特殊家庭（如经济困难家庭等）、特殊个体（如随迁子女、留守儿童和残疾儿童等）的教育弥补以及相应支持体系的健全。

表 6-7　中国教育发展重要文件中的教育公平指标

中国指标归纳	中国教育发展重要文件中的教育公平指标
家庭	实现家庭经济困难学生资助全覆盖
随迁子女入学	随迁子女入学率
	随迁子女入学待遇同城化，解决进城务工人员子女平等接受义务教育问题
	进城务工人员随迁子女在公办学校接受义务教育的比例达到 85% 以上
个体	适龄残疾儿童少年教育覆盖率
	保障残疾人受教育权利，基本实现市（地）和 30 万人口以上的、残疾儿童少年较多的县（市）都有一所特殊教育学校
	加强对留守儿童的关爱保护
地区	做好教育对口支援新疆、西藏和四省藏区工作
	农村学前教育普及率
学校	重点改善贫困地区和薄弱中等职业学校基本办学条件
	形成覆盖城乡的职业教育培训体系
	学校教育、家庭教育和社会教育有机结合的德育体系

数据来源：

1. 中华人民共和国中央人民政府 . 中共中央、国务院印发《中国教育现代化 2035》[EB/OL]. (2019-02-23) [2023-07-12]. http://www.gov.cn/xinwen/2019-02/23/content_5367987.htm.

2. 中华人民共和国教育部 . 国家中长期教育改革和发展规划纲要（2010—2020 年）[EB/OL]. (2011-10-29) [2023-07-12]. http://www.moe.gov.cn/srcsite/A01/s7048/201007/t20100729_171904.html.

3. 中华人民共和国教育部 . 国家教育事业发展"十一五"规划纲要 [EB/OL]. (2007-05-31) [2023-07-12]. http://www.moe.gov.cn/jyb_xwfb/gzdt_gzdt/moe_1485/tnull_22875.html.

4. 中华人民共和国教育部 . 教育部关于印发《国家教育事业发展第十二个五年规划》的通知 [EB/OL]. (2012-06-14) [2023-07-12]. http://www.moe.gov.cn/srcsite/A03/moe_1892/moe_630/201206/t20120614_139702.html.

5. 中华人民共和国教育部 . 国务院关于印发国家教育事业发展"十三五"规划的通知 [EB/OL]. (2017-01-10) [2023-07-12]. http://www.moe.gov.cn/jyb_xxgk/moe_1777/moe_1778/201701/t20170119_295319.html.

中国教育发展重要文件主要以目标或问题的形式呈现指标，依据教育改革目标或重要教育议题选取适宜的指标，以评估目标实现程度。上文涉及的部分指标是根据文本进行归纳和筛选的，并不是文件中直接给出的指标，因此有的指标无法进行量化。但是，中国教育发展重要文件中的指标是教育事业发展的重要方向，是发现和解决现实情境中的复杂问题的关键所在。硬指标是固定的、精确的指标，强调统计数据或实物等，比较客观公正，如"学生成绩"等。软指标虽然不够精确，具有主观性特点，但是伸缩性强，并且可以解释问题内部的原因，符合教育复杂性和不确定性的特点。硬指标和软指标都是促进教育发展的目标导向，有必要进一步体系化、具体化。教育研究者或国家教育统计机构都有必要回应教育重要文件中的精神和要求。

二、《中国教育统计年鉴》中的教育指标

我国自 20 世纪 80 年代开始逐步形成了完善的年度统计指标体系，继而随着国家对教育现代化、教育均衡等问题的关注，形成了各式各类的指标体系。其中，主要以教育部每年发布的《中国教育统计年鉴》和《中国教育经费统计年鉴》为反映我国教育发展情况的数据来源。尽管年鉴中的指标更多被定义为"教育统计指标"而非"教育发展指标"，但是因为后者的缺失，两类年鉴被看作广义上的教育指标。

（一）教育统计指标体系

20 世纪 80 年代以来，我国教育事业有了稳定、持续的发展，并取得了显著成就，教育统计系统也日益健全，突出的特点是教育统计指标的逐步规范化和统计数据的公开化。

20 世纪 80 年代以来，我国建立了包括 7 类 90 项的教育统计调查指标体系。20 世纪 90 年代初，我国建立了包括 4 类 77 项的教育评价监测指标体系。与此同时，我国也开始系统利用《中国教育年鉴》等逐年报告教育发展的基本信息。目前，教育部公开发布的教育统计数据主要有两类来源：一类是发展规划司编辑的《中国教育统计年鉴》，主要从学前教育、特殊教育、工读学校、初等教育（小学）、中等教育、高等教育等方面分析我国教育事业的发展情况。其中，对各级各类学校又分几个角度进行描述，如学校数量、学生入

学率、毕业生数量、教师数量、教师的合格率等，对每一个方面一般都与上一年做比较。另外，《中国教育统计年鉴》还从学校的设施等方面说明教育发展的状况，如校舍面积、危房状况、教学仪器的数量等。另一类是财务司等编辑的《中国教育经费统计年鉴》，主要公布各年度各级各类学校教育经费的投入和使用情况，包括教育经费收入、教育经费支出、办学效益、生均经费四大类指标，按照全国和地方、机构类别、收入来源、支出类别等分类进行统计。

《中国教育统计年鉴》分教育事业发展、办学条件、科学研究活动及其他三大部分，教育事业发展包括各级各类教育规模（招生数、毕业生数、在校生数等）、普及与完成情况（入学率、保留率、毕业生升学率）、内部效率（生师比、班额）、教职工情况（学历、职称等）、校舍与资产（生均图书、生均仪器设备、生均校舍建筑面积等）等方面的内容；办学条件包括教育经费、教育基本建设投资等；科学研究活动统计全国普通高等学校自然科学与技术、社会科学的人力情况、经费情况、课题成果情况，并附有全国经济总量、人口、财政等背景资料。《中国教育经费统计年鉴》包括教育经费收入、教育经费支出、生均经费三大类指标，按全国和地方、各级各类教育机构统计。

表 6-8 《中国教育统计年鉴》中的教育指标

一级指标	二级指标	三级指标
教育事业发展	各级各类教育规模	招生数
		毕业生数
		在校生数
	普及与完成情况	入学率
		保留率
		毕业生升学率
	内部效率	生师比
		班额
	教职工情况	学历
		职称

续　表

一级指标	二级指标	三级指标
教育事业 发展	校舍与资产	生均图书
		生均仪器设备
		生均校舍建筑面积
办学条件	教育经费	
	教育基本建设投资	
	仪器设备	
科学研究 活动	人力情况	
	经费情况	
	课题成果情况	

注：《中国教育统计年鉴》中，办学条件和科学研究活动方面不存在三级指标，因此部分单元格为空白。

数据来源：中华人民共和国教育部发展规划司.中国教育统计年鉴2004[M].北京：人民教育出版社，2005.（由于该年份指标最为丰富，因此选择该年份指标）

（二）各类主题式教育指标体系

20世纪80年代初，各类教育指标体系研究开始受到世界各国的重视，我国教育学术界的不少学者也对教育指标体系展开了深入的研究和探讨。从横向上看，研究主要集中于国家层面的指标体系和区域层面的教育化指标体系；从纵向上看，研究涉及高等教育、基础教育、职业教育等各级各类教育发展指标体系；从主体上看，研究涉及现代化指标、教育均衡指标、教育公平指标、学校教育质量指标等。然而，主题式教育指标体系更多关注教育某一方面的发展情况，与综合性的教育发展指标不可能完全重合。

三、中国教育指标演变与发展分析

（一）从统计到评价

汉语中的"统计"有合计、总计的意思，指对与某一现象有关的数据的搜集、整理、计算、分析、解释、表述等活动。统计是基于客观事实的一种描述，而评价指的是通过详细、仔细的研究和评估，确定对象的意义、价值或者状态。

我国一直没有统一的教育评价指标。最初，指标更多表现为统计口径、人口学的数据。例如，《中国教育统计年鉴》《全国教育事业发展统计公报》中的指标，各个地区做的地区教育统计年鉴中的指标等。《中国教育统计年鉴》是全面反映国家教育事业发展情况的资料性年鉴，是由教育部发展规划司根据全国各省、自治区、直辖市教育委员会、教育厅填报的学校基层报表数字整理汇编而成的。教育部教育管理信息中心承担了数据的计算及处理汇总工作。《中国教育统计年鉴》是各有关部门研究教育改革和发展的必备工具书，是教育界各机关、学校指导部门制订教育计划、指导教育改革必不可少的依据。

统计内容是客观现实的反映，能够帮助国家正确把握教育发展的整体情况，并对教育的发展采取行动。但浮于表面的统计数据对于教育的内涵发展缺乏指导意义，无法对教育的发展作出价值评价和影响因素分析。

为了进一步提升教育发展的质量，国家开始做教育事业发展五年规划。2010 年，教育部印发《国家中长期教育改革和发展规划纲要（2010—2020 年）》。这一系列规划和纲要涉及教育指导思想、主要目标、教育体系、教育制度、人才培养与供给机构等。为了全面贯彻落实教育规划纲要，2015 年，教育部组织专家对《中国教育监测与评价统计指标体系（试行）》(1991 年版)进行了修订。本次修订更加关注促进教育公平和科学监测教育发展的需要，新增了教育信息化、学生体质健康、学校安全以及教师培训等指标。[1] 2018 年，教育部又印发了《教育部关于完善教育标准化工作的指导意见》，进一步完善了教育标准体系框架以及实施机制等内容。[2] 2019 年发布的《中国教育现代化 2035》首次使用"指标"一词。

---

① 中华人民共和国教育部 . 教育部关于印发《中国教育监测与评价统计指标体系》的 通 知 [EB/OL]. (2015-08-10) [2023-07-13]. http://www.moe.gov.cn/srcsite/A03/s182/201509/t20150907_206014.html.

② 中华人民共和国教育部 . 教育部关于完善教育标准化工作的指导意见 . [EB/OL]. (2018-11-26) [2023-07-13]. http://www.moe.gov.cn/srcsite/A02/s7049/201811/t20181126_361499.html.

由此，我国对于教育的关注不再只停留于数据的收集，而是探索出了测量评价的尺度。从人口学的统计数据到目标再到指标，是从统计到评价的改变，代表着从客观描述到价值取向的关注。

（二）从目标到指标

我国在"十一五"时期就非常重视教育事业发展过程中城乡与区域协调、义务教育均衡、教育质量与创新能力以及教育机会等方面的目标。但是，除了 2010 年的教育事业发展的主要目标有具体的量化数据之外，其他方面的目标还没有形成系统的指标体系。"十二五"时期，教育仅仅作为支撑经济发展和科技创新，服务社会和文化建设的目标。"十三五"时期，我国开始重视教育自身的发展水平，规划的总目标从"全面提高教育服务现代化建设和人的全面发展的能力"转变为"推动我国迈入人力资源强国和人才强国行列"。这意味着教育不再只是为社会服务的工具，体现了国家对教育发展本身的重视。

"十一五"时期的指标主要分为五类：产出指标、区域均衡指标、机会指标、过程指标和投入指标。在此基础上，"十二五"时期，国家更加注重体系和制度建设。"十三五"时期，我国把教育公平作为重要的目标。这三个时期的指标类别没有较大变化，但是指标的内容和具体目标的数值发生了一些改变。

在产出指标方面，一是指标的内容更加细化。"十一五"时期，全面普及和巩固九年义务教育。"十二五"时期，这一目标被细化为：九年义务教育巩固率达 93%，农村义务教育阶段学校标准化率达到 50% 以上。"十三五"时期，增加了九年义务教育在校生数（万人）这一指标。2019 年，《中国教育现代化 2035》中增加了"义务教育专任教师中本科以上学历比例"这一指标。二是同一个类别的目标条目在逐渐增加。"十二五"时期，除了继续关注"十一五"时期的产出目标外，还关注高等教育和成人教育方面的产出目标，如基本普及高中阶段教育，毛入学率达到 87%；高等教育毛入学率达到 36%；职业学校专业实训基地达标率达到 80%；主要劳动年龄人口中受过高等教育的比例达到 15% 以上等。此外，具有高等教育文化程度的人口数达到 15000 万。"十三五"时期，关注民族地区的教育目标，如民族地区学前三年毛入园率达到 70% 以上，提高民族地区高中阶段教育普及水平。《国家中长期教育改革和发展规划纲要（2010—2020 年）》要求"从业人员继续教育年参与率达到 50%"。《中国教育现代化 2035》还关注学前教育方面，强调学前教育教师接受专业教育的比例。关注点的变化体现出目标越来越全面，体现了教育公平的理念。三是同一个目标的数据值也在变化。例如，"十一五"时期要求新增劳动力平均受教育年限达到 11 年以上，"十二五"时期要求新增劳动力平均受教育年限达到 13.3 年左右，"十三五"时期和《国家中长期教育改革和发展规划纲要（2010—2020 年）》要求这一年限增至 13.5 年，从中可以看出目标稳步实现的过程。

在投入指标方面，在每个时期，国家财政性教育经费支出占国内生产总值比例达到 4% 都是非常重要的投入指标，教育经费的使用也越来越具体、全面和公平。每个时期的投入指标的侧重点不同。"十一五"时期的投入指标虽然涉及办学条件改善、师资队伍建设、教育信息化提升、职业教育基础能力建设等方面，但是还没有具体的指标数据。"十二五"时期的投入指标更加侧重于教师学历提升。"十三五"时期的投入指标更加侧重于农民工继续教育、公共服务建设、职业和学前教育投入方面。《中国教育现代化 2035》关注社区资源以及中西部资源等，更加强调立足于教育公平进行教育投入。

在机会指标方面，"十一五"时期主要关注高等教育招生以及从业人员参加继续教育的机会；"十二五"时期开始关注入园率、高中和高等教育规模；"十三五"时期开始关注农村、民族地区的入学机会；《中国教育现代化 2035》直接将"域内义务教育均衡县（市、区）的比例"作为一项重要的指标。这说明，我国在关注教育质量的基础上，逐渐将注意力聚焦到实现教育公平上来。

在过程指标方面，"十一五"时期主要关注城乡劳动者的培训；"十二五"时期逐渐关注教师的培训过程、进城务工人员的职业技能培训；"十三五"时期关注各类教育，甚至关注微观层面的"班额"和"课程"。这体现了我国对教育过程公平的关注逐渐全面和集中。

我国在面向 2035 年的教育发展目标规划中，首次提出了"指标"的概念。除了教育事业发展的相关指标，还新增了人力资源开发主要预期指标，规划了从 2017 年到 2020 年，再到 2035 年分步骤的指标。涉及的学段包括学前教育、义务教育、高中教育和高等教育。人力资源开发指标主要包括教师和劳动力人口两方面，从中可以看到清晰的指标数据变化过程。从目标到指标，说明政策制定者已经开始有意识地将目标细化为指标，并落实到实践中去。

第二节 中国教育发展指标与 OECD
教育发展指标的比较

这里选取 2014 年 OECD《教育概览》中的指标类目作为比较对象，着重比较中国教育发展指标与 OECD 教育发展指标之间的异同。为了比较方便，我们将《中国教育统计年鉴》和国家近期重点政策文本这两个来源的指标按照 OECD《教育概览》指标框架的四大类进行重新归类和综合整理，得到中国教育在产出、投入、机会和过程四个维度上的概貌。围绕这四个部分，分析中国与 OECD 的共有指标及各自特有的指标，并分析其产生的原因。具体的分析主要聚焦于各部分的二级指标。以下以比较与评论的方式逐一展开分析。

一、教育产出指标的比较

教育产出指标是直接呈现国家和地区教育产出全貌的一个重要的指标类别。作为一级指标之一的 OECD 产出指标的完整表述是"教育机构的产出及学习的影响"。表 6-9 中，中国的教育产出指标是从《中国教育统计年鉴》和政策文本中归纳出来的，相当于 OECD《教育概览》中的二级指标。表 6-9 从"OECD 教育产出指标、中国的教育产出指标"和"共有指标、特有指标"这两个维度进行呈现。

表 6-9　中国与 OECD 在教育产出指标方面的异同

类　型	OECD 教育产出指标	中国的教育产出指标	
共有指标	A1 成年人学历水平如何？	劳动年龄人口平均受教育年限	
		具有高等教育文化程度的人口数达 15000 万	
		新增劳动力中受过高中及高等教育的比例、高等教育毛入学率达到 40%	
	A2 预计有多少学生完成高中教育？	高中阶段教育毛入学率	
	A3 预计有多少学生完成高等教育？	高等教育毛入学率	
	A8 教育的社会效益如何？	毕业生就业率	
		职业教育对口就业率、毕业生初次就业率、学业水平（升学率与就业率）	
		高校毕业生初次就业率、高校毕业生就业率、高校科研创新能力、高校社会服务能力、高校竞争力、高校发明专利申请授权量（万件）、高校发表国际科技论文（万篇）、高校应用研究开发成果转化率	
		人才资源总量（亿人）、人力资本对经济增长的贡献率、技能人才满足经济社会发展需求比例	
	A9 学生的成绩和教育公平的关系如何？（在 PISA 测试中，学生的数学成绩，学生的数学成绩与社会经济地位的关系）	上海从 2009 年起加入 PISA 测试，随后推出"绿色指标"评价；全国范围学生成绩指标：学生综合素质水平，学生学业水平指数，学生学习的意愿与信心，学生的创新与合作精神，学生学业成就水平，学生体质健康水平，学生、社会对学校的满意度，学生思想品德、心理健康、身体健康、学业合格率、身心健康指数、体质健康测试合格率	
特有指标	A4 父母受教育程度对高等教育入学影响有多大？	办学达标率	农村义务教育阶段学校标准化率达到 50%
			职业学校专业实训基地达标率达到 80%
			班额达标率

续　表

类　型	OECD 教育产出指标	中国的教育产出指标	
特有指标	A5 受教育程度如何影响劳动力市场参与程度？ A6 教育的收入回报是多少？ A7 教育投资的动机如何？（三级指标具体指向受过高等教育、高中或中等后非高等教育的男性和女性的私人/公共收益） A9 学生的学习成绩和教育公平的关系如何？	办学达标率	优质学校同比增长比例 世界前 500 名大学数、高水平大学数量
			优秀标准的各级各类学校比例、达到省定优秀标准的各级各类学校比例
		办学特色	特色的适切性、特色的影响力
		教育改革成效	教育的开放度与贡献力，教育发展水平，教育改革的理念、研究与成效
		教育管理质量	教务与教导管理、教育管理水平、教育督导

注："特有指标"这一栏中，OECD 的指标与中国的指标无对应关系，下同。

数据来源：

1. 中华人民共和国中央人民政府 . 中共中央、国务院印发《中国教育现代化 2035》[EB/OL]. (2019-02-23) [2023-07-12]. http://www.gov.cn/xinwen/2019-02/23/content_5367987.htm.

2. 中华人民共和国教育部 . 国家中长期教育改革和发展规划纲要（2010—2020 年）[EB/OL]. (2011-10-29) [2023-07-12]. http://www.moe.gov.cn/srcsite/A01/s7048/201007/t20100729_171904.html.

3. 中华人民共和国教育部 . 国家教育事业发展"十一五"规划纲要 [EB/OL]. (2007-05-31) [2023-07-12]. http://www.moe.gov.cn/jyb_xwfb/gzdt_gzdt/moe_1485/tnull_22875.html.

4. 中华人民共和国教育部 . 教育部关于印发《国家教育事业发展第十二个五年规划》的通知 [EB/OL]. (2012-06-14) [2023-07-12]. http://www.moe.gov.cn/srcsite/A03/moe_1892/moe_630/201206/t20120614_139702.html.

5. 中华人民共和国教育部 . 国务院关于印发国家教育事业发展"十三五"规划的通知 [EB/OL]. (2017-01-10) [2023-07-12]. http://www.moe.gov.cn/jyb_xxgk/moe_1777/moe_1778/201701/t20170119_295319.html.

6. 中华人民共和国教育部发展规划司 . 中国教育统计年鉴 2004[M]. 北京：人民教育出版社，2005.

7. 经济合作与发展组织 . 教育概览 2014：OECD 指标 [M]. 中国教育科学研究院，组织翻译 . 北京：教育科学出版社，2015.

（一）中国教育产出指标与 OECD 教育产出指标对应参半

如表 6-9 所示，OECD 教育产出指标与中国教育产出指标对应的共有指标是 A1、A2、A3、A8。A9 虽提到"学生成绩"，但所指为学生 PISA 测试的数学成绩，重点是通过学生数学成绩与社会经济地位的关系来考察教育公平。上海 15 岁学生从 2009 年起参与 PISA 测试，2015 年、2018 年又有北京、江苏、广东、浙江等省市加入。从全国范围来看，并无从成绩和教育公平的关系这一视角确立的评价指标。中国成年人的学历水平指标不仅包括劳动年龄和新增劳动力人口的受教育年限，还包括具有高等教育文化程度的人数。高中阶段教育毛入学率和高等教育毛入学率也是我国非常关注的指标。教育的社会效益主要包括各个学段毕业生就业率和人力资本对经济增长和社会发展的贡献率。

（二）中国教育产出指标未能对应的 OECD 指标多为关系性指标

中国教育产出指标相较于 OECD 指标体系还缺少 A4、A5、A6、A7，以及 A9 中学生成绩和教育公平的关系指标。其中绝大多数是关系性的指标，这些指标有助于深度发现问题，是值得借鉴并亟待在中国指标中加以完善和补充的指标。A4 可考察高等教育入学率中是否存在教育优势/劣势的代际转换，A5、A6、A7 均涉及教育与经济发展的关系，A9 则涉及质量与公平的关系。以此为鉴，如何建构更加合理完善的指标体系？这是我们进一步优化中国教育发展指标时值得思考的问题。

（三）共有指标或有相似理论依据，或有特定的政策依据

共有指标主要体现在学生、社会和组织三个方面，具有其理论依据和政策依据。如在学生方面，OECD 成员国一向重视学生的基础素养和综合素养的培养；我国自新一轮课程改革以来，教育目标从"双基"发展到"三维"目标，继而又从关注基础素养到聚焦于核心素养。再如，在教育对社会的贡献方面，受人力资本理论的影响，全球越来越关注教育能否为社会带来经济效益，不仅关注直接的社会产出，还关注教育在经济和人力资本方面的回报、教育对人口素质的整体影响等。在组织层面，可以看出教育指标的设立与教育问题、教育的发展需求紧密结合。例如，2002 年，受终身教育观点的影响，教育成果的

可持续性以及教育活动对未来社会、经济发展的影响开始受到关注。OECD 增加了指标"A1 成年人学历水平如何?"。我国也深受终身教育观的影响,逐渐关注教育带来的可持续影响以及各级各类教育的毕业率,尤其是高等教育毕业率。

(四)中国教育产出的特有指标主要涉及办学达标率、办学特色、教育改革成效和教育管理质量

1. 办学达标率

办学达标率是出自国家教育发展重要文件的指标,主要是为了给各级各类教育提出一定的办学标准,从而着力提高办学水平。学校办学达标率的侧重点在农村学校、义务教育和职业教育阶段、优质学校和班额达标率等方面。对这一指标的重视体现了通过推进基础教育均衡发展,促进教育公平与质量提高的大趋势。

2. 办学特色

办学特色是指学校经过长期发展,形成被社会公认的、独特的、稳定的个性风貌和优良的学校特征。该指标容易被忽略,但却非常符合中国国情。我国的文化多元,地方特色明显,因地制宜的办学特色是衡量教育成果的重要标准。该指标主要衡量学校办学的适切性和影响力。1993 年以来,多个重要的教育政策文件都特别鼓励学校办出自己的特色。

3. 教育改革成效

我国改革开放以来的基本趋势就是以改革促进发展,因而对教育改革成效的评价是不可或缺的。虽然教育改革已持续多年,但仍然存在一些问题,如:教育改革概念泛化,过于追求政绩,缺乏真正意义上的第三方评估,简单地将考试和升学成绩视为教育改革的成果,等等。在新课改政策背景下,教育改革的成效被作为重要的教育产出指标,这意味着教育改革既要显示绩效,也必须落到实处。

4. 教育管理质量

在所有办学条件资源特定的前提下,学校发展的质量基本上取决于教育管理质量,管理水平的优劣直接影响学校教育成果的产出。1986 年颁布的《中华人民共和国义务教育法》与 1995 年颁布的《中华人民共和国教育法》,进

一步强化和提升了"地方负责，分级管理"这一基础教育管理体制的法律地位。2010 年，国务院发布《国家中长期教育改革和发展规划纲要（2010—2020 年）》，对基础教育管理体制改革作出了全面深入的规划，将形成政事分开、权责明确、统筹协调、规范有序的教育管理体制作为今后我国基础教育管理体制改革的目标追求。1949 年至今，我国基础教育管理体制改革几经变迁，逐步建立和形成了政事分开、权责明确、统筹协调、规范有序的教育管理体制。当然，中小学教育管理现代化的当务之急是治理体系和治理能力的现代化。

二、教育投入指标的比较

OECD 教育投入指标的全称是"教育中的财政与人力资源投入"，在此同样从中国与 OECD、共有指标与特有指标两个维度展开比较（见表 6-10）。

表 6-10　中国与 OECD 在教育投入指标方面的异同

类型	OECD 教育投入指标	中国的教育投入指标
共有指标	B1 生均支出是多少？（生均资源）	生均教育经费、生均经费、各级教育生均预算内教育经费在全国省份排名、落实区域内各级教育生均财政拨款基本标准、生均图书册数、生机比、生均占地面积
	B2 国民财富用于教育的比例是多少？	财政性教育经费、财政教育支出预算和决算增长比例、逐步使财政性教育经费占国内生产总值的比例达到 4%、财政性教育经费占财政总支出比重
	B3 教育的公共投入和私人投入是多少？	民间资本与社会力量参与办学，政府投入、社会投入、教育投入"三增长"，全社会教育投入增长比例，社会资金，家长与社会参与
	B4 公共教育经费总支出是多少？	公共财政预算教育经费占公共财政支出比例、全社会教育总经费占国内生产总值比重
	B6 教育经费用于哪些资源和服务？	安排资金 100 亿元，推动未纳入"两基"攻坚计划实施范围的中西部地区农村初中校舍改造；投入 100 亿元，加强职业教育基础能力建设；支持 100 所左右高等职业学校和 1000 所左右中等职业学校建设；补足公办普通高中取消"三限生"政策后的经费缺口；实现常住人口基本公共教育服务全覆盖
	B7 哪些因素影响教育经费支出水平？	经费使用结构合理性、学习的社会支持、家长参与校政的比例、学校的社会声誉、教育经费使用结构

续　表

类型	OECD 教育投入指标	中国的教育投入指标	
特有指标	B5 高等教育学生交多少费？得到多少公共补贴？	决策、制度（软性）投入	教育决策论证的充分性、科学性，教育制度的合理性，学校办学理念与目标，学校战略规划，学校教育的评价与导向，学校的办学自主权，标准化办学
		学生投入	学生学习动力指数、学生在校自由支配的时间、学生社会经济背景对学业成绩的影响指数、学生体质健康水平
		资源投入	校外学习资源共享度、学校人力资源聘用与开发、学校财物资源筹措与使用、课程资源开发、非义务教育阶段学校公共资源供给、扩大社区教育资源供给、扩大公办及普惠性学前教育资源、信息技术的配置和利用率、国家信息化标准达标率等
		资助投入	薄弱学校资金资助力度、家庭困难学生资助水平、保证经济困难学生的资助、农村人口（含农民工）基础教育免学费年限、随迁子女平等接受义务教育比例
		终身教育投入	终身学习网络覆盖率、从业人员继续教育年参与率、城市和农村居民社区教育活动年参与率
		其他	民办教育发展水平、学历教育开放水平

数据来源：

1. 中华人民共和国中央人民政府 . 中共中央、国务院印发《中国教育现代化 2035》[EB/OL]. (2019-02-23) [2023-07-12]. http://www.gov.cn/xinwen/2019-02/23/content_5367987.htm.

2. 中华人民共和国教育部 . 国家中长期教育改革和发展规划纲要（2010—2020 年）[EB/OL]. (2011-10-29) [2023-07-12]. http://www.moe.gov.cn/srcsite/A01/s7048/201007/t20100729_171904.html.

3. 中华人民共和国教育部 . 国家教育事业发展"十一五"规划纲要 [EB/OL]. (2007-05-31) [2023-07-12]. http://www.moe.gov.cn/jyb_xwfb/gzdt_gzdt/moe_1485/tnull_22875.html.

4. 中华人民共和国教育部 . 教育部关于印发《国家教育事业发展第十二个五年规划》的通知 [EB/OL]. (2012-06-14) [2023-07-12]. http://www.moe.gov.cn/srcsite/A03/moe_1892/moe_630/201206/t20120614_139702.html.

5. 中华人民共和国教育部 . 国务院关于印发国家教育事业发展"十三五"规划的通知 [EB/OL]. (2017-01-10) [2023-07-12]. http://www.moe.gov.cn/jyb_xxgk/moe_1777/moe_1778/201701/t20170119_295319.html.

6. 中华人民共和国教育部发展规划司 . 中国教育统计年鉴 2004[M]. 北京：人民教育出版社，2005.

7. 经济合作与发展组织 . 教育概览 2014：OECD 指标 [M]. 中国教育科学研究院，组织翻译 . 北京：教育科学出版社，2015.

（一）中国的教育投入指标中不包含学生／私人／家庭的投入

OECD 教育投入指标中有"高等教育学生交多少费？""教育的私人投入是多少？"等内容。中国教育投入指标中虽然含有"民间资本""社会力量"等项目，但是不包括（至少是不明确包括）学生交费、家庭校外教育支出等指标。中国家庭在子女兴趣爱好、特长提升上的额外投入较为可观。

（二）中国的教育投入指标重视对贫困地区和薄弱学校的国家投入

中国对经济欠发达地区的中央财政转移支付的力度是相当大的，尤其在公共教育事业支持方面。对中西部、农村地区还有职业教育的专项经费支持更是非常多且常见的。

值得一提的是，2000 年 OECD 指标框架中出现关于残障、学习或行为困难与社会处境不利学生接受课程的额外资源和有特殊教育需求的学生等的指标。

（三）中国的教育投入指标包含较多特色指标

中国教育投入指标还包括较多有特色的指标，主要包括决策和制度等软性投入，师资投入，信息技术、资源、资助、学生、弱势群体、继续教育等投入。这反映出我国幅员辽阔、地区和城乡差异较大、国情较为复杂的特点。由于政策倾斜的缘故，我国需要特别关注的重点和难点较多。

三、教育机会指标的比较

2014 年，OECD《教育概览》中机会指标的完整表述是"教育机会、参与与过渡"。在 2001 年的版本中，一级指标有 A、B、C、D、E、F 六类，其中的"C"指标名称为"教育过程、参与与过渡"。在 2002 年的版本（此时合并为 A、B、C、D 四大类）中，"C"指标又命名为"获得教育、参与与进步"，其二级指标一直有调整和变动。下面从中国与 OECD、共有指标与特有指标两个维度展开比较（见表 6-11）。

表 6-11　中国与 OECD 在教育机会指标方面的异同

类型	OECD 教育机会指标	中国的教育机会指标	
共有指标	C6 多少成人参与教育和学习？	从业人员的继续教育参与率达到 40% 左右	
	C3 预期多少学生升入大学？	高等教育要适当控制招生增长幅度	
		高等教育在学总规模达 3350 万人	
	C1 哪些人接受教育？	基本普及学前一年教育，农村学前一年毛入园率达到 80% 左右；幼儿在园人数；高中阶段教育在校生数	
		各级各类学校国家通用语言文字普及率达到 95%	
		鼓励在民族地区的中央企业和对口援建项目吸纳当地普通高校、职业学校少数民族毕业生就业	
		扩大农村贫困地区学生接受优质高等教育机会	
		适当提高东中部省市职业学校招收民族地区学生的比例	
		支持建档立卡贫困家庭初中毕业生到省（区、市）外经济较发达地区接受中等职业教育	
	C4 谁在国外学习？在哪些国家学习？	不断扩大教育对外开放的广度和深度	
	C2 世界范围内的早期教育体系有何差别？	学前教育毛入园率	
特有指标	C2 世界范围内的早期教育体系有何差别？C5 从学校向工作过渡：15—29 岁的青年人何去何从？	接受教育人数规模上的倾斜	0—3 岁儿童早期教育指导率；普惠性学前教育机会提供
			扩大优质中等职业学校招生的区域范围和招生规模
			保持普通高中和中等职业教育招生规模大体相当
			鼓励支持民族地区和东中部省市双向扩大高校招生规模
		义务教育巩固率	辍学率、留级率等（不再测评义务教育入学率）
		优质资源的引进与开放	学校、社会教育资源的开放和利用，国际优质教育资源引进情况，高校学分互认比例

类型	OECD 教育机会指标	中国的教育机会指标	
特有指标	C7 公立学校与私立学校 / 机构有何不同?	来华交流机会	外国来华留学生数、中小学境外学生占在校生的比例
			跨文化教育和国际理解教育、提供多样化教育、跨文化交流与合作、普通高校来华教师比例
		学生学习机会	学生学业负担指数、学生评价、教师评价、困难学生受帮扶比例

数据来源：

1. 中华人民共和国中央人民政府 . 中共中央、国务院印发《中国教育现代化 2035》[EB/OL]. (2019-02-23) [2023-07-12]. http://www.gov.cn/xinwen/2019-02/23/content_5367987.htm.

2. 中华人民共和国教育部 . 国家中长期教育改革和发展规划纲要（2010—2020 年）[EB/OL]. (2011-10-29) [2023-07-12]. http://www.moe.gov.cn/srcsite/A01/s7048/201007/t20100729_171904.html.

3. 中华人民共和国教育部 . 国家教育事业发展"十一五"规划纲要 [EB/OL]. (2007-05-31) [2023-07-12]. http://www.moe.gov.cn/jyb_xwfb/gzdt_gzdt/moe_1485/tnull_22875.html.

4. 中华人民共和国教育部 . 教育部关于印发《国家教育事业发展第十二个五年规划》的通知 [EB/OL]. (2012-06-14) [2023-07-12]. http://www.moe.gov.cn/srcsite/A03/moe_1892/moe_630/201206/t20120614_139702.html.

5. 中华人民共和国教育部 . 国务院关于印发国家教育事业发展"十三五"规划的通知 [EB/OL]. (2017-01-10) [2023-07-12]. http://www.moe.gov.cn/jyb_xxgk/moe_1777/moe_1778/201701/t20170119_295319.html.

6. 中华人民共和国教育部发展规划司 . 中国教育统计年鉴 2004[M]. 北京：人民教育出版社，2005.

7. 经济合作与发展组织 . 教育概览 2014：OECD 指标 [M]. 中国教育科学研究院，组织翻译 . 北京：教育科学出版社，2015.

（一）OECD 教育机会指标以检测公平程度为初衷

OECD 教育机会指标意在检测成员国教育的公平程度。7 个指标中，C1、C3、C4 和 C6 这 4 个指标都能在中国的教育机会指标中找到对应点。OECD 的 C2 指标与中国的教育机会指标有部分交集，即包括学前教育入学率，但是中国的教育机会指标不涉及学前教育与其他国家的比较。中国的教育机会指标与 OECD《教育概览》C1 指标的对应说明，教育普及程度是我国非常重视的指标，是衡量教育公平的重要指标。C3 指标重点关注高等教育的增长幅度和规模。OECD 的 C4 指标与我国的"不断扩大教育对外开放的广度和深度"表述方式不同，但内涵有重合部分。C6 指标强调成人接受教育的机会，尤其是从业人员接受教育的机会。这与我国教育从《国家中长期教育改革和发展规划纲要（2010—2020 年）》中建设学习型社会的要求到《中国教育现代化 2035》提出的建设学习大国目标这一演化脉络遥相呼应。

（二）OECD 教育机会指标重点指向各级各类教育机会的获得，也旁及其他

C1 指标"哪些人接受教育？"覆盖了各级各类教育，最终目标应该是使所有人都接受教育，亦即"全纳"。C3 指标是"预期多少学生升入大学？"。《中华人民共和国教育法》第九条明确规定："公民不分民族、种族、性别、职业、财产状况、宗教信仰等，依法享有平等的受教育机会。"这就是说，人人皆有受教育的权利，但教育要完全满足所有人的需求而达到全纳水平尚需时日。改革开放以来，我国先后颁布了《中华人民共和国义务教育法》《中华人民共和国教育法》，高等教育以不断扩招的方式迈向大众化和普及化，近期又进一步强调加快普惠性学前教育发展和高中教育普及的步伐，部分省市还关注 0—3 岁儿童早期教育指导率，体现了对全纳的高度重视。贫富差距也是全球面临的最普遍的挑战。实现全纳殊非易事。除 C1 指标指向基本受教育权利之外，C 类指标还涉及学前教育、高等教育、成人教育、出国留学教育以及私立教育机构。

（三）中国教育机会指标的特点

相比较而言，中国教育机会方面较为突出的特有指标主要涉及以下几方面：接受教育的人数规模，包括幼儿园、职业学校和高中规模等；国外学生来华交流以及国内学子出国留学；优质资源引进和共享，比如体现在微观层面的学生学习机会的共享，实际上表现为学习机会和资源的再分配。特别值得一提的是，对各级各类教育发展规模的重视符合我国改革开放以来的国情。但随着

外延式发展任务的基本完成，我国正面临着向内涵式发展的深度推进，因而质量成为新的焦点。《中国教育现代化 2035》因此提出了"发展中国特色世界先进水平的优质教育"的战略任务。要达到"优质"，首先就要建立一系列的质量标准。

四、教育过程指标的比较

OECD 指标框架的第四部分全称为"学习环境与学校的组织"。下文继续从中国与 OECD、共有指标与特有指标两个维度展开比较（见表 6-12）。

表 6-12　中国与 OECD 在教育过程指标方面的异同

类型	OECD 教育过程指标	中国的教育过程指标
共有指标	D1 学生有多少时间用于课堂学习？	学生自由学习与活动时间、学生辍学率、学生留级率、学生自选课程比例、针对学生的个性化评价、学生的个性化学习与发展、学习策略、人际关系、社团文体活动、社会实践活动
	D2 生师比是多少？班额是多大？	各级教育生师比、班额、班级规模、基本消除 56 人以上的"大班额"
	D3 教师工资是多少？	教师工资水平、完善农村中小学教师工资经费保障机制、教师待遇
	D5 哪些人从事教师职业？	专任教师学历水平、高校聘请外籍教师和研究人员数、高校具有海外工作学习经历教师比例、教师学历结构、教师专业结构、中小学教师教育技术能力、学前教育专任教师学历达标率、义务教育教师学历、职业学校中"双师型"教师比例、教师领军人才数在全国的占比、师资队伍水平、义务教育阶段新增教师具备高一级学历的比例达到 85% 以上
	D6 如何才能成为一名教师？	教师教学方式指数、师德与专业能力建设、评价标准的多样化、教师资格证拥有比率
	D7 教师专业发展活动有多普遍？	教师在职学习的课时量，接受国家级 / 省市级培训教师比例，教师区域内 / 外刚性 / 柔性流动机制，薄弱学校教师外出学习机会，中小学教师参与教育科研的数量、质量及成效等

续　表

类型	OECD 教育过程指标	中国的教育过程指标	
特有指标	D4 教师有多少时间用于教学?	办学环境与条件（内部）	基本办学条件达标学校比例，学校的负面事件比例，中学及以下学校达到适度班额的比例，学校组织与管理体制，平安校园，学校文化氛围，教学组织方式，师生关系指数，法律、法规制定和执行的健全度
		办学环境与条件（外部）	学校之间的互惠与共生、学校文化与地方文化的融合度、区域之间的协作与共建、教育行政部门依法管理学校、学校布局与规模合理、办学体制多元化、多元办学格局的建立
	D4 教师有多少时间用于教学?	地方及学校课程开发与创新	课程设置的地方性、课程资源开发的国际化、分层作业实施情况、校长课程领导力指数
		教师、家长及社会人士参与办学	师生及家长对学校管理或决策的参与度、师生及家长的评价参与度、社会人士对政府及学校教育决策的参与度
		其他	职业院校专业与国际通用职业资格证书对接比例、学历教育对外开放程度、民办教育健康发展、区域教育布局及结构的合理度

数据来源：

1. 中华人民共和国中央人民政府 . 中共中央、国务院印发《中国教育现代化 2035》[EB/OL]. (2019-02-23) [2023-07-12]. http://www.gov.cn/xinwen/2019-02/23/content_5367987.htm.

2. 中华人民共和国教育部 . 国家中长期教育改革和发展规划纲要（2010—2020 年）[EB/OL]. (2011-10-29) [2023-07-12]. http://www.moe.gov.cn/srcsite/A01/s7048/201007/t20100729_171904.html.

3. 中华人民共和国教育部 . 国家教育事业发展"十一五"规划纲要 [EB/OL]. (2007-05-31) [2023-07-12]. http://www.moe.gov.cn/jyb_xwfb/gzdt_gzdt/moe_1485/tnull_22875.html.

4. 中华人民共和国教育部 . 教育部关于印发《国家教育事业发展第十二个五年规划 》的 通 知 [EB/OL]. (2012-06-14) [2023-07-12]. http://www.moe.gov.cn/srcsite/A03/moe_1892/moe_630/201206/t20120614_139702.html.

5. 中华人民共和国教育部 . 国务院关于印发国家教育事业发展"十三五"规划的通知 [EB/OL]. (2017-01-10) [2023-07-12]. http://www.moe.gov.cn/jyb_xxgk/moe_1777/moe_1778/201701/t20170119_295319.html.

6. 中华人民共和国教育部发展规划司 . 中国教育统计年鉴 2004[M]. 北京：人民教育出版社，2005.

7. 经济合作与发展组织 . 教育概览 2014：OECD 指标 [M]. 中国教育科学研究院，组织翻译 . 北京：教育科学出版社，2015.

（一）OECD 教育过程指标专注于师生及其行为，意在持续提升教育质量

结合三级指标来看，OECD 教育过程指标虽命名为"学习环境与学校的组织"，但主要专注于教师的年龄和性别结构，教师工资和津贴等收入，初任教师的专业化，初中教师的强制性和非强制性专业发展活动，按机构、学段和机构类型统计的生师比，以及师生用于教与学的时间。中国教育过程指标中虽未有评测教师教学时间的指标，但一般来说，中国教师用于教学的实际时间会超过规定时间。中国教师除了课堂教学，还在批改作业、批改试卷、备课、家访等事务上投入了大量时间和精力。有些学校还有校本科研、教研及课程开发等任务。中国教师用于教学的时间不是简单地用周学时就可以统计出来的。因此，很有必要关注教师的隐性工作时间。

（二）中国学校的生师比较高，但在近期政策要求之下逐渐降低

我国学校的大班额一直是一个十分突出的问题。一般来说，越是重点的、示范性的、优质的学校，班额和学校规模就越大，中西部地区尤为突出。近些年来，在国家从基本均衡验收进入优质均衡建设的连续性政策影响之下，超大班额、大班额正逐渐减少。

我国学校的生师比情况相比国外更为复杂。由于受事业单位人事编制控制的影响，很多地方绝对缺编和结构性缺编现象较为突出，且一直未得到妥善解决，导致不少地方和学校班额过大。这在中西部及农村地区学校中尤其突出。有地方和研究者在尝试或倡导因地制宜的核编策略，如学生人数少的学校按班师比、学生人数足够的学校按生师比来配备教师。

（三）中国教育过程特有指标主要体现为环境优化、校本创新和社会参与

中国教育过程特有指标大多来自地方教育行政部门对学校组织、制度和文化建设的评估方案，显现了近些年来普遍重视学校法治建设、文化建设、特色学校建设、校本课程建设和教师专业发展的推进等多方面的可喜成果。

良好的学校内外部环境及条件是学校育人过程的基本保障，同时也是构成

学校内外部和谐生态的重要组成部分。由基础设施、装备和现代化信息技术构建的器物环境，由学校治理现代化推动下的体制机制改革所优化的组织制度环境，以及在校本管理、校本课程、校本教研和校本培训等一系列校本创新行为实施过程中形成的精神和心理的环境，从总体上丰富了学校的文化氛围，形成了一种耳濡目染、潜移默化的无形而有力的教育力量。

课程创新及相关的课堂教学变革也是一大看点。新一轮课程改革启动以来，各地在新课程范围留出的空间之内，以学校为基础，开展了国家及地方课程的再开发和学校课程的自主开发，甚至形成了一股学校改革风潮。与之相伴随的与教师专业发展相关联的校本研修也如火如荼，引起美国等国家的关注甚至效仿。设立与之相关的教育发展评价指标，正当其时。

教师和家长对学校治理的参与度指标，也反映了当下学校管理现代化发展的大趋势。尽管教师和家长参与学校治理的相关法律、法规、政策还滞后于实践需求，实践中教师和家长的参与治理状态也参差不齐，但这一趋向是值得推动的，也需要在过程指标中体现出来。

第三节　中国教育发展指标体系的问题反思

基于第二节的分析与比较，可以进一步梳理中国教育发展指标体系在理论框架、指标结构、指标内容、数据来源与统计口径等方面值得优化之处。

第一，教育发展指标体系缺乏必要的理论支撑。

我国的教育发展指标体系实际上是教育统计数据的集合，其本身并没有一定的理论基础，同时也没有自己的分析框架。真正意义上的教育发展指标体系要有自己的价值导向和理论基础。OECD 的教育指标建立在人力资本理论的基础上。人力资本理论认为人力资源是一切资源中最主要的资源，教育投资是人力投资的主要部分。依据这种理论，OECD 的教育指标重点围绕教育环境因素、教育投入、教育过程和教育产出等建构指标体系。OECD 教育指标的建立对我国而言具有一定的参考意义，但同时我国具有独特的国情与现实，在教育发展上也有自己的价值取向——以人为本。因此，我国的教育发展指标体系可以学他国之长，同时扎根于本国现实，生发出本土独特的理论与指标体系。

第二，忽视教育过程指标。

目前，我国各地已有的教育现代化评价指标基本是按 CIPP 模式设置的，即包括背景、投入、过程和产出四类指标。大多数指标体系在背景、投入和产出三方面体现得比较充分，如入学率、生均教育经费、财政教育支出占财政支出比例、升学率、学业成绩等。其优势是可以通过投入与产出的比照，评估教育资源使用的效率。

但是，此体系的缺陷是缺乏过程指标，尤其缺乏作为教育改革主体之一的学校内部的指标。比如，生师比、校长的课程与教学领导力水平、教师的专业发展水平、学生的课业负担、学生的幸福感与满意度等。

第三，硬性指标过多，存在重物轻人现象。

教育指标应该以人为本，促进人的发展，不应是数字符号或是数据的排列组合。我国的教育指标存在一定的重物轻人现象，许多指标趋向于统计容易量化的办学条件和技术装备，很少反映师生的素养、师生的幸福感与满意度。例如，国家重视学生德智体美劳全面发展，因此修订《国家学生体质健康标准》并在全国施行。学生体质健康指标主要关注肺活量、坐位体前屈、50 米跑等。这些指标被归为体育范畴，更多关注的是身体素质而不是人的内涵发展。

第四，教育发展指标体系的数据来源不统一，缺乏深入调查数据和长期监测数据，且缺乏国际可比性。

首先，数据的采集主体不一，数据的收集口径不一致。采集主体主要是教育部。教育部按照行政组织机构宏观管理，各省（自治区、直辖市）配合教育部的工作上报数据，审计部门负责审批。主体多导致数据收集缺乏一致性和统一标准，并且部门之间欠缺联动机制。

其次，我国教育发展指标体系基于时代特点和现实需要不断更新。例如，20 世纪 80 年代，教育部根据法律法规制定和完善的指标体系共有 7 类 90 项，侧重于教育现状的数量型描述；1991 年，原国家教委正式颁布的指标体系有 4 类 77 项，侧重于对国民教育水平、结构及其支持条件的评价与监测；2015 年，教育部经审批、修订的指标总共分为 5 类 102 项，涉及各级各类学校，更加关注促进教育公平和科学监测教育发展。总体而言，我国的教育发展指标体系缺乏调查数据，缺乏对教育发展指标中的核心指标进行长期持续的监测和关注。

　　最后是数据的可比性问题。由于本国国情及教育发展需要，我国的数据收集并未完全参照联合国教科文组织制定的《国际教育标准分类法》，但在一定程度上借鉴了国际教育指标。如 2015 年的指标中有 9 项借鉴了国际教育指标，并基于我国教育事业统计工作需要和实际情况进行了适当调整，如新增劳动力平均受教育年限、毕业生初次就业率等。但由于指标的特殊性，我国无法完全对照国际标准，与发达国家的教育发展指标相比较，这可能在一定程度上使得我们无法更清晰地判断教育中的部分情况。①

　　① 黄忠敬，等 . OECD 教育指标引领教育发展研究 [M]. 上海：华东师范大学出版社，2019：240.

第七章 结论与建议

本研究一方面考察教育指标的发展历史与脉络，呈现教育指标与教育发展以及社会发展之间的互动关系；另一方面在梳理、分析教育指标的基础上，通过大量可得数据的比较研究，开展中国与 OECD 主要国家的对比分析，明确中国教育在世界教育中的位置，从而更清楚地认识自身优势与不足，为 2035 年中国教育未来发展提供启示与建议，为迈向教育强国提供策略与方向。

第一节 主要结论

一、有关教育指标研究的结论

（一）OECD 教育指标发展的三大轨迹

OECD 教育指标在指标内容、指标收集方式和指标呈现方式上，主要表现为三大发展脉络。

1. 在指标内容上，从强调教育投入指标到更加重视教育过程指标

20 世纪 90 年代，《教育概览》的很大篇幅和指标数目放在了教育投入指标上，这反映了当时多数国家教育发展的重点仍在教育规模的扩张上，国家加

大教育经费投入，保障教育硬件条件供给等。进入 21 世纪，大多数 OECD 成员国已经由规模扩张进入质量提升阶段，因此越来越关注教育过程指标，关注学生的 PISA 测试、教师专业发展以及校长领导力等指标。

2. 在指标收集方式上，从统计指标的收集到调查指标的运用

早期的国际比较数据来自各国定期报送的数据。为此，OECD 根据《国际教育标准分类法》研发了教育统计手册指南并设计了统计数据表，以便各国填报数据。进入 21 世纪之后，OECD 开始尝试用国际测量方式收集数据，并增加主题类调查测评，比如 PISA、TALIS 以及 PIAAC 等。

3. 在指标呈现方式上，从全面概括性的指标体系到更有针对性的主题式测评指标

早期的指标追求呈现理论框架和全面系统，试图勾画出 OECD 成员国教育的全貌，但其缺点是问题不明显，主题不鲜明，没有引起各国政府充分的重视。后来，OECD 调整了报告方式，更加关注问题导向与政策影响的主题式报告，并对国家进行排名，以此使国家产生压力，从而引起各国政府的高度关注。比如，针对学生的数学、科学与阅读的国际测评，针对教师的教学测评，针对全球化的全球素养测评，以及针对非认知能力的社会与情感能力测评。这次转型相当成功，OECD 教育测评对政策的影响也就越来越大了。

（二）OECD 教育指标的三大视角

1. 关系的视角

OECD 教育指标从关系的视角出发，探究教育过程及产出的深层原因，注重教育活动与社会背景之间的内在关联以及相互作用。比如，教育产出指标中，父母受教育程度与高等教育入学率、受教育程度与劳动力市场参与程度、受教育程度与收入回报、教育投资动机与私人及公共收益、学习成绩与教育公平等，这些指标不仅获得关于事实的认识，还探索事物之间的因果关联或相关关系。

2. 动态的视角

OECD 教育指标从动态的视角反映了教育指标与社会发展之间的复杂关系。OECD 教育指标对政策的敏感性与引领性是通过自身的发展性来实现的，也就是说，OECD 教育指标随着社会与教育的发展而不断发展。一方面，

OECD 教育指标要引领教育政策的发展方向，就需要不断调整指标的结构与内容：从早期 PISA 对阅读、数学与科学素养的关注，到后来对创新性思维与批判性思维的关注，再到 2019 年全球素养的测评；从认知能力的素养测评到社会与情感能力等非认知能力的测评；从关注教师教学时间到更加关注教师专业发展和信息与通信技术的使用；等等。另一方面，教育政策的发展也推动着教育指标的不断更新。比如，OECD 越来越重视健康、社会参与、信任、志愿服务、生活满意度、可持续发展等教育产出的社会效益，而不再一味地强调经济效益。教育指标与社会发展之间形成共生共振的关系，既体现了指标建构与教育发展的关系，也体现了教育研究与教育政策的关系。

3. 主体的视角

OECD 教育指标从主体的视角出发，以人的良好素质养成为旨归。比如，教育过程指标基本锁定学生和教师。其他类指标还涉及父母与学生、成人与儿童、男性与女性、学习者与就业者、流动人口与移民等。这表明，以人为中心的评价，符合教育过程中人与人之间互动、对话、沟通与协商，也体现了教育现代化的核心和关键在于人的现代化。

（三）OECD 教育指标有其不足之处

任何教育指标的选择与建构都不是客观的，而是反映了一种教育立场与价值取向。OECD 建构的教育指标也不例外，其中蕴含了指标体系的创立者对教育的理解和秉持的教育理念。我们能够明显看出它对新自由主义理念的信奉和对人力资本理论的推崇，强调教育的经济功能和工具价值，强调绩效、问责和量化，忽视了幸福感、公民素养和社会公平等难以量化的教育内容，从而窄化了教育内涵的丰富性与内容的多样性。

教育不仅是经济增长的工具，也是人的基本权利。教育是提升人力的手段，而培养人本身就是教育的目的。正因为如此，有不少学者公开谴责 OECD 过于强化量化技术和标准化测试，重视教育的短期效应和经济效益，正在破坏全球教育。① 其缺陷表现为以下几点。第一，PISA 测验的结果并不能准确地

---

① OECD 与 PISA 正在破坏全球教育——全球 80 位专家学者给 OECD 的公开信 [J]. 侯定凯，编译 . 世界教育信息，2014（17）：52-56.

衡量学生的学习结果。第二，PISA 测验的排名导致很多国家和地区更关注短期的教育改革方案，而忽视较为长期的教育目标。第三，过于量化的测验导致那些不可量化或难以量化的教育因素（如体育、美育等）被忽视。第四，测评过于强调教育的经济功能而忽视与个人发展有关的其他方面，如公民参与、个人福祉、幸福感等。第五，OECD 实际上是与一些机构合作开展 PISA 测试，而这些机构实际上也向某些国家和地区提供相关的有偿服务，具有一定的商业性质。

有学者指出，这些大规模的测评遗漏了很多无法测量的内容，而这些未测量的内容可能更为重要。这些量化测评无法测量它们无意测量的内容，无法测量未知的内容，无法测量例外的情况，无法测量动态的、流动的、不明确的和依赖于情境的内容，无法衡量个体的独特性。总之，大规模测评只能非常有限地测量部分对个人、社会成功至关重要的能力，无法衡量广泛的、有价值的教育成果以及知识、技能和个人品质的独特组合，其副作用是显而易见的。这也提醒我们，在借鉴 OECD 教育指标好的一面的同时，也要关注其存在的弊端，结合我国的教育实际情况进行本土化改造。

二、中国与 OECD 成员国教育发展水平的比较

（一）在教育投入指标层面，中国教育差距明显

OECD 比较稳定的教育投入指标有 8 个：财政性教育经费占 GDP 的比例、教育公共支出总额占公共支出总额的比例、公共和私人的教育投入比例、生均教育经费支出、生均教育经费指数、教育经费支出结构、学生学费与政府对学生和家庭的财政资助、生均教师工资成本。以下举例分析。

1. 财政性教育经费占 GDP 的比例

总体来看，2010 年以来，我国的国家财政性教育经费占 GDP 的比例超过4%，虽然与 OECD 平均值 5.2% 还有差距，但是已经获得了很大的增长，基本与德国持平。这充分说明我国近年来加大了国家财政性教育经费的投入，将教育优先发展落到了实处。

各学段财政性教育经费占 GDP 的比例存在着明显的差异。小学阶段，中国财政性教育经费占 GDP 的比例略低于 OECD 平均值，低于部分 OECD 成

员国，但高于其中的德国和法国，与日本持平。总体来说，中国小学阶段的财政性教育经费占 GDP 的比例还是比较高的，表明了国家对基础教育投入的重视程度。初中阶段，中国财政性教育经费占 GDP 的比例略低于 OECD 平均值，低于大部分 OECD 成员国，与日本持平。高中阶段，中国财政性教育经费占 GDP 的比例远低于 OECD 平均值，只有 OECD 平均值的三分之一。总体来说，中国高中阶段财政性教育经费占 GDP 的比例过低，国家应当加大这方面的投入。高等教育阶段，中国财政性教育经费占 GDP 的比例远低于 OECD 平均值，只有 OECD 平均值的二分之一，国家应当加大这方面的投入。

2. 生均教育经费支出

首先，中国各级教育的生均教育经费支出均低于 OECD 主要成员国，也低于 OECD 平均值，且差距较大。其次，中国各级教育的生均教育经费支出中，小学阶段最低，高等教育阶段最高。生均教育成本在各级教育中投入的不同，反映了我国最为重视高等教育。但是，对小学阶段教育资源投入过低在一定程度上制约了我国基础教育的发展。当然，这种现象并非我国特有。通过与 OECD 成员国的比较，我们发现，OECD 主要成员国高等教育的生均教育经费支出都远远大于基础教育。这一方面说明了国家认为高等教育的投入产出效益高，另一方面说明了高等教育的成本更高。

总体来看，与 OECD 成员国相比，我国的生均教育经费支出较少。这对我国各级各类教育质量产生了一定影响，可能无法充分保障学习者获得应有的学习条件和良好的学习资源。对基础教育的投入程度会影响我国教育公平的实现和教育质量的提高。当然，高等教育的生均教育经费支出在各级教育中偏高，反映了我国对高等教育的重视。

（二）在教育机会指标层面，中国教育表现出学段差异

根据《国际教育标准分类法》，OECD 把教育分为早期教育、小学教育、初中教育、高中教育、中等后非高等教育、高等教育等学段，从不同的学段考察教育机会、参与和发展。具体指标包括各级教育的入学率、高中毕业率、大学升学率、高等教育毕业率、成人教育参与率、国际学生流动率、接受教育类型、预期学校教育年限等。以下举例分析。

1. 学前教育入学率

从 2005 年至 2017 年，OECD 成员国 3—5 岁儿童的平均入学率从 76% 上升到 87%。平均而言，2017 年，大约三分之一的 3 岁以下儿童以全日制或非全日制形式接受学前教育，40% 的 1 岁儿童和 62% 的 2 岁儿童接受学前教育。

中国 3—5 岁儿童的入学率低于大部分 OECD 成员国。中国学前儿童入学率从 1950 年的 0.4% 增长到 2010 年的 56.6%，2017 年上升到 79.6%，2018 年上升到 81.7%。中国学前儿童入学率的提升幅度较大，但仍低于 OECD 平均水平和大部分 OECD 成员国。

2. 高中教育入学率与毕业率

高中教育通常被认为是成功进入劳动力市场的最低资格，是继续深造的必要条件。从 15—19 岁群体的高中入学率来看，OECD 成员国的平均值是 85%；澳大利亚较高，为 91%；美国较低，为 83%。中国为 89%。总体而言，中国与 OECD 成员国的水平不相上下。从毕业率来看，2017 年，OECD 成员国 25 岁以前首次高中毕业率为 81%，一生中完成高中教育的比例为 87%。中国的高中毕业率为 86%，高于 OECD 平均水平。

3. 高等教育入学率

2016 年，OECD 成员国高等教育初次入学率的平均值为 66%，短期高等教育、本科、硕士研究生和博士研究生的入学率分别为 16%、58%、24%、2.5%。中国总体的高等教育毛入学率为 42.7%（2018 年增长到 48.1%），短期高等教育、本科、硕士研究生和博士研究生的入学率分别为 38%、34%、4%、0.4%。除短期高等教育入学率外，中国高等教育各阶段的入学率与 OECD 的平均水平存在较大差距。中国 2—3 年制短期高等教育的入学率较高，而硕士和博士阶段的高等教育入学率远低于 OECD 平均水平。

（三）在教育过程指标层面，中国教育的表现喜忧参半

教育过程指标包括学生课堂学习时间、生师比与班额、教师工资、教师教学时数、哪些人从事教师职业、教师专业发展、信息与通信技术在教学中的运用程度、校长的角色和任务等指标。以下举例分析。

1. 班级规模

第一，根据 2016 年《教育概览》的统计，OECD 小学班额平均数为 21

人。中国小学班额平均数约为 37 人，远大于 OECD 平均值，是 OECD 平均值的 1.76 倍，这是由人口大国的国情决定的。第二，根据 2016 年《教育概览》的统计，OECD 初中班额平均数为 23 人。中国初中班额平均数约为 49 人，远大于 OECD 平均值，是 OECD 平均值的 2.13 倍，而且中国的初中班额大于小学班额。

2. 生师比指标

生师比指标是教育过程中比较稳定的指标，在各个国家的教育政策中都有比较明确的规定。从学段来看，中国小学阶段生师比略高于 OECD 平均值，与澳大利亚相同，略低于英国、日本和韩国；中国初中阶段生师比与 OECD 平均值基本持平，与德国相同，略低于澳大利亚；中国高中阶段生师比高于 OECD 平均值；中国高等教育阶段生师比高于 OECD 平均值，高于美国、澳大利亚、英国、法国、德国等，略低于韩国。这从一个侧面反映了中国的高校扩招政策的结果，说明中国的高等教育仍然处在规模扩张阶段，建设世界一流大学与一流学科的奋斗目标任重道远。

总之，中国小学、初中阶段的生师比与 OECD 成员国基本持平，但高中阶段和高等教育阶段的生师比高于 OECD 成员国。

3. 教师年龄结构指标

与 OECD 主要成员国相比，中国小学、初中和高中阶段小于 30 岁的教师分别占总体教师队伍的 18%、18% 和 21%，高于 OECD 成员国的平均水平。中国教师队伍整体年龄偏轻，说明中国近些年来招聘教师的力度较大。这对改变师资队伍结构、激发教师活力具有积极意义，当然也可能存在部分教师教学经验不足等问题。中国小学阶段教师年龄主要集中于 30—39 岁和 40—49 岁，比例高于 OECD 平均值。这个阶段的教师处于中年，教育经验丰富。总体而言，中国小学、初中和高中阶段教师的年龄构成比较合理，有利于教育工作的开展。

（四）在教育产出指标层面，中国教育表现出良好的绩效水平

教育产出指标分别从个人产出、组织产出与社会产出三个层面展开分析，具体指标包括学业成绩（PISA）、高中毕业率、高等教育入学率、毕业率与完成率、就业率与失业率、成人受教育水平、教育社会效益（健康、公民参与、

人际信任）以及影响产出的因素分析（比如，家长受教育程度与学生接受高等教育机会的关系、教育程度对就业的影响、受教育水平对收入的影响）等。以下举例分析。

1. PISA 测试成绩

尽管《教育概览》中没有用专门的指标列出 PISA 测试成绩，但是在衡量教育产出时，PISA 测试成绩经常被作为重要指标进行比较。PISA 测试在一定程度上可以反映各个国家基础教育的结果和水平。上海自 2009 年参与 PISA 测试后，连续两次拔得头筹。然而，正如很多专家所分析的，上海的成功并不意味着中国的成功，有些问题值得反思。2012 年的 PISA 数据表明，OECD 成员国学生每周平均校外学习时间为 7.14 小时；上海学生校外学习时间最长，为 17.84 小时，约是 OECD 平均水平的 2.5 倍。其中，上海学生完成教师布置作业时间最长，为 13.85 小时，在 2012 年参与 PISA 测评国家和地区中居首位。上海学生参加课外辅导的时间在 2012 年所有参与 PISA 测评的国家和地区中排名第二，与父母一起学习的时间却排名倒数第三。从 2015 年开始，中国的北京、上海、江苏和广东四个地区参与测试，参与范围有所扩展。因此，2015 年 PISA 测试的成绩可以给我们带来更多启示。中国四个地区的综合排名在参与测试的国家和地区中列第十位，高于 OECD 成员国的平均水平，高分学生的占比较大，显示了中国学生的实力。2018 年的 PISA 测试中，中国的阅读、数学和科学三门学科成绩又重回第一。

2. 高等教育入学率

中国经历了近二十年的高等教育扩招，为高等教育的发展开拓了极大的空间。与发达国家相比，中国的高等教育入学率尚低。2017 年，中国各类高等教育在学总规模达到 3779 万人，高等教育毛入学率达到 45.7%，这个比例主要是通过普及短期高等教育入学率来实现的。硕士生与博士生在高等教育入学率这个指标上与 OECD 平均水平差距巨大，硕士生相差约 20 个百分点，博士生相差 1.9 个百分点。随着人口结构的变化，中国高等教育入学率可能会持续走高。如果说基础教育已经迈向关注质量公平的新阶段，那么高等教育仍然处在规模不断扩张的阶段。

3. 高等教育净毕业率

净毕业率是指在既定的年限里完成学业的人数占当年应当毕业学生总人数

的比例。澳大利亚、美国和日本的高等教育净毕业率相对较高。英国与德国
2—3 年高等教育的毕业率很低。相比较而言，中国专科及同等学力的高等教
育初次毕业率高于 OECD 成员国的平均水平，而本科教育和研究生教育的净
毕业率明显偏低。

4. 25—64 岁人口受教育程度的比例

2018 年，在 25—34 岁年龄组中，大多数发达国家成年人拥有高等教育学
历的比例为 30%—50%，OECD 成员国的平均水平是 44%，中国是 18%；在
25—64 岁年龄组中，OECD 成员国成年人拥有高等学历比例的平均值是 38%，
中国是 11%。

与发达国家相比，中国成年人拥有高等教育学历的比例仍然较低。但是，
从历史的纵向比较来看，中国人口的受教育程度有了质的飞跃。1982 年，全国
15 岁及以上人口中，受过高中及以上教育的比重为 10.9%。2017 年，占比提高
到 35.0%，并呈稳步提升趋势，尤其是受过大专及以上教育的人口占比从 1982
年的不足 1% 上升至 2017 年的 15.5%。文盲人口的占比则由 1982 年的 34.5%
降至 2017 年的 4.9%，下降了 29.6%。此外，6 岁及以上人口的平均受教育年
限从 1982 年的 5.2 年提高到 2017 年的 9.3 年，增幅将近 80%。相信随着中国
经济的持续发展、社会的持续进步，中国劳动力的受教育水平会持续提高。

通过教育投入、教育机会、教育过程与教育产出四项指标的国际比较分
析，我们可以得出如下三个结论。第一，相比于 OECD 成员国，中国的教育
投入不足，生均教育经费支出依然偏低。中国财政性教育经费占 GDP 的比例
逐年提高，逐步缩小了与 OECD 成员国的差距，表明近年来国家加大教育经
费投入，将教育优先发展落到了实处。第二，相比于 OECD 成员国，中国的
班额规模过大，但是生师比状况较好。这反映了中国加强教师教育，在教师招
聘、师资培养等方面加大了投入与改革力度。目前，中国教师年龄构成比较合
理，中青年教师占教师队伍的大部分。相较于 OECD 成员国，中国教师具有
明显的年龄优势。第三，相比于 OECD 成员国，中国的教育产出绩效值得肯
定。尽管与部分 OECD 成员国相比，中国的教育投入稍显不足，但教育产出
的绩效有可圈可点之处。尤其是中国在 PISA 测试中的优异表现吸引了国际社
会的广泛关注，扩大了中国教育的国际影响力，推进了中国教育"走出去"的
步伐。

第二节 主要建议

面向未来，要实现教育现代化，促进教育的可持续发展，需要在以下几个方面继续努力。

一、教育指标建设

我们可以从提高可比性的意义上完善已有的教育发展评价指标，也可以通过本土变革及面向未来的前瞻性创新来提升教育发展评价指标的整体质量。

（一）面向世界，完善与 OECD 的共性指标，保持可比性

首先，需要加强教育指标的价值引领与理论基础建设。OECD 拟定了《2030 年教育框架》，重新界定未来所需要的知识、技能和行为，强调 2030 年的教育要以素养为指向，建立支持这些技能发展的教育系统和学习系统。中国也需要加强教育指标的价值引领与基础理论建设。一方面，重申人文主义的立场。应以公平与质量为取向，以人权和尊严为基础，倡导包容、尊重、全纳的全民优质教育，确保所有儿童享有免费、公平与优质的教育，减少教育的不平等，促进学生的终身学习和可持续发展。教育指标要以人文主义为指引，确立培养人是教育的目的，尊重人的生命与尊严，坚持以学习者为中心的立场。另一方面，教育指标要超越功利主义思想和工具主义思维。功利主义和工具主义往往把教育质量窄化为学生的认知发展，而且把学生的认识发展水平等同于测试分数，从而忽视了价值、情感与社交等非认知能力的社会性发展。这在教育指标评估中常常表现为重视硬件要素等投入性指标和分数、毕业率、回报率、绩效水平等产出性要素，缺乏对学习过程与教学过程等微观层面的过程性要素的关注。

其次，尽快制定教育质量标准体系，统一口径，增强数据的国际可比较性。我们通过对照发现，中国与 OECD 教育发展指标之间的匹配度在 70% 左右（30 个二级指标中有 9 个不匹配）。可比内容缺失意味着可参照内容缺失，因而有必

要通过提高可比内容来提升 OECD 指标对中国教育发展评价的借鉴价值。

为了使教育统计数据具有更强的可比性，联合国教科文组织统计所和欧盟统计办公室拟定了《国际教育标准分类法》，并按照此标准，搜集数据，建立数据平台（UNESCO-OECD-EUROSTAT，简称 UOE），定期发布相关教育情况。这条经验值得我们借鉴。中国可以参照《国际教育标准分类法》，尽快制定适合本国国情的《教育质量标准体系》，并根据标准拟订教育统计数据指南，对指标体系的框架、收集数据的方式、数据的结果进行具有可操作性的详细说明。同时，也可以建设中国教育指标数据库，加大调查的深度和长期监测的力度。全程监测教育的进展，定期发布监测报告，能够为政府部门的政策制定和调整提供科学的依据。

在主体与组织机构方面，应当改变单一的行政主体方式，鼓励公信力强的第三方机构和专业性高的机构参与，建立多政府部门和社会力量的联动机制，形成教育部作为牵头单位，其他相关的统计部门、公安部门、信息部门以及人力资源和社会保障部门等协同参与的机制。

（二）扎根本土，依据国情设立和健全中国特色指标

与 OECD 相比，除了共性指标之外，我国也有一些体现本土特色的个性指标，主要有教育治理指标、教育满意度指标和区域均衡指标等。

1. 教育治理目标有待转换为评价指标

自党的十八大强调国家治理体系和治理能力现代化以来，我国教育领域开始高度关注教育治理问题。中国共产党第十九届中央委员会第四次全体会议更是将国家治理现代化作为基本议题，教育制度优势如何转化为治理效能成为热门话题。近期的国家教育政策文件中也不断提到各级各类教育体制、经费投入与管理、办学体制和招生机制等问题。接下来需要引起重视的问题，就是如何形成较为系统的指标体系，以评价促进教育治理现代化。

教育治理指标是教育现代化指标的核心内容，包括教育决策科学民主指数、教育法治指数、教育公共事务透明指数、教育政务效能指数、教育监督质量指数、教育清廉指数等。治理可以是强制的，但更多是协商的；治理的权力可以是自上而下的，也可以是平行、平等的；治理是法治的，而不是人治的。国内外的教育治理现代化监测体系研究凸显了科学、民主、法治、清廉、效

能、透明、问责与监管等共同要素。

2. 以教育满意度指标回应民众的特别关注

我国的教育同整个国家的治理理念一样，以人民为中心，教育层面的最高目标，是"办好人民满意的教育"。因此，教育满意度是一个颇有特色的教育发展指标。教育满意度指标主要包括社会、学校、教师、家长和学生这几个方面。确定教育满意度评价指标应遵循两个原则：一是以人民群众对教育的所思、所想、所盼为出发点，二是以自下而上的方式为确定教育满意度测评内容的基本方式。①

3. 以教育区域均衡指标推动教育现代化"一地一案"分区发展

我国幅员辽阔，各地区经济社会和教育发展的不均衡问题由来已久。伴随着城市化进程而不断凸显的教育公平诉求更是使得区域均衡发展成为焦点问题。均衡，不能采用"削峰填谷"式的平均主义做法，而是需要根据不同区域面临的不同难题有针对性地去解决。教育发达地区要满足的是民众越来越多样化、个性化的优质教育需求，以及通过先行先试产出更有示范性和辐射力的成果和经验；而教育欠发达地区除了要解决所面临的大班额、教师缺编、教师专业能力不足等突出问题，也要考虑如何在借鉴东部经验的同时发挥自身的特长和优势。这些都需要研制出合理有效的指标，以推动我国教育的内涵式发展。《中国教育现代化2035》中特意列出了"域内义务教育均衡县（市、区）的比例"这项指标，而当下自上而下验收的重点也正从义务教育基本均衡转向优质均衡。

（三）关注未来，凸显教育发展指标的前瞻性

1. 关注地方较具前沿性的指标

北京和长三角地区的教育一直走在我国教育的前列，具有前瞻性的参考意义。例如，上海中小学生学业质量绿色指标关注学生学习动力、学生负担、师生关系、身心健康、品德行为、进步指数等，大部分指标是软性的。京、沪、苏、浙、粤等省市教育现代化监测评估指标研究中提出的一些指标也是颇具前瞻性的，如北京的"0—3岁早期教育指导率"，江苏的"职业院校专业课与国际通用职业资格证书对接比例"，广东的"教育对地方经济发展的贡献率"，以

---

① 吉文昌. 教育满意度测评方法与原则 [J]. 教育研究，2015（2）：82–85.

及浙江关注的择校、减负、校园安全等热点问题。近些年来，关于教师专业发展、学生核心素养、校本课程开发、学区化和集团化办学等指向人的发展、文化的生成以及治理能力提升的研究逐渐增多，表明人们越来越关注教育的内涵式发展。

2. 测量统计口径必须回应国家教育发展战略要求

国家教育发展重要政策文件反映了国家教育的大政方针和规划决策，也反映了不同时期教育发展的方向和重点。近年来发布的一系列政策文件，主题涉及义务教育阶段教育教学改革、高中育人方式改革、科研及中小学教研、劳动教育等方面，从中可以看出国家教育改革的政策导向正在向微观领域、内涵式发展方面倾斜，以及把宏观决策落到实处的明确指向。这些都需要通过具体到发展评价指标及测量和统计口径中来进一步规范和落实。

从与 OECD 对应的四大类指标来看，在教育投入指标方面，国家教育发展重要文件中的"资源投入"和"学生投入"指标，包括扩大社区资源、公办及普惠性学前教育资源等，都是指向教育公平的关键指标，有必要纳入统计口径。在教育机会指标方面，国家教育发展重要文件十分强调面向少数民族地区招生、就业。例如，吸纳当地普通高校、职业学校少数民族毕业生就业，提高东中部省市职业学校招收民族地区学生的比例，支持民族地区和东中部省市双向扩大高校招生规模等，这些有利于维护民族团结稳定和教育公平的要求都要有指标来体现。支持建档立卡贫困家庭初中毕业生到省（区、市）外经济较发达地区接受中等职业教育，扩大农村贫困地区学生接受优质高等教育机会等扶持贫困地区和家庭教育等指标，也需要在调整修改教育发展指标或统计口径时予以充分考虑。过程指标中，国家一直强调的关于消除大班额、开齐开足相关课程、教师全员培训等要有足够的重视。在教育产出指标中，除了升学率、巩固率、毛入学率等之外，国家教育发展重要文件中强调的办学达标率，更有助于整体提升办学水平，也极有必要纳入评价指标。

3. 从价值理念层面向实践领域转换

当下教育发展评价指标的研制通常是直接从指标筛选入手的，忽略了评价指标的"目标效价"，缺少了对评价指标的价值评判与遴选。我们在教育指标的研究过程中，需要从教育的内涵及价值维度的分析入手，将发展评价的概念框架转化为可以实际施测的实践性指标框架。这种从价值理念层面向实践领域的转换是十分必要的。

可以看出，不同的国家由于拥有不同的经济、自然、历史、文化背景等，必须根据国情选择自己的发展道路。中国教育发展指标是关系到国家教育重大决策的工具，必须具有先进性、科学性、全球性和特色性。

一方面，意识到我国教育发展指标中存在的问题是健全中国特色指标的前提。我国教育指标主要侧重于对教育现状的描述，对国民教育水平、结构及其支持条件的评价和监测，多为基础性、结构比例性指标。① 因此，缺乏相关理论体系和指标框架，指标与指标之间的关联性不强。而且，我国的教育指标更多是站在教育内部看教育问题，缺乏教育与社会、经济、人口等的联系性和互动性。例如，我国缺乏讨论受教育程度如何影响劳动力市场参与程度的指标。此外，我国的教育产出指标比较薄弱。不过，近年来，我国开始越来越多地关注教育产出指标。

另一方面，中国特色的指标要反映我国的基本国情，必须进行深度研究。教育机会指标主要包括接受教育的人数规模、义务教育巩固率、优质资源、来华交流机会、学生学习机会等特有指标，尤其是关于教师、学生等微观领域的指标，最能解决我国的实际问题。目前，我国社会的主要矛盾是人民日益增长的美好生活需要和不平衡不充分的发展之间的矛盾。立足于我国的主要矛盾，致力于优质资源的扩充等，可以从源头上逐步解决矛盾。在教育产出指标方面，办学达标率、教育改革成效、办学特色及教育管理质量是中国特有指标，可以体现中国的教育改革特色。尤其是一些软指标，如办学特色，是非常需要重视的。因地制宜，发挥本土特色是弥补教育不均衡的重要举措。在教育投入指标方面，中国特色的指标包括决策和制度等软性投入、资源投入、资助投入、学生投入、终身教育投入等，关注的教育点相对较多。在教育过程指标方面，中国特色的指标包括办学环境与条件，地方及学校课程开发与创新，教师、家长及社会人士参与办学等。

总之，中国教育发展指标的建设不是一朝一夕的事情，而是长期发展的结果，必须继承指标建设的丰富经验与成果。同时，要扬长避短，从国际视角看中国教育发展指标，保持中国教育发展指标的国际可比性，促进中国教育发展

---

① 徐玲.国际教育指标体系的分析与思考 [J].教育科学，2004（2）：18–21.

指标的进一步完善。

二、教育改革

展望 2035 年教育, 我国需要从教育投入、教育公平、教育效益、教育层次与布局、教学时间、教学质量、学生负担等方面进行改革。

(一) 进一步加大教育投入, 提高生均教育支出

要改变教育经费在各教育阶段的分配, 完善教育投入增长的长效机制, 优化投入结构, 提高经费使用效益; 加大对学前教育和义务教育投入, 增加高等教育研发投入。

(二) 高度关注教育公平

要加强学校标准化建设, 着力缩小城乡、区域和校际差异, 在保证入学机会公平的基础上争取教育结果的公平; 继续统筹推进城乡义务教育一体化, 推动城乡义务教育均衡发展; 关注阶层的分化, 通过教育公平阻断贫困的代际传递; 关注社会弱势群体, 给予倾斜性的支持; 关注影响学生学习效果、测验成绩、学科素养水平等的社会经济背景、父母的受教育程度和移民背景等诸多条件因素。

(三) 关注教育产出的经济效益, 更要关注教育产出的社会效益

除了强化个人产出之外, 还应当强化组织与社会层面的产出; 从关注短期影响到关注长期的可持续发展作用; 从过分强调 "人力资本" 的发展到更加强调 "人的发展"; 不仅要关注产出本身, 还应当探索影响产出的因素是什么, 考虑到家庭、社会、市场、制度等因素对教育产出的巨大影响。

(四) 适度扩大高层次尤其是博士研究生的高等教育规模, 调整高等教育专业分布格局

应当继续扩大高等教育招生规模, 提高四年制本科以及研究生尤其是博士研究生的入学比例; 适度增加在职博士生培养的名额, 提升中西部地方院校教

师的学历，为持续扩大的高等教育规模补充高质量的师资；调整博士生培养的区域结构，给予中西部更多的资源倾斜；通过宽进严出的淘汰制，强化博士生培养的质量控制。

随着老龄化社会的到来，社会工作、护理、临床、康复、公共卫生、健康服务、家政等专业的需求量必然增长，高等教育需要为这种人口发展趋势做好应对。人工智能时代的科技竞争也日益激烈，需要扩大集成电路、人工智能、网络安全、物联网工程、先进制造和生物制药等前沿科技领域的专业人才，服务于国家重大战略需求和人才储备。

（五）适当减少教师的非教学时间，让教师将更多的时间和精力投入到教育教学中

中国教师的教学时间基本与 OECD 均值相当，但非教学时间远高于 OECD 平均水平。应切实减轻学校和教师的非教学压力，让教师有更多的时间和精力用于指导学生学习和提升自身专业发展；扩大教师专业自主权，提升教师的信息化素养与跨文化素养，激发广大教师的热情与活力。

（六）严格控制班级规模，提高教育教学质量

应当加强省级政府基础教育统筹能力，引导各地各校科学调整教育布局规划，增加教育供给；严格执行教育部编制的《城市普通中小学校校舍建设标准》和《农村普通中小学校建设标准》，将小学班级规模控制在 45 人以内，将初中班级规模控制在 50 人以内，切实解决中小学大班额和超大班额问题。

（七）切实减轻学生过重的课业负担，增强学生的幸福感

2018 年的 PISA 测试结果显示，我国学生的学校归属感指数为 −0.19，满意度为 6.64 分，分列第 51 位和第 61 位。这从侧面反映了我国学生学习时间过长，总体学习效率不高，幸福感偏低。因此，要从时间与内容上减轻学生校外过重的学业负担，缓解家长对学生校外作业与辅导的焦虑，办好人民满意的教育。

附　　录

附录表 2-1　2002—2017 年 OECD 教育产出指标变迁情况

时间 （年）	指标数量 （个）	指标变动情况 / 重新归类、新增、删除和重新表述
2002	14	A1 高中毕业率和成人受教育程度 A2 高等教育毕业率和成人受教育程度 A3 劳动力和成年人口的受教育水平 A4 不同专业的毕业生比例 A5 15 岁学生的阅读素养 A6 15 岁学生的数学和科学素养 A7 不同学校的学生表现有何不同 A8 公民知识和参与情况 A9 家长的职业地位与学生成绩 A10 15 岁学生的出生地、母语和阅读素养 A11 就业情况和受教育程度 A12 15—29 岁人口的就业和失业率以及预期受教育年限 A13 教育收益：个人收益和社会收益 A14 教育收益：人力资本和经济增长
2003	15	**新增指标：** A4 四年级学生的阅读素养；A8 15 岁读者的基本情况；A9 15 岁儿童的阅读参与情况；A10 15 岁儿童的自主学习情况；A11 学生表现的性别差异 **删除指标：** A3 劳动力和成年人口的受教育水平；A8 公民知识和参与情况；A9 家长的职业地位与学生成绩；A10 15 岁学生的出生地、母语和阅读素养
2004	12	**重新归类：** 将 A4 四年级学生的阅读素养归为 A5 四年级学生阅读和识字能力的发展趋势 **新增指标：** A1 成人受教育程度；A8 15 岁儿童在学校的参与——归属感与参与意识 **删除指标：** A7 不同学校的学生表现有何不同；A8 15 岁读者的基本情况；A9 15 岁儿童的阅读参与情况；A10 15 岁儿童的自主学习情况

时间 （年）	指标数量 （个）	指标变动情况 / 重新归类、新增、删除和重新表述
2005	10	**重新归类：** 当前成年人口中的高中毕业率和成就状况与当前成年人口中的高等教育毕业比例和成就状况归入"A1 成年人受教育程度" **新增指标：** A2 当前的高中教育毕业率；A3 当前的高等教育毕业率；A4 15 岁儿童在数学方面能做什么；A5 15 岁儿童在问题解决方面能做什么；A6 15 岁儿童数学表现的校际与校内差异；A7 八年级学生的数学与科学成绩 **删除指标：** A4 按专业领域划分的大学毕业生；A5 四年级学生阅读和识字能力的发展趋势；A6 15 岁儿童的阅读能力；A7 15 岁儿童的数学科学素养；A8 15 岁儿童在学校的参与—归属感与参与意识；A9 学生表现的性别差异
2006	11	**新增指标：** A6 数学水平最低的 15 岁儿童（2003 年）；A7 制度差异、社会经济现状与 15 岁学生的数学成绩（2003 年）；A11 人口趋势对教育机会提供的影响 **删除指标：** A5 15 岁儿童在问题解决方面能做什么；A7 八年级学生的数学与科学成绩
2007	9	**新增指标：** A4 学生对教育的期望是什么？；A5 学生对数学的态度是什么？；A6 移民背景对学生学习表现的影响是什么？；A7 父母的社会经济地位会影响学生的高等教育参与率吗？；A8 教育参与如何影响劳动力市场的参与情况？；A9 教育的经济效益是什么？ **删除指标：** A5 15 岁儿童数学表现的校际与校内差异；A6 数学水平最低的 15 岁儿童（2003 年）；A7 制度差异、社会经济现状与 15 岁学生的数学成绩（2003 年）；A8 按受教育水平划分的劳动力参与度；A9 教育回报：教育回报的个人与社会比率及其决定因素；A10 教育回报：人力资本与经济增长的关系；A11 人口趋势对教育机会提供的影响 **重新表述：** 所有的指标均由问句方式呈现
2008	10	**新增指标：** A4 有多少学生完成了高等教育？有多少学生辍学？；A5 15 岁的孩子在科学方面能做什么？；A6 家长对学校和科学学习的看法是什么？；A10 教育投资的动机是什么？ **删除指标：** A4 学生对教育的期望是什么？；A5 学生对数学的态度是什么？；A6 移民背景对学生学习表现的影响是什么？；A9 教育的经济效益是什么？ **重新表述：** 有多少学生完成中等教育重新表述为"A2 有多少学生完成高中教育并接受高等教育？"

续 表

时间 （年）	指标数量 （个）	指标变动情况／重新归类、新增、删除和重新表述
2009	9	**新增指标：** A4 在科学学习方面表现最好的学生的特征是什么？；A5 在 2006 年 PISA 测试中表现最好的学生对学习科学的态度和动机是什么？；A9 教育的社会效益如何？ **删除指标：** A4 有多少学生完成了高等教育？有多少学生辍学？；A5 15 岁的孩子在科学方面能做什么？；A6 家长对学校和科学学习的看法是什么？；A7 父母的社会经济地位会影响学生的高等教育参与率吗？
2010	10	**新增指标：** A3 多少学生毕业于高等教育？；A10 教育与经济之间的关系如何？ **删除指标：** A4 在科学学习方面表现最好的学生的特征是什么？；A5 在 2006 年 PISA 测试中表现最好的学生对学习科学的态度和动机是什么？
2011	11	**新增指标：** A4 什么专业对学生有吸引力？；A5 学生背景会影响学生成绩吗？；A6 喜欢阅读的学生是阅读高手吗？；A10 雇佣大学毕业生有多贵？ **删除指标：** A3 多少学生毕业于高等教育？；A5 有多少成年人参与教育和学习？；A9 教育的社会效益如何？；A10 教育与经济之间的关系如何？ **重新表述：** 完成高中教育并接受高等教育的学生数重新表述为"A2 多少学生完成了中等教育？"；教育的经济效益重新表述为"A8 教育的经济收益是多少？"
2012	11	**新增指标：** A4 男生和女生的职业愿望与接受高等教育的男性和女性的专业之间的差别是什么？；A5 移民背景学生的学业表现和学校特征？；A6 父母受教育程度对高等教育入学影响有多大？；A11 教育的社会效益如何？ **删除指标：** A4 什么专业对学生有吸引力？；A5 学生背景会影响学生成绩吗？；A6 喜欢阅读的学生是阅读高手吗？；A10 雇佣大学毕业生有多贵？ **重新表述：** 中等教育毕业率和高等教育毕业率重新表述为"A2 预计有多少学生完成中等教育？"和"A3 预计有多少学生完成高等教育？"
2013	8	**新增指标：** A4 有多少学生完成了高等教育？ **删除指标：** A4 男生和女生的职业愿望与接受高等教育的男性和女性的专业之间的差别是什么？；A5 移民背景学生的学业表现和学校特征；A6 父母受教育程度对高等教育入学影响有多大？；A10 教育如何影响经济的发展、劳动力成本和盈利能力？

续　表

时间 （年）	指标数量 （个）	指标变动情况／重新归类、新增、删除和重新表述
2014	9	**新增指标**：A4 父母受教育程度对子女高等教育入学影响有多大？；A9 学生的学习成绩和教育公平的关系如何？ **删除指标**：A4 有多少学生完成了高等教育？ **重新表述**：教育的收入溢价重新表述为"A6 教育的收入回报是多少？"
2015	10	**新增指标**：A7 教育投资的经济动因是什么？ **删除指标**：A7 教育投资的动机如何？；A9 学生的学习成绩和教育公平的关系如何？ **重新表述**：A3 指标重新表述为"预计有多少学生完成高等教育？他们的基本情况是什么？"；家长受教育程度是否影响子女接受高等教育的机会重新表述为"A4 父母受教育程度对子女的学历影响有多大？"；教育的社会效益重新表述为"A8 教育的社会效益如何？"
2016	9	**新增指标**：A9 多少学生完成高等教育？ **删除指标**：A9 技能对就业与收入有何影响？；A10 教育与就业中的性别差距体现在哪里？ **重新表述**：父母受教育程度对子女的学历影响表述为"A4 父母的背景对子女的学历影响有多大？"
2017	9	**重新表述**：父母的背景对子女的学历影响重新表述为"A4 父母的学历水平对子女受教育程度有多大影响？"

　　注：此处指标变动情况指的是当年相对于上一年份的指标变动情况，如指标重新归类（按上年指标情况说明）、指标删除（按上年指标序号标明）、指标新增（按当年指标序号标明）、指标重新表述（按当年指标序号标明）等。

　　数据来源：OECD 2002—2017 年《教育概览》。

附录表 3-1　2017 年中国教育经费来源结构

项目	金额（亿元）	比例
总计	42562	100.00%
一、国家财政性教育经费	34208	80.37%
1. 一般公共预算安排的教育经费	33412	78.50%
（1）一般公共预算安排的教育经费	29920	70.30%
① 教育事业费	27893	65.53%
② 基本建设经费	622	1.46%

续　表

项目	金额（亿元）	比例
③ 教育费附加	1405	3.30%
（2）其他一般公共预算安排的教育经费	3492	8.20%
① 科研经费	198	0.47%
② 其他	3294	7.74%
2. 政府性基金预算安排的教育经费	274	0.64%
其中：彩票公益金	57	0.13%
3. 企业办学中的企业拨款	30	0.07%
4. 校办产业和社会服务收入用于教育的经费	30	0.07%
5. 其他属于国家财政性教育经费	462	1.09%
二、民办学校中举办者投入	225	0.53%
三、捐赠收入	85	0.20%
其中：港澳台及海外捐赠	6	0.01%
四、事业收入	6958	16.35%
其中：学费	5293	12.44%
五、其他教育经费	1087	2.55%

附录表 3-2　2015 年部分 OECD 成员国生均教育经费支出

单位：用购买力平价法换算的美元

国家 / 国际组织	小学	初中	高中	高等教育
澳大利亚	9546	12466	12028	20344
奥地利	11689	15514	15432	17555
比利时	10211	12538	13352	17320
加拿大	9249	m	12900	m
智利	5064	4974	4909	8406
捷克	5207	8714	8251	10891
爱沙尼亚	6327	6614	7090	12867
芬兰	9305	14682	8543	17591
法国	7395	10268	13799	16145
德国	8619	10680	13652	17036

续 表

国家 / 国际组织	小学	初中	高中	高等教育
希腊	5810	7099	6490	4095
匈牙利	5089	4711	6966	8761
冰岛	11215	12872	10023	12671
爱尔兰	8288	9983	10259	13229
以色列	7971	m	7987	11003
意大利	8426	9258	8969	11257
日本	9105	10562	11715	19289
韩国	11047	11025	13247	10109
拉脱维亚	6672	6723	7123	10137
卢森堡	20892	21124	19808	48907
墨西哥	2874	2514	4224	8170
荷兰	8478	12491	13241	19286
新西兰	7849	9409	11509	15166
挪威	13275	14486	16095	20973
波兰	6757	6985	6655	9687
葡萄牙	7380	9568	9469	11766
斯洛伐克	6877	6282	7092	15874
斯洛文尼亚	8542	9925	7230	10208
西班牙	7320	8765	9269	12605
瑞典	10853	11493	11331	24417
土耳其	4134	3491	3528	8901
英国	11630	10249	10798	26320
美国	11727	12693	13474	30003
OECD 平均	8631	9941	10196	15656
欧盟 22 国平均	8656	10175	10230	15998

注：

1. 加拿大小学的数据包括学前和初中。

2. 智利为 2016 年数据。

3. m 表示数据缺失。

数据来源：OECD 2018 年《教育概览》。

附录表 3-3　2005—2015 年部分 OECD 成员国中小学教育经费总支出、
在校生数量和生均教育经费支出增长指数

2005 年 =100

国家 / 国际组织	中小学教育经费总支出	在校生数量	生均教育经费支出
澳大利亚	137	104	132
比利时	119	98	121
智利	128	87	146
捷克	118	86	136
爱沙尼亚	101	81	126
芬兰	112	99	115
法国	106	102	103
德国	105	88	119
冰岛	105	99	106
爱尔兰	121	117	104
意大利	96	101	95
日本	103	92	113
韩国	148	78	188
拉脱维亚	118	71	167
墨西哥	126	111	114
荷兰	113	99	113
挪威	120	104	115
波兰	128	78	163
斯洛伐克	146	75	194
斯洛文尼亚	90	91	99
西班牙	113	112	101
瑞典	109	96	113
英国	124	106	117
美国	109	102	107
OECD 平均	117	95	122
欧盟 22 国平均	112	93	120

注：表中的中小学指小学、中学和中学后非第三级教育。

数据来源：OECD 2018 年《教育概览》。

附录表 3-4　2013 年部分 OECD 成员国生均公共教育经费支出

单位：用购买力平价法换算的美元

国家／国际组织	小学	初中	高中	高等教育
澳大利亚	8102	9239	8470	7740
奥地利	10413	14372	14511	15794
比利时	9656	11754	12495	13808
加拿大	8392	m	11109	m
智利	3151	3286	3264	2866
捷克	4377	7424	6775	6753
丹麦	11745	12190	10118	14047
爱沙尼亚	6999	6890	5787	7068
芬兰	8485	13258	8678	17168
法国	6708	9120	12044	12479
德国	7913	9647	9866	14140
匈牙利	5111	3687	4049	6275
冰岛	10445	11132	6877	9775
爱尔兰	7807	10064	10054	9994
以色列	7285	m	5152	6892
意大利	7562	8157	8212	7264
日本	8664	9571	8888	6855
韩国	7871	7371	7510	3684
拉脱维亚	5811	5847	5733	5104
卢森堡	16838	18909	18435	m
墨西哥	2340	2092	3006	5129
荷兰	8450	11983	8557	13209
新西兰	6746	7898	8522	7570
挪威	13274	14103	16153	19873
波兰	6315	6269	5574	6544
葡萄牙	6503	8920	8274	5883
斯洛伐克	5215	5145	5162	6824

续　表

国家／国际组织	小学	初中	高中	高等教育
斯洛文尼亚	8240	9110	6958	8434
西班牙	5889	7564	7825	8685
瑞典	10664	11306	11389	20167
土耳其	2452	2849	3409	6935
英国	9350	11003	9260	14209
美国	10176	11000	12360	10134
OECD 平均	7847	9070	8620	9719
欧盟 22 国平均	8098	9649	9036	10693

注：

1. 加拿大为 2012 年数据。

2. 智利为 2014 年数据。

3. m 表示数据缺失。

数据来源：OECD 2016 年《教育概览》。

附录表 3-5　2005—2011 年部分 OECD 成员国学前教育生均教育经费支出情况

单位：用购买力平价法换算的美元

国家／国际组织	2005 年	2006 年	2007 年	2009 年	2011 年	增长幅度
澳大利亚	m	4252	6507	8493	10734	m
奥地利	6562	6783	6409	8202	8933	36.1%
比利时	4816	5082	5247	5696	6333	31.5%
智利	2953	2764	3371	3885	5083	72.1%
捷克	3353	3586	3700	4452	4302	28.3%
丹麦	5320	5208	5594	8785	14148	165.9%
爱沙尼亚	1833	1941	2232	2551	2618	42.8%
芬兰	4395	4544	4789	5553	5700	29.7%
法国	4817	4995	5527	6185	6615	37.3%
德国	5508	5683	6119	7862	8351	51.6%
匈牙利	4402	4516	4304	4745	4564	3.7%

续　表

国家 / 国际组织	2005 年	2006 年	2007 年	2009 年	2011 年	增长幅度
冰岛	6800	8154	8884	9636	9138	34.4%
以色列	3650	3803	3631	3998	4058	11.2%
意大利	6139	7083	7191	7948	7868	28.2%
日本	4174	4389	4518	5103	5591	33.9%
韩国	2426	3393	3909	6047	6861	182.8%
墨西哥	1964	1978	1979	2158	2568	30.8%
荷兰	5885	6006	6130	7437	8020	36.3%
新西兰	4778	5113	5185	11202	11088	132.1%
挪威	5236	5625	5886	6696	6730	28.5%
波兰	4130	4545	4658	5610	6409	55.2%
葡萄牙	4808	4897	5006	5661	5674	18.0%
斯洛伐克	2895	3156	3419	4433	4653	60.7%
斯洛文尼亚	6364	7209	8464	7979	8136	27.8%
西班牙	5015	5372	6138	6946	6725	34.1%
瑞典	4852	5475	5666	6549	6915	42.5%
瑞士	3853	4166	4506	5147	5267	36.7%
英国	6420	7335	7598	6493	9692	51.0%
美国	8301	8867	9394	8396	10010	20.6%
OECD 平均	4888	5260	5447	6670	7428	52.0%
OECD 总计	5254	5553	5838	6208	7044	34.1%
欧盟平均	4980	5343	5468	6807	7933	59.3%

注：

1. 2005—2007 年的数据为欧盟 19 国平均，2009 年和 2011 年的数据为欧盟 21 国平均。

2. m 表示数据缺失。

数据来源：OECD 2016 年《教育概览》。

附录表 3-6　2015 年部分 OECD 成员国高中阶段教育中普通教育和职业教育经费

单位：用购买力平价法换算的美元

国家 / 国际组织	普通教育	职业教育	职业教育 / 普通教育
澳大利亚	12826	9328	0.73
英国	11660	9440	0.81
斯洛文尼亚	7971	6846	0.86
挪威	16429	15768	0.96
芬兰	8425	8587	1.02
立陶宛	7049	7233	1.03
比利时	13138	13497	1.03
智利	4852	5054	1.04
墨西哥	4098	4429	1.08
卢森堡	18580	20587	1.11
新西兰	11206	12544	1.12
法国	13131	14963	1.14
捷克	7368	8566	1.16
西班牙	8716	10408	1.19
土耳其	3175	3919	1.23
爱沙尼亚	6514	8048	1.24
奥地利	13514	16696	1.24
斯洛伐克	6069	7658	1.26
波兰	5775	7346	1.27
德国	11423	15943	1.40
荷兰	10329	14698	1.42
希腊	5678	8513	1.50
匈牙利	6110	9794	1.60
冰岛	8142	14821	1.82
瑞典	7749	16873	2.18
以色列	6025	15400	2.56
OECD 平均	9119	11037	1.21
欧盟 22 国平均	9445	11428	1.21

数据来源：OECD 2018 年《教育概览》。

附录表 3-7　2013 年部分 OECD 成员国生均教育经费指数

国家 / 国际组织	小学	初中	高中	大学
澳大利亚	18	24	22	39
奥地利	23	31	32	35
比利时	23	28	30	37
加拿大	22	m	28	51
智利	18	19	19	35
捷克	16	27	26	35
丹麦	25	26	22	36
爱沙尼亚	26	26	22	43
芬兰	21	32	21	44
法国	18	25	35	41
德国	18	23	30	38
匈牙利	23	17	18	42
冰岛	25	26	18	26
爱尔兰	17	23	23	29
以色列	21	m	17	45
意大利	23	24	25	31
日本	24	28	29	49
韩国	24	22	30	29
拉脱维亚	27	27	27	37
卢森堡	19	21	20	42
墨西哥	16	14	24	44
荷兰	17	26	25	39
新西兰	20	25	31	40
挪威	25	27	31	39
波兰	28	28	25	36
葡萄牙	26	35	38	40
斯洛伐克	22	21	21	38
斯洛文尼亚	31	35	27	41

续　表

国家 / 国际组织	小学	初中	高中	大学
西班牙	21	25	27	38
瑞典	24	25	25	51
瑞士	27	33	31	42
土耳其	15	17	20	55
英国	27	34	30	66
美国	21	23	26	54
OECD 平均	22	26	26	41
欧盟 22 国平均	23	27	26	40

注：

1. 加拿大为 2012 年数据。

2. 加拿大、卢森堡、斯洛伐克高等教育仅指公立机构。

3. 智利为 2014 年数据。

4. 爱尔兰、瑞士仅有公立教育机构数据。

5. 意大利小学、初中和高中仅有公立教育机构数据。

6. 波兰高中教育数据中包括初中职业教育。

7. m 表示数据缺失。

数据来源：OECD 2016 年《教育概览》。

附录表 3-8　2013 年部分 OECD 成员国及中国生均公共教育经费指数

国家	小学	初中	高中	大学
澳大利亚	17	20	18	17
奥地利	22	30	30	33
比利时	22	27	29	32
加拿大	18	0	24	0
智利	14	15	15	13
捷克	14	24	22	22
丹麦	25	26	22	30
爱沙尼亚	25	25	21	25
芬兰	21	33	21	42

续　表

国家	小学	初中	高中	大学
法国	17	23	30	32
德国	17	21	21	30
匈牙利	20	15	16	25
冰岛	24	25	16	22
爱尔兰	16	20	20	20
以色列	21	0	15	20
意大利	21	23	23	21
日本	24	26	24	19
韩国	24	22	22	11
拉脱维亚	25	25	24	22
卢森堡	17	19	18	m
墨西哥	13	11	16	28
荷兰	17	25	18	27
新西兰	18	21	23	20
挪威	25	27	31	38
波兰	25	25	22	26
葡萄牙	23	31	29	21
斯洛伐克	18	18	18	24
斯洛文尼亚	27	30	23	28
西班牙	18	23	23	26
瑞典	23	25	25	44
土耳其	13	15	17	35
英国	23	27	23	35
美国	19	20	23	19
中国	16	22	20	37

注：

1. 根据 OECD 各国生均公共教育经费和人均 GDP 计算，OECD 各国人均 GDP 为 2014 年数据。

2. m 表示数据缺失。

数据来源：OECD 2015 年《教育概览》。

附录表 3-9 1997—2016 年部分 OECD 成员国平均中小学教育经费结构比例变化

年份	小学阶段		初中阶段		高中阶段	
	经常性支出	资本性支出	经常性支出	资本性支出	经常性支出	资本性支出
1997	91.0%	9.0%	91.0%	9.0%	91.0%	9.0%
1998	92.0%	8.0%	92.0%	8.0%	92.0%	8.0%
1999	92.1%	7.9%	92.1%	7.9%	92.1%	7.9%
2000	92.2%	7.8%	92.2%	7.8%	92.2%	7.8%
2001	91.6%	8.4%	91.6%	8.4%	91.6%	8.4%
2002	91.8%	8.2%	91.8%	8.2%	91.8%	8.2%
2003	91.8%	8.2%	91.8%	8.2%	91.8%	8.2%
2004	91.0%	9.0%	91.0%	9.0%	91.0%	9.0%
2005	91.1%	8.9%	92.2%	7.8%	92.2%	7.8%
2006	91.7%	8.3%	92.0%	8.0%	92.0%	8.0%
2007	92.2%	7.8%	92.6%	7.4%	92.6%	7.4%
2008	91.9%	8.1%	92.4%	7.6%	92.4%	7.6%
2009	90.9%	9.1%	91.6%	8.4%	91.6%	8.4%
2010	90.8%	9.2%	91.7%	8.3%	91.7%	8.3%
2011	92.3%	7.7%	92.9%	7.1%	92.9%	7.1%
2012	92.9%	7.1%	93.2%	6.8%	93.2%	6.8%
2013	92.3%	7.7%	93.0%	7.0%	92.8%	7.0%
2014	91.9%	8.2%	92.6%	7.4%	92.7%	7.3%
2015	92.6%	7.4%	93.0%	7.0%	92.9%	7.1%
2016	92.5%	7.5%	92.7%	7.3%	93.1%	6.9%

附录表 3-10　2003—2016 年部分 OECD 成员国教育经常性支出与资本性支出占比

年份	项目	澳大利亚	加拿大	法国	德国	日本	韩国	英国	美国
2003	经常性支出	94.7%	96.2%	89.3%	90.9%	83.6%	90.5%	97.2%	90.4%
	资本性支出	5.3%	3.8%	10.7%	9.1%	16.4%	9.5%	2.8%	9.6%
2004	经常性支出	90.9%	m	88.7%	91.2%	85%	80.9%	95%	87.6%
	资本性支出	9.1%	m	11.3%	8.8%	15%	19.1%	5%	12.4%
2005	经常性支出	90.2%	95.9%	88.4%	91.5%	87.4%	85.7%	95.2%	87.3%
	资本性支出	9.8%	4.1%	11.6%	8.5%	12.6%	14.3%	4.8%	12.7%
2006	经常性支出	89.4%	92.5%	88.5%	92.2%	86.9%	83.5%	93.9%	88.0%
	资本性支出	10.6%	7.5%	11.5%	7.8%	13.1%	16.5%	6.1%	12.0%
2007	经常性支出	89.2%	92.9%	92.1%	92.0%	87.1%	82.6%	94.9%	88.4%
	资本性支出	10.8%	7.1%	7.9%	8.0%	12.9%	17.4%	5.1%	11.6%
2008	经常性支出	89.9%	91.5%	91.3%	90.4%	87%	83.5%	94.4%	90.3%
	资本性支出	10.1%	8.5%	8.7%	9.6%	13%	16.5%	5.6%	9.7%
2009	经常性支出	93.5%	89.5%	91.0%	90.2%	84.5%	83.5%	94.9%	91.9%
	资本性支出	6.5%	10.5%	9.0%	9.8%	15.5%	16.5%	5.1%	8.1%
2010	经常性支出	87.0%	88.8%	89.7%	m	88.4%	84.5%	93.5%	87.8%
	资本性支出	13.0%	11.2%	10.3%	m	11.6%	15.5%	6.5%	12.2%
2011	经常性支出	85.8%	86.6%	91.3%	88.6%	87.7%	85.1%	92.9%	88.6%
	资本性支出	14.2%	13.4%	8.7%	11.4%	12.3%	14.9%	7.1%	11.4%
2012	经常性支出	85.2%	89 5%	92%	89.8%	87.2%	86.2%	93.7%	86.7%
	资本性支出	14.8%	10.5%	8%	10.2%	12.8%	13.8%	6.3%	13.3%
2013	经常性支出	87%	92%	91%	91%	84%	86%	94%	90%
	资本性支出	13%	8%	9%	9%	16%	14%	6%	10%
2014	经常性支出	88%	92%	91%	91%	86%	87%	94%	89%
	资本性支出	12%	8%	9%	9%	14%	13%	6%	11%
2015	经常性支出	89%	93%	91%	91%	87%	88%	94%	90%
	资本性支出	11%	7%	9%	9%	13%	12%	6%	10%
2016	经常性支出	m	93%	93%	92%	88%	88%	95%	94%
	资本性支出	m	7%	7%	8%	12%	12%	5%	6%

注：m 表示数据缺失。

附录表 3-11　2003—2016 年部分 OECD 成员国高等教育经常性支出结构

年份	项目	澳大利亚	加拿大	法国	德国	日本	韩国	英国	美国
2003	人员经费	59.6%	67.3%	80.1%	71.4%	64.5%	43.3%	58.3%	55.5%
	公用经费	40.4%	32.7%	19.9%	28.6%	35.5%	56.7%	41.7%	44.5%
2004	人员经费	59.7%	m	79.2%	71%	61%	52.3%	58%	66.6%
	公用经费	40.3%	m	20.8%	29%	39%	47.7%	42%	33.4%
2005	人员经费	60.4%	67.5%	81.2%	70.4%	61.7%	50.9%	m	65.4%
	公用经费	39.6%	32.5%	18.8%	29.6%	38.3%	49.1%	m	34.6%
2006	人员经费	62.0%	63.6%	80.3%	67.6%	60.2%	51.1%	72.5%	64.4%
	公用经费	38.0%	36.4%	19.7%	32.4%	39.8%	48.9%	27.5%	35.6%
2007	人员经费	60.8%	63.9%	79.1%	66.5%	60.6%	53.7%	75.2%	64.0%
	公用经费	39.2%	36.1%	20.9%	33.5%	39.4%	46.3%	24.8%	36.0%
2008	人员经费	60.7%	64.2%	78.2%	65.7%	66.1%	60.1%	82.9%	62.2%
	公用经费	39.3%	35.8%	21.8%	34.3%	33.9%	39.9%	17.1%	37.8%
2009	人员经费	61.7%	63.1%	75.8%	65.8%	60.0%	53.4%	79.9%	62.3%
	公用经费	38.3%	36.9%	24.2%	34.2%	40.0%	46.6%	20.1%	37.7%
2010	人员经费	62.5%	64.7%	77.5%	m	60.0%	51.6%	81.0%	65.4%
	公用经费	37.5%	35.3%	22.5%	m	40.0%	48.4%	19.0%	34.6%
2011	人员经费	62.2%	65.2%	79.2%	66.7%	59.9%	52%	60.4%	65.1%
	公用经费	37.8%	34.8%	20.8%	33.3%	40.1%	48%	39.6%	34.9%
2012	人员经费	62.4%	66.5%	78.4%	66.7%	59.6%	54.4%	63.6%	64.8%
	公用经费	37.6%	33.5%	21.6%	33.3%	40.4%	45.6%	36.4%	35.2%
2013	人员经费	63%	66%	79%	66%	59%	59%	64%	65%
	公用经费	37%	34%	21%	34%	41%	41%	36%	35%
2014	人员经费	63%	66%	81%	67%	59%	59%	63%	64%
	公用经费	37%	34%	19%	33%	41%	41%	37%	36%
2015	人员经费	62%	66%	80%	67%	59%	60%	63%	64%
	公用经费	38%	34%	20%	33%	41%	40%	37%	36%
2016	人员经费	61%	66%	80%	66%	59%	59%	64%	65%
	公用经费	39%	34%	20%	34%	41%	41%	36%	35%

注：m 表示数据缺失。

附录表 3-12　2015—2016 学年部分 OECD 成员国三类
机构学士或同等水平课程收取的学费

单位：用购买力平价法换算的美元

国　家	公立机构	民办公助机构	独立私立机构
丹麦	0	m	m
爱沙尼亚	0	0	m
芬兰	0	0	a
挪威	0	2298	6288
波兰	0	a	2175
斯洛伐克	0	a	2287
斯洛文尼亚	0	0	0
瑞典	0	0	a
土耳其	0	a	m
比利时（法语区）	419	557	a
匈牙利	751	586	1896
奥地利	910	910	m
瑞士	1170	1170	m
意大利	1647	a	5771
西班牙	1832	m	m
荷兰	2395	a	m
以色列	3043	3041	6675
新西兰	4236	m	m
韩国	4712	a	8419
澳大利亚	4785	5526	10289
加拿大	4965	m	m
日本	5218	a	8411
智利	7351	8437	6487
美国	8202	a	21189
葡萄牙	1116—1808	a	m
比利时（荷兰语区）	132—1112	132—1112	m
卢森堡	449—896	a	m
拉脱维亚	a	1906—24912	1435—15346

续　表

国　家	公立机构	民办公助机构	独立私立机构
英国	a	11797	m
德国	m	m	m
墨西哥	m	a	4711

注：

1. 表格中的数据仅统计本国学生，以购买力平价法转换后的等值美元表示，基于全日制折算。

2. 澳大利亚、奥地利的数据年份为 2014—2015 学年。

3. 以色列的数据年份为 2013—2014 学年。

4. 韩国的数据年份为 2016 年。

5. 美国的数据年份为 2011—2012 学年。

6. 英国的数据仅参考英格兰。

7. m 表示数据缺失。

8. a 表示数据口径不适用于该类机构。

数据来源：OECD 2018 年《教育概览》。

附录表 3-13　2015—2016 学年部分 OECD 成员国公立机构
学士、硕士、博士项目年均学费

单位：用购买力平价法换算的美元

国　家	学士项目	硕士项目	博士项目
丹麦	0	0	0
爱沙尼亚	0	0	0
芬兰	0	0	0
挪威	0	0	a
波兰	0	0	0
斯洛伐克	0	0	0
斯洛文尼亚	0	0	6553
瑞典	0	0	0
土耳其	0	0	0
比利时（法语区）	419[d]	x（1）	x（1）
匈牙利	751	783	619
奥地利	910	910	910

续　表

国　家	学士项目	硕士项目	博士项目
瑞士	1170	1170	437
意大利	1647	1817	1234
西班牙	1832	2860	m
荷兰	2395	2395	a
以色列	3043	m	m
新西兰	4236	m	4598
韩国	4712	6215	6970
澳大利亚	4785	7933	319
加拿大	4965	5158	m
日本	5218	5216	5216
智利	7351	9950	8929
美国	8202	11064	13264
葡萄牙	1116—1808	1116—10587	m
比利时（荷兰语区）	132—1112	132—1112	556
卢森堡	449—896	449—3586	448
拉脱维亚	a	a	a
英国	a	a	a
德国	m	m	m
墨西哥	m	m	m

注．

1. 表格中的数据仅统计本国学生，以购买力平价法转换后的等值美元表示，基于全日制折算。

2. 澳大利亚、奥地利的数据年份为 2014—2015 学年。

3. 以色列的数据年份为 2013—2014 学年。

4. 韩国的数据年份为 2016 年。

5. 美国的数据年份为 2011—2012 学年。

6. 英国的数据仅参考英格兰。

7. m 表示数据缺失。

8. a 表示数据口径不适用于该类机构。

9. x（1）表示该国该列数据包含在第一列的数据中。

数据来源：OECD 2018 年《教育概览》。

附录表 3-14　2015—2016 学年部分 OECD 成员国公立机构学士项
目的本国学生和外国学生的年均学费

单位：用购买力平价法换算的美元

国　家	本国学生	外国学生
丹麦	0	1092—2047
爱沙尼亚	0	以爱沙尼亚语教学的项目同本国学生，以非爱沙尼亚语教学的项目可能收取学费
芬兰	0	与本国学生相同
挪威	0	与本国学生相同
波兰	0	4545
斯洛伐克	0	与本国学生相同
斯洛文尼亚	0	0
瑞典	0	13968
土耳其	0	m
比利时（法语区）	419	1483
比利时（法语区）	132—1112	对除了难民之外的非欧洲经济区学生，机构自主确定学费
卢森堡	449—896	与本国学生相同
匈牙利	751	1304
奥地利	910	1819
葡萄牙	1116—1808	与本国学生相同
瑞士	1170	与本国学生相同
意大利	1647	与本国学生相同
西班牙	1832	与本国学生相同
荷兰	2395	m
以色列	3043	与本国学生相同
新西兰	4236	18269
韩国	4712	与本国学生相同
澳大利亚	4785	15750
加拿大	4965	17588

续　表

国　家	本国学生	外国学生
日本	5218	与本国学生相同
智利	7351	与本国学生相同
美国	8202	16066
拉脱维亚	a	与本国学生相同
英国	a	a
德国	m	m
墨西哥	m	与本国学生相同

注：

1. 表格中的数据以购买力平价法转换后的等值美元表示，基于全日制折算。

2. 澳大利亚、奥地利的数据年份为 2014—2015 学年。

3. 以色列的数据年份为 2013—2014 学年。

4. 丹麦和瑞典的外国学生是指非欧洲经济区国家的学生。

5. 波兰的外国学生是指非欧盟国家的学生。

6. 韩国的数据年份为 2016 年。

7. 美国的数据年份为 2011—2012 学年。

8. 英国的数据仅参考英格兰。

9. m 表示数据缺失。

10. a 表示数据口径不适用于该类机构。

数据来源：OECD 2018 年《教育概览》。

附录表 3-15　2013—2014 学年部分 OECD 成员国学士课程接受资助的学生比例分布

国　家	仅受益于公共贷款	仅受益于奖学金／助学金	受益于公共贷款和奖学金／助学金	未受益于公共贷款和奖学金／助学金
英国	92%[d]	a	x（1）	8%[d]
澳大利亚	43%	0	44%	13%
新西兰	45%	5%	37%	13%
美国	11%	19%	55%	15%
挪威	14%	5%	61%	20%
土耳其	39%	16%	0	45%

续　表

国　家	仅受益于公共贷款	仅受益于奖学金 / 助学金	受益于公共贷款和奖学金 / 助学金	未受益于公共贷款和奖学金 / 助学金
芬兰	a	52%[d]	a	48%[d]
法国	m	35%	m	65%
比利时（荷兰语区）	a	23%[d]	a	77%[d]
意大利	m	20%	m	80%
比利时（法语区）	x（3）	x（3）	19%[d]	81%
奥地利	a	17%	a	83%
瑞士	0	7%	0	92%

1. 表格中的数据针对本国全日制学生，基于全日制折算。

2. a 表示数据口径不适用于该类机构。

3. d 表示包括其他类别的数据。

4. x（1）表示该国该列数据包含在该国的第 1 列数据中，x（3）表示该国该列数据包含在该国的第 3 列数据中。

5. m 表示数据缺失。

附录表 3-16　2015—2016 学年部分 OECD 成员国高等教育申请公共贷款的
学生人数年均增长率、学生贷款比例和生均年贷款额

国　家	受益于学生贷款的本国学生人数年均增长率（2005—2006学年至 2015—2016 学年）	学生贷款比例（ISCED 6—8级）	生均年贷款额
澳大利亚	ISCED 5：12.4% ISCED 6：5.3% ISCED 7：10.9% ISCED 8：0.6%	84%	ISCED 5：4771 美元 ISCED 6：4181 美元 ISCED 7：5385 美元 ISCED 8：6171 美元
奥地利	m	m	m
加拿大	m	60%	ISCED 5：4399 美元 ISCED 6：4458 美元 ISCED 7：6094 美元 ISCED 8：6685 美元
智利	m	4%	ISCED 5：3760 美元 ISCED 6：6143 美元 ISCED 7：9416 美元 ISCED 8：9268 美元

国　家	受益于学生贷款的本国学生人数年均增长率（2005—2006 学年至 2015—2016 学年）	学生贷款比例（ISCED 6—8 级）	生均年贷款额
丹麦	m	38%	ISCED 5—7：4946 美元
爱沙尼亚	ISCED 6：−19.4% ISCED 7：−14.8% ISCED 8：−16.8%	m	ISCED 6—8：3561 美元
芬兰	ISCED 6—8：3.5%	29%	ISCED 6—8：3718 美元
德国	ISCED 5—7：1.9%	21%	m
匈牙利	m	m	m
以色列	m	m	m
意大利	m	m	m
日本	ISCED 5：4.7% ISCED 6：4.2% ISCED 7：−1.1% ISCED 8：−7.3%	45%	ISCED 5：5937 美元 ISCED 6：6074 美元 ISCED 7：8527 美元 ISCED 8：12580 美元
韩国	m	m	4882 美元
拉脱维亚	−0.1	9%	2531 美元
卢森堡	a	a	a
墨西哥	ISCED 7：13.9% ISCED 8：10.0%	2%	19826 美元
荷兰	ISCED 5—7：6.0%	33%	ISCED 5—7：7115 美元
新西兰	ISCED 5：−1.9% ISCED 6：3.9% ISCED 7：5.6% ISCED 8：4.7%	m	ISCED 5：5314 美元 ISCED 6：6424 美元 ISCED 7：6663 美元 ISCED 8：5702 美元
挪威	ISCED 6：1.5% ISCED 7：2.1%	100%	ISCED 5：8849 美元 ISCED 6：8952 美元 ISCED 7：8519 美元
波兰	ISCED 6—8：−4.5%	15%	3972 美元
葡萄牙	m	m	m
斯洛伐克	ISCED 6—8：−7.3%	1%	4795 美元
斯洛文尼亚	m	m	m

续　表

国　家	受益于学生贷款的本国学生人数年均增长率（2005—2006 学年至 2015—2016 学年）	学生贷款比例（ISCED 6—8 级）	生均年贷款额
西班牙	m	m	m
瑞典	ISCED 5：2.5% ISCED 6—7：0.1% ISCED 8：−18.2%	100%	ISCED 5：7616 美元 ISCED 6—7：6665 美元 ISCED 8：4697 美元
瑞士	−0.10	1%	ISCED 5—6：4849 美元 ISCED 7：7360 美元 ISCED 8：5216 美元
土耳其	ISCED 6：7.0% ISCED 7：11.8% ISCED 8：6.3%	44%	ISCED 5—6：3991 美元 ISCED 7：7982 美元 ISCED 8：11974 美元
美国	m	55%	ISCED 5：2106 美元 ISCED 6：4330 美元 ISCED 7：16363 美元 ISCED 8：5984 美元
比利时（荷兰语区）	m	m	m
比利时（法语区）	−30.5%	0	1549 美元
英国	ISCED 5—6：4.6%	m	ISCED 5—6：14997 美元

注：

1. 墨西哥、澳大利亚的数据年份为 2014—2015 学年。

2. 加拿大的数据年份为 2013—2014 学年，数据只包括联邦政府为学生提供的财政项目，该项目资金总额约占学生公共贷款总额的 60%。

3. 芬兰的数据为政府担保的私人贷款，包括硕士、博士或同等学力。

4. 韩国、德国的数据年份为 2016 年。

5. 日本的数据仅包括无息贷款。

6. 美国的数据年份为 2011—2012 学年。

7. 英国的数据包括本国学生和欧盟国家的学生。

8. ISCED 5 为短期高等教育，ISCED 6 为学士或同等学力，ISCED 7 为硕士或同等学力，ISCED 8 为博士或同等学力。

9. m 表示数据缺失。

数据来源：OECD 2018 年《教育概览》。

附录表 3-17　2006—2017 年部分 OECD 成员国小学和初中生均教师工资成本变化

单位：用购买力平价法换算的美元

小学阶段										
年份	2006	2007	2008	2010	2011	2012	2013	2014	2015	2016	2017
美国	2909	2996	3090	3110	3018	3003	m	m	m	3808	3834
英国	2169	2296	2209	2226	2148	1959	m	m	m	m	m
德国	2678	2915	3017	3338	3597	3884	4047	4101	4369	4461	4679
加拿大	m	m	m	3067	3492	3696	4755	3981	3930	3817	4057
澳大利亚	2671	2778	2917	3015	3108	3301	3608	3725	3877	3808	4127
日本	2558	2563	2587	2437	2525	2680	2790	2878	2992	3073	3096
韩国	1973	2137	2262	2194	2462	2725	2981	2824	2970	m	m
法国	1625	1611	1603	1751	1802	1795	1735	1792	1865	1827	1915
芬兰	2385	2433	2655	2670	2771	2909	3008	2960	2985	3080	3087
墨西哥	650	658	681	662	697	724	958	1009	1040	1115	1159
OECD平均	2262	2307	2299	2307	2706	2575	2677	2832	2848	2936	2784
初中阶段										
美国	2901	2995	2982	3223	3024	3068	3967	3846	3883	3911	3940
英国	2582	2667	2981	2577	3033	2907	m	m	m	m	m
德国	3324	3813	3937	4154	4555	4840	5047	5181	5561	5676	6008
加拿大	m	m	m	3067	3492	3696	4755	3981	3985	3817	4057
澳大利亚	3556	3722	3909	3946	4105	4355	4684	4576	4684	4555	5008
日本	3289	3294	3310	3107	3220	3377	3491	3552	3676	3778	3798
韩国	2523	2662	2689	2348	2563	2757	2941	2882	3206	m	m
法国	2392	2385	2356	2368	2446	2398	2374	2487	2584	2615	2843
芬兰	3933	3970	3850	4143	4396	4775	4749	4788	4886	4927	5112
墨西哥	694	703	716	729	780	822	1057	1000	987	1039	1061
OECD平均	2919	2950	2991	2856	3452	3129	3350	3389	3514	3604	3380

注：m 表示数据缺失。

附录表 3-18　2006—2017 年部分 OECD 成员国小学生均教师工资
成本占人均 GDP 的变化

小学阶段									
年份	2006	2007	2011	2012	2013	2014	2015	2016	2017
美国	7.0%	6.8%	6.3%	5.8%	m	m	m	6.6%	6.4%
英国	6.9%	6.7%	6.3%	5.7%	m	m	m	m	m
德国	8.8%	8.9%	9.6%	9.8%	9.7%	8.8%	9.0%	9.1%	8.9%
加拿大	m	m	9.1%	9.1%	11.4%	9.1%	8.8%	8.5%	8.6%
澳大利亚	7.9%	7.8%	7.5%	7.7%	8.1%	8.0%	8.1%	8.0%	7.9%
日本	8.4%	8.0%	8.3	8.3%	8.3%	7.9%	7.8%	7.3%	7.4%
韩国	9.2%	9.3%	9.1%	9.8%	9.6%	8.5%	8.7%	m	m
法国	5.5%	5.2%	7.2%	5.1%	4.8%	4.5%	4.5%	4.4%	4.3%
芬兰	7.8%	7.5%	12.6%	8.1%	8.0%	7.3%	7.1%	7.1%	6.7%
墨西哥	5.8%	4.9%	4.8%	7.7%	6.5%	5.5%	5.8%	6.0%	5.8%
OECD 平均	7.7%	7.4%	8.0%	7.7%	7.9%	7.5%	7.0%	6.9%	6.7%
初中阶段									
美国	7.0%	6.8%	6.3%	5.9%	7.5%	7.0%	6.9%	6.8%	6.6%
英国	8.2%	7.8%	8.9%	8.4%	m	m	m	m	m
德国	10.9%	11.6%	12.1%	12.2%	12.1%	11.1%	11.5%	11.6%	11.4%
加拿大	m	m	9.1%	9.1%	11.4%	9.1%	8.9%	8.5%	8.6%
澳大利亚	10.5%	10.4%	9.9%	10.1%	10.6%	9.8%	9.8%	9.6%	9.6%
日本	10.9%	10.3%	10.6%	10.4%	10.4%	9.7%	9.6%	8.9%	9.1%
韩国	11.8%	11.5%	9.5%	9.9%	9.4%	8.6%	9.3%	m	m
法国	8.1%	7.7%	7.2%	6.8%	6.6%	6.3%	6.3%	6.3%	6.4%
芬兰	12.9%	12.2%	12.6%	13.2%	12.7%	11.7%	11.5%	11.3%	11.0%
墨西哥	6.1%	5.3%	5.4%	5.6%	7.2%	5.5%	5.5%	5.5%	5.4%
OECD 平均	9.7%	9.3%	10.1%	9.2%	9.4%	8.8%	8.6%	8.7%	8.2%

注：m 表示数据缺失。

附录表 4-1　1998—2019 年 OECD《教育概览》的主题统计

年份	主题	关注点
2019	无主题	高等教育
2018	教育对所有人的承诺	教育公平
2017	为未来而建设	学习领域
2016	衡量教育中的重要因素：监测教育可持续发展目标	可持续发展目标
2015	教育、学习和 2030 年可持续发展议程	可持续发展目标与指标
2014	为了包容性增长的教育和技能	教育和技能促进社会进步
2013	学会走出困境：危机中的青年、教育和技能	教育与就业
2012	为实现包容性增长和就业投资人力、技能和教育	教育投入、教育与就业
2011	50 年教育变革	高等教育、终身教育、OECD 发挥的作用
2010	投资未来	教育投入与产出
2009	致力于恢复经济的教育投资和创新	教育与经济（走出经济危机）
2008	艰难的抉择或是艰苦的岁月——转向针对教育扩张的可持续投资战略	教育投资、教育扩张、教育政策
2007	高等教育扩张的影响：高素质劳动力还是过高资质群体排挤低资质群体？	高等教育扩张、教育与就业
2006	无主题	教育投入、技能与技术、教育质量、教育公平……
2005	无主题	教育系统、PISA
2004	无主题	教育系统、教育投资
2003	无主题	教育产出
2002	无主题	教育产出
2001	无主题	教育投资、教育与经济
2000	无主题	学习环境、学校组织、终身学习、教育投资、高等教育
1998	无主题	学习机会、教育投入与回报、学习与就业、终身学习、高等教育、学习环境

附录表 4-2   2018 年 OECD《教育概览》中有关教育公平的指标与维度

指　　标		公平维度			
		性别	父母受教育程度	移民背景	居所地理位置
教育机会公平	教育参与	√			√
	早期教育	√	√	√	√
	高中教育毕业情况	√	√	√	
	高等教育入学情况	√			
	高等教育毕业情况	√			
	高等教育入学与毕业的公平性	√	√	√	
教育过程公平	生均教育经费				√
	学生课时				√
	教师与校长工资	√			
	教师教学时长				√
	教师资质	√			
教育结果公平	成人的受教育程度	√	√	√	√
	从教育到工作的转换	√		√	√
	受教育程度对参与劳动力市场的影响	√		√	√
	受教育所获得的收入优势	√			√
	教育投资的财政激励	√			
	成人参与教育和学习的公平性	√		√	

附录表 5-1   1992—1995 年相关教育过程指标

年份	一级指标	二级指标	三级指标
1992	成本、资源与学校过程	教育参与与学生流动	正规教育之参与
			学前教育之参与
			后期中等教育之参与
			各类第三级教育之参与
			高等教育之参与

年份	一级指标	二级指标	三级指标
1992	成本、资源与学校过程	决策特征	前期中等教育决定层级
			初等与中等教育阶段之决定
			公立前期中等学校决策领域
			前期中等学校做决定之模式
			前期中等学校做决定之自主权
1993	成本、资源与学校过程	人力资源	正规教育之参与
			学前教育之参与
			中等教育之参与
			过渡的特征
			第三级教育之入学率
			非大学第三级教育
			大学教育
		决策特征	各级政府单位之决定
			学校决定的自主权
			学校决定的领域
			做决定的模式
1995	成本、资源与学校过程	教学时间	每位学生的教学时数
			各科教学时数
		学校历程	教学分组方式
		人力资源	教育单位相关人员
			生师比
			教师年平均教学时数
			师资教育
			教师薪资
			教师特质
		教育研究与发展	教育研发人员
			教育研发支出

附录表 5-2　1996—2001 年相关教育过程指标

年份	一级指标	二级指标
1996	学习环境与学校过程	初级中等教育阶段的学生之总教学时数
		教学时数
		初等和初级中等学校教师之法定薪资
		初等教育阶段教职人员之稳定性
		初等教育阶段的学校领导
		成员合作
		初等教育阶段的监控与评鉴
		初等教育阶段的变异性
		初等教育阶段的成就导向
		初等教育阶段的家长参与
		公立中小学教师的法定薪资
1997	学习环境与学校的组织	公立中小学教师的法定薪资
		八年级数学教师之年龄、性别与教学经验的报告
		八年级数学教师课后从事与学校教育相关活动之报告
		四年级和八年级数学教师之数学班平均规模的报告
		八年级数学教师关于数学课课堂组织的报告
		初等教育班级规模与学生／学校人员之比率
		八年级学生如何利用课外时间学习数学的报告
1998	学习环境与学校的组织	公立中小学教师的法定薪资
		教师年龄与性别
		教学时数
		初级中等教育学生法定上课时数
		初级中等教育公立学校的决策核心
		学校中电脑之配置和使用
2000	学习环境与学校的组织	公立中小学教师的法定薪资
		新进教师的职前培训
		教学时数
		初中学生法定上课时数
		学生缺席
		初中课程决策
		学校中电脑之配置和使用

年份	一级指标	二级指标
2001	学习环境与学校的组织	公立中小学教师的法定薪资
		教师与教育工作人员的年龄与性别分布
		教学时数与教师工作时间
		初中学生的总体教学时间
		生师比
		针对信息与通信技术的教师培训
		信息与通信技术在学校的使用情况、可获得性及教学过程

附录表 5-3　2002—2018 年相关教育过程指标

年份	一级指标	二级指标
2002	学习环境与学校的组织	对于 9—14 岁学生的总预期教学时数
		班额与生师比
		学校和家庭中电脑的使用及其有效性
		男生和女生使用信息技术的态度和经验
		教室和学校氛围
		公立中小学教师的法定薪资
		教学时数与教师工作时间
2003	学习环境与学校的组织	中小学生的总预期教学时数
		班额与生师比
		高中师生使用信息与通信技术的情况
		教师培训与教师专业发展
		公立中小学教师的法定薪资
		教学时数与教师工作时间
		教师供给与需求
		教师与教育工作人员的年龄与性别分布
2004	学习环境与学校的组织	中小学生的总预期教学时数
		班额与生师比
		教师工资
		教学时数与教师工作时间
		高中学生录取、分班和编组的策略
		教育系统的决策

续　表

年份	一级指标	二级指标
2005	学习环境与 学校的组织	中小学生的总预期教学时数
		班额与生师比
		教师工资
		教学时数与教师工作时间
		公立与私立办学
		制度差异
2006	学习环境与 学校的组织	中小学生的总预期教学时数
		班额与生师比
		教师工资
		教学时数与教师工作时间
		信息与通信技术的获取和使用
2007	学习环境与 学校的组织	学生有多少时间用于课堂学习？
		生师比是多少？班额是多大？
		教师工资是多少？
		教师有多少时间用于教学？
		教育系统如何监控学校表现？
2008	学习环境与 学校的组织	学生有多少时间用于课堂学习？
		生师比是多少？班额是多大？
		教师工资是多少？
		教师有多少时间用于教学？
		教育系统如何进行评价与评估？
		教育系统的决策水平如何？
2009	学习环境与 学校的组织	学生有多少时间用于课堂学习？
		生师比是多少？班额是多大？
		教师工资是多少？
		教师有多少时间用于教学？
		教师得到多少评价和反馈？影响是什么？
		如何衡量教师的做法、信念与态度？

续　表

年份	一级指标	二级指标
2010	学习环境与学校的组织	学生有多少时间用于课堂学习？
		生师比是多少？班额是多大？
		教师工资是多少？
		教师有多少时间用于教学？
		有哪些学校可供选择？各国采取哪些措施来促进或限制择校？
		家长如何影响子女的教育？
2011	学习环境与学校的组织	学生有多少时间用于课堂学习？
		生师比是多少？班额是多大？
		教师工资是多少？
		教师有多少时间用于教学？
		如何问责学校？
		教育成果与机会的公平程度如何？
2012	学习环境与学校的组织	学生有多少时间用于课堂学习？
		生师比是多少？班额是多大？
		教师工资是多少？
		教师有多少时间用于教学？
		哪些人从事教师职业？
		教育系统中谁作关键决策？
		进入中等教育和高等教育学校学习的途径有哪些？
2013	学习环境与学校的组织	学生有多少时间用于课堂学习？
		生师比是多少？班额是多大？
		教师工资是多少？
		教师有多少时间用于教学？
		哪些人从事教师职业？
2014	学习环境与学校的组织	学生有多少时间用于课堂学习？
		生师比是多少？班额是多大？
		教师工资是多少？
		教师有多少时间用于教学？

年份	一级指标	二级指标
2014	学习环境与学校的组织	哪些人从事教师职业？
		如何才能成为一名教师？
		教师专业发展活动有多普遍？
2015	学习环境与学校的组织	学生有多少时间用于课堂学习？
		生师比是多少？班额有多大？
		教师工资是多少？
		教师有多少时间用于教学？
		哪些人从事教师职业？
		已经建立了什么样的教育评价机制？
		已经建立了什么样的教师与学校领导体系？
		信息与通信技术在教学中的应用程度如何？
2016	学习环境与学校的组织	学生有多少时间用于课堂学习？
		生师比是多少？班额有多大？
		教师工资是多少？
		教师有多少时间用于教学？
		哪些人从事教师职业？
		学校领导的角色和任务是什么？
2017	学习环境与学校的组织	学生有多少时间用于课堂学习？
		生师比是多少？班额有多大？
		教师工资是多少？
		教师有多少时间用于教学？
		哪些人从事教师职业？
		学生申请和进入高等教育的国家标准是什么？
2018	教师、学习环境与学校的组织	学生有多少时间用于课堂学习？
		生师比是多少？班额有多大？
		教师和校长的工资是多少？
		教师有多少时间用于教学？
		哪些人从事教师职业？
		谁在教育体系中作出关键决定？

附录表 5-4　2013—2018 年部分 OECD 成员国及伙伴国各教育阶段 30 岁以下教师比例

国家/国际组织	2013 年			2015 年			2018 年		
	小学	初中	高中	小学	初中	高中	小学	初中	高中
美国	18%	18%	16%	15%	17%	14%	16%	16%	12%
英国	31%	23%	19%	29%	22%	17%	31%	24%	20%
德国	7%	5%	4%	7%	7%	4%	8%	7%	5%
加拿大	14%	m	14%	13%	m	13%	11%	m	11%
日本	15%	13%	9%	15%	13%	9%	17%	16%	11%
韩国	22%	14%	13%	21%	13%	12%	19%	12%	11%
法国	11%	10%	5%	8%	9%	4%	12%	9%	9%
芬兰	9%	10%	5%	9%	9%	5%	8%	8%	3%
OECD 平均	13%	11%	9%	13%	11%	8%	12%	10%	8%
中国	18%	18%	22%	19%	16%	19%	22%	17%	18%
巴西	16%	17%	17%	17%	18%	18%	13%	15%	14%
G20 平均	m	m	m	16%	16%	12%	m	m	m

注：m 表示数据缺失。

附录表 5-5　2013—2018 年部分 OECD 成员国及伙伴国各教育阶段 30—49 岁教师比例

国家/国际组织	2013 年			2015 年			2018 年		
	小学	初中	高中	小学	初中	高中	小学	初中	高中
美国	49%	50%	49%	54%	54%	53%	55%	56%	54%
英国	49%	52%	52%	55%	57%	54%	54%	58%	56%
德国	45%	43%	50%	48%	42%	51%	53%	46%	54%
加拿大	60%	m	60%	61%	m	61%	63%	m	63%
日本	53%	60%	57%	53%	59%	57%	52%	54%	52%
韩国	61%	68%	63%	63%	65%	60%	66%	60%	59%
法国	66%	62%	60%	68%	64%	58%	67%	60%	60%

续　表

国家/国际组织	2013 年			2015 年			2018 年		
	小学	初中	高中	小学	初中	高中	小学	初中	高中
芬兰	62%	59%	53%	61%	62%	52%	61%	60%	49%
OECD 平均	56%	55%	54%	56%	55%	54%	56%	54%	53%
中国	63%	72%	71%	62%	72%	71%	62%	67%	67%
巴西	69%	65%	64%	69%	65%	64%	68%	65%	64%
G20 平均	m	m	m	57%	58%	57%	m	m	m

注：m 表示数据缺失。

附录表 5-6　2013—2018 年部分 OECD 成员国及伙伴国各教育阶段 50 岁及以上教师比例

国家/国际组织	2013 年			2015 年			2018 年		
	小学	初中	高中	小学	初中	高中	小学	初中	高中
美国	32%	32%	36%	32%	30%	33%	29%	29%	33%
英国	21%	25%	29%	16%	22%	28%	15%	18%	25%
德国	48%	51%	46%	45%	50%	45%	39%	47%	41%
加拿大	26%	m	26%	27%	m	27%	26%	m	26%
日本	31%	27%	34%	31%	27%	34%	31%	31%	37%
韩国	16%	19%	24%	15%	23%	28%	15%	38%	31%
法国	23%	29%	35%	24%	28%	37%	21%	31%	31%
芬兰	29%	30%	42%	30%	30%	43%	31%	32%	47%
OECD 平均	31%	34%	37%	30%	34%	38%	31%	35%	38%
中国	19%	10%	7%	18%	12%	10%	16%	16%	15%
巴西	15%	18%	19%	15%	18%	19%	18%	20%	22%
G20 平均	m	m	m	27%	27%	31%	m	m	m

注：m 表示数据缺失。

主要参考文献

中文文献

陈玉琨. 中国高等教育评价论 [M]. 广州：广东高等教育出版社，1993.

黄忠敬，等. OECD 教育指标引领教育发展研究 [M]. 上海：华东师范大学出版社，2019.

高书国. 教育指标体系——大数据时代的战略工具 [M]. 北京：北京师范大学出版社，2015.

国家统计局人口和就业统计司，人力资源和社会保障部规划财务司. 中国劳动统计年鉴 2016[M]. 北京：中国统计出版社，2017.

国家统计局人口和就业统计司，人力资源和社会保障部规划财务司. 中国劳动统计年鉴 2017[M]. 北京：中国统计出版社，2018.

国家统计局人口和就业统计司，人力资源和社会保障部规划财务司. 中国劳动统计年鉴 2018[M]. 北京：中国统计出版社，2019.

简茂发，李琪明. 当代教育指标——国际比较观点 [M]. 台北：学富文化事业有限公司，2001.

中华人民共和国教育部发展规划司. 中国教育统计年鉴 2014[M]. 北京：中国统计出版社，2015.

中华人民共和国教育部发展规划司. 中国教育统计年鉴 2015[M]. 北京：中国统计出版社，2016.

中华人民共和国教育部发展规划司. 中国教育统计年鉴 2016[M]. 北京: 中国统计出版社, 2017.

中华人民共和国教育部发展规划司. 中国教育统计年鉴 2017[M]. 北京: 中国统计出版社, 2018.

经济合作与发展组织. 教育概览 2011: OECD 指标 [M]. 中央教育科学研究所, 组织翻译. 北京: 教育科学出版社, 2011.

经济合作与发展组织. 教育概览 2012: OECD 指标 [M]. 中国教育科学研究院, 组织翻译. 北京: 教育科学出版社, 2012.

经济合作与发展组织. 教育概览 2013: OECD 指标 [M]. 中国教育科学研究院, 组织翻译. 北京: 教育科学出版社, 2014.

经济合作与发展组织. 教育概览 2014: OECD 指标 [M]. 中国教育科学研究院, 组织翻译. 北京: 教育科学出版社, 2015.

经济合作与发展组织. 教育概览 2015: OECD 指标 [M]. 中国教育科学研究院, 组织翻译. 北京: 教育科学出版社, 2017.

英瓦尔·卡尔松, 什里达特·兰法尔. 天涯成比邻——全球治理委员会的报告 [M]. 赵仲强, 李正凌, 译. 北京: 中国对外翻译出版公司, 1995.

罗西·吉尔马丁. 社会指标导论: 缘起、特性及分析 [M]. 李明, 赵文璋, 译. 台北: 明德基金会生活素质出版部, 1985.

托马斯·戴伊. 理解公共政策 [M]. 谢明, 译. 北京: 中国人民大学出版社, 2011.

王善迈. 教育投入与产出研究 [M]. 石家庄: 河北教育出版社, 1996.

王善迈. 教育经济学简明教程 [M]. 北京: 高等教育出版社, 2000.

维克托·迈尔-舍恩伯格, 肯尼思·库克耶. 大数据时代: 生活、工作与思维的大变革 [M]. 盛杨燕, 周涛, 译. 杭州: 浙江人民出版社, 2013.

袁振国. 我们离教育强国有多远 [M]. 北京: 高等教育出版社, 2014.

朱永新, 王智新. 当代日本的高等教育 [M]. 太原: 山西教育出版社, 1992.

张力，杨秀文．教育政策的信息基础——中国、新加坡、美国教育指标系统分析 [M]．北京：高等教育出版社，2004．

曾晓东，曾娅琴．中国教育改革 30 年：关键数据及国际比较卷 [M]．北京：北京师范大学出版社，2009．

艾蒂安·阿尔比瑟．走进 OECD 教育指标体系 [J]．崔俊萍，编译．世界教育信息，2014（17）：46-49．

陈纯槿，顾小清．义务教育年限延长与基础教育发展——基于 PISA 2015 数据的实证研究 [J]．华东师范大学学报（教育科学版），2018（5）：71，82，167-168．

陈鹏，薛寒．"中国制造 2025" 与职业教育人才培养的新使命 [J]．西南大学学报（社会科学版），2018（1）：77-83，190．

陈学军．OECD 教育指标体系概念框架及其内容的演变与发展 [J]．比较教育研究，2006（8）：25-29．

楚江亭．OECD 教育发展指标体系的历史演变及其启示 [J]．上海教育科研，2002（6）：16-20．

崔海丽，黄忠敬，李益超．实施学前一年免费教育的"三步走"战略——教育经费需求的视角 [J]．华东师范大学学报（教育科学版），2018（5）：83-93，168．

邓莉，彭正梅．全球学习战略 2030 与中国教育的回应 [J]．开放教育研究，2017（3）：18-28．

邓莉．高等教育真的无力吗——基于 OECD 国家调查数据的分析 [J]．湖南师范大学教育科学学报，2017（1）：114-120．

OECD 与 PISA 正在破坏全球教育——全球 80 位专家学者给 OECD 的公开信 [J]．侯定凯，编译．世界教育信息，2014（17）：52-56．

胡鞍钢，王洪川，鄢一龙．中国教育现代化指标体系研究：赶超美国的路线图 [C]．国情报告第十六卷，2013．

洪秀敏, 陶鑫萌. 改革开放 40 年我国 0—3 岁早期教育服务的政策与实践 [J]. 学前教育研究, 2019（2）: 3-11.

胡平, 秦惠民. 择校意愿的心理机制——义务教育服务满意度模型与实证研究 [J]. 北京大学教育评论, 2011（4）: 118-132, 187.

黄忠敬, 唐立宁, 吴洁, 等. 教育质量如何测评? ——基于 OECD 教育指标的分析 [J]. 中国教育政策评论, 2018（1）: 85-115.

刘红宇, 马陆亭. OECD 国家高等教育投入的典型模式 [J]. 高等教育研究, 2012（5）: 102-109.

罗晓静. OECD 教育公平政策探析 [D]. 上海: 华东师范大学, 2010.

牛利华, 邬志辉. 以人为中心的发展观与学校现代化指标体系的构建 [J]. 教育理论与实践, 2004（15）: 21-23.

马晓强. 关于我国普通高中教育办学规模的几个问题 [J]. 教育与经济, 2003（3）: 29-32.

世界银行. 2019 年世界发展报告: 工作性质的变革 [R]. 世界银行集团, 2018.

石岚. 如何衡量教育产出? ——经合组织《教育概览》产出指标分析及启示 [D]. 上海: 华东师范大学, 2018.

万明钢, 白亮. "规模效益" 抑或 "公平正义" ——农村学校布局调整中 "巨型学校" 现象思考 [J]. 教育研究, 2010（4）: 34-39.

王烽. 高中何以成为人们获得高等教育机会的狭窄瓶颈? [J]. 社会观察, 2005（8）: 3-5.

王海英. 新中国 70 年我国学前教育管理变革的回顾与反思 [J]. 南京师大学报（社会科学版）, 2019（4）: 40-52.

邬志辉, 陈学军, 王海英. 优质学校的概念、建设过程与指标框架研究 [J]. 东北师大学报（哲学社会科学版）, 2004（3）: 113-120.

邬志辉. 学校教育现代化指标体系的建构设想（下）[J]. 中小学管理, 2004

（7）：26-28.

徐玲 . 国际教育指标体系的分析与思考 [J]. 教育科学 , 2004（2）：18-21.

袁连生，袁强 . 教育投资内部效率探讨 [J]. 教育与经济，1991（2）：20-24.

叶杰，周佳民 . 中国生均教育经费支出的省际差异：内在结构、发展趋势与财政性原因 [J]. 教育发展研究，2017（23）：30-41.

张乐天 . 新时代我国教育发展与教育指标的新建构——兼谈 OECD 教育指标的借鉴意义 [J]. 南京师大学报（社会科学版），2019（4）：13-19.

周加仙，王丹丹，章熠 . 贫困代际传递的神经机制以及教育阻断策略 [J]. 教育发展研究，2018（2）：71-77.

郑琦，杨钋 . 班级规模与学生学业成绩——基于 2015 年 PISA 数据的研究 [J]. 北京大学教育评论，2018（4）：105-127，186-187.

周海涛，刘侠 . 民办高等教育发展研究报告——基于近十年全国民办高校数据统计与政策文本分析 [J]. 中国高等教育，2016（2）：18-22.

英文文献

BOTTANI N, TUIJNMAN A, International Education Indicators: Framework, Development and Interpretation[C]// Making Education Count: Development and Using International Indicator. Paris: OECD, 1994.

BOTTANI N. OECD International Education Indicators[J]. International Journal of Educational Research, 1996, 25(3): 279-288.

BURSTEIN L, OAKES J, GUITON G, Education Indicators[M]//ALKIN M C. Encyclopedia of Education Research. New York: Macmillan, 1992.

CARLEY M. Social Measurements and Social Indicators: Issues of Policy and

Theory[M]. London: George Allen and Unwin, 1981.

GREK S. Governing by Numbers: The PISA "effect" in Europe[J]. Journal of Education Policy, 2009, 24(1): 23-37.

BOTTANI N, WALBERG H J. What Are International Education Indicators for? [C]// Making Education Count: Developing and Using International Indicator. Paris: OECD, 1994.

OECD. The OECD International Education Indicators: A Framework for Analysis[M]. Paris: OECD, 1992.

OECD. Making Education Count: Developing and Using International Indicators[M]. Paris: OECD, 1994.

FIELD S, KUCZERA M, PONT B. No More Failures: Ten Steps to Equity in Education, Education and Training Policy[M]. Paris: OECD, 2007.

OECD. Lifelong Learning for All[R]. Paris: OECD, 1996.

RIZVI F, LINGARD B. Globalizing Education Policy[M]. New York: Routledge, 2010.

SHARIFIAN F. Globalisation and Developing Metacultural Competence in Learning English as an International Language[J]. Multilingual Education, 2013, 3(1): 1-11.

SELLAR S, LINGARD B. The OECD and Global Governance in Education[J]. Journal of Education Policy, 2013, 28(5): 710-725.

CHAO C N. Why So Many Chinese Students Come to the U. S. for Their Higher Education[J]. Asian Journal of Education and e-Learning, 2018, 6(3): 61-68.

OECD. Education at a Glance: OECD Indicators[R]. Paris: OECD, 1993.

OECD. Education at a Glance: OECD Indicators[R]. Paris: OECD, 1995.

OECD. Education at a Glance: OECD Indicators[R]. Paris: OECD, 1996.

OECD. Education at a Glance: OECD Indicators[R]. Paris: OECD, 1997.

OECD. Education at a Glance: OECD Indicators[R]. Paris: OECD, 1998.

OECD. Education at a Glance: OECD Indicators[R]. Paris: OECD, 2000.

OECD. Education at a Glance: OECD Indicators[R]. Paris: OECD, 2001.

OECD. Education at a Glance: OECD Indicators[R]. Paris: OECD, 2002.

OECD. Education at a Glance: OECD Indicators[R]. Paris: OECD, 2003.

OECD. Education at a Glance: OECD Indicators[R]. Paris: OECD, 2004.

OECD. Education at a Glance: OECD Indicators[R]. Paris: OECD, 2005.

OECD. Education at a Glance: OECD Indicators[R]. Paris: OECD, 2006.

OECD. Education at a Glance: OECD Indicators[R]. Paris: OECD, 2007.

OECD. Education at a Glance: OECD Indicators[R]. Paris: OECD, 2008.

OECD. Education at a Glance: OECD Indicators[R]. Paris: OECD, 2009.

OECD. Education at a Glance: OECD Indicators[R]. Paris: OECD, 2010.

OECD. Education at a Glance: OECD Indicators[R]. Paris: OECD, 2011.

OECD. Education at a Glance: OECD Indicators[R]. Paris: OECD, 2012.

OECD. Education at a Glance: OECD Indicators[R]. Paris: OECD, 2013.

OECD. Education at a Glance: OECD Indicators[R]. Paris: OECD, 2014.

OECD. Education at a Glance: OECD Indicators[R]. Paris: OECD, 2015.

OECD. Education at a Glance: OECD Indicators[R]. Paris: OECD, 2016.

OECD. Education at a Glance: OECD Indicators[R]. Paris: OECD, 2017.

OECD. Education at a Glance: OECD Indicators[R]. Paris: OECD, 2018.

OECD. Education at a Glance: OECD Indicators[R]. Paris: OECD, 2019.

官方网站

国家统计局. 中华人民共和国 2017 年国民经济和社会发展统计公报 [EB/OL]. (2018-02-28) [2023-07-25]. http://www.stats.gov.cn/sj/zxfb/202302/t20230203_1899855.html.

国家统计局. 中国统计年鉴 2018[EB/OL]. (2018-11-04) [2023-07-25]. http://www.stats.gov.cn/sj/ndsj/2018/indexch.htm.

中华人民共和国教育部. 教育部等四部门关于实施第三期学前教育行动计划的意见 [EB/OL]. (2017-05-02) [2023-07-25]. http://www.moe.gov.cn/srcsite/A06/s3327/201705/t20170502_303514.html.

中华人民共和国中央人民政府. 教育部关于完善教育标准化工作的指导意见. [EB/OL]. (2018-11-27) [2023-07-25]. http://www.gov.cn/xinwen/2018-11/27/content_5343757.htm.

MUSSET P, MYTNA KUREKOVA L. Working It Out: Career Guidance and Employer Engagement[EB/OL]. (2018-07-06) [2023-07-25]. https://www.oecd-ilibrary.org/education/working-it-out_51c9d18d-en.

OECD. OECD Science, Technology and Industry Scoreboard 2015: Innovation for Growth and Society[EB/OL]. (2015-10-19) [2023-07-25]. https://www.oecd-ilibrary.org/science-and-technology/oecd-science-technology-and-industry-scoreboard-2015_sti_scoreboard-2015-en.

OECD. PISA 2015 Results (Volume Ⅰ): Excellence and Equity in Education[EB/OL]. (2016-12-06) [2023-07-25]. https://www.oecd-ilibrary.org/education/pisa-2015-results-volume-i_9789264266490-en.

OECD. OECD Employment Outlook 2017[EB/OL]. (2017-06-13) [2023-07-25].

https://www.oecd-ilibrary.org/employment/oecd-employment-outlook-2017_empl_outlook-2017-en.

OECD. OECD Handbook for Internationally Comparative Education Statistics: Concepts, Standards, Definitions and Classifications[EB/OL]. (2018-09-11) [2023-07-25]. http://dx.doi.org/10.1787/9789264279889-en.

OECD. Quality Framework for OECD Statistical Activities[EB/OL]. (2011-12-16) [2023-07-25]. http://www.oecd.org/sdd/qualityframeworkforoecdstatisticalactivities.htm.

OECD. Starting Strong 2017: Key OECD Indicators on Early Childhood Education and Care [EB/OL]. (2017-06-21) [2023-07-25]. https://www.oecd-ilibrary.org/education/starting-strong-2017_9789264276116-en.

OECD. Transition From School to Work: How Hard Is It Across Different Age Groups? [EB/OL]. (2017-08-31) [2023-07-25]. https://www.oecd-ilibrary.org/education/transition-from-school-to-work_1e604198-en.

OECD. What Are the Advantages Today of Having an Upper Secondary Qualification?[EB/OL]. (2015-08-01) [2023-07-25]. https://www.oecd-ilibrary.org/education/what-are-the-advantages-today-of-having-an-upper-secondary-qualification_5jrw5p4jn426-en.

OECD. Innovation in the Knowledge Economy: Implications for Education and Learning Centre for Educational Research and Innovation[EB/OL]. (2004-04-29) [2023-07-25]. https://www.oecd-ilibrary.org/education/innovation-in-the-knowledge-economy_9789264105621-en.

OECD. Education Policy Analysis 2001: Centre for Educational Research and Innovation[EB/OL]. (2001-03-23) [2023-07-25]. https://www.oecd-ilibrary.org/education/education-policy-analysis-2001_epa-2001-en.

后　　记

本书是我主持的国家社会科学基金教育学重大项目"中国与 OECD 教育发展主要指标及发展趋势比较研究"（课题批准号 VDA160002）的结题成果，在教育部结题评审中得到一致认可，获得良好等级。在研究过程中，得到张力（教育部教育发展研究中心原主任）、孙霄兵（教育部政策法规司原司长）、程建钢（中国教育技术协会学术委员会原副主任、清华大学教育研究院教授）、张民选（联合国教科文组织教师教育中心主任，上海师范大学原校长）、袁振国（华东师范大学教育学部主任、终身教授）、陆璟（上海市教育科学研究院副院长）、吴瑞君（华东师范大学人文与社会科学研究院原院长）和林岚（上海市教育科学研究院《教育发展研究》编辑部主任）等专家学者的指导，在此表示衷心的感谢！

本书是团队合作、集体攻关的研究成果，由我统筹规划，经课题组多次讨论，最后确定了六个子课题，组建了六个科研团队，即历史与理论组、产出指标组、投入指标组、机会指标组、过程指标组、中国教育指标组。课题组成员分别来自不同高校和科研院所，具有跨部门、跨学科、跨领域的特点。在历经三年的研究过程中，课题组成员分工合作，定期交流，共同讨论，相互启发，形成初稿。经过专家论证会和成果公开报告会，稿件进一步修订完善，最后由我统稿定稿。各章的负责人如下：第一章，黄忠敬（华东师范大学教授）；第二章，邵泽斌（南京师范大学教授）、张乐天（南京师范大学教授）；第三章，杜晓利（上海市教育科学研究院研究员）；第四章，彭正梅（华东师范大学教授）、邓莉（华东师范大学副教授）；第五章，刘世清（华东师范大学教授）；第六章，杨小微（华东师范大学教授）；第七章，黄忠敬（华东师范大学教授）。杜晓利团队的付炜、李芙蓉、董业军、田健、宋天敏等助理研究员共同参与了投入指标的研究工作。唐立宁博士（山东省教育科学研究院）、孙晓雪博士（广州大学）、王倩博士（上海市虹口区教育学院）在课题研究的不同阶段分别承担了项目秘书工作，做了大量的组织协调、材料汇总和校对工作。

　　在此谨向为本课题的顺利完成付出辛勤工作的所有人员表示诚挚的谢意！

黄忠敬

图书在版编目（CIP）数据

迈向教育强国：中国与OECD教育指标比较研究 / 黄忠敬等著. — 上海：上海教育出版社，2024.7
ISBN 978-7-5720-2556-3

Ⅰ.①迈… Ⅱ.①黄… Ⅲ.①教育体系－对比研究－世界 Ⅳ.①G511.9

中国国家版本馆CIP数据核字(2024)第067626号

责任编辑　钦一敏　孔令会
封面设计　陆　弦

MAIXIANG JIAOYU QIANGGUO：ZHONGGUO YU OECD JIAOYU ZHIBIAO BIJIAO YANJIU
迈向教育强国：中国与OECD教育指标比较研究
黄忠敬　等著

出版发行	上海教育出版社有限公司
官　　网	www.seph.com.cn
地　　址	上海市闵行区号景路159弄C座
邮　　编	201101
印　　刷	上海龙腾印务有限公司
开　　本	700×1000　1/16　印张34
字　　数	555 千字
版　　次	2024年7月第1版
印　　次	2024年7月第1次印刷
书　　号	ISBN 978-7-5720-2556-3/G·2251
定　　价	138.00 元

如发现质量问题，读者可向本社调换　电话：021-64373213